बिमल दे

बिमल दे का जन्म सन् 1940 में कोलकाता में हुआ। बचपन में घर से भागकर उन्होंने कई बार हिमालय के चक्कर लगाए। 1956 में जब तिब्बत का दरवाज़ा विदेशियों के लिए लगभग बन्द हो चुका था, एक नेपाली तीर्थयात्री दल में शरीक होकर तमाम अड़चनों से जूझते हुए वे ल्हासा से कैलास तक की यात्रा कर आए। 1967 में साइकिल से विश्व-भ्रमण के लिए निकले। एक पुरानी साइकिल, जेब में कुल अठारह रुपए, मन में अदम्य उत्साह और साहस, यही उनकी पूँजी थी। रास्ते में छिटपुट काम कर रोटी का जुगाड़ करते, फिर आगे बढ़ते। इस तरह पाँच साल तक दुनिया की सैर करने के बाद वह 1972 में भारत लौटे। 1972 से 1980 तक मुख्यत: पर्वतारोही पर्यटक के रूप में विश्व के पर्वतीय स्थलों की यात्रा करते रहे। 1981 से 1998 के बीच उन्होंने तीन बार उत्तरी ध्रुव और दो बार दक्षिणी ध्रुव की यात्रा की।

उनकी प्रमुख पुस्तकें हैं—'मैं हूँ कोलकाता का फ़ॉरेन रिटर्न भिखारी', 'महातीर्थ के अंतिम यात्री', 'महातीर्थ के कैलासबाबा', 'सूर्य प्रणाम', 'साइकिल से दुनिया की सैर'।

फ्रांस की संस्थाओं तथा वाशिंगटन के नेशनल जिओग्राफ़िक सोसाइटी ने उन्हें कई बार सम्मानित किया है। वे अमेरिकी पोलर सोसाइटी के आजीवन सदस्य और ब्रितानवी पोलर सोसाइटी के परामर्शदाता रहे हैं। अपने ढंग का अनूठा पर्यटक और दार्शनिक होने के साथ ही बिमल दे एक मानव-प्रेमी हैं और निरन्तर जनहितकर कार्यों में जुटे रहते हैं।

प्रेम कपूर

प्रेम कपूर कोलकाता के एक वरिष्ठ पत्रकार लेखक, नाट्य-समीक्षक व अनुवादक हैं। उन्होंने काज़ी नज़रुल इस्लाम, बिमल मित्र, कृष्णा बसु, प्रो. आशीष सान्याल, मृणाल बसु चौधरी आदि लब्ध-प्रतिष्ठ रचनाकारों की साहित्यिक कृतियों के अनुवाद के अतिरिक्त उन्होंने प्रकृति-विज्ञान, इतिहास, अर्थशास्त्र, समाजशास्त्र, चिकित्साशास्त्र व बाल-साहित्य की अनेक पुस्तकों के अनुवाद भी किए हैं।

साइकिल से दुनिया की सैर

बिमल दे

अनुवाद
प्रेम कपूर

लोकभारती पेपरबैक्स

बांग्ला कृति 'सुदूरेर पियासी' का अनुवाद

लोकभारती पेपरबैक्स में
पहला संस्करण : 2023
दूसरा संस्करण : 2026

लोकभारती पेपरबैक्स : उत्कृष्ट साहित्य के लोकप्रिय संस्करण

लोकभारती प्रकाशन
पहली मंजिल, दरबारी बिल्डिंग, महात्मा गांधी मार्ग
प्रयागराज-211 001
द्वारा प्रकाशित

वेबसाइट : www.lokbhartiprakashan.com
ई-मेल : info@lokbhartiprakashan.com

शाखाएँ : 1-बी, नेताजी सुभाष मार्ग, दरियागंज, नई दिल्ली-110 002
अशोक राजपथ, साइंस कॉलेज के सामने, पटना-800 006
1, अनमोल सोराबजी सन्तुक लेन, धोबी तलाव, मरीन लाइंस, मुम्बई-400 002

विकास कम्प्यूटर एंड प्रिंटर्स
ट्रॉनिका सिटी-201 102
द्वारा मुद्रित

मूल्य : ₹399

CYCLE SE DUNIYA KI SAIR
by Bimal Dey
Translated by Prem Kapoor

ISBN : 978-81-19133-39-0

साइकिल से दुनिया की सैर

क्रम

अपनी बात

दीर्घ बीस वर्षों से इस पुस्तक का बांग्ला-संस्करण 'सुदूरेर पियासी' पढ़कर अनेक लोग मेरी राह के पथिक बने और मैंने उन सभी को उत्साहित किया। अनुभव किन्तु स्थान, काल और पात्र-भेद पर निर्भर करता है। हालाँकि हम सभी मनुष्य हैं, किन्तु फिर भी अपने इर्द-गिर्द की आबोहवा, वातावरण, शिक्षा व कर्मफल के अनुरूप हम सभी अलग-अलग हैं, इसलिए हमारे अनुभव भी भिन्न हैं। एक ही राह पर चलते हुए भिन्न अनुभवों का होना स्वाभाविक ही है। किन्तु इसके लिए हम उत्तरदायी नहीं।

मैंने 1967 साल के दिसम्बर महीने में घर छोड़ा, उसके बाद विभिन्न देशों में अनेक राजनीतिक व सामाजिक परिवर्तन हुए। जाहिर है, मेरे पुराने पथनिर्देशों में वर्तमान में अनेक परिवर्तन हुए हैं, ख़ास कर वीज़ा, वाहन तथा रास्तों आदि के मामले में मेरी पुरानी जानकारी आज 2016 साल में किसी काम की नहीं। इसीलिए मैं पाठकों को सावधान कर देना चाहता हूँ कि मेरी कहानी को 'ट्रैवेल-गाइड' के रूप में न लें। यह पुस्तक मेरी नितान्त व्यक्तिगत भ्रमण-कहानी है। जो साइकिल पर विश्व-भ्रमण के लिए जा रहे हैं या जाएँगे, वे यदि मुझसे कोई सवाल करें या पत्र लिखें तो मैं उन्हें उत्तर अवश्य दूँगा।

मेरी सतत चेष्टा के बावजूद इस पुस्तक में, हो सकता है, कुछ भूल-त्रुटियाँ रह गई हों, पाठकों से उनके लिए मैं क्षमाप्रार्थी हूँ।

नमस्कार!

—बिमल दे

परिव्राजक के प्रयोजन

सन् 1967 के आख़िरी दिन थे...।

हाथ से फेंका गया पत्थर जैसे लौटाया नहीं जा सकता, वैसे ही लौटाई नहीं जा सकती मुँह से निकली हुई बात। नदी जैसे अपने उद्गम स्थल से निकलकर स्वयं ही अपने गतिपथ का निर्माण करती है, उसे किसी की सहायता की आवश्यकता नहीं होती, ठीक उसी तरह होता है मन का चिन्ता-प्रवाह जिसे रोका नहीं जा सकता और जो नदी के समान ही अपनी गति से प्रवाहित होता रहता है। प्रकृति उसके लिए रसद जुटाती है तथा स्थान-काल-पात्र उसे आकार देते हैं।

भू-पर्यटन का खयाल भी इसी प्रकार मन की गहराई से उत्पन्न हुआ। लगा, जैसे सुदूर का आकर्षण मुझे पुकार रहा है, और मुझे जाना होगा। भारत में हर जगह मैं घूमा हुआ हूँ। घर से भागा हुआ बालक हूँ। बचपन से दिगंत ही मेरा सखा रहा है। इसी सीमाहीन दिगंत में स्वयं को खो देने का जो आनन्द छिपा है, मानो वही मैं बारम्बार अनुभव करना चाहता हूँ...!

सन् 1967 की तीन नवम्बर को पासपोर्ट हाथ में आया। जेबें खाली थीं। घर की अवस्था भी ऐसी नहीं थी कि वहाँ से मुझे आर्थिक मदद मिल पाती। अलावा इसके मैंने घर में किसी को कुछ बताया भी तो नहीं था। मुझे नहीं लगा कि बता देने से मेरी राह कुछ आसान हो जाती। मेरी आन्तरिक प्रेरणा और उत्साह आदि सब कुछ मिलाकर मेरे मन में एक अग्नि-सी प्रज्वलित थी। कइयों ने मदद का हाथ

बढ़ाया तो था, पर फिर वैसे ही समेट भी लिया। अधिकांश ने मुझे यह कहकर निराश किया, 'बचपना मत करना बिमल, मारे जाओगे...।'

तर्क की कसौटी पर मैंने इस विषय को गम्भीरता से जाँचा-परखा। भले-बुरे, फायदे-नुकसान आदि के बारे में अच्छी तरह सोच-विचारकर देखा। इच्छापुर के गंगा-किनारे रात बारह बजे के बाद निस्तब्ध रात में स्वयं से मुखातिब हो मैंने पूछा, 'तुम क्या चाहते हो?'

—मुक्ति।

—मुक्ति कहीं नहीं है। इस असीम माया के बन्धन से मुक्ति पाना इतना सहज है?

—तो फिर स्वयं को इस दुनिया की लीला में विलीन कर दो...

...मेरे जीवन के चारों ओर एक असह्य-सी अवस्था की भीड़ जमा हो रही है। चलते समय जिस राह को सहज व सुगम समझा था, वह अन्धकार से भर उठी। बाहर के लोगों की तो बात ही क्या, स्वयं घर के लोगों ने भी यह उम्मीद त्याग दी कि मेरे द्वारा कोई कार्य सम्पन्न हो सकता है। इतना ही नहीं, ख़ुद मेरे मन के अन्दर भी कुहासा या कु-आशा की धुंध जमने लगी। मैंने देखा है कि आत्मीय जन चाहे जितने भी रूढ़ हों, अन्ततः उन्हें छोड़कर जाना सचमुच असम्भव-सा होता है। बचपन से अपने चारों ओर मैंने जो मायाजाल बुना था, मैं उसी में जकड़ा गया। बाद में समझ में आया कि यह सब मेरी अपनी ही दुर्बलता है। मैंने सोचकर देखा कि मैं तो किसी को छोड़कर नहीं जा रहा हूँ, सब मेरे साथ ही जा रहे हैं। मैं तो व्यक्ति-आत्मा को छोड़कर विश्व-आत्मा में मिलना चाहता हूँ...।

सन् 1967 की बीस दिसम्बर को मैंने गुरुजनों का आशीर्वाद लेकर कलकत्ता के राजभवन से यात्रा शुरू की। तब तक मैंने किसी भी देश का वीसा संग्रह नहीं किया था। कलकत्ता में अनेक कौंसुलेट ऑफ़िसों में वीसा लेने गया तो सही, पर दरवानों की प्रताड़ना खाकर लौट आना पड़ा। जाने के रास्ते दक्षिणेश्वर में माँ-काली के मन्दिर में

माता को प्रणाम किया, 'माँ, तुम तो सब कुछ जानती हो; लिहाजा तुम्हें मैं क्या बताऊँ! बस, इतना ही कहता हूँ—अब मैं चला।'

मैं ग्रैंड ट्रंक रोड पर था, और बस इतना ही जानता था कि दिल्ली जा रहा हूँ। इसके बाद—इसके बाद सब वही जानें।

साल 1968, बीस जनवरी, दिल्ली की कालीबाड़ी।

आते समय बनारस के परम् श्रद्धेय पंडित गोपीनाथ कविराज महाशय के साथ कुछ दिन रहा। उन्होंने मुझे कुछेक मूल्यवान उपदेश दिये, जो मेरे जीवन की अमूल्य सम्पदा हैं। उनमें से पहला उपदेश था कि कहीं किसी कारण भी स्वयं को जाहिर न करना। जब तक किसी विपदा में न पड़ो, किसी की मदद न लेना—किसी के गले का भार न बनना। भगवान तुम्हारी मदद करेंगे, वे ही तुम्हारी व्यवस्था करेंगे।

दैनन्दिन जीवन की राह में विशेष प्रयोजन का जो भी थोड़ा-सा कुछ मिलता है, हम उसे लाभ कहते हैं। मेरी शिक्षा भी उसी प्रकार एक लाभ थी। स्वयं को विद्वान् मानकर मुझे बहुत आनन्द मिलता। मैं मन से कहता—तुम शिक्षित हो। और उसी शिक्षा को पाथेय बनाकर मैंने बाह्य-जगत में क़दम बढ़ाया था। गुरुदेव ने कहा है, 'हमारी मुश्किल यह है कि हम सारी विद्या ही ग़ैरों से प्राप्त करते हैं। उस विद्या का मिलान हम किससे करें, किस कसौटी से उसका विचार करें? जिस बटखरे से परिमाण की माप-जोख करनी है, वह बटखरा ही तो नहीं है हमारे पास।'

ग्रैंड ट्रंक रोड पर अचानक मुझे वह बटखरा मिल गया। मथुरा-निवासी एक प्रौढ़ा ने मुझे समझा दिया, 'उस ईंट-काठ-सुरखी-चूने के मकान से कहीं कोई शिक्षा मिलती है रे बाबा! वहाँ से तो बस सर्टिफिकेट मिलती है। और सर्टिफिकेट दिखाकर मिलते हैं। तुम्हारे मन के साथ विश्व-मन के मिलन को ही असली शिक्षा कहते हैं। उससे आन्तरिकता आती है, तृप्ति आती है, और आता है आनन्द। तुम तो परिव्राजक हो। गर्व तुम्हें शोभा नहीं देता। सब

कुछ धो-पोंछकर मिल जाओ आम आदमी के साथ। जब सहज होगे, तो मिलेगी मुक्ति।'

गुरुदेव का कहा फिर याद हो आया, 'पृथ्वी की समस्त एकता का जो शाश्वत आधार है, वास्तव में वही एकता है। वही चित्त की एकता है, आत्मा की एकता है।'

मन की गहराई से हठात् जिस प्रकार चिन्तन व सोच का उद्भव होता है, उसी प्रकार उस चिन्तन को वापस लौटाना भी असम्भव है। उसी प्रकार भ्रमण की योजना भी मन में उपजती है और फिर सामने आती है। और एक बार इस प्रकार की योजना दिमाग़ में आ गई तो उसे नियंत्रण में रख पाना बहुत ही मुश्किल है। वह चिन्तनधारा झरने की तरह बहती रहती है। संगम तक पहुँचने तक इसका कोई विराम नहीं। शायद इसी वजह से घुमक्कड़ लोग अविराम दुर्गम पहाड़, समुद्र, मरुस्थल आदि का अतिक्रमण कर बढ़ते जाते हैं। इसके पीछे किसी पुरस्कार या प्रशंसा का लोभ नहीं होता। तो फिर कारण क्या है? कारण बता पाना मुश्किल है। हो सकता है, किसी अनचीन्हे पुष्प की सुगन्ध या फिर अनदेखी, अनसुनी कोई उम्मीद हो! वास्तव में वह क्या है, उसे शब्दों में बयान करना मुश्किल है। प्यासे को आप चाहे जितनी पानी की थ्योरी सुना लें, पानी पिये बिना उसकी प्यास नहीं मिटती। और पानी पीने के बाद उसे जो आनन्द प्राप्त होता है, उसे क्या लिखकर समझाना सम्भव है?

आम तौर पर भ्रमणकारियों या घुमक्कड़ों का कोई तयशुदा नियम नहीं होता। मन की उदारता और विस्तार ही शायद सबसे बड़ी सम्पदा होती है। बड़ी अद्भुत और वैचित्र्यमय है यह दुनिया। क़दम-क़दम पर हैं अनुभव—और उन अनुभवों के संचय के लिए हमें अतिक्रमण करने पड़ते हैं अनेक सुख-दुख, कड़वे-मीठे रोमांच तथा स्थान-काल व पात्र। इन सभी को ग्रहण करने के लिए स्वयं को प्रस्तुत रखने की बात मैं नहीं कहता, किन्तु इस बात का ज्ञान हो तो रास्ता काफ़ी सहज हो उठता है।

मन की गति साधारणत: चिन्तनशक्ति पर निर्भर करती है। क्योंकि यही चिन्तनशक्ति हमारी सारी इच्छाओं और प्राप्ति के मूल में है तथा इस पाने या न पाने पर निर्भर करता है हमारा शरीर। इसलिए मन का सन्तुलन बनाए रखना अत्यन्त आवश्यक है। विभिन्न प्रकार के मानसिक व्यायाम हैं जो मन को ठीक रखने में मदद करते हैं—ठीक वैसे ही, जैसे विभिन्न शारीरिक व्यायाम शरीर को ठीक रखते हैं। इसीलिए हम देखते हैं कि भारतीय योगी कई-कई दिनों, कई-कई वर्षों तक दुर्गम हिमालय के सीने पर पैदल चलते रहते हैं। उनके मन व शरीर का सामंजस्य ही उनके चलने के मूल में है। दरअसल वे ही भारत के श्रेष्ठ परिव्राजक या घुमक्कड़ हैं।

चलने के रास्ते में कई परिव्राजकों के साथ मेल-जोल हुआ है, दिन-पर-दिन उनके साथ चला हूँ। ग़ौर किया है कि जो मानसिक रूप से सबल नहीं हैं, उन्हें कई नियमों-निषेधों को मानकर चलना पड़ता है। कई बार मन का सन्तुलन बनाए रख पाना मुश्किल होता है। हम कोई योगी तो हैं नहीं, नितान्त साधारण मनुष्य हैं। इसलिए मानसिक द्वन्द्व हमारा हमराही हो उठता है।

गुरुदेव ने कहा है—देश-देश में है मेरा देश, घर-घर में है परम् आत्मीय...। इतने सुन्दर और सहज ढंग से परिव्राजक के मन की बात शायद कोई और नहीं कह पाया। सच तो यह है कि बोलने या कहने लायक मन और भाषा भी जगत में दुर्लभ है।

कहीं जाकर यदि हर समय स्वयं को विदेशी समझा तो फिर देश देखना नहीं होगा। उस देश के जनसाधारण में, समाज और रीति-नीति में स्वयं को विलीन कर उन्हीं में एक हो जाना ही देश देखने का वास्तविक आनन्द है। सिर्फ़ देखने से ही तो नहीं होगा, साथ ही साथ उसका अनुभव करना होगा। और जब यह महसूस होगा कि मैं इस देश का ही एक व्यक्ति हूँ, तभी भ्रमण में परिपूर्णता आएगी।

केवल सांसारिक दैनन्दिन जीवन में ही नहीं, परिव्राजक के जीवन में भी यदि प्रभु का मूल-मंत्र हम ग्रहण कर पाएँ तो वही पाथेय होगा—'नहीं होने चाहिए तीन : भय, लज्जा और घिन।' अपने

पहनावे-पोशाक और अनजाने परिवेश में स्वयं को छोटा बनाकर न रखना ही ठीक है। दूसरों के साथ वार्तालाप और मेलजोल में लज्जा नहीं होनी चाहिए। अपनी शिक्षा व संस्कृति के लिए लज्जा का अर्थ ही है अपनी विशेषता पर पर्दा डालना। इस मामले में लाज का अर्थ ही है हीनता का बोध। सहज और सरल होने में लज्जा विघ्न पैदा करती है। यह बात हमेशा ध्यान में रखनी चाहिए कि प्रत्येक देश की अपनी एक विशेषता होती है और मैं भी अपने देश के लिए गर्वित हूँ। किसी भी हाल में लज्जा को प्रश्रय नहीं दिया जा सकता।

परिव्राजक को विभिन्न परिवेशों से होकर गुजरना पड़ता है। 'घृणा पाप से करो, पापी से नहीं।' चलने के रास्ते, हो सकता है, किसी समय राजप्रासाद मिल जाए ठहरने को और फिर अगले ही दिन हो सकता है, किसी पर्वत-कंदरा में या किसी कुष्ठ व्याधिग्रस्त के साथ एक ही बिस्तर पर या किसी डस्टबिन के बगल में या किसी ब्रिज के नीचे सोना पड़े। किसी भी व्यक्ति से घृणा होने का अर्थ ही है—कुछ खोना। सब कुछ ईश्वर की सृष्टि और पृथ्वी का एक अंश है—यही सत्य है।

भय हमारा रास्ता अवरुद्ध करता है। साहस से हमें उसे खोलना होगा। चलने के रास्ते भय सकारण व अकारण हमारे सामने आएगा, किन्तु उसे प्रश्रय देने का अर्थ है—अपनी दुर्बलता को स्वीकार करना। स्वामीजी ने कहा है, 'भय ही भय का मूल कारण है'—यह स्मरण रखना चाहिए कि भय कायरों के लिए होता है। फिर वह भय चाहे दैविक हो या आधिभौतिक या आधिआत्मिक ही क्यों न हो!

परिव्राजक की एक और बड़ी बाधा है, और वह है—सम्मान, नारी एवं अर्थ। चलने के रास्ते ये आएँगे, परन्तु लेना उतना ही होगा जितने का प्रयोजन है, उससे अधिक नहीं। मात्रा से अधिक होते ही उसके प्रति आकर्षण हो जाता है और उसी आकर्षण से पहले आत्मसमर्पण और फिर परिणति होती है विसर्जन। इसके बाद एक दिन पश्चात्ताप होता है किन्तु तब लौटने का कोई रास्ता नहीं रहता। मृत्यु को प्राप्त होता है परिव्राजक।

परिव्राजक या घुमक्कड़ को चलते रहना होता है, क्योंकि चलते रहने में ही आनन्द है। अनिंद्यसुन्दर व अव्यक्त असीम के प्रेम में पड़ना ही अच्छा होता है, जिससे न कभी कोई आघात लगेगा, न कभी मिलेगी विच्छेद की वेदना। केवल उसके सीमाहीन प्राकृतिक सौन्दर्य और स्थान-भेद में उसकी सीमाहीन विचित्रता का दिन पर दिन उपभोग करते रहो।

यह अनिंद्यसुन्दर पृथ्वी इसी की अभिव्यक्ति है। पहाड़ कभी हरी-भरी घास से ढके नज़र आते हैं तो कभी अरण्यमय। कहीं रंग-बिरंगे पंछियों का कलरव है, तो कहीं सफ़ेद बर्फ़ की चादर बिछी है। नदी चाहे जहाँ से भी होकर बहे, स्वयं को कभी खोती नहीं। यह वह रास्ता है, जहाँ स्वयं को समर्पित कर देने का एक मोह है—ऐसा आनन्द और कहाँ है?

जीवन की राह में सम्मान आएँगे, जाएँगे। नारी भी आएँगी, उनकी प्रशंसा करो, उनसे प्रेरणा ग्रहण करो—वे मातृजाति हैं, किन्तु स्वयं को उनके हाथों में न सौंपना ही मंगलमय है। यह नहीं भूलना चाहिए कि उनके रूप में अग्नि है। और माया में बन्धन है।

और अर्थ? उसके पीछे दौड़ने में कोई लाभ नहीं—जितना भर आवश्यक है, उससे अधिक नहीं—क्योंकि उसमें जोखिम और विपत्ति है—शान्त व निर्विघ्न जीवन में इससे चंचलता आती है। जितने धन का प्रयोजन है, वह आ ही जाएगा। उत्तर मेरु की यात्रा से पूर्व स्वामी रामतीर्थ से बातें हो रही थीं। उन्होंने काफ़ी जोर देकर कहा था, 'रुपयों की बात मत करो। जब प्रयोजन होगा तो रुपया तुम्हारे पास दौड़ा चला आएगा। तुम परिव्राजक हो, तुम्हारा तो काम ही है आगे बढ़ते जाना।'

सम्मान को यदि अधिक प्रश्रय दिया तो उसके साथ आएँगे गर्व व अहंकार। नारी को अधिक प्रश्रय देने पर आते हैं आकर्षण व स्नायविक दुर्बलता। और अर्थ का पीछा करने पर शुरू होती है एक ऐसी दौड़ जिसका कोई अन्त नहीं। यदि अनवरत दौड़ना ही है तो सुन्दर और श्रेष्ठ के पीछे दौड़ना ही बेहतर है।

प्रत्येक मनुष्य के हृदय में समान रूप से क्षमा, प्रेम व अन्तरंगता आदि गुणों का आधार होता है जिनका परिवेश व परिस्थिति के अनुरूप बहिर्प्रकाश कई बार सम्भव नहीं हो पाता। मनुष्य पर विश्वास खो देना पाप है—इस सच्चाई का अनुसरण कर मैंने देखा है कि जहाँ मनुष्य है, वहीं मित्र भी हैं, परमात्मीय भी हैं। वे अध्यापक हों, चिकित्सक हों, धार्मिक हों या चोर-डकैत या यायावर हों—सब समान हैं। चोर जैसे एक ओर दूसरों का सर्वनाश करता है, वहीं दूसरी ओर अपने पुत्र-कन्या के प्रति असीम स्नेहशील होता है। जो वैज्ञानिक सुन्दर व सशक्त भाषा में अपने द्वारा आविष्कृत मारक वाष्प के बारे में भाषण देता है, वही अपनी पत्नी के लिए एक प्रेमी भी होता है। एक घुमक्कड़ बंजारा दैनिक यहाँ-वहाँ घूमकर स्थान परिवर्तन अवश्य करता है, किन्तु उसका अन्तर अचंचल अविकृत, सहज व सुन्दर होता है। ऐसी अवस्था में मनुष्य पर विश्वास रखकर चलने में, मुझे नहीं लगता कि कोई जोखिम है। यह मेरी व्यक्तिगत धारणा है।

एक कहावत है कि मनुष्य ही मनुष्य का सबसे बड़ा शत्रु भी है, और परम मित्र भी। कई लोग मुझसे असहमत होंगे किन्तु वे यदि कभी परिव्राजक के पथ का अनुसरण करें तो मैं विश्वास के साथ कह सकता हूँ कि उन्हें मानना पड़ेगा कि हाँ, यह सच है।

बाघ का डर-1

एडवेंचर?

आइए, बाघ की कहानी से शुरू किया जाए। जो शिकारी हैं या विभिन्न कारणों से जिनका वन-जंगलों में जाना-आना होता रहता है, हो सकता है, उनके विभिन्न अनुभव रहे हों, किन्तु मेरी बात कुछ अलग है। आप शायद सोच रहे हैं कि मैं ही पहले शुरू हो गया...। ख़ैर, मैं अब बातें खोलकर आपके सामने रखता हूँ।

मैं विश्व-पर्यटन के लिए निकला हूँ, और यह है उसका प्रथम चरण। कलकत्ता से शान्तिनिकेतन होते हुए बनारस की ओर जा रहा हूँ। नहीं, मैं तीर्थ के लिए नहीं जा रहा हूँ, वास्तव में यही मेरा रास्ता है। मुझे दिल्ली जाना है। शान्तिनिकेतन में प्रधानमंत्री श्रीमती इन्दिरा गांधी से मेरा साक्षात्कार हुआ तो उस समय विभिन्न व्यक्तियों से भ्रमण के बारे में उनके कड़वे-मीठे अनुभवों की कहानी सुनी थी। उस समय मैंने सोचा भी नहीं था कि भारत-त्याग से पूर्व ही मैं अपने अनुभवों को लिपिबद्ध कर पाऊँगा।

हाँ, तो मैं कह रहा था कि मैं जा रहा था...हाँ, हज़ारीबाग के बीच से ग्रैंड ट्रंक रोड के दोनों ओर घना शाल-वन था। बीच-बीच में लाल मिट्टी की भीनी-भीनी जंगली गन्ध आ रही थी और उसके साथ अपना सामंजस्य बैठाकर मैं धीमी गति से साइकिल चला रहा था। शाम हो गई थी और रास्ता ऊबड़-खाबड़ था। हालाँकि थकावट महसूस हो रही थी किन्तु आसपास में आश्रय योग्य कोई जगह नज़र नहीं आ रही थी, इसलिए मैं चलता रहा। धीरे-धीरे अँधेरा गहराने लगा। जंगल में अब लाल मिट्टी नज़र नहीं आ रही थी—पता नहीं, कितनी दूर पर कोई गाँव मिलेगा! अतः देह व मन में स्फूर्ति जगाने के लिए मैंने गाना शुरू

किया और गाने की ताल पर ही राह चलने लगा। थोड़ी-सी दूरी तय की थी कि कुछ दूरी पर एक मनुष्य-आकृति नज़र आई—तो मैंने जोर से पैडल चलाए। हाँ, वह आकृति मनुष्य की ही थी, जो देखने-सुनने में भलामानस लग रहा था।

'नमस्कार, भैया।' मैंने उन्हें हिन्दी में कहा। मेरे नमस्कार का प्रत्युत्तर दिये बिना वे मुँह बाए मेरी ओर देखते रहे। मैंने सोचा, कहीं ये गूँगे तो नहीं? सन्देह दूर करने के लिए मैंने फिर प्रश्न किया, 'बता सकते हैं, यहाँ आसपास में कोई गाँव है, या कहीं सिर छिपाने की जगह मिल सकती है?'

उस भले आदमी ने सीधा जवाब दिया, 'गाँव? दो-दस मील तक कोई गाँव तो क्या, कोई आदमी नज़र नहीं आएगा। वह तो मुझे देरी हो गई इसलिए यहाँ हूँ, वर्ना मैं भी नज़र नहीं आता।'

'मेरा भाग्य अच्छा है कि आपसे भेंट हो गई।' मैंने कहा, 'अच्छा, आसपास में यहाँ कोई बस्ती है?'

उस व्यक्ति ने नाराज होकर उत्तर दिया, 'तुम्हें क्या लग रहा है कि मैं तुम्हारे साथ कोई मज़ाक़ कर रहा हूँ?'

मैंने फौरन जवाब दिया, 'नहीं, नहीं, ऐसी बात नहीं है। बात दरअसल यह है कि मैं कलकत्ता से आ रहा हूँ और बनारस जाना है। रात बिताने के लिए कोई गाँव या चट्टी ढूँढ़ रहा था, इसलिए...।'

मेरी बात को बीच में ही काटते हुए वे बोले, 'हाँ, हाँ, बड़ा साहस का काम कर रहे हैं आप। तो यदि तीर्थ ही करना था तो साइकिल से क्यों? ट्रेनें और बसें किसलिए हैं?'

मेरा विनीत उत्तर था, 'हाँ, ट्रेनें और बसें हैं तो सही, पर क्या करूँ भैया जी, ग़रीब आदमी हूँ इसलिए साइकिल पर जा रहा हूँ।'

'जाते हो तो जाओ, पर यह रास्ता खतरनाक है, पता है?' उन्होंने आगाह करते हुए कहा।

'हाँ, पता है। ग्रैंड ट्रंक रोड पर गाड़ी-घोड़े वाले बड़ी लापरवाही से गाड़ी चलाते हैं। इसीलिए तो कह रहा था कि कहीं रात भर के लिए आश्रय मिल जाता...।' मैंने उन्हें आश्वस्त करते हुए कहा।

मुझे बीच में ही टोकते हुए उन्होंने कहा, 'सिर्फ़ गाड़ी-घोड़े वालों की बात क्यों? दोनों ओर का जंगल नहीं देखा? आसपास के गाँवों की गाय-बकरियाँ अक्सर बाघ के पेट में जाती हैं। हाँ, वो बाघ किन्तु मामूली बाघ होते हैं, बंगाल

के रॉयल बेंगाल टाइगर नहीं। और उनके अलावा चीते, भेड़िये, लकड़बग्घे आदि भी तो हैं। यही कोई महीना भर पहले हमारे बैरेज के एक कुली के ख़ून से सने कपड़े और कुछ हड्डियाँ हमें मिली थीं। भगवान जाने वह बेचारा किसके पेट में गया!' यह कहकर वे चुप हो गए और रास्ते के विपरीत जंगल की ओर यों देखने लगे, मानो ख़ून से सने कपड़ों वाला दृश्य उनकी आँखों के सामने उभर आया हो! मैं भी अवाक् दृष्टि से उन्हें देखता रहा।

'नहीं, रात हो गई है। मैं अब चलता हूँ। सावधानी से जाना, समझे? कम उम्र है, कोई जोखिम मत उठाना।' उपदेश देकर वह भले आदमी तो चल दिये।

उनकी कहानी ने मुझे कुछ भौचक्का-सा कर दिया। उनके चले जाने के पश्चात् दोनों ओर के जंगल के बीच मैं स्वयं को नि:संग और कुछ असहाय-सा पा रहा था। पेड़ से टूटते पत्तों का शब्द भी मुझे बाघ की पदचाप-सा लगने लगा। मैं मन-ही-मन सोच रहा था कि वह महाशय तो मुझे विपदा में डाल गए। अच्छा-भला तो जा रहा था मैं अकेला-अकेला, उनसे भेंट न होती तो ही अच्छा था। अब मैं क्या करूँ? वह महाशय जिस ओर गए थे, उस ओर देखकर मुझे लगा कि वे जब इस ओर गए हैं तो निश्चय ही इस रास्ते में विपत्ति की आशंका कम होगी और रास्ता भी किसी मानव-बस्ती की ओर ही गया होगा। अत: मुझे उसी ओर जाना चाहिए। डामर की सड़क ग्रैंड ट्रंक रोड से मैं लाल मिट्टी के रास्ते पर उतर आया और ऊबड़-खाबड़ रास्ते पर आगे बढ़ने लगा।

कुछ देर बाद उन्हीं सज्जन से फिर मुलाकात हो गई। हँसते हुए बोले, 'इसी रास्ते पर आ गए! अच्छा किया। ग्रैंड ट्रंक रोड पर जन्तु-जानवरों के अतिरिक्त दस्युओं और तस्करों का डर है। और फिर तुम्हारे पास तो माल-असबाब भी काफ़ी है। लगता है, तुम्हें घूमने-फिरने का काफ़ी शौक़ है। नौकरी-चाकरी नहीं करते शायद?'

मैंने मन-ही-मन सोचा कि चलो, अन्तत: उन महाशय ने कुछ हँसकर बात तो की। साइकिल से उतरकर मैं उनके साथ-साथ चलने लगा। मुझे अपने साथ चलते देख वे हठात् रुक गए और तीव्र स्वर में बोले, 'तुम जाते हो तो जाओ। रुक क्यों गए?'

मैंने विनीत स्वर में कहा, 'मैं तो रास्ता पहचानता नहीं। इसलिए सोचा कि आपके साथ चलना ही ठीक होगा।'

उन सज्जन ने मुख विकृत कर कहा, 'मेरे साथ कहाँ जाओगे? मैं तो अपने

घर जा रहा हूँ। मेरे रास्ते पर जाकर कोई लाभ नहीं होगा, मैं कहे दे रहा हूँ।'

उन महाशय के चेहरे की ओर देखकर मैं चौंक उठा। उफ्फ, कितना घिनौना रूप! साथ ही साथ मुझे बाघ वाली बात याद हो आई। कुछ बिना बोले मैंने साइकिल का मुँह घुमा लिया। सोचा, और चाहे कहीं जाऊँ या न जाऊँ, इस बाघ के साथ न जाने में ही भलाई है।

उन महाशय के चलते यों ही मेरा एक घंटा बर्बाद हो गया। अच्छा-भला चला जा रहा था, अब इस बाघ की कहानी सुनकर मन में एक डर बैठ गया है। ख़ैर, जो हो, मैं फिर सड़क पर चढ़ आया। बाबा ताड़कनाथ का नाम लेकर ठीक-ठाक अगले गाँव पहुँच गया। उसके बाद अनेक दिन बीत गए, किन्तु अभी भी उस विकृत बाघ (?) का चेहरा याद आ जाता है।

बाघ का डर-2

आइए, अब ठीक एक-सी ही परिस्थिति में एक और चरित्र की बात की जाए। भारत छोड़ने से पूर्व हाथ में कुछ समय था इसलिए मैं दिल्ली से उत्तर, हरिद्वार की ओर चला आया ताकि पहाड़ी रास्तों पर चलने का कुछ अनुभव संचय कर सकूँ। हरिद्वार से वह रास्ता पौड़ी गढ़वाल के अन्दर से वहाँ के रिजर्व फॉरेस्ट से होता हुआ काठगोदाम तक चला गया है। यह वही घना जंगल है जिसका वर्णन मशहूर शिकारी मि. कॉरबेट ने अपनी रचना में किया है। इस जंगल में हिंस्र जीव-जन्तुओं की कोई कमी नहीं है। पहाड़ी रास्ता है—केवल बीच-बीच में फिसलन से बचने के लिए कंकड़ बिछाए हुए हैं।

बाईं ओर हिमाचल का सौन्दर्य और दाईं ओर के वन-जंगल में बीच-बीच में मोर और लंगूरों का दर्शन करता चल रहा था। हरिद्वार से लगभग चालीस मील दूर तक चला आया था। बीच में एक रात पेड़ पर गुजारी। काफ़ी लम्बा रास्ता था, प्रायः दस-पन्द्रह मील। वहाँ एक के बाद एक पहाड़ी लोगों के खटाल हैं, जहाँ से उनका गव्य का व्यवसाय चलता है। चारों ओर मिट्टी की ऊँची-ऊँची दीवारें हैं और कुछ कुत्ते हैं जो उनके पहरेदार हैं। गायों के गले में बँधी घंटियों की आवाज़ काफ़ी दूर से सुनाई देती है। लगता है, जैसे किसी मन्दिर की घंटियाँ बज रही हों! जिन लोगों को वन-जंगलों में घूमना अच्छा लगता है, उन्हें यह रास्ता बहुत ही अच्छा लगेगा।

उत्तर प्रदेश के वन-विभाग के अन्तर्गत है यह अरण्य। बन्दरों और लंगूरों के साथ दोस्ती बनाए रखकर मैं आगे बढ़ रहा था। धीरे-धीरे मेरी छाया लम्बी होने लगी। शाम हो आई। और शुरू हुई एक और रात की चिन्ता। चलने में काफ़ी कष्ट हो रहा था, फिर भी मैं चल रहा था क्योंकि सूर्यास्त के पहले ही मुझे कोई

उपयुक्त आश्रय ढूँढ़ लेना होगा। अचानक कुछ आवाज़ भी सुनाई दी। मैंने कान खड़े कर सुनने की चेष्टा की, पर समझ न पाया कि वह आवाज़ किस चीज़ की थी। सावधानी से मैं पास के ही एक ऊँचे-से पेड़ पर चढ़ गया। मेरी साइकिल और सामान रास्ते पर पड़े रहे। ख़ुद को एक डाल से अच्छी तरह अटकाकर मैंने उस आवाज़ को ध्यान से सुनने की कोशिश की। हाँ, अब आवाज़ पहले से स्पष्ट सुनाई दे रही थी। अरे, वह क्या है, एक ट्रक जैसा? हाँ, एक लॉरी है। उसी की आवाज़ तो दूर से सुनाई दे रही थी। लॉरी ने मेरी साइकिल और सामान के सामने आकर ब्रेक लगाया। तब जाकर मेरी साँस में साँस आई कि चलो, कोई जन्तु-जानवर तो नहीं है। मैं पेड़ से उतर आया। इसी बीच लॉरी चालक और उसके साथ एक और व्यक्ति लॉरी से उतरे। मेरी ओर देखते हुए उन्होंने जानना चाहा, मैं कौन हूँ और यहाँ क्या कर रहा हूँ। मैंने अपनी कहानी बताई तो वह सज्जन विस्मित होकर बोले, 'तुम साइकिल पर हरिद्वार से आ रहे हो? रात में कहाँ थे?'

मेरा जवाब था, 'पेड़ की एक मजबूत डाल पर।'

'बन्दर की तरह!' उन सज्जन ने मज़ाक़ के लहजे में कहा, 'रास्ते में किसी प्रकार की कोई आफत या संकट तो नहीं हुआ?'

मैंने भी हँसकर जवाब दिया, 'मुझे देखकर ही समझ गए होंगे कि भला-चंगा हूँ।'

वे अवाक् हो मेरी ओर देखते रहे, फिर बुदबुदाए, 'आश्चर्य!'

फिर कुछ हड़बड़ा उठे और बोले, 'इतनी दूर आकर बहुत साहस दिखा लिया। अब और साहस नहीं दिखाना होगा। चलो, मेरे साथ।'

मैंने बिना कुछ कहे अपना सामान समेटा और साइकिल समेत उनकी गाड़ी पर सवार हो गया। रास्ते में उन सज्जन का परिचय मिला कि वे इस अंचल के वन-संरक्षण विभाग के डिप्टी डायरेक्टर थे। नाम था श्री धरमराज सिंह। बड़े सहज, निष्कपट व्यक्ति थे। उन्होंने जानना चाहा कि इस वन के बारे में मुझे कोई जानकारी है कि नहीं। बड़ी विनम्रता से मैंने अपनी अनभिज्ञता स्वीकार की तो धरमराज सिंह ने बड़े उत्साह के साथ मुझे बताना शुरू किया, 'उत्तर प्रदेश में जितने भी वन-जंगल हैं, यह जंगल उन सबसे अधिक कुख्यात है। इस जंगल में प्रचुर मात्रा में हिंस्र जन्तु-जानवर हैं, ख़ास कर भेड़ियों और लकड़बग्घों की कोई कमी नहीं। तुमने मशहूर शिकारी जिम कॉरबेट की किताब पढ़ी नहीं?

उनकी सारी कीर्ति-कहानियाँ इसी जंगल से तो जुड़ी हैं। किन्तु हम लोगों ने इसे रिजर्व-फॉरेस्ट के रूप में रखा है। चाहे जितने भी हिंस्र क्यों न हों, मूल्यवान पेड़-पौधों की ही तरह ये भी हमारी वनज सम्पदा हैं। तुम्हारी किस्मत अच्छी थी कि तुम यहाँ तक चले आए और किसी हिंसक जन्तु से सामना नहीं हुआ। ईश्वर तुम्हारी रक्षा करें।'

कुछ देर चुप रहकर वह फिर बोले, 'मेरे साथ चलो। हम यहाँ के आंचलिक दफ़्तर में जा रहे हैं। यहाँ के लोगों ने एक चीता बाघ पकड़ा है, जो सम्भवत: बीमार है। देखोगे तो चलो।' और मैं चीता बाघ देखने चला आया। चिड़ियाखाना में बहुतेरे बाघ-भालू देखे हैं, पर यह अनुभव भयावह था।

सिंह महाशय के साथ जंगल के विभिन्न अंचलों में और भी कई दिन घूमा। यहाँ तक कि रात को उन्होंने मचान के ऊपर से लकड़बग्घे जैसे कई जन्तु-जानवर दिखाए और फिर हँसते हुए बोले, 'क्यों, अब समझ में आ रहा है कि तुम कहाँ से जा रहे थे?' विभिन्न वन-जंगलों में मुझे घुमा-फिराकर अन्ततः वे मुझे काठगोदाम यानी नैनीताल की तराई में ले आए। और यहीं एक अद्भुत चरित्र से मुलाकात हुई, उनका नाम था के.के. आहलूवालिया। सिर पर झबरे-से बाल, दाढ़ी, और पोशाक के नाम पर एक फुलपैंट और गंजी। यहाँ के कृषि-कॉलेज में भाषण देने गया तो उनसे परिचय हुआ। लगभग जबरन मुझे अपने घर ले गए। घर यानी एक फार्म में स्थित एक बड़ा-सा मकान। वह तो बिलकुल एक नया-सा संसार था। ठीक से चारों ओर नज़र दौड़ाई तो देखा, कुछेक गाड़ियाँ, जैसे—एक स्कूटर और फार्म के लिए दो ट्रैक्टर। मकान भीतर से कुछ गंदा था फिर भी उसमें एक ओर पड़ी थीं कुछ शिकारी बन्दूकें, रेडियो, टेपरिकॉर्डर, दामी कैम्पिंग-सेट और असंख्य स्कॉच-बियर-व्हिस्की की बोतलें।

आहलूवालिया ने मेरे चेहरे के हाव-भाव देखते हुए कहा, 'देख क्या रहे हो? यह है मेरा घर। मैं बिलकुल भी अच्छा आदमी नहीं हूँ। मैं परले दर्जे का शराबी हूँ, कुकर्मी हूँ, और साथ ही हूँ...' एक अश्लील शब्द उच्चारण कर उन्होंने समझा दिया कि वे नारी-देह के प्रति अत्यधिक आसक्त थे।

मैंने सीधा सवाल किया, 'तो मुझे पकड़कर क्यों लाए? मैं तो इनमें से कोई नहीं।'

हँसते-हँसते उन्होंने उत्तर दिया, 'वह मैं जानता हूँ। बहुत सारी बातें हैं, बाद में कहूँगा। पहले नहा-धो लो, बाकी बातें खाते-खाते होंगी।'

भोजन आया, हिरन के मांस का पुलाव। आहा, कितने दिनों बाद तो पेट भर भोजन नसीब हुआ था! खाते-खाते मैंने पूछा, 'यह किसका मांस है?'

जवाब मिला, 'हिरन का। ख़बरदार, किसी को बताना मत। इस हिरन को चोरी से मारा गया था।'

'चोरी से?' मैंने विस्मित स्वर में पूछा, 'बन्दूक़ कैसे चलाई? बन्दूक़ की आवाज़ तो छिपेगी नहीं।'

उन्होंने कपटपूर्ण विस्मय से जवाब दिया, 'वर्ल्ड टूर पर निकले हो, किन्तु सामान्य-सी बात नहीं समझे! अरे, रुपये से सारी आवाज़ें दब जाती हैं। दरबान को दस रुपये देकर तो बाघ तक का शिकार किया जा सकता है।'

खाने-पीने के बाद घर के एक कोने से नोट-बुक्स का एक बंडल जैसा लाकर टेबल पर रखा और बोले, 'इन्हें देखो।'

मैंने अच्छी तरह से देखा, पाँच पुराने पासपोर्ट थे। नाम देखा—के.के. आहलूवालिया, पेशा—छात्र इत्यादि। पन्ने उलटकर देखे और कहा, 'देख पा रहा हूँ कि आप अनेक देश घूमे हैं।'

आहलूवालिया ने हामी भरी, 'मैं भी तुम्हारी ही तरह एक घुमक्कड़ हूँ।' फिर बोले, 'दिल्ली यूनिवर्सिटी से ग्रेजुएट होने के बाद मैं पढ़ने के लिए जर्मनी गया। वहाँ कुछ महीने रहने के पश्चात् काम में लग गया, क्योंकि पैसों की दरकार थी। बस, फिर क्या था! उसके बाद जैसा अक्सर होता है—धन मिला, लड़कियाँ मिलीं, तो रह गया। मैं सात वर्ष जर्मनी में रहा। मेरी बेटी की उम्र अब ग्यारह वर्ष है।"

'क्या? तो आप विवाहित हैं?' मैंने सविस्मय पूछा।

'विवाह? वह क्या होता है? विवाह के बिना क्या बेटी नहीं हो सकती?' मेरे अवाक् चेहरे की ओर देखते हुए हँसते हुए आहलूवालिया ने कहा, 'वैसा भारत में होता है, यूरोप में नहीं, समझे? यह जो फार्म देख रहे हो, इसका सारा पैसा जर्मनी से आया। पाँच वर्षों बाद फिर लौट जाऊँगा जर्मनी में। हाँ, यह पता नोट कर लो। जर्मनी में जब जाओ और कोई छोटी-मोटी दरकार हो तो मेरा रेफरेंस देना।'

मैंने पते पर सरसरी नज़र डाली, 'ये आपके मित्र हैं?'

'अरे नहीं, इनकी बेटी के साथ मैंने तीन वर्ष गुजारे।'

आहलूवालिया अपनी कहानी कह रहे थे, और मैं नीरव श्रोता था। उनकी

सरलता के बारे में मुझे कोई सन्देह न था। आहलूवालिया की बातों से मुझे पता चला कि वह यूरोप से भारत उस मोटरसाइकिल से आए थे। लिहाजा उनकी बातें यदि सुनूँ तो हो सकता है, मेरे काम आएँ। उनकी मूल्यवान सीखों में उल्लेखनीय थीं, 'किसी लड़की के बन्धन में मत बँधना। सब समय धन उपार्जन का उपाय करते रहना। साइकिल और कमीज के पीछे 'World Tour' सब समय लिखा होना चाहिए। याद रखना, यह दुनिया एडवर्टाइजिंग की दुनिया है। तुम यदि भले आदमी बनने जाओगे तो भूखे मरोगे। इसलिए चाहे जैसी भी हो, नौकरी करते रहना।' उनके उपदेश भविष्य में मेरे बहुत काम आए।

इन्हीं आहलूवालिया के माध्यम से मैंने वहाँ के रोटरी-क्लब में भाषण दिया और विदेश-यात्रा के लिए भारतीय के रूप में यहीं मुझे पहली बार विराट और व्यापक नागरिक सम्मान मिला और शुभेच्छाएँ प्राप्त हुईं। लगभग एक हज़ार व्यक्तियों के सामने वह मेरा पहला भाषण था जहाँ मुझे सहज-सरल पर्वतवासियों तथा ग्रामवासियों की शुभेच्छाएँ और आशीर्वाद प्राप्त हुआ। उस दिन सबने मिल-जुलकर मेरे सफल विश्व-भ्रमण के लिए ईश्वर से प्रार्थना की। शायद अनजाने में मेरे यहाँ आने का यही प्रथम व प्रधान कारण था। सब उन करुणामय की कृपा थी।

आहलूवालिया के साथ मैं दस दिन रहा और उन्हीं दस दिनों में मैं उनके वास्तविक स्वरूप के बारे में जान पाया। बाहर से देखने में दुश्चरित्र-से लगने वाले व्यक्ति में छिपा था एक सुन्दर, सहज व परोपकारी इनसान। प्राय: ही हम जब नैनीताल जाते तो रास्ते में किसी ग़रीब वृद्ध-वृद्धा को देखते ही उन्हें गाड़ी में उनके गंतव्य तक पहुँचा देना एक रोज़मर्रा की घटना थी। परोपकारी आहलूवालिया से मैंने एक दिन पूछा था कि वह जो ग़रीब और दुखियों की अक्सर मदद करते हैं, तो प्रतिदानस्वरूप ख़ुद उन्हें क्या मिलता है? जवाब में आहलूवालिया ने बताया था—उनके चेहरों पर खिलती मुस्कान ही उनका श्रेष्ठतम प्रतिदान थी।

रास्ते के तस्कर

जैरिन को अलविदा कहकर मैं फिर से साइकिल लेकर निकल पड़ा—तेहरान की ओर। उस समय मुझे पता नहीं था कि एक और नया अनुभव मेरी प्रतीक्षा कर रहा था।

दोनों ओर शुष्क बालू और मिट्टी, कहीं-कहीं तो केवल बालू, और उसी के बीच से बढ़ी जा रही थी टेढ़ी-मेढ़ी डामर की सड़क। मैं इस्फहान से लौट रहा था। सामान्य भ्रमणकारियों का प्रधान आकर्षण है यह इस्फहान—सुसमृद्ध प्रचीन नगर और उसके ध्वंसावशेष।

हालाँकि पूर्ण चन्द्र नहीं, फिर भी आसमान में चाँद निकला है। रास्ता निर्जन है। यही वह समय है जो इस अंचल में मुझे सर्वाधिक प्रिय है, इसीलिए मैं बढ़ा जा रहा हूँ—रात की प्रेरणा से। दिन के समय जितना सम्भव है, विश्राम ले लेता हूँ। यदि कोई मरूद्यान मिल जाए तो बेहतर, वर्ना बीच-बीच में यायावरों के तम्बू पाए जाते हैं। उनके साथ दोस्ती कर दिन का समय गुजार लेता हूँ। और प्रचंड धूप से बच जाता हूँ।

उस दिन भी अन्य दिनों की तरह ही चल रहा था। सामने था ऊँचा-नीचा पठारी भूमि-सा रास्ता। इस्फहान को छोड़ आया था पीछे, काफ़ी दूर। सामान्यत: दो-एक घंटा साइकिल चलाने के बाद मैं पाँच-दस मिनट पैदल चल लेता हूँ; इससे शारीरिक थकान बहुत कम होती है। एक जगह भूमि क्रमश: ऊपर की ओर चली गई है, इसलिए मैं पैदल-राह पर चल रहा हूँ। काफ़ी ऊपर तक आ गया तो एक मोड़ पार करते ही देखा कि एक गाड़ी खड़ी है। लगा कि गाड़ी का 'ब्रेकडाउन' हो गया है। कोई गाड़ी के नीचे लेटकर, कोई इंजन पर झुककर उसकी मरम्मत करने की चेष्टा कर रहा था। सचमुच, इस मरुभूमि में

गाड़ी का ख़राब होना भी एक विपत्ति है।

मैं जब उनके नजदीक पहुँचा तो अचानक गाड़ी के पीछे से एक जन कूदकर मेरे सामने आया। मैंने चौंककर उसकी ओर देखा तो देखा कि उसके हाथ में एक छुरा है। मैं भौचक्का रह गया। फारसी भाषा में उसने क्या कहा, मैं कुछ भी समझ न पाया। ख़ुद को सँभालने में हालाँकि मुझे कुछ समय लगा किन्तु मैंने अपनी दुर्बलता उन पर जाहिर न होने दी। अपनी साइकिल की प्लेट दिखाते हुए मैंने अंग्रेज़ी में कहा—मैं एक निरीह पर्यटक हूँ। वह मेरी ओर ताक़ता रहा। मैंने मन-ही-मन भगवान को याद किया और सोचा कि डरने से बिलकुल भी काम नहीं चलेगा, मुझे मन को संयत रखना होगा।

गाड़ी के नीचे जो व्यक्ति लेटकर गाड़ी की मरम्मत करने का भान कर रहा था, धीरे-धीरे वह उठकर आया और स्पष्ट अंग्रेज़ी में बोला, "सुनो, यदि प्राणों का भय हो तो साइकिल और जेब में जो कुछ है, वह निकालकर यहाँ रखो और निकलो। चलो, चलो, देरी करने से कोई फायदा नहीं।"

मैं समझ गया कि भारी मुसीबत में फँस गया हूँ। इस मरुभूमि में दूर-दूर तक बचाने वाला कोई न था। शायद सौ मील तक कोई दूसरा नहीं था। मुझे अपनी रक्षा ख़ुद करनी होगी, भागने की चेष्टा करना विपत्ति को बुलावा देना था।

वह व्यक्ति चीख़ा, 'क्यों, सुनाई नहीं दे रहा क्या?'

मैंने फौरन उत्तर दिया, 'नहीं, सुन रहा हूँ। किन्तु आप बड़ी सुन्दर अंग्रेज़ी बोल रहे हैं। ख़ैर, जान बची। जानते हैं, पिछले दो दिनों से किसी से बात किए बिना जी घबरा रहा था। पहले यदि पता होता कि मरुभूमि को नि:संग अवस्था में पार करना होगा तो क्या साइकिल पर ईरान भ्रमण को आता? चलो, बच गए कि दो-चार मित्र तो मिले।' मैं जोर-जोर से ही बोल रहा था ताकि वे सभी सुन सकें।

ड्राइवर की तरह अंगरखा जैसे कुछ पहने हुए व्यक्ति ने मेरी ओर देखकर कहा, 'तुम्हें क्या लगता है कि हम तुम्हारे मित्र हैं?'

'अवश्य!' मैंने काफ़ी जोर देकर कहा, 'ऐसे मरुस्थल में आप यदि मेरे मित्र न होंगे तो और कौन होगा? और सबसे बड़ी बात यह कि बातें करने के लिए लोग तो मिले। और आप अच्छी अंग्रेज़ी बोलते हैं, इसका मतलब यह हुआ कि मुझे एक शिक्षित मित्र मिला।'

जिस व्यक्ति के हाथ में छुरा था, उसके कुछ कहते ही अंग्रेज़ी के जानकार व्यक्ति ने हड़बड़ी मचाई, 'चलो, चलो, जल्दी करो। जो है, निकालो।'

भीतर से भले ही मैं डरा हुआ था, पर बाहर मैंने बिलकुल भी जाहिर न होने दिया। मैंने उनसे इस प्रकार बातचीत शुरू की, जैसे उनसे डरना तो दूर, मैं तो उन्हें पूर्वपरिचित मित्र मान रहा था। बैग खोलते हुए मैंने कहा, 'पता नहीं, तुम लोगों को देने लायक मेरे पास कुछ है कि नहीं। फिर भी देखता हूँ...' बैग में हाथ डालकर मैंने गुरुदेव लिखित पुस्तक *Boundless Sky* निकाली। यह पुस्तक मेरे प्रिय प्रोफ़ेसर शुभाशीष ने मुझे रास्ते में पढ़ने के लिए दी थी। उनकी ओर देखते हुए मैंने कहा, 'यह लो, पर ध्यान रखना, जहाँ-तहाँ बेच दोगे तो उपयुक्त कीमत नहीं मिलेगी। यदि कोई यूनिवर्सिटी का प्रोफ़ेसर या छात्र मिले तो उन्हें बेचना, अचछा दाम मिलेगा। मेरे पास भारतीय पोस्टल स्टाम्प हैं, कुछ उससे भी मिल जाएगा।' अब हाथ में आई लॉजेंज की पैकेट, जो सूखी मरुभूमि की मित्र थी। पूरी पैकेट निकालकर मैंने कहा, 'इन्हें बेचकर क्या कम लाभ होगा, बोलो? यह लो, एक खाकर देखो, प्यास मिटाने के लिए इससे अच्छा मित्र कोई और नहीं।' एक लॉजेंज अपने मुँह में डाला और एक-एक सभी में वितरित कर दिया।

एक ने यह कहकर नहीं लिया कि उसे प्यास नहीं लगी थी। मैंने मन-ही-मन कहा, तुम ही मरुभूमि के उपयुक्त हो, तुम्हें सलाम।

यद्यपि मैं चारों ओर शत्रुओं से घिरा था, फिर भी अब तक मैं काफ़ी सहज हो उठा था। ये लोग और चाहे जो हों, एक़दम निर्मम नहीं हैं। मेरे दिये लॉजेंज सभी 'चुक-चुक' शब्द कर चूस रहे थे। और लगभग सभी ने मेरे बैग का सारा सामान रास्ते पर ही उलट दिया क्योंकि उनके हिसाब से मैं देरी कर रहा था।

एक छोटे-से बैग में सुई-सूता-बटन, शेविंग का सामान तथा छोटी-मोटी दो-एक चीज़ें और थीं। इन्हीं चीज़ों को उलटने-पलटने में एक व्यक्ति की उँगली कुछ कट गई। मैंने साथ ही साथ फर्स्ट-एड किट खोलकर उसकी उँगली की मरहम-पट्टी कर दी, फिर सभी को लक्ष्य कर रहा, 'देखो, इस बैग की चीज़ों में जिसको जो पसन्द हो, ले ले। ओफ, कितना भारी है यह! मुझे लगता है कि तुम लोग न मिलते तो भारी सामान मुझे रास्ते में ही गिरा देना पड़ता।'

अच्छी तरह देखने के बाद वे समझ गए कि मेरे पास उनके लेने लायक सचमुच कुछ न था, और मैं बिलकुल एक ग़रीब व्यक्ति था। अब मैं अपने साइकिल के पास आया तथा ड्राइवर की ओर देखते हुए कहा, 'हाँ, इसको ले सकते हो।'

फौरन उसने कहा, 'हाँ, हाँ, ज़रूर।'

उसके उत्साह में बाधा देते हुए मैंने कहा, 'किन्तु मेरी एक बात सुन लो, मित्र! साइकिल लोगे, अच्छी बात है, पर याद रहे' यह इंश्योर्ड साइकिल है, और वह भी स्पेशल मॉडल। इसके अलावा इसका आपस में बँटवारा कैसे करोगे? जाहिर है, इसे बाजार में बेचोगे और जो धन मिलेगा, वह आपस में बाँट लोगे, है न? किन्तु असल बात यह है कि इसे बाजार लेकर जाने के साथ-साथ पुलिस के हत्थे चढ़ जाओगे। और पुलिस यह कैसे समझेगी कि तुम लोग मेरे मित्र हो? विश्वास नहीं होता न? अच्छा, यह देखो मेरी तसवीर, और तुम लोगों की ही भाषा में लिखा यह समाचार कि मैं साइकिल पर विश्व-भ्रमण के लिए निकला हूँ। यानी समझ ही रहे हो कि पृथ्वी के प्राय: सभी देशों की पुलिस मेरी साइकिल की बात जानती है, क्योंकि पृथ्वी पर यह साइकिल मात्र एक है...'

मैं अनर्गल बातें बोल रहा था। तकदीर अच्छी थी कि ड्राइवर मेरी सारी बातें सुन रहा था और अख़बार में छपी मेरी तसवीर और समाचार को उसने गाड़ी की रोशनी में पढ़ लिया था। मैं मन-ही-मन सोच रहा था कि मैंने जो चारा फेंका, वह काम आ रहा था। सबसे उल्लेख योग्य बात यह थी कि मैंने मात्र दो डॉलर लेकर यात्रा शुरू की थी। दो डॉलर में विश्व-भ्रमण! वे सभी हो-होकर हँस पड़े। मानो उन्हें कोई बड़ी मज़ेदार खुराक मिल गई हो! इतनी देर से जो व्यक्ति मेरे पीछे-पीछे था, देखा कि अब वह भी कुछ सहज हो उठा था। मैंने फिर से बात शुरू की, 'हाँ, देखो, मैं समझ नहीं पा रहा हूँ कि मैं किस प्रकार तुम लोगों की मदद करूँ। मैं जानता हूँ कि मुझे मुसीबत में डालना तुम लोगों का उद्देश्य नहीं है। तुम लोगों का उद्देश्य है कुछ धन की प्राप्ति। इस दुनिया में कौन है, जिसे रुपये नहीं चाहिए? सभी रुपया कमाने में व्यस्त हैं। कोई मास्टरी करता है, कोई दफ़्तर में नौकरी करता है, कोई गाड़ी चलाता है, और तुम लोग रात के अँधेरे में जान जोखिम में डालकर घूमते हो। सचमुच, मैं तुम्हारे साहस की प्रशंसा करता हूँ। किन्तु मुझे मालूम नहीं कि मैं किस प्रकार तुम लोगों की मदद करूँ।' फिर मैंने कुछ देर चुप्पी साध ली और यह दिखाने की कोशिश की कि मैं गम्भीर सोच में हूँ। फिर मैंने कहा, 'एक काम कर सकते हो, इस साइकिल के सारे पाट्‌र्स खोलकर एक-एक कर बेच दो।' कहने के साथ ही मैंने सिर हिलाना शुरू किया, 'ना-ना, यह भी सम्भव नहीं, क्योंकि यह साइकिल

तो एकमात्र है, इसके पुर्जे कोई ख़रीदेगा ही नहीं।' मैंने दाँतों से नाख़ून कुतरने शुरू किए, मानो उनका भला करने के लिए मैं उद्विग्न हूँ और किसी बहुत बड़ी समस्या का सामना कर रहा हूँ।

मैंने देखा, ड्राइवर उन्हें मेरे बारे में समझाकर बता रहा है शायद। मैंने और एक बार लॉजेंज की गोलियाँ बाँटीं। इस बार सभी ने ले लीं। मेरी जेब में प्राय: नौ तुमान (भारतीय मुद्रा के हिसाब से प्राय: नौ रुपये) थे। मैंने जेब से निकालकर उन्हें ड्राइवर की ओर बढ़ाया और कहा, 'यह लो, ये नौ तुमान, यदि तुम्हारे किसी काम आएँ।' ड्राइवर ने हाथ बढ़ाकर उन्हें ले लिया।

कुछ देर की आपसी बातचीत के बाद ड्राइवर ने मुझे उनका निर्णय सुनाया और कहा कि चूँकि मैंने उन लोगों के साथ मैत्रीपूर्ण ढंग से बातें कीं तथा उनका उपकार करने की चेष्टा की, अत: उन्होंने तय किया है कि मैं वास्तव में निरीह व ग़रीब हूँ और साथ ही सरल भी। सबसे मज़ेदार बात यह हुई कि उन्होंने मेरे बारे में सोचा कि मैं एक छोटा सा लड़का हूँ। (उनके डील-डौल की तुलना में मैं हूँ भी!) ऐसी स्थिति में मेरी मदद करना ही उनके लिए उचित है।

'जेब में और कितने तुमान हैं?' एक प्रश्न हवा में उछला।

'देख लो', मैंने जेबें उलटकर दिखाईं और कहा, 'जो था, वह सब पहले ही तुम लोगों को दे दिया।'

'तुम ये चन्द रुपये लेकर विश्व-भ्रमण को निकले हो? सचमुच तुम्हारा कोई जवाब नहीं।'

ड्राइवर ने मेरे रुपये लौटाते हुए कहा, 'अब कहाँ जाओगे?'

'तेहरान।' मैंने बताया।

'वह तो बहुत दूर है। इस गर्मी में तो तुम मर जाओगे।'

'तो क्या करूँ?'

'चलो, गाड़ी में बैठो। हम उसी तरफ जा रहे हैं। तेहरान के आसपास तुम्हें उतार देंगे।'

मैंने बिना कुछ कहे अपना सामान समेट लिया। और उन्होंने मेरी साइकिल को जीप के पीछे बाँध लिया। मैं ड्राइवर और उसके बगल में बैठे व्यक्ति के बीच दुबककर बैठ गया और बिना किसी गड़बड़ी के जीप ने चलना शुरू किया। ओह, तो जीप ख़राब नहीं हुई थी, मरम्मत का तो मात्र दिखावा था!

चलते-चलते मैंने ड्राइवर से पूछा, 'आपने अंग्रेज़ी कहाँ सीखी?'

'पहले अंकारा में, फिर कुवैत में। दोनों जगह एक साहब का ड्राइवर था—लगभग तेरह वर्ष। वहीं अंग्रेज़ी सीखी।'

'मानना होगा कि मेरी तकदीर अच्छी है, वर्ना ईरान की मरुभूमि में आप जैसा कोई व्यक्ति जिससे बातचीत की जा सके, मिलना दुष्कर है। ठीक कहा न?'

'हाँ, बिलकुल ठीक।'

हमारी गाड़ी ने अब रफ़्तार पकड़ ली। दूर दिगन्त में किसी शहर की रोशनी की छटा दिखाई दी। लगा, हम तेहरान के आसपास हैं। हम एक जगह रुके और सभी वहाँ उतर पड़े। मैंने साइकिल लेकर सभी को सलाम किया। ड्राइवर ने सभी से चन्दा वसूल कर करीब बीस तुमान मेरी मुट्ठी में खोंस दिये और कहा, 'ख़ूब अच्छे से खाना-पीना करना, समझे? और रात के वक्त इस रास्ते पर बिलकुल मत निकलना। जान जोखिम में मत डालना। हम और आगे तुम्हारे साथ नहीं जाएँगे। रात ख़त्म होने को आई। यहीं से तेहरान की बस मिलेगी, एक टिकट कटाना और साइकिल समेत बस में चढ़ जाना। सचमुच अद्‌भुत लड़के हो तुम!'

मैंने उसके दोनों हाथ थामकर कहा, 'अशेष धन्यवाद बन्धु। ईश्वर तुम्हारी रक्षा करें। पता नहीं, इस मरुभूमि में तुम जैसा कोई और मित्र मिलेगा या नहीं!'

जीप घूमकर खड़ी हुई। सबने हाथ हिलाकर विदा दी। चलती जीप से हठात् किसी ने कुछ फेंका। बालू पर से उठाया तो देखा, आधी भरी हुई मदिरा की बोतल थी। नज़र उठाकर देखा, जीप की लाल बत्तियाँ दूर, बहुत दूर क्षितिज में विलीन हुई जा रही थीं।

मेरे मुँह से अनायास निकला, 'हे मानव! तुम्हें मेरा प्रणाम।'

अपूर्व सुन्दरी

एक मोटा-सोटा कुछ मन्दबुद्धि का व्यक्ति मेरे पास आकर बोला, 'चमत्कार भाषण था। तो आप मोटरसाइकिल से भ्रमण कर रहे हैं?'

मैंने कहा, 'इतनी देर से क्या आपने यही सुना? मेरा साइकिल कहने का तात्पर्य मोटर-साइकिल से नहीं था।'

उन सज्जन ने अपनी ढीली-ढाली फुलपैंट सँभालते-सँभालते विस्मय प्रकट करते हुए कहा, 'सचमुच आश्चर्य है।'

हमारा यह वार्तालाप तेहरान के भारतीय समाज की सभा में हो रहा था। जिस गुरुद्वारे में मैं था, वहीं आसपास के विभिन्न स्काउटों तथा कुछ क्लबों को बुलाकर मैंने एक छोटी-सी सभा का आयोजन किया था। समय कुछ अटपटा-सा था। सितम्बर के शुरुआती दिन थे। दिन काफ़ी शुष्क और गर्म तथा रातें ठंडी थीं। ईरानवासी जब उग्र प्रकृति के साथ सामंजस्य बैठाने में व्यस्त थे, ऐसे ही वक्त आया वह भयंकर भूकम्प। खोरासान के उस भयानक भूकम्प के बारे में कौन है, जिसने नहीं सुना? मैं वहाँ पीड़ितों की सहायता करने गया था। प्राय: महीना भर वहाँ बिताकर मैं तेहरान आया था। खोरासान में रहने के दरमियान जिन प्रतिष्ठित व्यक्तियों और संगठनों से मेरा परिचय हुआ था, उनमें से अनेक इस समय में उपस्थित थे, ख़ास कर रेड-क्रॉस सोसाइटी तथा स्काउट्स के सदस्य। गुरुद्वारे में इस सभा की सबसे अधिक उल्लेख योग्य बात यह थी कि यहाँ सबसे पहले 'मनुष्यत्व' के बारे में भाषण देकर जिन्होंने मेरी सहायता की, वे थे पूज्यपाद स्वामी सत्यानन्द जी। वे बिहार के अन्तर्गत मुँगेर के योग कॉलेज के प्राचार्य थे। वे भी धर्मप्रचार के लिए विश्व-भ्रमण पर निकले थे। किन्तु साइकिल से नहीं, हवाई जहाज़ से। बहरहाल, उन्होंने छोटा-सा भाषण देकर सभा की कार्यवाही

मेरे हवाले कर दी। मैंने भी भारतवर्ष भ्रमण और अन्त में खोरासान के भूकम्प-पीड़ित भाई-बहनों की दुर्दशा तथा अपने व्यक्तिगत अनुभवों की चर्चा की। और उसके बाद ही इन सज्जन से परिचय हुआ। देखने-सुनने में यह सज्जन सचमुच मन्दबुद्धि से ही लगे। उम्र 40-50 तो होगी ही। श्रीमान् मेरे कुछ और करीब आए और पूछा, 'आप हैं कहाँ?'

मैंने बताया कि कुछ दिन मैं वहाँ के स्काउट-हाउस में रहा। वर्तमान में गुरुद्वारे के प्रेसिडेंट भाई मक्खन सिंह ने मुझे यहीं गुरुद्वारे में रहने का अनुरोध किया है।

सिर हिलाते हुए उन सज्जन ने कहा, 'वह तो अच्छी बात है, पर मैं यह कहता हूँ कि आप जब विदेश को जानने-समझने निकले हैं तो किसी स्थानीय परिवार में यदि रहें तो सामाजिक रीति-नीति, कायदे-क़ानून आदि के बारे में और अधिक जान पाएँगे, है न?'

'ठीक कहा।' मैंने हामी भरी, 'किन्तु एक विदेशी को अपने घर में कौन जगह देगा, बताइए? इसके अतिरिक्त न मैं यहाँ की भाषा समझता हूँ, न किसी व्यक्ति को जानता हूँ।'

ये मन्दबुद्धि सज्जन तो बीच-बीच में काफ़ी बुद्धिमान की तरह बातें करते हैं। मैंने उनसे बातचीत बढ़ाई। अन्ततः उन्होंने कहा कि मैं यदि उनके साथ जाऊँ तो वे किसी परिवार में मेरे रहने का बन्दोबस्त कर देंगे। मैं राजी हो गया। साइकिल गुरुद्वारे में ही रह गई। उन सज्जन के हाथ में एक बैग भी था। एक हाथ में बैग पकड़े, दूसरे से अपनी पैंट सँभालते-सँभालते वे चल पड़े। बड़ी सड़क पर आकर वे अचानक रुक गए, फिर सिर को दो बार ठोकते हुए उन्होंने मुझसे प्रश्न किया, 'किस ओर से चलें?'

'जिधर से सुविधा हो।' मेरा स्पष्ट जवाब था।

'ठीक है, चलिए।' और उन्होंने चलना शुरू किया।

थोड़ी दूर आकर वे फिर खड़े हो गए और पूछा, 'बस से चलेंगे?'

'हाँ, ठीक है।'

हम बस स्टैंड पर आकर खड़े हो गए। काफ़ी देर वहाँ खड़े रहे। इस बीच कई बसें आईं और चली गईं, और हम खड़े रहे। बस स्टैंड पर जितने रूटों के नम्बर अंकित थे, देखा, उन सभी रूटों की बसें आईं और चली गईं। बाध्य होकर मुझे पूछना पड़ा, 'कितने नम्बर की बस से जाएँगे?'

उन सज्जन ने चिन्ताग्रस्त मुद्रा में जवाब दिया, 'वही तो सोच रहा हूँ। बात दरअसल यह है कि हमारे घर तक कोई बस नहीं जाती।'

'तो फिर?'

'तो फिर, चलिए, टैक्सी से चला जाए।'

वे सज्जन मुझे लेकर टैक्सी स्टैंड पर आकर खड़े हुए।

टैक्सी स्टैंड पर आकर उन्होंने टैक्सी ड्राइवर से क्या गप्प शुरू की, यह तो भगवान ही जानें, पर उनकी गप्प ख़त्म ही नहीं हो रही थी। मैं सिर पर वह प्रचंड धूप लिये खड़ा था। अन्ततः उनकी बात ख़त्म हुई तो मैंने पूछा, 'क्या मामला है, टैक्सीवाला जाएगा कि नहीं?'

'अरे जा, असल बात तो मैं पूछना ही भूल गया!'

'तो फिर इतनी देर क्या बातें कर रहे थे?'

'वो, एक दुर्घटना के बारे में।' उन सज्जन ने निर्विकार भाव से जवाब दिया।

'तो फिर पैदल ही चला जाए, क्या कहते हैं?' मैंने अपनी राय दी।

उन्होंने मेरे कथन को कोई महत्त्व ही नहीं दिया। 'पैदल? माथा ख़राब है क्या?' यह कहते हुए मेरा हाथ खींचकर रास्ता पार करते हुए एक छोटी-सी नकचिपटी गाड़ी के पास ले आए।

गाड़ी में बैठकर मैंने पूछा, 'यह क्या आपकी गाड़ी है?'

चाभी निकालते-निकालते उन्होंने उत्तर दिया, 'हाँ।'

'तो पहले क्यों नहीं कहा?'

'याद नहीं रहा।' उनका निर्विकार जवाब था।

मैंने मन-ही-मन सोचा कि कैसे आदमी से पाला पड़ा है! फिर सोचा, चलो, देख लेते हैं आख़िर तक।

गाड़ी चलते ही हमारी बातचीत भी चलने लगी। बातों ही बातों में मैंने उन सज्जन को ठोक-बजाकर देखा। ना:, उन गोल-मटोल सज्जन में मुझे धूर्तता का कोई लक्षण नज़र नहीं आया।

'आपने क्या नाम बताया? जहाँगीर इरमेन?—अच्छा है, मैं आपको जहाँगीर कहूँगा। जानते हैं, हमारे देश के एक मुगल सम्राट का नाम था, जहाँगीर?'

'हाँ, हाँ, पता है। थोड़ा-बहुत मुगल इतिहास भी जानता हूँ मैं।'

राजपथ व छोटे रास्तों से होकर जा रही थी हमारी गाड़ी। घंटे भर बाद हम एक पहाड़ी इलाके में दाखिल हुए। बहुत ही सुन्दर जगह थी। मैंने सोचा भी नहीं

था कि तेहरान के आसपास कोई ऐसी सुन्दर जगह भी होगी। 'सीमिरन' नामक यह जगह शिमला की याद दिला रही थी। अन्ततः हमने एक साधारण-से रेस्तराँ में प्रवेश किया। जहाँगीर ने कहा, 'मुझे तो बहुत भूख लगी है, तुम्हें? तुम्हें भी भूख लगी ही होगी?'

'मुझे बहुत प्यास लगी है।' मैंने जवाब दिया।

रेस्तराँ में चारों ओर नज़र घुमाकर देखा, भीड़ कोई बहुत कम नहीं थी। एक टेबल के उस तरफ दाढ़ी-मूँछ वाले एक सज्जन बैठे खा रहे थे। हम उन्हें सलाम कर टेबल पर बैठ गए। टेबल पर एक बड़ा-सा पाँच-सेरी पानी का गिलास था—बल्कि उसे काँच की छोटी बाल्टी कहा जा सकता था। मूँछ वाले सज्जन दोनों हाथों से गिलास उठाकर पानी पीने लगे। पसीने में भीजी उनकी मूँछ पानी पर तैर रही थी और मैं मुँह बाए उन्हें देख रहा था। पानी पीना ख़त्म होने पर उन्होंने गिलास टेबल पर रख दिया। जहाँगीर ने गिलास मेरी ओर बढ़ाते हुए कहा, 'तुम पानी पीना चाह रहे थे न? लो, पानी पियो।'

सर्वनाश! यह पानी पीने का मतलब था उन सज्जन की पसीने व धूल-सनी मूँछ-धुला पानी पीना। अन्य कहीं पानी न मिलता तो बाध्य होकर मुझे वही पानी पीना पड़ता। बहरहाल, मैंने सिर हिलाकर कहा, 'अभी नहीं, बाद में पिऊँगा।'

इसी बीच एक बड़ी-सी थाली में कुछ रोटियाँ, सब्जी और सलाद टेबल पर आया। जहाँगीर महाशय ने मुझे कुछ कहे बिना ही खाना शुरू कर दिया, और मैं सूखे होठों को जीभ से तर करता रहा। बड़ा अभद्र व्यक्ति है! अतिथि को भूखा छोड़ ख़ुद खाए जा रहा है। यह तो निमंत्रण देकर अपमान करने वाली बात थी।

'अभी आता हूँ' कहकर मैं रेस्तराँ से निकल आया। सड़क के किनारे की नल से भरपेट पानी पिया और फिर से रेस्तराँ में लौट आया।

और उधर बेटा जाहँगीर मुझे छोड़कर राक्षस की तरह भकोसे जा रहा था। उसका जब खाना ख़त्म हुआ तो हम फिर निकल पड़े। कुछ दूरी पर एक पार्क था, वहाँ जाकर बैठे। इधर भूख से मेरा बुरा हाल था। थोड़ी देर बाद जहाँगीर बगल की दुकान से कुछ फल ले आया। 'आओ, कुछ फलाहार किया जाए। खाने-पीने के मामले में तुम ख़ूब संयमी हो, है न? इसीलिए होटल में मैंने तुमसे खाने के लिए नहीं कहा। मैंने हिन्दू फिलॉसफी बहुत पढ़ी है।' जहाँगीर इरमेन ने अपना बोलना जारी रखा, 'किन्तु हमारे यहाँ अनेक भारतीय हैं, जो साहबी पोशाक टाई-सूट पहनते हैं परन्तु सिर पर कपड़ा लपेटते हैं और मुसलमानों

की तरह दाढ़ी-मूँछ रखते हैं। उनकी फिलॉसफी अभी तक समझ नहीं पाया हूँ। मामला क्या है? वे क्या हिन्दू हैं?'

'अवश्य।' मैंने उत्तर दिया, 'उनका धर्म सिख-धर्म है, जिसे हिन्दू धर्म की ही एक शाखा कहा जा सकता है।'

फलाहार शेष कर हम फिर चलने को उद्यत हुए। शाम हो गई थी। सीमिरन के पार्क में लोगों की भीड़ इकट्ठा होने लगी थी। घूमने के लिए बहुत ही सुन्दर जगह थी। जहाँगीर ने मुझे कोहनी मारते हुए कहा, 'देखो, वो जो लड़की है, है न बहुत सुन्दर। बहुत कम उम्र की है।'

मैंने उस ओर देखा। सचमुच वह बहुत सुन्दर थी।

जहाँगीर बोले जा रहा था, 'मैं दावे के साथ कह सकता हूँ कि वह अपने दोस्त का इन्तजार कर रही है। दोस्त, यानी 'ब्वॉय फ्रेंड', और क्या!'

'तो उससे मुझे क्या?' मैंने जवाब दिया।

'नहीं, मैं तो बस यह कह रहा था कि दरकार हो तो तुम्हारे लिए भी जुगाड़ कर सकता हूँ।'

'धन्यवाद जहाँगीर साहब, पर आपने तो कहा था कि आप कहीं मेरे रहने की व्यवस्था कर देंगे...?'

पता नहीं, मेरा स्वर शायद कुछ तीखा हो उठा था। जहाँगीर साहब परेशान हो उठे, बोले, 'ओह, हाँ! अवश्य।'

हमने चक्कर काटना छोड़ फिर से यात्रा शुरू की। घंटे भर बाद हम एक चौमंज़िले मकान के सामने आकर रुके। ग्राउंड फ्लोर पर कुछ दुकानें थीं। दरवाज़ा पार कर हम सीढ़ी के पास आए, तो जहाँगीर ने मेरी ओर एक मधुर मुस्कान बिखेरते हुए शरमाकर कहा, 'आपको एक बात पहले ही बता देना ठीक होगा।'

'बताइए।'

'सुनिए, आप दूसरी मंज़िल पर रहेंगे। आपका खाना-पीना, सोना-बैठना सब वहीं होगा। मैंने सारा बन्दोबस्त कर दिया है। किन्तु ख़ूब सावधान, आप पहली मंज़िल पर कतई नहीं आएँगे।' फिर मेरे कान के पास अपना मुँह लाते हुए बोले, 'पहली मंज़िल पर मेरी बीवी रहती है। अतीव सुन्दरी। मैं दावे के साथ कह सकता हूँ कि वैसी सुन्दरी तुमने देखी ही नहीं होगी। सौ बातों की एक बात कि तुम जवान हो, इसलिए सावधानी ज़रूरी है, समझे? चलो, पर यह बात याद रखना।'

पहली मंज़िल के करीब जब पहुँचे तो उन्होंने जूतों की आवाज़ करने से मना किया। हम दबे पैरों दूसरी मंज़िल पर पहुँचे। बड़ा सुन्दर इन्तजाम था। फर्श पर कालीन बिछी थी और चारों ओर दीवार पर दामी कारपेट झूल रही थीं। स्वयं को उस समय ऐसा अहसास हुआ, जैसे कोई बादशाह हो! उस दिन रात को उन सज्जन ने मेरे साथ रोटी-तरकारी खाई। फिर दरवाज़े पर अच्छी तरह सिटकनी चढ़ाकर धुले हुए सफ़ेद गद्दी बिछे बिस्तरे पर मैं जा लेटा। कितने दिनों बाद तो नसीब हुआ था बिस्तर—अहा! लेटे-लेटे मैं सोच रहा था कि पता नहीं, कहाँ आकर फँसा हूँ। उन सज्जन का चाल-चलन मुझे बिलकुल भी सुविधाजनक नहीं लग रहा था। और उस पर उनकी सुन्दरी पत्नी की बात याद आते ही सीने की धड़कन तेज़ हो उठी। कहीं किसी जाल में तो नहीं आ फँसा। पर जब आ ही गया हूँ तो क्या किया जा सकता है? इसी उधेड़-बुन में जाने कब नींद आ गई।

सुबह बगल के मकान की मुर्गी की पुकार से नींद टूटी। सोचा, चलो रात तो ठीक-ठाक कटी। पाजामा पहने, हाथों में अख़बार लिये वह सज्जन हाजिर हुए। 'गुड मॉर्निंग' कहते हुए अख़बार मेरी ओर बढ़ा दिया और बोले, 'यह देखिए, आपकी ख़बर छपी है। आप पढ़ें, मैं तब तक कुछ खाने को ले आऊँ।' अख़बार रखकर वे निकल गए।

मैंने अख़बार को उलट-पलटकर देखा। फारसी भाषा में था, यानी तसवीर छोड़कर मेरे देखने को कुछ न था।

वह सज्जन लौट आए। चाय पीते-पीते सौजन्यवश मैंने पूछ लिया, 'रात को अच्छी तरह नींद आई तो?'

'बिलकुल। मैं कोई आपकी तरह खाली कमरे में सो रहा था, जो नींद न आती?' आत्मतृप्ति की हँसी हँसे वे। 'सुन्दर, नरम—अहा—!' आवेश में उन्होंने आँखें मूँद लीं, मानो इसी प्रकार उन्होंने रात काटी हो! फिर आँखें खोलकर मेरी ओर देखते हुए बोले, 'नींद कितनी आनन्ददायक होती है, यह तुम्हें कैसे समझाऊँ?' वे अब कुछ बेतकल्लुफ हो गए थे, हठात् प्रश्न किया, 'तुमने ब्याह किया है?' मेरे 'ना' कहते ही उन्होंने अफसोस जाहिर करते हुए कहा, 'तब तुम क्या समझोगे रात का नशा।'

जवाब में मैंने कहा, 'कुछ-कुछ समझता हूँ, क्योंकि उम्र तो मेरी भी कुछ कम नहीं।'

सिर हिलाते हुए उन्होंने कहा, 'समझना और अनुभव करना, दोनों बिलकुल अलग बातें हैं। ख़ैर, सुनो! मैं अभी बाजार जा रहा हूँ। तुम इसी कमरे में रहना। तुम्हारी ज़रूरत का सब कुछ यहीं है। बाथरूम, टॉयलेट, सब कुछ। और हाँ, भीतर से दरवाज़ा बन्द रखना! और ख़बरदार, पहली मंज़िल पर न जाना। उम्र कम है, सावधान रहना ही बेहतर है।' और वे निकल गए।

आवाज़ से मुझे लगा कि दूसरी मंज़िल का दरवाज़ा वे बाहर से बन्द कर गए थे। कुछ देर पश्चात् अपना सन्देह निवारण करने मैं दरवाज़े के पास गया तो देखा, मेरा अनुमान सही था, दरवाज़ा बाहर से बन्द था। मैंने मन-ही-मन सोचा कि यह आदमी पागल है क्या? फिर सोचा, हो सकता है कि दूध का जला छाछ को फूँक कर पी रहा हो!

बन्दी अवस्था में मैं कमरे में और बरामदे में चहलक़दमी करने लगा। पढ़ने के टेबल पर देखा, बहुत सारी किताबें सजाकर रखी थीं। एक के बाद एक मैंने किताबों को उलट-पलटकर देखा, फिर एक किताब उठा ली। उस किताब पर जहाँगीर जैसी ही एक तसवीर छपी थी। मैंने सोचा, निश्चय ही यह जहाँगीर की तसवीर नहीं है। हो सकता है, यह लेखक की तसवीर हो या फिर तसवीर के सम्बन्ध में ही किताब हो! किताब फारसी भाषा में थी इसलिए मैं कुछ भी समझ न पाया।

घंटे भर बाद जहाँगीर साहब लौट आए। आते ही पहला प्रश्न, 'पहली मंज़िल पर तो नहीं गए थे न?'

मैंने रूढ़ होकर जवाब दिया, 'दरवाज़ा तो बाहर से बन्द कर गए थे, तो फिर पूछ क्यों रहे हैं?'

आश्चर्य! शर्माने की जगह जहाँगीर साहब गम्भीर हो गए और बोले, 'तो इसका मतलब यह कि तुमने जाने की चेष्टा की थी, वर्ना तुम्हें कैसे पता लगा कि दरवाज़ा बाहर से बन्द है?'

मैं अपनी नाराजगी न रोक पाया और बोला, 'मैं बहरा नहीं हूँ जहाँगीर साहब! दरवाज़ा आपने बाहर से बन्द किया तो उसकी आवाज़ सुनी थी।'

साथ ही साथ जहाँगीर साहब ने अति विनम्रता के साथ कहा, 'गुस्सा मत करो मेरे भाई। घर में सुन्दरी स्त्री का होना बड़ा झमेला है। यह भी एक प्रकार की सम्पत्ति है कि जरा-सा ध्यान हटा, तो हाथ से गई। अच्छा है, कि तुमने ब्याह नहीं किया...'

उन सज्जन के बात करने का ढंग देखकर मुझे हँसी आ गई। वातावरण हल्का हो गया। मैंने उस फ़ोटो वाली किताब के बारे में जानना चाहा तो पता लगा कि वह किताब जहाँगीर इरमेन ने ही लिखी थी। वे बीच-बीच में साहित्य-चर्चा करते हैं और बीच-बीच में वह छपता भी है। मैं चौंका, तो ये सज्जन कवि-लेखक भी हैं? उनका लिखा या तो पागल का प्रलाप होगा या सुन्दरी बीवी की कहानी। ख़ैर, जो हो, मुझे उनकी प्रशंसा करनी पड़ी। किन्तु मेरा अभी और अवाक् होना बाकी था। जहाँगीर इरमेन का राइटिंग पैड देखा तो पता चला कि वे 'ईरान वेजिटेरियन सोसायटी' के चेयरमैन थे। यानी कि सारे मन्दबुद्धि एक जगह जुटे थे। कुछ देर की बातचीत के बाद समझ में आया कि जहाँगीर इरमेन को भारतीय दर्शन की काफ़ी जानकारी थी। यमराज के बारे में तो उन्होंने एक छोटी-मोटी कहानी ही कह दी। उनके मतानुसार, यमराज यानी किंग यमा सम्भवत: कभी कजाकिस्तान में राज करते थे। और उन्होंने पहली बार इस सूत्र का आविष्कार किया कि निरामिष की तुलना में आमिष भोजन श्रेयस्कर है। और यह कि राजा यम ने देखा कि सभी यदि जीव-जन्तु खाना शुरू कर दें तो खेतीबारी के झमेले से मुक्ति मिल जाएगी। जबकि जीव-जन्तुओं को खाने में किसी प्रकार का कोई झमेला ही नहीं है। अपना यह परामर्श वह सभी को देने लगे तथा इस मत के प्रचार के लिए वे उत्तर से दक्षिण उतर आए। जिन्होंने उनके इस मत को नहीं माना, वे अपने मवेशियों को लेकर भागने लगे। इस प्रकार सारे निरामिष-भोजी यानी शाकाहारी भारत की ओर दौड़ गए, किन्तु फिर भी छुटकारा नहीं मिला। यमराज वहाँ भी जा पहुँचे। यमराज जहाँ भी जाएँ, वहीं जीव-जन्तुओं के विध्वंस का एक विराट उत्सव-सा चलने लगा। और इस प्रकार यमराज को 'मृत्युराज' कहा जाने लगा।

कहानी सुनकर मैंने कहा कि कहानी तो अच्छी है पर इस बारे में मेरा अनुभव अत्यन्त सीमित व कम है इसलिए कहानी की सच्चाई के बारे में मैं कुछ नहीं जानता।

कमरे में बन्दी के रूप में रहने में मुझे कुछ बेचैनी-सी हो रही थी, इसलिए जहाँगीर साहब ने जब बाहर चलने का प्रस्ताव दिया तो मैंने उत्साह के साथ उसे स्वीकार कर लिया और फिर दबे पाँव चोरों की तरह नीचे उतर आया। बस, उतरते समय तिरछी नज़र से पहली मंज़िल के बन्द दरवाज़े की ओर एक बार देखा ज़रूर। नि:शब्द। आह, बेचारी बन्दिनी!

बाहर कुछ दूर आकर जहाँगीर ने पूछा, 'किधर चलोगे?'

मैंने कहा, 'जहाँ मर्जी।'

हमने फिर चलना शुरू किया। और रुके आकर राजा के ट्रेजरी म्यूजियम पर। दस तुमान की एक-एक टिकट ख़रीदकर हमने भीतर प्रवेश किया। विभिन्न वस्तुओं को देखते-देखते हम वहाँ पहुँचे जहाँ मयूर सिंहासन रखा था। क्या सिंहासन था! इतिहास में पढ़ी राजा-महाराजाओं और रक्तरंजित तलवारों की कहानियाँ याद हो आईं। याद आ गई नादिरशाह की कहानी, जो ईरान से भारत गए थे—यह मयूर सिंहासन लाने तथा अपने हरम की संख्या बढ़ाने के लिए। इन सारे विषयों पर तो जहाँगीर इरमेन से चर्चा की नहीं जा सकती थी, इसलिए चुपचाप मयूर सिंहासन में जड़े आँखें चौंधियाने वाले जवाहरातों को देखता रहा। हाय रे भारत! तेरा मयूर सिंहासन आज ईरान का गर्व है।

खाने का समय हुआ तो लौट आए घर, फिर पहले के जैसे, दबे पाँव। अपने कमरे में पहुँचकर मैंने राहत की साँस ली। थोड़ी देर बाद जहाँगीर साहब भोजन की विशाल थाली समेत हाजिर हुए। हम दोनों ने खाना शुरू किया। खाते-खाते मैं भद्रतावश बातें कर रहा था, 'सचमुच बहुत ही अच्छा भोजन है, सुगन्ध से ही पेट भर जाए। निश्चय ही आपकी बीवी ने पकाया होगा, है न जहाँगीर साहब? यानी आपकी पत्नी केवल रूपसी ही नहीं, गुणी भी है।'

मेरी बात सुन जहाँगीर साहब खाना बन्द कर मेरी ओर ताक़ते रहे। और मुझे अटपटा लग रहा था। आख़िरकार जहाँगीर इरमेन ने मुँह खोला, 'मेरी बीवी को तुमने देखा! सर्वनाश! ज़रूर तुमने उसके साथ बातें की होंगी! यह तो अन्याय है—सरासर अन्याय! भाई की तरह भरोसा कर मैं तुम्हें लेकर आया और तुमने... छी:, छी:, छी:...' ग़ुस्से में मानो आपे से बाहर हो गए जहाँगीर इरमेन।

मुझे कुछ कहने तक का अवकाश दिये बिना अनर्गल बकते रहे। और मेरी अवस्था असहनीय सी हो रही थी। मैं मन-ही-मन भगवान को याद कर रहा था हे भगवान! रक्षा करो। मैं क्या करूँ?

प्राय: आधे घंटे बाद जहाँगीर साहब रुके तो अत्यन्त विनीत स्वर में मैंने उनसे कहा, 'विश्वास कीजिए, मैंने सचमुच आपकी पत्नी को नहीं देखा है। बात करना तो बहुत दूर की बात है। मेरी यदि देखने की इच्छा हुई भी हो तो अवसर कहाँ था? मेरा अनुमान तो आपकी कही बातों पर आधारित था।'

वे कुछ संयत हुए, 'हाँ, ठीक है, ठीक है। बुरा मत मानना मेरे भाई! घर

में यदि सुन्दर पत्नी होती तो तुम भी मेरी तरह पागल हो जाते। मेरी पत्नी कोई साधारण सुन्दरी नहीं—आग है, आग! जो देखेगा, वही जलेगा। और तुम ठहरे जवान आदमी, लिहाजा तुमसे तो मुझे ख़ूब सावधान रहना होगा। जानता हूँ, मौका मिला तो तुम भी छोड़ोगे नहीं।' फिर मेरे और करीब आकर उन्होंने पूछा, 'बोलो, सच है कि नहीं?'

मैंने उत्तर दिया, 'देखिए, मैं देशाटन पर निकला हूँ, देश-विदेश के विचित्र अनुभवों को बटोरने के लिए। मेरे जैसा कोई भी भ्रमणकारी कभी भी हीन-मनोभाव का परिचय नहीं देगा, बशर्ते वह किसी और से प्रभावित न हो।'

'हीन-मनोभाव की बात किसने की? किसी सुन्दर पहाड़ या नदी का सौन्दर्य देखकर, उस सौन्दर्य की अनुभूति के लिए जैसे मनुष्य कूद पड़ता है, वैसे ही मेरी पत्नी पर यदि तुम कूद पड़ो तो अनुचित कुछ नहीं है। क्योंकि मेरी पत्नी है ही इतनी सुन्दर—आहा, ब्यूटिफुल! किन्तु चूँकि वह नितान्त मेरी व्यक्तिगत सम्पत्ति है, इसीलिए मैं तनिक सावधान रहता हूँ।"

'मैं भी स्पष्ट कह रहा हूँ जहाँगीर साहब, आप तो स्वयं साग्रह मुझे लेकर आए हैं। यदि भरोसा न हो तो स्पष्ट कह दें, मैं अभी ही चला जाऊँगा। अपनी आज़ादी खोकर मुझे कहीं भी रहना मंजूर नहीं। आप अपनी सुन्दर पत्नी के साथ निश्चिन्त होकर रहें और मैं चलूँ अपने रास्ते।'

शान्त हो गए जहाँगीर इरमेन। मैंने ग़ौर कर देखा है कि मेरे जोर देकर या ग़ुस्से में कुछ कहते ही जहाँगीर फौरन शान्त हो जाते हैं। खाना-पीना ख़त्म होते ही ट्रे लेकर वे चुपचाप नीचे चले गए।

मैं सोच रहा था, यह तो अजीब मुश्किल है। आज तक कितनी सुन्दरियों को रास्ते में, बाजारों में देखा है, जिसका कोई हिसाब नहीं, और यहाँ अन्तत: बिना देखे ही बदनामी मिल रही है। मैं अकेला ही कमरे में चहलक़दमी कर रहा था और यह सब सोच रहा था। खिड़की के पास आकर मन किया कि थोड़ी देर बाहर की हवा खा ली जाए। दरवाज़ा पार कर मैं धीरे-धीरे नीचे उतरने लगा। पहली मंज़िल के दरवाज़े के सामने से मैं पैर दबा-दबाकर उतर रहा था। दरवाज़े पर नज़र पड़ी तो देखा, दरवाज़ा भिड़काया हुआ था। तो यह है उस सुन्दरी का ठिकाना? तो क्या घुस जाऊँ भीतर? भीतर घुसकर एक बार देख लूँ उस आग को? अनजाने में ही क़दम थमे कि साथ ही साथ जहाँगीर की याद आ गई। जूते हाथ में लेकर, नंगे पैर मैं चल पड़ा नीचे की ओर।

दो क़दम नीचे की ओर रखे होंगे कि देखा, सामने थे जहाँगीर इरमेन जो भौंह चढ़ाए सन्देहजनक रूप से मुझे देख रहे थे। बिना कुछ कहे उनकी बगल से होता हुआ मैं नीचे चला आया और पार्क में आकर राहत की साँस ली। चहलक़दमी करते-करते मैंने सोचा, नहीं, इस प्रकार यहाँ रहने से तो अच्छा है कि मैं गुरुद्वारे या स्काउटिंग हाउस में रहूँ। इसी क्षण यहाँ से निकल चलना उचित है। अन्तत: क्या हो, कहा नहीं जा सकता। पहले जैसे ही लौट आया दूसरी मंज़िल पर। झोला समेटकर टेबल के पास आया कि कम-से-कम एक चिट्ठी के माध्यम से 'धन्यवाद' तो कह दूँ।

ठीक उसी समय सीढ़ी के सामने देखा, जहाँगीर साहब थे। सोचा, चलो, अच्छा हुआ। कुर्सी से उठकर मैं आगे आया और बोला, 'धन्यवाद जहाँगीर साहब। आपके अतिथि-सत्कार और उपकार के लिए बहुत धन्यवाद। यह मेरे घर का पता है। कभी भारत आएँ तो मेहरबानी करके मेरे घर पर रुकें।'

'यह क्या, तुम जा रहे हो?'

'हाँ।'

'इतनी जल्दी क्यों? और कुछ दिन रुको।'

'नहीं, धन्यवाद जहाँगीर साहब। जानते हैं, हमारे महापुरुष लोग कह गए हैं कि सुन्दर नारी से बचकर चलना ही बुद्धिमानी है।'

'ठीक है। तुमने जब जाने का तय ही कर लिया तो चलो, मैं तुम्हें छोड़ आऊँ।'

जूते हाथों में लेकर मैं नीचे उतर आया। थोड़ी देर बाद जहाँगीर इरमेन भी उतर आए। अपनी उस छोटी-सी गाड़ी में बैठकर उन्होंने मेरे हाथों को अपने हाथों में लेकर कहा, 'मुझे क्षमा करना भाई, मेरे कारण तुम्हें दुख पहुँचा। परन्तु क्या करूँ, और कोई चारा नहीं था। मैं सख़्त होने को बाध्य था। ख़बरदार! यदि कभी विवाह करो तो किसी अति-सुन्दर लड़की से विवाह मत करना, मेरी तरह अशान्ति में पड़ोगे। अब देखो न, जरा-सी देर के लिए निकला हूँ, पर ताला लगाकर आना पड़ा।'

उन्होंने गाड़ी स्टार्ट की, फिर हठात् इंजन बन्द कर बोले, 'मेरा एक अनुरोध है, सुनोगे?' मैं राजी हुआ, तो वे बोले, 'तेहरान के बाद तुम कहाँ जाओगे?' 'तुर्किस्तान।' मैंने बताया।

सुनकर वे मानो आश्वस्त हुए और बोले, 'तब तो कोई डर नहीं। तुम जब इस देश से चले ही जा रहे हो तब तो चिन्ता की कोई बात ही नहीं। चलो मेरे साथ।'

अचंभित होकर गाड़ी से उतरकर उनके पीछे चलते-चलते जब हम निचली मंज़िल पर पहुँचे तो मैंने पूछा कि हम जा कहाँ रहे थे।

जवाब में जहाँगीर साहब ने कहा, 'चलो, तुम्हें दिखा ही देता हूँ। इसमें खतरे की कोई बात नहीं, क्योंकि तुम तो चले ही जा रहे हो।'

'आप क्या दिखाने की बात कर रहे हैं?'

'अपनी सुन्दरी पत्नी को। तुम तो दुनिया घूमने निकले हो। एक अनुभव यह भी ले जाओ।'

'असम्भव! बिना देखे ही काफ़ी झमेला हो चुका है। देखकर मैं और झंझट बढ़ाना नहीं चाहता।'

'मेरा विश्वास करो। मैं तुम्हें आश्वासन देता हूँ कि कोई झंझट नहीं होगी। तुम चलो।'

उनकी करुण विनती और आग्रहपूर्ण कंठस्वर सुन मैंने उनकी ओर देखा। उनका चेहरा शान्त, करुण, सहज व सरल लगा। वे बड़ी आशापूर्ण दृष्टि से मुझे देख रहे थे। मैं उनका आग्रह अस्वीकार न कर पाया, और बोला, 'ठीक है, चलिए। किन्तु मैं अधिक देर रुकूँगा नहीं। देखकर ही चला आऊँगा।'

सुनते ही वे उछल पड़े और साथ ही साथ अपनी पत्नी की सुन्दरता का गर्वबोध भी उनके चेहरे पर दिखाई दिया। हम पहली मंज़िल पर पहुँचे। जहाँगीर इरमेन ने जेब से चाभी निकालकर सावधानी से दरवाज़ा खोला। हमने भीतर प्रवेश किया। होंठों पर उँगली रखकर इशारे में मुझे चुप रहने को कह उन्होंने भीतर झाँका और इशारे से मुझे अनुसरण करने को कहा। मैं शान्त बालक की तरह उनके पीछे चलने लगा। जहाँगीर ने मेरे पास आकर धीरे से कहा, 'कई बार खाली घर में महिलाएँ असंयत पोशाक में होती हैं, ठीक है कि नहीं?'

मैंने सिर हिलाकर हामी भरी।

हम बगल के और एक कमरे में पहुँचे। सारे कमरे प्राचीन साजोसामान और कालीन से सजे थे। मैं मन-ही-मन एक अद्भुत सुन्दरी की कल्पना करने लगा। दिल जोरों से धड़क रहा था। और मैं एक सम्मोहन की-सी अवस्था में इस कमरे से उस कमरे में जहाँगीर का अनुसरण कर रहा था। एक अद्भुत परिस्थिति थी। प्राय: चार कमरे पार कर हम एक छोटे कमरे में आए। जहाँगीर साहब रुके और बड़ी सावधानी से मेरी ओर देखते हुए पूछा, 'सब ठीक है तो?'

मेरा अस्फुट उत्तर था 'हाँ'।

उन्होंने मेरे सीने पर कान लगाकर कुछ सुना, फिर धीरे से दो चपत लगाकर बोले, 'नर्वस मत होना यंग मैन।' आँखें बड़ी-बड़ी कर सुन्दर हँसी हँसते हुए बोले, 'हाँ, इसी कमरे में। आँखें एक बार रगड़ लो। ख़ूब सावधान रहना, किन्तु...'

मैंने जैसे-तैसे उत्तर दिया, 'ठीक है।'

जहाँगीर ने दीवार पर एक और अलमारी जैसा दरवाज़ा खोला। अँधेरा था। बत्ती जलाई। ओह, यही तो है जिसका इन्तजार था। अद्‌भुत! आँखें चौंधिया देने वाला रूप। मैं नीरव-सा देखता रहा। मैं जितनी अच्छी तरह देखने लगा, वह रूप मेरे सामने उतना ही अधिक स्पष्ट होने लगा। स्थिर, नि:शब्द वह रूपसी कोई और नहीं, दीवार पर दरवाज़े के फ्रेम से टँगा एक तैलचित्र था।

मैंने जहाँगीर की ओर देखा, वह हल्के से मुस्करा रहे थे। बोले, 'कहा था न कि मैं एक लेखक हूँ। यहीं नाटक की समाप्ति है।'

जहाँगीर इरमेन के साथ और कुछ दिन बिताए। फिर जब वहाँ से विदा लेने का वक्त आया तो बोले, 'ठहरो, मैं अभी आता हूँ।' कुछ देर बाद वे एक विशाल रोटी लेकर हाजिर हुए और बोले, 'रास्ते की खुराक।'

अब समस्या यह हुई कि इतनी बड़ी रोटी मैं रखूँ कहाँ? रोटी का आकार प्राय: मेरी साइकिल के चक्के जितना बड़ा था—हाँ, ईरानी रोटी की यही विशेषता है। आख़िरकार रोटी को साइकिल के पीछे बाँधकर लेखक जहाँगीर इरमेन को अलविदा कहा।

साइकिल के पैडल पर पैर चलाते-चलाते पीछे देखा तो पाया कि चेहरे पर करुण मुस्कान लिये खड़े थे मेरे 'मन्दबुद्धि' मित्र जहाँगीर। बाद में देखा, जाने कब उन्होंने कुछ ईरानी मुद्रा मेरी जेब में रख दी थी।

रास्ते में रोटी बहुत काम आई। धूप में छाते और भूख में भोजन के रूप में। भगवान का नाम लेकर चल पड़ा उत्तर की ओर—लक्ष्य था तुर्किस्तान यानी टर्की।

मरुस्थलीय आँधी

—क्या कहा आपने? आप भगवान में विश्वास नहीं करते?—मैं भी!

—आप क्या कहते हैं, भगवान में विश्वास करते हैं? मैं भी करता हूँ। आप ही के दल में हूँ।

आप सोच रहे होंगे कि यह भला क्या बात हुई? विश्वास और अविश्वास, दोनों क्या एक ही बात है? नहीं, बिलकुल नहीं। जब भयंकर विपत्ति में पड़ते हैं तब भगवान पर विश्वास करते हैं—और जब हमारा 'मैं' बलवान होता है तो हम स्वयं ही भगवान होते हैं। मुश्किल में पड़ने पर भूत को भी बाप कहना पड़ता है, उसी प्रकार कभी-कभी अत्यन्त साधारण व्यक्ति भी स्वर्ग का दूत प्रतीत होता है।

यह न सोचिएगा कि मैं दार्शनिक हो गया हूँ। दर्शनतत्त्व मेरा विषय है, किन्तु विश्व-दर्शन के लिए निकलते ही सभी दार्शनिक नहीं हो जाते। जिस प्रकार अत्यन्त ग़रीब की भी कभी-कभी धनी होने की इच्छा जागती है, उसी प्रकार मेरे जैसे मूर्खों की भी कभी-कभी दर्शनतत्त्व बघारने की इच्छा होती है। सब तकदीर का खेल है। कितना भी दर्शनतत्त्व क्यों न बघार लूँ किन्तु इस अभागे मुँह से मृदु-वचन निकलेंगे ही नहीं। इसलिए मैं अपनी मीठी भाषा में शुरू करता हूँ :

भयंकर गर्मी में बीरभूम की धरती चटकाने वाली धूप में कभी निकले हैं? या कानपुर की शुष्क गर्म हवा या अलवर की मरुभूमि से होकर गर्मियों में चलने का आपको अभ्यास है? यदि है, तब आप अवश्य ही मेरी अवस्था समझ पाएँगे। प्रचंड गर्मी में चारों दिशाएँ काँप रही थीं, मैं मरुभूमि में पैदल चल रहा था। चादर से सारे शरीर को ढक रखा था वर्ना अब तक झुलस चुका होता। जी हाँ, ऐसी ही होती है सउदी अरब की मरुभूमि। यहाँ से दो सौ पचास मील दक्षिण में है लाल

सागर। छुटपन में भूगोल में अरब लोगों की पोशाक का नमूना देखा था। उस समय समझ नहीं पाया था कि उस गर्मी में भी अरब लोग सर्दियों की पोशाक क्यों पहनते हैं। जो बात तब समझ में नहीं आई, आज उसका मर्म अच्छी तरह समझ में आ रहा था। चारों ओर केवल रेत ही रेत थी। कहीं छोटे-मोटे पोखर जैसी, कहीं पहाड़ जैसी और कहीं नदी के आकार में बालू का स्रोत प्रवाहित था।

आप क्या सोच रहे हैं कि मैं शौक़ से मरुभूमि में रेत देखने आया हूँ? भगवान से मेरी प्रार्थना है कि यह शुभबुद्धि या दुर्बुद्धि किसी को न दे।

मैं सउदी अरब के बीच से होकर जा रहा था क्योंकि यही मेरा वर्तमान पथ था। चलने का अपना अलग आनन्द है, ख़ास कर बद्दुओं (बंजारों का जीवन जीनेवाले अरब) के साथ बीच-बीच में घूमना अथवा मरुद्यान में बैठकर खजूर चबाने का एक अलग ही नशा है। और उससे भी अधिक आनन्द तो तब आता है, जब कोई गाँव मिल जाए या किसी मक्का यात्री का साथ मिल जाए। और मैं उसी आनन्द में चल रहा था। मरुभूमि पार करने का माकूल समय है रात्रि यानी सूर्यास्त से सूर्योदय तक। उसके बाद तम्बू तानकर विश्राम और फिर चलना। ख़ास कर जो पदयात्री हैं या मेरे जैसे साइकिल-यात्री, उनके लिए यही एकमात्र उपाय है। आप यदि मेरी बात का विश्वास करें तो बताऊँ—सावधान! साइकिल पर सउदी अरब पार करने की चेष्टा न करें, मारे जाएँगे।

मैंने ग्रामवासियों से पूछा, 'अच्छा भाई! बता सकते हैं, यहाँ से अगला गाँव कितनी दूर है?'

'बहुत पास। पैदल चलें तो एक रात और ऊँट पर चढ़कर जाएँ तो सुबह। नमाज़ पढ़कर निकलें तो अकसाम की नमाज़ वहाँ जाकर पढ़ सकेंगे यानी शाम को।

हालाँकि है तो मरुभूमि यानी रेगिस्तान किन्तु उसमें डामर की सड़क है, ठीक हमारी दिल्ली से राजस्थान के बीच से होते हुए मुम्बई आने के रास्ते जैसी अर्थात् चित्तौड़, जयपुर, उदयपुर की सड़क जैसी। अल्लाह का नाम लेकर निकल पड़ा। इस देश में भगवान ने अल्लाह का नाम धारण किया है। सुबह के समय साइकिल की रफ़्तार कुछ बढ़ जाती है, इसलिए मैं बड़े मज़े से चल रहा था। दोनों ओर रेत के समुद्र के बीच से सड़क बड़े सुन्दर ढंग से आगे को गई है। हठात् ग़ौर से देखा, दूर बादल जैसा कुछ था। ठीक से देखा, हाँ, बादल ही थे। तो मरुभूमि में भी बारिश होती है? कलयुग फिर और किसको कहते हैं? हठात् कानों में साँय-साँय शब्द सुनाई दिया और ठीक से कुछ समझ पाने से पहले

ही असंख्य सुइयों जैसे बालू के कण उड़कर शरीर पर गिरने लगे—मेरा शरीर बालू से ढक गया। सउदी अरब में आकर यदि स्थानीय लोगों की पोशाक से सामंजस्य न बैठाया होता तो सचमुच बहुत विपत्ति में फँस जाता। बाध्य होकर साइकिल से उतरना पड़ा। चारों ओर बादलों की तरह रेत उड़ रही थी। तय नहीं कर पा रहा था कि ऐसे में क्या करना उचित है। हठात् पैरों पर नज़र पड़ी तो देखा कि इस बीच सड़क पर एक फुट बालू जमा हो गई थी। पैर झटक व झाड़कर मैं बालू के ऊपर खड़ा हुआ। साइकिल से बैग खोलकर चादर निकाल ली। शरीर को तम्बू से भी ढक लिया, पर हवा तो, लग रहा था, जैसे उड़ाकर ले जाएगी। मैं बैठ गया, किन्तु चारों ओर की बालू से मेरा शरीर ढका जा रहा था! सर्वनाश! अन्ततः क्या जिंदा दफ्न होना होगा? अब बहुत बार सुनी हुई मरुस्थलीय आँधी से बचने की एकमात्र तरकीब अपनानी पड़ी। सारी देह को ढककर बालू के ऊपर घुटनों के बल बैठकर अनवरत बायाँ हाथ, बायाँ पैर, दायाँ हाथ, दायाँ पैर उठाकर बालू के ऊपर करते हर समय अपनी देह की रक्षा करना, अर्थात् बालू जमा होने के साथ-साथ देह को बालू के ऊपर उठा लेना होगा। बड़ी भयंकर आँधी थी। बालू मेरी देह के चारों ओर जमा होने लगी। उस दिन यदि इस तरकीब से स्वयं को न बचाया होता तो आज यह सब लिखने की नौबत ही न आती। इस तरकीब के बारे में सबसे पहले श्रद्धेय बिमल दा (मुखर्जी) से सुना था, जिन्होंने साइकिल पर भारत व समस्त यूरोप की प्रदक्षिणा कर विश्व-भ्रातृत्व की प्रशंसा अर्जित की थी।

मरुभूमि की वह भयंकर सर्वनाशी आँधी कितनी देर तक चलती रही, इसका ठीक-ठीक हिसाब तो नहीं रखा पर अनुमान है कि यह क्रम घंटे भर से अधिक नहीं चला। आँधी थमी तो शरीर झाड़कर उठा। देह से तम्बू खोलकर देखा कि चारों ओर का दृश्य बिलकुल बदल गया था। पहले जहाँ गड्ढा या टीला था, वह जगह समतल हो गई थी और जो जगह समतल थी, वहाँ रेत का पहाड़-सा हो गया था। सबसे अधिक आश्चर्य इस बात का था कि रास्ता मेरी साइकिल को लेकर कहीं हवा में उड़ गया था।

हे ख़ुदा, यह मुझे तुमने कहाँ ला पटका? सड़क के ऊपर कम-से-कम छः-सात फीट बालू जमा थी, और उसके नीचे थी मेरी साइकिल। बालू खोदकर साइकिल निकालने की बहुतेरी चेष्टा की, पर सब व्यर्थ। पहली बार समझ में आया कि बालू खोदकर गड्ढा नहीं किया जा सकता। साइकिल के शोक से उबरने से

पहले ही एक और समस्या आ खड़ी हुई। अब जाऊँगा कैसे? मरुभूमि में मेरा लक्ष्यस्थल, मेरी मंज़िल किस ओर है, कौन जाने? शाम तक सोच-विचार करने के बाद भी कोई कूल-किनारा न मिला। धीरे-धीरे सूर्यास्त हो गया। मरुभूमि में सूर्यास्त देखने का भी एक आनन्द है, किन्तु अपनी उलझनों में उलझा मैं समझ ही न पाया कि कब सूर्यास्त हो गया। मरुभूमि में सूर्यास्त के पश्चात् भी काफ़ी देर उजाला रहता है। मैंने सोचा, इस प्रकार बैठे रहने से कोई लाभ नहीं। जहाँ तक याद आता है, मैं पूर्व से आ रहा था और पश्चिम की ओर जा रहा था। पीठ पर बोझ उठा, कुछ अन्दाजे से मैंने चलना शुरू किया।

बालू पर चलना भी कुछ ऐसा था कि एक क़दम आगे तो आधा क़दम पीछे। एक मील आने पर लगे, जैसे दस मील आ गए। पर मैं इसी तरह बढ़ता रहा। कितनी दूर आ गया, पता नहीं, किन्तु अत्यधिक थकान से देह भारी हो गई थी। घुटने मोड़कर बैठ गया, फिर लेट गया बालू के नर्म बिस्तर पर।

नींद टूटी अगले दिन सुबह। लेटे-लेटे ही मैं पिछले दिन की घटनाओं के बारे में सोचने लगा। कहीं सपना तो नहीं था? मैं उछलकर उठ बैठा। चारों ओर केवल बालू ही बालू थी। धीरे-धीरे सूर्य का ताप बढ़ने लगा तो मैंने स्वयं को ढक लिया। किधर जा रहा हूँ? कौन जाने, मेरा लक्ष्य-स्थल ठीक है भी कि नहीं? रेगिस्तान में रास्ता खो देने का अर्थ है मृत्यु। यह बात याद आते ही सारा शरीर सिहर उठा, दिल जोरों से धड़कने लगा। तो क्या मैं सचमुच खो गया? हठात् जोरों की प्यास लगी। हाय, पानी कहाँ? मेरी पानी की बोतल भी तो साइकिल के साथ ही बालू के नीचे दब गई। याद आते ही प्यास और बढ़ गई। गला बिलकुल सूख गया था। लगा कि कोई आवाज़ ही न निकलेगी। यह सोचकर मैं चीख़ उठा—पानी! पानी! पानी! मरुभूमि की शुष्क हवा ने मेरे शब्दों को सोख लिया। नहीं, पानी की व्यवस्था तो मुझे करनी ही होगी। देह झाड़कर मैं उठा। साइकिल के साथ बँधी पानी की बोतल की याद आते ही मैंने साइकिल को ढूँढ़ निकालने का निश्चय किया। मरने के पूर्व और एक बार चेष्टा करने में क्या हर्ज है, यह सोचकर अनिश्चित ग्राम की आशा त्यागकर मैं अपने पैरों के निशान के सहारे साइकिल के नजदीक जाने लगा। तकदीर अच्छी थी कि हवा बिलकुल नहीं थी और इसलिए पैरों के निशान भी स्पष्ट थे। गर्मी भयंकर थी किन्तु पानी की उम्मीद में ही मैं चलता रहा। इस प्रकार चलते-चलते शाम तक मैं उस जगह पहुँच गया जिसके नीचे थी मेरी साइकिल और पानी की बोतल।

पिछली रात मैंने जहाँ बालू खोदने की चेष्टा की थी, वहीं दोनों हाथों से खोदना शुरू किया। घंटे-दर-घंटे चलता रहा यह व्यर्थ प्रयास। जब लगा कि यह काम असम्भव था, तभी भोर का उजाला नज़र आया। बैग में जो थोड़ी-बहुत खजूर थी, वह भी ख़त्म हो गई। पहले थी पानी की चिन्ता, अब उसमें खाने की चिन्ता और जुड़ गई। क्या करूँ? न पानी है, न भोजन, न रास्ता। है तो केवल बालू और बेशुमार उत्ताप।

जहाँ तक मुझे याद है, मैंने सुन रखा था, आँधी-तूफ़ान में बीच-बीच में जब यह रास्ता बालू के नीचे दब जाता है तब सरकार की ओर से बालू हटाने की व्यवस्था की जाती है। उसकी वजह यह है कि यह रास्ता मिलिटरी के लिए बना है—ख़ास कर स्वेज-युद्ध के मामले में यह अत्यन्त महत्त्वपूर्ण है। यह बात याद आते ही शरीर व मन को एक नया बल मिला। इसका मतलब यह हुआ कि उपाय है। मैं यहाँ असहाय अवस्था में पड़ा नहीं रहूँगा। नजदीकी गाँव किस ओर है, यह पता नहीं, इसलिए अनिर्दिष्ट के पीछे भागने से तो बेहतर है कि यहीं प्रतीक्षा की जाए। कभी न कभी वह रास्ता साफ़ करने लोग आएँगे ही। अत: सिर पर भयंकर गर्मी के बावजूद तिरपाल से शरीर ढककर वहीं बैठा रहा। इसी तिरपाल के टुकड़े से जब प्रयोजन होता तो मैं तम्बू बना लेता था। तब क्या पता था कि मेरे भैया का दिया तिरपाल का यह टुकड़ा मेरी प्राण-रक्षा करेगा?

सूर्य धीरे-धीरे सिर के ऊपर आया, फिर एक समय पश्चिम की ओर झुक गया। एक और सूर्यास्त हो गया। पता नहीं और कितने सूर्यास्त देखना मेरे भाग्य में था! शरीर-रक्षा के लिए मैं सूर्य-प्रणाम व्यायाम किया करता हूँ तथा मन का सन्तुलन बनाए रखने के लिए नीरवता यानी मौन का पालन करता हूँ।

करने को चूँकि कुछ नहीं था, इसलिए सूर्य-प्रणाम करना शुरू किया। ओह, शरीर बिलकुल अचल था, कोई ताक़त नहीं थी। बैठे-बैठे ही भगवान को स्मरण करने लगा। यदि वे होंगे तो मेरी प्रार्थना अवश्य सुनेंगे।

अँधेरी रात थी। झोले से टॉर्च निकाली। इस भयंकर संकट में नींद तो आने से रही, इसलिए बैग से स्वामी सोहनानन्द जी की दी हुई 'स्वामीजी की शिक्षा' पुस्तक निकालकर पढ़ना शुरू किया। किन्तु वह भी असम्भव हो उठा, चारों ओर से असंख्य कीड़े आकर तंग करने लगे। बाध्य होकर टॉर्च की रोशनी बुझानी पड़ी। हठात् मन में आया कि इन क्षुद्र जीवों को खाना कहाँ से मिलता है? मेरी धारणा थी कि इस मरुभूमि में मेरे अतिरिक्त और कोई नहीं। फिर मन में आया

कि क्या पता, कोई हो? हो सकता है, कोई इस रास्ते से होकर गुजरे, कोई अरबी बद्दू (बंजारा) या दस्यु। दस्यु हुआ तो क्या, आख़िर है तो मनुष्य ही। उम्मीद, हाय रे उम्मीद! मैं फौरन उठ खड़ा हुआ। अरबी भाषा आती नहीं, किन्तु कुछ चीख़ने-चिल्लाने की दरकार है। क्या पता, आसपास में कोई राहगीर या व्यापारी हो—लिहाजा अधिक जोर देने के लिए गाल पर हाथ रखकर मैं चिल्लाने लगा—अल्ला हो अकबर...अल्ला...हू...अकबर, अल्-ला...अ-आ...आ।

पर सब व्यर्थ। सुना था कि अल्लाह के पुत्र हजरत मुहम्मद को इसी मरुभूमि पर अल्लाह के दर्शन हुए थे, उनकी वाणी सुनी थी। किन्तु मेरे इतने चीख़ने-चिल्लाने पर भी किसी का जवाब ही नहीं मिल रहा। नहीं, वह सब पाखंड है। मरुभूमि में कुछ दिन गुजारकर मैं भी कह सकता हूँ कि मैं अल्लाह को देख आया।...मैं अकेला ही बकबक किए जा रहा था। क्या बचपना है, कहीं मैं पागल तो नहीं हो गया? हे प्रभु, मुझे बचाओ!

एक रात और कट गई। फिर से सूर्यादय का अर्थ है, थोड़ी-सी उम्मीद। सुबह-सुबह भगवान के नाम पर थोड़ी देर नीरवता का पालन करता हूँ—और फिर उसके बाद शुरू होता है मेरा दिन का काम।... यहाँ दिन के काम से तात्पर्य है चारों ओर निगाह दौड़ाना कि कहीं कोई आ जाए। कौन जाने, रास्ता साफ़ करने वाले लोग ही आ जाएँ! इसी सोच में समय कट रहा था। आज बहुत जोरों की प्यास लग रही थी। प्यास से छाती फटी जा रही थी। कहीं से मिल जाए थोड़ा सा पानी! आँखों के सामने तैर गई गंगा की तसवीर। कितना पानी, कितना तैरा हूँ उसके पानी में! काश, एक बार वहाँ जा पाता!...रास्ते पर चलते हुए कितने ही नल देखे हैं जिनसे अनवरत पानी गिरता रहता, कितने झरने बहते रहते हैं, पर उनका पानी पीने कोई नहीं आता। सुना है, पृथ्वी का तीन-चौथाई हिस्सा पानी का है, पर आज मैं एक बूँद को तरस रहा हूँ। किसी भी प्रकार से यह दु:समय यदि कट जाए, तो फिर किसको आना है इस मुल्क में? शायद इसीलिए इस मुल्क से लोग हमारे देश में जा रहे हैं, पानी पीने—सब पागल का प्रलाप था।

अरे, वो तो रहा पानी! आँखों को अच्छी तरह रगड़कर देखा—नहीं, देखने में कोई भूल नहीं हुई। अभी आँख ख़राब होने लायक तो मेरी उम्र नहीं हुई। छुटपन से अनेक जलाशय देख चुका हूँ, अत: पानी देखने में कोई भूल होनी तो नहीं चाहिए। मैं ख़ुशी-ख़ुशी दौड़ पड़ा। पास, और पास—पर ताज्जुब! जितना

मैं आगे जा रहा हूँ, दूरी उतनी ही बढ़ती जा रही है। कहीं यह मरीचिका तो नहीं? मरीचिका! मैं चौंककर रुक गया। पानी यहाँ आएगा कहाँ से? मरुभूमि में पोखर? जहाँ एक बूँद पानी नहीं, वहाँ सरोवर? सचमुच मैं कहीं पागल तो नहीं हो गया? मरीचिका की कितनी ही कहानियाँ पढ़ी हैं। कितने ही असहाय राहगीर एक बूँद पानी के लिए इसी मरीचिका का पीछा करते-करते जान गँवा चुके हैं। मैंने स्वयं को संयत किया और लौट आया अपने 'रुकसैक' के पास, और चारों ओर देखने लगा—पानी...पानी...! पानी पर पड़ती सूर्य की किरणें और चारों ओर फैलती उनकी छटा...छोटी-छोटी लहरें मानो बुला रही थीं। नहीं, इस धोखे में मैं नहीं फँसूँगा, यह तो मारक धोखा है। किन्तु क्यों? यदि मैं मरूँ ही तो क्षति कैसी? दुनिया में तो लाखों लोग रोज़ मरते हैं। कितने जाने-माने लोग, जिनकी इस पृथ्वी को ज़रूरत है, वे भी मरते हैं। उसी प्रकार एक दिन मुझे भी मरना होगा। और जब मरना ही है, तो बचने की चेष्टा करने से क्या लाभ?... लो, एक तर्क मिल गया। सही बात है, मरने से डरना कैसा? जब मरना ही है तो वीर की तरह मरना ही अच्छा। पागल होकर कायर की तरह नहीं, पुरुष की तरह पूरे होशोहवास में मरना ही... फिर वही प्रलाप? मैं पागल हो गया हूँ। नहीं, पागल हुए बिना ही मरीचिका देख रहा हूँ। आश्चर्य! ठीक जैसे शान्त जलाशय पर सूर्य की किरणें पड़ रही हों, हवा में छोटी-छोटी लहरें मानो ख़ुशी से उछल रही हों! हाँ, ख़ुशी ही तो। मेरी ऐसी दुरवस्था देखकर ही शायद वह आनन्दित थीं। जब पानी ही नहीं होगा तो पानी की माया देखकर क्या लाभ? कौन है इस इन्द्रजाल का रचयिता? शायद यह मरुभूमि की ही लीला हो—उसी निपुण कारीगर की रचना। इसका अर्थ यह हुआ कि अवश्य ही सृष्टिकर्ता हैं, और यह सब मायाजाल व लीला उन्हीं की है। 'यदि तुम हो (हे सृष्टिकर्ता!) तो मुझ पर दया करो।' दया? कौन किस पर दया करता है? इतनी देर भगवान-भगवान चिल्लाता रहा, पर किसी का कहीं कोई पता नहीं! विपत्ति में पड़कर ही मनुष्य भगवान को पुकारता है। मैं अभी विपत्ति में हूँ और यदि वे मुझे बचाने नहीं आए तो उनके अस्तित्व पर विश्वास कैसे करूँ?

...दिन ढल गया। सूर्य का ताप घटने में अभी भी घंटा भर लगेगा। कमीज उतारने लगा तो देखा, त्वचा में पड़े छाले के साथ वह चिपक गई थी। शरीर में पानी न रहने पर ऐसा होता है। शरीर का पानी तो सारा सूख गया था, चमड़ा हड्डी के साथ लग गया था। दुश्चिन्ता में सिरदर्द भी असह्य हो उठा। नहीं,

मन का सन्तुलन खोने से नहीं चलेगा। धीरज धरकर स्थिर मस्तिष्क से कुछ सोचा जाए...।

सूर्यास्त के पश्चात् भी प्राय: कुछ घंटे पश्चिम के आसमान पर घना लाल रंग छाया रहता है। उस ओर मुँह कर स्थिर आसन पर इष्ट के नाम का मैं जाप करने लगा। कितनी देर यह क्रम चला, पता नहीं। आँखें खोलते ही एक विराट निस्तब्धता ने मुझे आ घेरा। सिर के ऊपर टिमटिमाते असंख्य तारों के साथ मैं भी उस गहरी निस्तब्धता का उपभोग करने लगा। जीवन में पहली बार इस प्रशान्त निस्तब्धता का अनुभव हुआ। चारों ओर व्याप्त इस महाशून्यता में मैंने स्वयं को खो दिया और परम शान्ति का अनुभव किया। 'हे परमेश्वर, यह महाशून्य नि:शब्द रजनी शेष ही न हो।' दिन भर की ऊल-जलूल चिन्ताओं से अब विश्राम। हो सकता है, इसी प्रकार मैं चिरकाल रह पाऊँ। पता नहीं, यही जीवन का अन्त है या नहीं! यदि ऐसा है तो 'मरणरे तुंहु मम श्याम समान'।

काफ़ी देर लेटे रहने के बाद स्वयं को इतना हल्का महसूस हुआ कि मुझे विश्वास ही नहीं हुआ। सारी चिन्ताओं और क्लांति का मानो अन्त हो गया था। लगा जैसे इतनी देर बाद मैं प्रकृतिस्थ हुआ था। मैं धीरे-धीरे उठकर बैठा।

ऐसे बैठे-बैठे केवल सोचते रहने से कुछ नहीं होगा। या तो चेष्टा करनी होगी, या फिर बैठे-बैठे मृत्यु की प्रतीक्षा। आलसी की तरह बैठे रहकर भगवान का जितना भी नाम-जाप क्यों न करें, उससे चिन्ताशक्ति के अपव्यय के अतिरिक्त कोई लाभ नहीं होगा। हाँ, इसी ओर से मैं आया था, अतएव इसी ओर जाना होगा। जो गाँव छोड़ आया था, वह न सही, किसी प्रकार यदि सौ मील तय कर पाऊँ तो लाल सागर के आसपास किसी गाँव तक पहुँचना असम्भव नहीं।

चलना शुरू करने के कुछ देर बाद ही बहुत कमजोरी महसूस हुई तो मैं बैठ गया। भगवान के अतिरिक्त मुझे और कोई नहीं बचा सकता। और भगवान, बहुत पुकार चुका हूँ, रो चुका हूँ, पर कोई फल नहीं हुआ। कलयुग में भगवान की अपमृत्यु हो चुकी है—केवल ग़रीब, असहाय और कायर लोग भगवान को पुकारते हैं। मैं तो अनेक अच्छे-अच्छे लोगों से मिला हूँ, उनसे मेलजोल हुआ है, कहाँ, वे तो भगवान को नहीं पुकारते। जो आसमान में घूमते हैं और दिन में पाँच बार इस मरुभूमि को लाँघते हैं, वे महासुखी हैं। वे मेरी तरह कहाँ भगवान पर यकीन करते हैं। उन्हें ही कहते सुना है कि 'सब पुरानी बातें हैं, पौराणिक विश्वास। अब तो हम ही भगवान हैं। देखो, हम केवल आसमान में उठते-बैठते,

खाते ही नहीं, अब तो चाँद पर भी जा रहे हैं। हमारे पास शक्ति है, साहस है और है उद्यम। काम पर लगो, काम करो तो ख़ुद तुम्हें एक दिन भगवान की शक्ति मिल जाएगी। पाखंड छोड़ो।' ऊँचे स्काईस्क्रैपर की ओर देखकर और हवाई जहाज़ को देखकर मैं उस दिन हँसा था कि ये लोग कैसे मूर्ख और दम्भी हैं, जो आत्म-तत्त्व को ही नहीं जानते। जो हमारी कर्मशक्ति का प्रेरक है, उस परम ब्रह्म को ही ये लोग मानना नहीं चाहते। मैंने तब कहा था, 'वे हैं, विश्वास करने में ही मंगल है।' आज इस असहाय अवस्था में अँधेरे में चलते-चलते सोचता हूँ कि वे लोग ही सही थे। आज मैं विपदा में पड़ा हूँ। कहाँ, वे तो नहीं आ रहे।

...इसी प्रकार और एक दिन आया और चला गया। बीच-बीच में जब थोड़ी-सी शक्ति आती तो चल पड़ता कि कौन जाने, कोई गाँव ही मिल जाए! मन में उत्साह और निरुत्साह, भय और साहस और साथ ही असंख्य प्रश्नों व उत्तरों का ज्वार-भाटा खेलने लगा और मैं उसके हाथ का खिलौना बनकर रह गया।

फिर भोर का उजाला नज़र आ रहा है। दिन आने के पहले ही मन को ठीक कर लेना होगा। थोड़ा-सा व्यायाम कर लेना उचित है, यह कम-से-कम बुरे वक्त में तो काम आता है। अन्य दिनों की तरह मैं सूर्य की ओर मुँह कर दीर्घ नीरवता पालन कर रहा था और ईश्वर का स्मरण कर रहा था। मैंने ग़ौर किया है कि इस अवस्था में काफ़ी देर रहने के पश्चात् शरीर चंगा हो उठता है। नि:श्वास-प्रश्वास सहज हो उठती है और लगता है कि शरीर की मेटबॉलिक प्रक्रिया को कुछ विश्राम मिलता है।

धीरे-धीरे सूर्यदेव प्रखर हो उठे। अब बैठे रहना सम्भव न था। अब उठकर उत्ताप से रक्षा के लिए शरीर को ढँकना होगा। सूर्य-प्रणाम करने के बाद आँखें खोलते ही एक आलौकिक दृश्य! मिरैकल! ठीक मेरी आँखों के सामने दो खम्भे थे। ऐसा लगा, जैसे किसी मन्दिर के दो खम्भों के बीच बैठा हूँ और सिर पर छत भी है! मैंने फिर से आँखें मूँद लीं। कहीं यह दिवास्वप्न तो नहीं? लगता है, इतने दिनों से केवल गाँव और आश्रय के बारे में सोच-सोचकर मेरी यह अवस्था हुई है। आँखें खोलीं तो वास्तव जगत में भी कल्पना को ही प्रत्यक्ष पाया। तब सोचा कि यदि यह इल्यूशन (भ्रम) है तो इसे न तोड़ना ही बेहतर है। इस मधुर स्वप्न को बीच में न तोड़ना ही बुद्धिमानी का काम है, क्योंकि उतनी देर तो कम-से-कम भयंकर वास्तविकता से रिहाई मिलेगी। आँखें बन्द किए, घुटने

मोड़े बैठा रहा। धीरे-धीरे जब गर्मी असह्य हो गई तो सोचा—नहीं, अब और स्वप्न देखने से नहीं चलेगा। आँखें खोलीं—आश्चर्य! वही पहले वाली अवस्था! आँखों को अच्छी तरह रगड़कर जाँच-परख के लिए शरीर को झाड़कर दोनों ओर के खम्भों को लक्ष्य कर धीरे-धीरे ऊपर की ओर देखा—ओह, असम्भव! सीने के भीतर रुका हुआ रक्त-प्रवाह मानो विद्युत वेग से प्रवाहित होने लगा, जिसका शब्द मुझे स्पष्ट सुनाई दिया। मेरे शरीर में इतना रक्त है, यह पता ही न था। आनन्द में मैंने अपने सीने को दबाया। इतने आनन्द में ही शायद मनुष्य अपना सन्तुलन खो बैठता है। कितना आनन्द! आनन्द का महासमुद्र था—मेरे सामने खड़ा था एक ऊँट और उसके ऊपर बैठा था एक मुस्कुराता हुआ अरब सौदागर। मेरी रक्षा करने वाला आया था मरुभूमि के जहाज़ (ऊँट) पर चढ़कर। ओह, भगवान, तुम हो, तुम हो। साष्टांग मैंने ईश्वर को प्रणाम किया। मुझे क्षमा करना प्रभु, मैंने तुम्हें गलत समझा था। मुझे अपने पथ पर चालित करो हे प्रभु! आनन्द से मेरी आँखें छलछला आईं। उस सौदागर की ओर देखकर मैंने कहा, 'एस् हाँदु एन्ना...आलेकुम।'

ऊँट पैर मोड़कर बैठा और मैं अपने रक्षाकर्ता की मदद से ऊँट पर चढ़कर बैठा। पता नहीं, कब व कैसे वे (प्रभु) हमारी रक्षा करने आते हैं, इसका कोई ठीक ठिकाना नहीं। मैं उसी गाँव में लौट आया जहाँ से प्राय: पाँच दिन पहले रवाना हुआ था। उस सौदागर ने मेरे बारे में सभी को क्या बताया, पता नहीं, किन्तु मैंने देखा, सभी के चेहरों पर तृप्ति की हँसी थी। सभी मुझसे गले मिल रहे थे, जैसे हम दशहरे पर मिलते हैं। जब सारी बात समझ में आई तो और भी आश्चर्य हुआ। यह अरब सौदागर मरुभूमि में मुझे उस प्रकार नमाज़ पढ़ते देखकर बहुत आश्चर्यचकित रह गया। अर्थात् घुटने के बल बैठकर मेरे सूर्य-प्रणाम को उन्होंने नमाज़ पढ़ना समझा। और वह दृश्य देखकर ही वे मेरे पास आए थे। और चूँकि उन्हें लगा कि मैं नमाज़ पढ़ रहा था इसलिए वे बिना विघ्न डाले चुपचाप प्रतीक्षा करते रहे। मेरे समान इतनी कम उम्र में उन्होंने किसी को नमाज़ पढ़ते नहीं देखा था, इसीलिए वे मुझे उठाकर अपने साथ ले आए। इधर गाँव वालों ने समझ लिया था कि निश्चय ही मेरी मौत हो गई होगी, क्योंकि सामान्यत: विदेशी लोग ऐसी भयंकर आँधी में अपनी रक्षा नहीं कर पाते। मुझे जीवित पाकर वहाँ एक हलचल-सी मच गई। उन लोगों ने बताया कि डामर वाली सड़क को वे चलने के लिए उपयोग करते हैं किन्तु ऊँट की सवारी करते समय वे उस रास्ते

का प्रयोग करते हैं जिस रास्ते से मैं आ रहा था। मैं अवाक् था कि अनजाने में ही सही, मैंने सही रास्ता पकड़ा था। सब उन (प्रभु) की इच्छा थी।

आपने सुनी तो मेरी कहानी। अब ऐसी अवस्था में मैं कैसे कहूँ कि भगवान नहीं हैं? इस विश्वास से ही यदि मानसिक शान्ति प्राप्त होती हो, तो क्या बुराई है? हमारे मन में सैकड़ों विचार आते रहते हैं, उनके साथ यदि एक और विचार भगवत्-चिन्ता का जुड़ जाए तो क्या बुरा है?

मेवलाना जयंती

मेरे राह चलने की तुलना काफ़ी कुछ मेघाच्छन्न आकाश से करना ही शायद युक्तिसंगत हो, क्योंकि मेरा रास्ता सचमुच मेघाच्छन्न है, जिसमें कभी रोशनी है तो कभी अन्धकार। हाँ, मैं भाग्य की बात नहीं करूँगा क्योंकि वह बड़ा गहरा तात्त्विक विषय है। मैं तो अपने अनुभव के बारे में ही कह रहा हूँ। यह अनुभव का रास्ता भी घने कुहासे से ढका है। मैं ख़ुद ही नहीं जानता कि मैं कहाँ जा पहुँचा हूँ। मैं तो कभी दुख तो कभी आनन्द के नशे में चलता रहता हूँ और इसी प्रकार यह रास्ता एक दिन मुझे ले आया है दक्षिण तुर्किस्तान के इस गाँव में।

सर्दियों के दिन हैं, दोपहर के समय भी बर्फ़ गिर रही है और उसी के बीच मैं चल रहा हूँ। रास्ते में असंख्य बत्तियाँ जगमगा रही हैं और विभिन्न पोस्टर लगे हैं, मानो नववर्ष का उत्सव आसन्न हो! बीच-बीच में विशाल आकार की तसवीरें लगी हैं। जिनकी तसवीर है, उनके यदि फारसी दाढ़ी न होती तो अनायास उसकी तुलना हम अपने यहाँ के बाउल से कर सकते थे। बंगाल के बाउल हाथ में एक तारा लिये अहर्निश बाँटते फिरते हैं प्रेम व भ्रातृत्व और उसके साथ ही अनजाने सृष्टिकर्ता के प्रति अपनी गहरी श्रद्धा व भक्ति। इस तसवीर का नायक जो परमेश्वर के प्रति श्रद्धा के अभिप्राय से विभिन्न तसवीरों में हाथ उठाए खड़ा है, उसे हम बाउल-दरवेश भी कह सकते हैं।

मैं साइकिल से उतरा। एक दुकान में जाकर मैंने एक कप चाय माँगी—'आधा नीबू देकर छोटा एक गिलास चाय। चाय की चुस्की लेते हुए मैंने बगल में खड़े एक वृद्ध सज्जन से पूछा, रास्ते में लगी वो तसवीर किसकी है, बता सकते हैं?' मेरे पूछने का ढंग कुछ ऐसा था, जैसे मैं उन सज्जन को परख रहा था।

उन वृद्ध सज्जन ने मेरी ओर देखा, फिर हँसकर बोले, 'तुम मेरा इम्तहान

ले रहे हो? सोचते हो, जैसे मुझे मालूम नहीं? एक छोटा-सा बच्चा भी बता देगा कि वह कवि मेवलाना की तसवीर है।' कहकर वृद्ध ने उनकी कविता का पाठ शुरू कर दिया।

हाय रे तकदीर! मेरा जो तुर्की ज्ञान था, उससे थोड़ी-बहुत बातचीत तो की जा सकती थी किन्तु कविता समझ पाना तो असम्भव था। उन वृद्ध सज्जन का किन्तु इस ओर ध्यान न था, वे तो अनवरत कविता-पाठ किए जा रहे थे। अत: लाचार होकर मैं कविता-पाठ सुनने लगा। काव्य-पाठ शेष हुआ तो वृद्ध ने कहा, 'तुमने क्या समझा था, मैं मूर्ख हूँ?'

मैं चुपचाप दुकान से निकलकर मूल शहर की ओर बढ़ चला। एक जगह देखा, अंग्रेज़ी में लिखा था : 'इन्फॉर्मेशन'। साइकिल बाहर रखकर मैं अन्दर चला गया। देखा, चारों ओर कवि मेवलाना की असंख्य तसवीरें थीं। एक अल्पवयस्का लड़की ने आकर मुझसे पूछा, 'आप क्या मेवलाना उत्सव की टिकट ख़रीदेंगे? यदि तीन दिन की टिकट ख़रीदेंगे तो कन्सेशन मिलगा।'

मैंने पूछा, 'फुल कन्सेशन की कोई टिकट नहीं है क्या?'

उस लड़की ने मुझे ग़ौर से देखा, शायद उसे मेरी बात ठीक से समझ में नहीं आई। उसने कहा, 'आप बैठें। यहाँ के जो मालिक हैं, वे अभी आते ही होंगे।'

वे आए। मैंने बातचीत शुरू की। मुझे तुर्की भाषा का सामान्य ज्ञान था और उन सज्जन को अंग्रेज़ी नहीं आती थी। लिहाजा हमारी बातचीत का जो निष्कर्ष निकला, वह यह था कि सुदूर भारतवर्ष से उत्सव देखने के लिए मेरे आगमन से वे काफ़ी आनन्दित थे। मैं यदि वहाँ के डिस्ट्रिक्ट लाइब्रेरी डायरेक्टर के साथ भेंट करूँ तो उनसे यथासम्भव मदद व सहयोग मिल सकता है। अत: मैं ठीक से पता-ठिकाना लेकर, उन्हें धन्यवाद देकर निकल पड़ा ड्रिस्ट्रिक्ट लाइब्रेरी की ओर।

रोमन टाइप का छोटा-सा भवन था। देखने में काफ़ी सुन्दर। यही होगा, क्योंकि वर्णन से हू-ब-हू मेल खा रहा था। मैंने अन्दर प्रवेश किया तो एक सज्जन आए। मैंने अपना आशय बताया तो मुझे बैठने को कह उन्होंने बताया कि डायरेक्टर साहब तनिक व्यस्त थे, मुझे थोड़ी प्रतीक्षा करनी होगी। मैं प्रतीक्षा करने लगा। वे सज्जन जाते-जाते मुझे कुछ पत्र-पत्रिकाएँ तथा कवि मेवलाना की अंग्रेज़ी में अनूदित एक छोटी पुस्तक दे गए थे, मैं बैठे-बैठे वही पढ़ने लगा।

कवि चाहे किसी भी देश का हो, कवि की विशिष्टता किन्तु हर देश में एक-सी होती है। वे इस अनिंद्य सुन्दर प्रकृति के अनन्य पुजारी होते हैं। पुस्तक

से कवि के बारे में थोड़ी-बहुत जानकारी मिल गई।

अठारहवीं शताब्दी के कवि मेवलाना तुर्किस्तान के राष्ट्रीय कवि थे। उनकी अधिकांश कविताएँ या रचना-कर्म मूलत: फारसी भाषा में था, किन्तु सम्पूर्ण रचना-कर्म तुर्की भाषा में अनूदित किया जा चुका था। मेवलाना के पिता एक यायावर व्यवसायी थे और उनके पुत्र मेवलाना थे—कवि। उनकी अधिकांश कविताएँ पृथ्वी के घूमने को केन्द्र कर लिखी गई थीं अर्थात् इस जगत में सब कुछ घूम रहा है। यह विश्व-संसार, सब कुछ एक विराट चक्र में फँसा है। चन्द्र, सूर्य, पृथ्वी, तारों से लेकर छोटे-छोटे कीट-पतंगें तक, सब कुछ उस विराट चक्र में फँसे हैं, और मनुष्य भी—इसीलिए अपने दरवेशी नृत्य में उन्होंने चक्कर से एक विराट सम्मोहन का सृजन किया।

घंटे भर बैठे रहने के पश्चात् अचानक याद आई कि डायरेक्टर साहब क्या अभी तक व्यस्त हैं? थोड़ी देर का मतलब क्या घंटा भर होता है? ख़ैर, चूँकि प्रयोजन मेरा है, इसलिए बैठना भी मुझे ही होगा। कुल मिलाकर प्राय: दो घंटों की प्रतीक्षा के बाद मुस्कुराते हुए डायरेक्टर साहब ने दर्शन दिये। बड़े सहज सज्जन व्यक्ति थे, विलम्ब के लिए अफसोस जताया। फिर जब सुना कि मैं भारत से आया था तो ख़ुशी से लगभग उछल पड़े और बोले, 'क्या सौभाग्य है हमारा कि सुदूर भारत से हमारी मेवलाना जयंती देखने एक महानुभाव आए हैं।' मुझे कुछ कहने का अवकाश दिये बिना ही मुझे लेकर निकल पड़े।

हम सीधे स्थानीय टाउन-हॉल में पहुँचे। वहाँ उन्होंने मेरा परिचय म्युनिसिपैलिटी के चेयरमैन से कराया। डायरेक्टर साहब तुर्की भाषा में जल्दी-जल्दी क्या कुछ कह गए, मैं समझ न पाया किन्तु उनके हाव-भाव से लग रहा था, जैसे उन्होंने कोई भयंकर आविष्कार करने का गौरव अर्जित कर लिया हो।

बातों-बातों में चेयरमैन साहब ने मुझसे पूछा कि मैं कैसे आया। उन्होंने जब सुना कि मैं साइकिल से आया था तो प्रतिक्रिया यहाँ भी वही हुई, जो अन्यान्य जगहों पर हुई थी—असम्भव, अविश्वास्य, इत्यादि। ख़ैर जो हो, मैंने सच छिपाना यहाँ उचित नहीं समझा। मैंने अपने काग़ज़-पत्र एवं कुछ प्रेस-क्लिपिं निकालकर दिखाईं, जिनमें तुर्किस्तान की प्रेस-रिपोर्ट भी थी। मैंने ग़ौर किया कि सब कुछ देखते ही लोगों के चेहरे हा हाव-भाव बदल गया। लोगों में उत्तेज़ित वाक्य-विनिमय हुआ। डायरेक्टर साहब तो बोल उठे, 'मैं तो यह सोच भी नहीं पा रहा हूँ कि सुदूर भारत से एक व्यक्ति साइकिल पर आए हैं हमारे कवि मेवलाना के

प्रति श्रद्धा-निवेदन के लिए, और हमारे देश के लोग हैं जो कवि का जन्मदिवस तक याद नहीं रख पाते।'

कुछ क्षण चुप रहकर उन्होंने मुझसे जानना चाहा कि मैं ठहरा कहाँ हूँ।

जवाब में मैंने कहा, 'इस सुन्दर नीले आसमान के नीचे रहने के लिए क्या अलग से जगह की दरकार होती है?'

कुछ ही देर में एक-एक कर कुछ प्रेस-रिपोर्टर, फ़ोटोग्राफ़र व विशिष्ट व्यक्ति इकट्ठा हो गए और शुरू हुई प्रेस-कॉन्फ्रेंस। फ्लैश-बल्ब की रोशनी से आँखें चौंधिया गईं और शुरू हुई प्रश्नों की बौछार।

'आप कलकत्ता से कब रवाना हुए?'

'किस-किस देश गए?'

'आपका परिवार है कि नहीं?'

'आपकी उम्र?'

'आप जो कह रहे हैं, उसकी सत्यता का प्रमाण क्या है?'

'आप क्या-क्या खाते हैं और क्या-क्या नहीं?'

'अपने किसी विचित्र अनुभव का वर्णन करें।'—इत्यादि, इत्यादि...।

मैं ठहरा एक सीधा-सादा भारतीय पर्यटक, इतने सारे सवालों के बीच घबराहट हो रही थी। साथ ही यह भी लग रहा था, जैसे मैं कोई विशिष्ट व्यक्ति हूँ, पर हठात् मानो कोई कानों में फुसफुसाया—'सावधान, तुम जो सोच रहे हो, वह तुम नहीं हो।' बहरहाल प्रश्नोत्तर का पर्व समाप्त हुआ।

प्रेस-कांफ्रेंस समाप्त हुई तो जाने से पहले कई सज्जनों ने मुझे अपने नाम और परिचय-पत्र दिये। कोई अंकारा से आया था तो कोई इस्ताम्बुल से, कोई आया था तारमेज़ से तो कोई इजमित से। सबका उद्‌देश्य एक ही था कि इस विराट मेवलाना जयंती के उत्सव का समाचार सारे देश में प्रसारित करना ताकि देश का कोई व्यक्ति उत्सव के समाचार से वंचित न रह जाए। और स्वयं मेरी उपस्थिति भी इन लोगों के लिए बहुत बड़ा समाचार था। जाहिर है, उसे प्रसारित करना भी ये लोग भूलेंगे नहीं।

डायरेक्टर अर्थात् मेवलाना जयंती के सभापति महाशय ने अपनी जेब से एक कार्ड निकाल उस पर मेरा नाम लिखकर मेरे हाथों में दिया और बोले, 'पैवेलियन में सुबह-सुबह ही पहुँच जाइएगा। यह विशेष आमंत्रण-पत्र है, आपको कोई असुविधा नहीं होगी।'

वे उठे तो मैंने उनसे अलविदा कहा और फिर चेयरमैन साहब को भी धन्यवाद दिया।

बाहर आकर कार्ड को जेब से निकालकर उस पर लिखा नाम कई बार पढ़ा। कार्ड पर चमकता नाम बार-बार पढ़कर भी पेट नहीं भरेगा, अत: किसी दुकान की उम्मीद में क़दम बढ़ाए। चलते-चलते जेब में पड़े कार्ड को सहलाया कि चलो, अन्तत: फुल कन्सेशन में ही मिल गया।

मेवलाना जयंती का उत्सव शुरू होने से लगभग आधा घंटा पहले ही मैं जल्दी-जल्दी आ गया। एक सुन्दर-से पार्क के बीच एक विराट अर्द्धडिम्बाकृति घर, और उसके चारों ओर सुन्दर सजा हुआ बग़ीचा, असंख्य वृक्षों-झाड़ियों के बीच से झाँक रही थीं रंग-बिरंगी बत्तियाँ। उजाले व अन्धकार के सम्मिश्रण से वह जगह सचमुच आकर्षक हो उठी थी। हालाँकि पार्क के प्रवेश-द्वार को रोशनी से बहुत सुन्दर ढंग से सजाया गया था, किन्तु उसके बाद ही अन्धकार था। किन्तु अँधेरे में भी आँखें खोलकर देखने से समझ में आ रहा था कि ये लोग छंदज्ञान भूले नहीं बिलकुल।

मैं गोलाकार कमरे में पहुँचा। जेब से कार्ड निकालकर दिखाते ही एक सज्जन ने सादर स्वागत किया। भीतर प्रवेश किया तो देखा कि कुहासे का साम्राज्य था। आँखों में जलन होने लगी। कुहासा प्राकृतिक नहीं, अप्राकृतिक—यानी तम्बाकू का धुआँ—था। वास्तव में ये लोग धूम्रपान के प्रेमी थे। मैंने ग़ौर किया कि कुछ लोग सुलतानी शासनकाल की पोशाकें पहने हाथों में हुक्के की नली लेकर आँखें मूँदे परम तृप्ति से गुड़गुड़ाकर धूम्रपान कर रहे थे और उसी धुएँ से मेरी आँखें जल रही थीं।

'सलाम वालेकुम नासिल सिलिज अरकदास!' बगल से उड़ती हुई आवाज़ आई।

मैंने भी साथ ही साथ हाथ बढ़ाकर जवाब दिया, 'वालेकुम सलाम, चोक-इ-इ तेसेक्कुर एदेरिस—अर्थात् नमस्कार, बहुत अच्छा, धन्यवाद।'

ये सभापति महाशय थे, डिस्ट्रिक्ट लाइब्रेरी के डायरेक्टर। उनके साथ घूम-फिर कर मैं मंडप के भीतरी भाग को देखने लगा।

मंडप का भीतरी भाग हमारे देश के जात्रा (बंगाल की लोकनाट्य विधा) के रंगमंच जैसा था, परन्तु यह पक्का सीमेंट का था और वह इसलिए कि प्रत्येक वर्ष इसी जगह पर यह उत्सव होता है। चारों ओर सीमेंट की गैलरी और बीच

में रंग-बिरंगे कपड़ों से सजा रंगमंच। समय हो आया तो मैं विशेष अतिथियों के बीच जा बैठा। फटी हुई-सी काली पैंट और रूखे-सूखे बालों से मेल खाता एक भेड़ की खाल का कोट मैंने पहना था। यही मेरी एकमात्र पोशाक थी। और मेरी इस पोशाक के कारण अगल-बगल बैठे गण्यमान्य पुरुषों व स्त्रियों को नाक पर रूमाल रखना पड़ रहा था।

सभा के प्रारम्भ में सभापति का भाषण शुरू हुआ। फिर आयोजकों में से एक ने उस दिन के कार्यक्रम की सूची का पाठ किया। इसके बाद सभापति फिर से मंच पर आए और कुछ बोलने लगे।

मैं हमेशा भाषणों को अनसुना कर देता हूँ क्योंकि जलसे में भाषणों का औचित्य या छंद मेरी समझ से बाहर है। इसलिए मैं गीतों आदि के कार्यक्रम की प्रतीक्षा करने लगा।

हठात् माइक के भीतर से मुझे अपना नाम सुनाई दिया। क्या मामला है, समझने के लिए मैंने सामने दृष्टि डाली तो देखा कि सभापति महाशय दोनों हाथ बढ़ाकर मुझे उठकर आने के लिए इंगित कर रहे थे। मैंने मन ही मन कहा—'असम्भव! अब मेरी बुलाहट क्यों? किन्तु सभापति महाशय ने मेरे पास आकर अनुरोध किया और कहा, 'मैंने आपका परिचय दिया है और अब सभी आपके मुँह से कुछ सुनना चाहते हैं।' और मुझे कुछ कहने का अवसर दिये बिना मुझे खींचने लगे।

पहले तो मैं अकचकाया, फिर जब सारी बात समझ में आई तब तक तो मैं मंच पर माइक के सामने था, विशाल जनसमावेश के बीच। मैं खड़ा रहा, समझ नहीं पा रहा था कि क्या बोलूँ, कैसे शुरू करूँ।

पीछे से सभापति महाशय ने मुझे उत्साहित करते हुए कहा, 'आप शुरू करें। अंग्रेज़ी में ही बोलें, मैं तर्जुमा कर दूँगा।'

सभापति महाशय की बातों से कुछ भरोसा तो हुआ पर सामने बैठे तीन हज़ार दर्शक दस हज़ार लग रहे थे। क्या बोलूँ? मैंने मन-ही-मन भगवान का स्मरण किया। मुँह से शब्द निकले, 'मेरे भाई-बहनो! आज मैं आपके बीच खड़ा हूँ और समझ नहीं पा रहा हूँ कि अपनी प्रसन्नता किस भाषा में व्यक्त करूँ।

'मैं सुदूर भारत से आया हूँ—तुर्किस्तान के राष्ट्रीय कवि मेवलाना के प्रति हमारी श्रद्धा व्यक्त करने और वह इसलिए कि मेवलाना केवल तुर्किस्तान के नहीं बल्कि समस्त विश्व के कवि हैं। इसलिए भाषण शुरू करने से पहले आइए, हम सभी दो मिनट का मौन रखकर उनके प्रति अपनी श्रद्धा व्यक्त करें और

अल्लाह के प्रति अपनी कृतज्ञता ज्ञापित करें कि ऐसे सुमहान कवि को उन्होंने हमारे बीच भेजा।'

मैं घुटनों के बल बैठ गया और अल्लाह की प्रार्थना शुरू की। अन्य सभी लोग उठकर खड़े हो गए। दो मिनट के मौन के पश्चात् मैंने भाषण शुरू किया, 'हालाँकि मन तो चाहता था कि नीरवता दो मिनट की न होकर दस मिनट की होती तो अच्छा होता।

'अमर कवि मेवलाना के बारे में कुछ बोलना एक विस्तृत इतिहास-चर्चा के समान है। और उनके बारे में मैं कहूँ भी तो क्या, आप सभी उन्हें मुझसे कहीं अधिक जानते हैं। एक विदेशी होने के नाते मैं इतना ही कह सकता हूँ कि मेवलाना की अमर कीर्ति को केवल तुर्किस्तान में सीमित रखने के बजाय सारी दुनिया में फैलाने की ज़रूरत है। उनकी कृतियों का विश्व की हर भाषा में अनुवाद हो ताकि एक दिन पृथ्वी के हर देश से प्रतिनिधि यहाँ आएँ, कवि के बारे में अधिकाधिक जानने को। और केवल जानना ही पर्याप्त नहीं, कवि की हर बात के मर्म को समझना भी होगा।

'मेरा विश्वास है कि आज पृथ्वी पर जो पारस्परिक द्वन्द्व व कोलाहल है, वह राजनीतिक या सामाजिक जो भी हो, उसके मूल में हैं हमारी गलतफहमियाँ; उसका मूल कारण है हमारा स्वार्थ, विद्वेष और हीन मनोवृत्ति। तो क्या हम चुपचाप बैठे रहें? नहीं। आइए, सारी दुनिया के पैमाने पर प्रसारित व प्रचारित करें कवि मेवलाना के आदर्श, उनकी उदार विश्वभ्रातृत्व की वाणी। जिन्होंने एक दिन ईरान, तुर्किस्तान और समग्र अरब देशों को अपने गीतों से एकताबद्ध किया था, जिनके गीतों और दरवेश नृत्य से एक दिन भूमध्यसागर का पानी भी नाच उठा था—आइए, हम उन्हीं महान कवि की वाणी को केन्द्र में रखकर, उनके दरवेशी नृत्य की ताल पर एक साथ नाचें। और इस प्रकार हम भूल जाएँ अपनी दैनन्दिन हीनता व दीनता।'

साथ ही साथ तालियों से सभास्थल गूँज उठा। मैंने मन-ही-मन कहा, 'बस, और नहीं, ससम्मान मंचत्याग करना ही उचित है।' दो-एक बातें और कहकर, श्रोताओं को धन्यवाद देकर मैंने अपना वक्तव्य समाप्त किया। चेयरमैन, डायरेक्टर तथा अन्यान्य सभी मेरे भाषण की उच्चकंठ से प्रशंसा करने लगे। अपनी जगह पर आकर मैं बैठा, उसके बाद चारों ओर से प्रशंसासूचक शब्द कानों को सुनाई देने लगे।

इधर मंच पर शुरू हो गया था कविता-पाठ, गायन, बाँसुरी व समवेत संगीत। उसके बाद शुरू हुआ दरवेशी नृत्य अर्थात् एक ही मुद्रा में खड़े-खड़े गोल चक्कर लगाना। दो घंटों तक चला यह नृत्य और नर्तक गोल चक्कर लगाते रहे एक ही प्रकार। शायद उसी को देखकर मेरा सिर चकराने लगा। और सिर को तो घूमना ही था क्योंकि असंख्य तालियाँ तो मिलीं किन्तु अभी तक रात में रहने का कहीं कोई बन्दोबस्त नहीं हुआ था। आज का यह कार्यक्रम रात के एक बजे शेष होगा।

फिर वह वक्त आया जब मेरा सिर चकराना रुका, जब डायरेक्टर साहब ने मेरे हाथ पर एक होटल का कार्ड रखकर बताया कि उस होटल में मेरे ठहरने की व्यवस्था की गई थी। उन्होंने एक व्यक्ति को मेरे साथ कर दिया जिसके साथ मैं होटल पहुँचा।

होटल की व्यवस्था सचमुच अच्छी थी। कमरे में घुसते ही दरवाज़ा बन्द कर दिया और विश्राम। आह, साफ़-सुथरा नर्म बिछावन! मैं लेट गया।

क्रिंग...क्रिंग...क्रिंग...क्रिंग...! मैं चौंक उठा। नहीं, यह कॉलिंग बेल नहीं, टेलिफ़ोन की घंटी की आवाज़ थी। यहाँ मुझे कौन टेलिफ़ोन करेगा? देखा जाए!

'हलो!'

'मैं गुलाब। आप क्या बिमल हैं, जिन्होंने आज भाषण दिया था?' कोई नारी कंठ था।

'जी हाँ, मैं ही हूँ।'

'मुझे आप नहीं पहचानेंगे, किन्तु मैं आपको पहचानती हूँ। आपसे काफ़ी बातें करनी हैं। क्या मैं आ जाऊँ आपके कमरे में?'

सर्वनाश! ये क्या कह रही है? इतनी रात गए यह महिला मेरे कमरे में क्यों आना चाहती है? क्या उद्‌देश्य है, क्या पता! परदेश में सावधान रहना ही अच्छा है।

मैंने जवाब दिया, "क्या नाम बताया?"

'गुलाब।'

'हाँ, सुनो गुलाब, मेरे टेबल पर कुछ गुलाब रखे हैं, इसलिए नये गुलाब की मुझे अभी दरकार नहीं। सुबह मिलते हैं। ठीक है?' सहास्य मैंने जवाब दिया।

उधर से भी हँसी की आवाज़ आई।

अगले दिन सुबह दस बजे टेलिफ़ोन करने को कह मैंने फ़ोन रख दिया। कान के पास फिर कोई फुसफुसाया, 'सावधान! भूलना मत कि तुम परिव्राजक हो, मुसाफ़िर हो।'

कुछेक दिनों का विश्रामागार

राजनीतिक झंझटों से बचने के लिए इस बार के घटनास्थल का नाम नहीं बता रहा, किन्तु यह ज़रूर बता सकता हूँ कि उक्त देश यूरोप या अमेरिका में नहीं है। हाँ, आज सन् 2016 में यह कहने में कोई बाधा नहीं कि 'ताशकंद' उन दिनों सोवियत संघ के अन्तर्गत था।

प्रत्येक देश की क़ानून-व्यवस्था का मतलब ही होता है उस देश के नागरिकों की सुशृंखल अवस्था और उसके साथ ही शान्ति-रक्षा का मामला। मैं उस देश में कुछेक दिन हाजत में रहा था। हालाँकि मैंने कोई शान्ति-भंग नहीं की थी, किन्तु क़ानून-भंग करने के कारण मुझे उस श्री-घर (हाजत) के दर्शन करने पड़े। श्री-घर का दर्शन किया, इसका मतलब यह नहीं कि मैं जहन्नुम हो आया, बल्कि कभी-कभी जहन्नुम का उपयोग विश्रामागार के रूप में भी करना कोई ख़राब नहीं।

साइकिल से यात्रा का मतलब ही है कि उसमें समय अधिक लगेगा। किसी देश के भीतर से मील-दर-मील किसी एक रास्ते पर चलते रहना कभी-कभी उबाऊ हो उठता है, अतः यात्रा की एकरूपता को दूर करने के लिए इधर-उधर से जाना पड़ता है। अन्य बार की तरह इस बार भी पिच का उबाऊ रास्ता छोड़कर मैं चला आया ग्रामीण रास्ते पर। गाँव के अन्दर से चलते-चलते देरी हो गई और वीज़ा की मियाद भी पूरी हो गई। बार-बार वीज़ा की जाँच की। नहीं, और एक दिन के अन्दर बॉर्डर तक पहुँचना असम्भव था। सोचा कि जब देरी होगी ही तो दो दिन की हो या एक दिन की, सब बराबर है। लिहाजा मैंने अच्छी तरह ग्रामवासियों का अतिथि-सत्कार ग्रहण किया और फिर धीरे-धीरे पहुँचा सीमान्त चौकी पर।

अफ़सर ने मेरे पासपोर्ट की जाँच करते-करते कहा, 'ये तो गड़बड़ का

मामला है। तुमने ग़ौर किया है कि तुम्हारे वीज़ा की मियाद पूरी हो चुकी है?'

'जी, हाँ।'

'क्या? तुम्हें पता था कि इसकी मियाद पूरी हो चुकी है?'

'हाँ, पता था।'

'इतने दिन कहाँ थे?'

'मैं साइकिल से आ रहा हूँ इसलिए जल्दी आ पाना मेरे लिए सम्भव न था। और यदि जल्दी आ जाना चाहता तो इस देश का कुछ भी देख न पाता। इसीलिए धीरे-धीरे आया और उसी में देरी हो गई।'

'सच बताओ कि इन कुछ दिनों में तुम कहाँ थे?'

'ये देखिए मेरी डायरी, और ये देखिए गाँवों के नाम। मैं किस-किस गाँव में था, सब लिखा है। आप गाँववासियों से पूछकर मेरी बातों की सच्चाई की जाँच कर सकते हैं। मेरा कोई गलत उद्देश्य न था।'

'तुम तो बड़ी अद्भुत बात कर रहे हो! जानते थे कि वीज़ा की मियाद पूरी हुई जा रही थी, फिर भी तुमने शीघ्र सरहद पार करने की कोशिश नहीं की, क्यों?'

'जी, कारण तो मैंने आपको पहले ही बता दिया। आप यदि विश्वास करें तो आपके समय की बचत होगी। आप मुझसे चाहे जितने प्रश्न कर लें, मैं कोई अन्य उत्तर दे ही नहीं सकता।'

अफ़सर घुमा-फिराकर मुझसे एक ही सवाल करता रहा और मैं भी एक ही जवाब देता रहा। आख़िरकार उसने कहा—'तुम्हारे अपराध के लिए तुम्हें जुर्माना भरना होगा।'

'किन्तु मेरे पास तो जुर्माना भरने के पैसे नहीं हैं।'

'तुम्हारे पास एक़दम पैसे नहीं हैं?'

'हैं, पर जुर्माना देने के लिए नहीं, वे तो केवल भोजन के लिए हैं।'

'किन्तु जुर्माना नहीं देने पर तो तुम्हें जेल जाना होगा। दूसरा कोई चारा नहीं।'

सुनकर आनन्दित होते हुए मैंने कहा, 'वाह, वाह, यह तो अच्छी बात है। जेलखाना यहाँ से कितनी दूर है सर? पैदल जाया जा सकता है? वैसे मेरे पास साइकिल है, ठिकाना बता दें तो मैं ख़ुद ही वहाँ पहुँच जाऊँगा।'

ऐसे किसी उत्तर की प्रत्याशा वहाँ किसी ने नहीं की थी। सभी अकचका गए। द्वितीय अफ़सर बोल उठा, 'रहने दो, तुम्हें ख़ुद नहीं जाना होगा, तुम्हें वहाँ भेजने की व्यवस्था हम करेंगे।'

प्रथम अफ़सर ने पास आकर कहा, 'ख़ूब साहस है तुममें तो, जेल जाने से डर ही नहीं लगता। पहले कई बार जेल खट चुके हो क्या?'

'जी नहीं।'

'तब तुम्हें जेल जाने से डर क्यों नहीं लगता?'

'डरने का तो कोई कारण ही नहीं है सर। सुना है, जेल में मनुष्य ही होते हैं—कोई चिड़ियाखाना तो नहीं। तो फिर डर कैसा?'

अफ़सर ने मुझे ठीक से देखा, फिर अपनी कुर्सी पर जाकर बैठे और अपने सहयोगी से बोले, 'पागल।'

पता नहीं, पागल कौन था—वह जो किसी पर दबाव डालकर उससे झूठ बुलवाना चाह रहा था, या कि वह, जो बड़े सरल मन से सच्ची बात कह रहा था? ख़ैर, जो हो, मुझे एक किनारे बैठाकर अफ़सरगण मेरे मामले को लेकर व्यस्त हो गए।

इस सीमान्त चौकी पर, लगता है, काम का अधिक दबाव नहीं है। मुझे काफ़ी देर तक प्रतीक्षा करनी पड़ी। अन्ततः एक जन ने मुझे बताया कि मेरे लिए वे कुछ नहीं कर पा रहे हैं क्योंकि तीन दिन पार हो जाने पर ऐसे सारे केस उन्हें ऊपर चालान करने होते हैं। चूँकि मेरे वीज़ा की मियाद तीन दिन पहले ही पूरी हो चुकी थी इसलिए वे निरुपाय थे। मुझे यह भी पता चला कि अब विचार के लिए मुझे मोबाइल कोर्ट की प्रतीक्षा करनी होगी। हमारे देश यानी भारत में ऐसे कोर्ट केवल रेलवे में हैं, किन्तु अन्तरराष्ट्रीय क्षेत्र में हैं कि नहीं, इसकी जानकारी मुझे नहीं थी। हाँ, इस प्रकार की किसी परिस्थिति के लिए मैं पहले से ही प्रस्तुत था। पुराने अनुभवों के आधार पर मैं जानता था कि सीमान्त-रक्षकों को अनुरोध कर टस से मस नहीं किया जा सकता। ख़ास कर मैंने जानबूझकर क़ानून तोड़ा और फिर सच्ची बात ही बताई, इसलिए इस मामले में किसी कठिन दंड का विधान नहीं है। और चूँकि मैंने कोई बहुत बड़ा अपराध नहीं किया था इसलिए मुझे कोई मानसिक उद्वेग नहीं था।

रात वहीं बितानी पड़ी क्योंकि मोबाइल कोर्ट को अगले दिन आना था। एक विदेशी सहधर्मी भी जुट गया, हालाँकि उसका अपराध संगीन था। उसने चोरी कर सीमान्त पार करने की कोशिश की थी। दो कम्बल और अख़बार के काग़ज़ सीने व पीठ पर लपेटकर सर्दियों की रात काट दी। भोर हुई, और हम विचारकों के आगमन की प्रतीक्षा करने लगे।

एक जीप-गाड़ी में सामरिक पोशाक में आए विचारक महोदय। वे अकेले ही सब थे। छोटे-से एक दफ़्तरनुमा कमरे में हम विचारक महोदय के सामने हाजिर हुए। पिछले दिन के दोनों अफ़सर भी हाजिर थे। यहाँ रोज़ पहरेदार बदली नहीं होते। मूल शहर से यह जगह काफ़ी दूर है इसलिए प्रत्येक सप्ताह यहाँ के स्टाफ की बदली होती है। मेरा मामला शायद सहज था इसलिए मेरा विचार ही पहले शुरू हुआ।

'गुड मॉर्निंग सर!' मैं उठकर खड़ा हुआ।

'गुड मॉर्निंग।'—विचारक ने जवाब दिया और कहा, 'खड़े होने की दरकार नहीं। बैठो। बैठकर ही जवाब दो।'

मैं अवाक् रह गया। सचमुच कैसा चमत्कार व्यवहार था! आसामी बैठे-बैठे जवाब देगा, इसकी तो कल्पना भी नहीं की जा सकती। मुझे कॉलेज-जीवन की एक घटना याद हो आई। बिना टिकट देश-भ्रमण करने निकला और 'मामा' के हाथों पकड़ा गया। बस, उसके बाद ही कमर में रस्सी बाँधकर ले आया गया सियालदह स्टेशन। सात घंटों तक प्लेटफॉर्म पर बैठाकर रखा गया। चिड़ियाखाने में बन्दरों को जैसे देखते हैं लोग, वैसे ही सैकड़ों डेली पैसेंजर हमें देखकर गुजरते रहे। चना-केला-मूँगफली के बदले लोग टिटकारियाँ मारते रहे। जब मुझे विचारक के सामने पेश किया गया तो मेरे पैर इतने जोर से काँप रहे थे कि मैं कभी भूल नहीं सकता। उस अपराध से मेरा यहाँ का अपराध अधिक गम्भीर था किन्तु वातावरण बिलकुल उल्टा था। हाँ, मैं समय के अन्तर को अस्वीकार नहीं करता।

शुरू हुई विचारक के साथ मेरी बातचीत—हाँ, इसे बातचीत ही कहा जा सकता है क्योंकि विचारक को मैंने कोई विशेष महत्त्व नहीं दिया और कारण यह था कि सब कुछ बँधे-बँधाए नियमों का मामला था। प्रथम अफ़सर ने मेरा पासपोर्ट विचारक महोदय के हाथों में दिया और साथ ही एक फॉर्म पर लिखा हुआ मेरे अपराध का विवरण भी। वीज़ा-पृष्ठ की अच्छी तरह जाँच कर विचारक महोदय ने प्रश्न किया, 'तुम इस तारीख को यहाँ आए?'

'जी, हाँ।'

'वीज़ा की मियाद पूरी होने की तारीख से कल बॉर्डर पर आने के पहले तक कहाँ थे?'

'विभिन्न गाँवों में ग्रामवासियों के साथ।'

'उनमें से किसी को पहले से पहचानते थे?'

'जी नहीं।'

'तुम जो उन सब गाँवों में थे, उसका प्रमाण क्या है?'

'जी, प्रमाण तो ग्रामवासी ही हैं। आप मुझे ले चलें, वे ही सब बता देंगे।'

'उन सब गाँवों में रहने के पीछे तुम्हारा कोई उद्देश्य था?'

'अवश्य।'

सुनते ही विचारक महोदय कुछ सीधा होकर बैठे और भौंहें सिकोड़कर उन्होंने पूछा, 'क्या उद्देश्य था, बताओ?'

'जी, उद्देश्य था गाँव देखना तथा ग्रामवासियों से परिचित होना।'

'इससे अधिक कुछ नहीं?'

'जी, नहीं।'

'ग्रामवासियों के साथ तुमने किस प्रकार की बातें कीं?'

'मैं एक भारतीय पर्यटक हूँ। मेरा देश शान्ति व मैत्री के लिए जाना जाता है। ग्रामवासियों के साथ मैत्री-विनिमय और साथ ही भारत के बारे में कुछ तथ्यों से उन्हें अवगत कराना ही मेरी बातचीत का मूल विषय था।'

विचारक महोदय ने कुर्सी घुमाकर अन्य अफ़सरों के साथ कुछ परामर्श किया। उसके पश्चात् उन्होंने फिर पूछा, 'क्या तुम स्वीकार करते हो कि तुमने अपराध किया?'

'जी हाँ।'

'जुर्माना या पन्द्रह दिनों का कारादंड—तुम्हें क्या पसन्द है?'

'मेरे पास जुर्माना देने लायक पैसे नहीं हैं, अतः आप जो कहें, वह मान्य है। किन्तु मुझे कारावास ही ठीक लगता है। मैं बहुत ज़्यादा थक चुका हूँ। मुझे विश्राम की दरकार है। आप चाहें तो पन्द्रह दिन क्यों, मुझे एक महीना भी रख सकते हैं।'

बेशक, विचारक महोदय मेरा उत्तर सुन अवाक्-से रह गए। अपना फैसला लिखते समय वे बार-बार मुझे जिस प्रकार देख रहे थे, उससे उनका अत्यधिक कौतूहल ही जाहिर हो रहा था। ख़ैर, जो हो, मेरे लिए पन्द्रह दिनों की सज़ा ही निर्धारित हुई।

वहाँ से पचास मील दूर एक जेलखाने में मुझे लेकर आया गया। अपना सारा सामान जमा देकर एक नम्बर वाली कमीज और पैरों में लोहे का एक

पतला छल्ला पहनकर मैं एक बड़े-से हॉल कमरे में आकर खड़ा हुआ। वहाँ और भी कोई बीसेक कैदी कतार में खड़े थे। पता लगा कि मुआयना करने के लिए जेलर साहब आ रहे थे।

जेलर साहब जेलर जैसे लग ही नहीं रहे थे, वे तो किसी ऑफ़िस में काम करने वाले साधारण अधिकारी-से लग रहे थे। वे जब मेरे पास आए तो मैंने 'गुड मॉर्निंग' कहकर फुटबॉल प्लेयरों की तरह हाथ बढ़ा दिया। जेलर साहब रुके। फिर अवाक् होने का भान करते हुए बोले, 'हम लोग कैदियों के साथ न तो हँसकर बात करते हैं और न ही हाथ मिलाते हैं। तुम विदेशी हो इसलिए बता दिया।'

मैंने अपना बढ़ा हुआ हाथ खींच लिया और पहले के समान ही हँसते हुए कहा, 'आपके लिए भले ही हँसना मना हो किन्तु मैं विदेशियों के साथ बिना मुस्कुराए बात नहीं करता।'

'आश्चर्य! जेल में पहली बार मैंने किसी का मुस्कुराता चेहरा देखा।' जेलर ने अपना विस्मय जताया और फिर जेल के मुआयने पर ध्यान दिया।

जेल की अवस्था-व्यवस्था अच्छी ही लगी। जीवन में पहली बार मैं जेल खटने आया था। जेलों के बारे में मेरी धारणा बहुत ख़राब थी, किन्तु यहाँ आकर लगा कि मेरी धारणा गलत थी, कम-से-कम इस जेल के बारे में तो अवश्य ही। चारों ओर काफ़ी ऊँची-ऊँची प्राचीरें और उन्हीं के बीच एक मंज़िला एक मकान, किसी आधुनिक डेयरी जैसा। कैदियों के कमरे सभी मिट्टी के नीचे। चिड़ियाखाने की तरह असंख्य पिंजरों में बँटे कमरों में कैम्प-खाट और लकड़ी का एक-एक टूल था। प्रत्येक पिंजरा बरामदे जैसे एक पिंजरे को केन्द्र कर शुरू हुआ था। प्रति दस पिंजरों के साथ एक छोटा पिंजरा था जहाँ बन्दूक़ हाथ में लिये एक प्रहरी बैठा था। दो वक्त भोजन की व्यवस्था थी—दोपहर और शाम। हम तृतीय श्रेणी के कैदी थे, किन्तु सभी टेम्परेरी। दिन में सात घंटे हड्डी तोड़ मेहनत करनी पड़ती।

अगले दिन कतार में खड़ा कर हम लोगों को काम समझा दिया गया। विभिन्न प्रकार का काम। लकड़ी का काम, छोटे-मोटे कलपुर्जों का काम, या फिर छोटी-मोटी वस्तुओं को पैक करने का काम। मुझे तीन दिनों का काम समझा दिया गया। अनेक टालियों में अच्छी-ख़राब छाँटकर एक जगह से दूसरी जगह रखनी होंगी।

करने को चूँकि और कुछ था नहीं, इसलिए काम करना ही सही था, ख़ास

कर सर्दी से बचने के लिए तो परिश्रम करना ही श्रेयस्कर था। अत: मैंने प्रचंड परिश्रम से काम शुरू किया। इक्कीस घंटों का काम मैंने दस घंटों में यानी अगले दिन सुबह तक समाप्त कर दिया। चीफ को यह सूचना देते ही अवाक् होकर वे बोले, क्या? तुम्हें तीन दिनों का काम दिया गया और तुमने डेढ़ दिन में वह काम पूर कर दिया? बाकी लोग तो इससे उल्टा करते हैं, तीन दिनों का काम पाँच दिनों में भी पूरा नहीं करते।'

जवाब में मैंने तनिक हँसकर रहा, 'मेरी बात अलग है। मुझे यहाँ की भाषा नहीं आती कि मैं औरों के साथ गप्पों में समय बिता दूँ। न मेरे पास भारी पोशाक है कि इतनी ठंड में बैठा रहूँ। अत: मुझे तो बाध्य होकर काम करना पड़ा है।'

चीफ ने सिर खुजलाकर कहा, 'ठीक है, अब विश्राम करो।'

'असम्भव, विश्राम कैसा? काम न होगा तो मैं तो मर जाऊँगा। मुझे काम चाहिए। काम देना होगा।'

मेरे बहुत जोर देने पर चीफ मुझे लेकर जेलर के पास गए क्योंकि अतिरिक्त काम देने का अधिकार उनके पास नहीं था।

जेलर ने मुझे देखते ही पूछा, 'कल तो बहुत हँस रहे थे, आज कैसा लग रहा है?'

'जी, बहुत मज़े में हूँ।' मैंने हँसते हुए जवाब दिया।

चीफ ने जेलर को मेरी सारी बात समझा दी। जेलर साहब मुँह बाए कुछ देर देखते रहे, फिर अविश्वास के लहजे में उन्होंने पूछा, 'तुम्हें और काम चाहिए?'

'जी हाँ।'

'ठीक है, कल-परसों मिलेगा। अभी विश्राम करो।'

'कल-परसों? क्या कह रहे हैं? मुझे तो अभी ही काम देना होगा। काम में ही मुझे आनन्द मिलता है। आपने वो कहावत तो सुनी ही होगी—खाली दिमाग़, शैतान का घर। और काम न मिला तो क्या पता, मैं ऐसा कुछ कर बैठूँ कि आप मेरे यहाँ साल भर रहने का बन्दोबस्त कर दें।' मैंने काफ़ी सरस बनाते हुए सारी बातें कहीं।

जेलर साहब भी हँसे। चीफ को जाने को कह वे मेरे साथ वार्तालाप में मशगूल हो गए। बातों-बातों में मैं हठात् पूछ बैठा, 'यहाँ लाइब्रेरी नहीं है?'

'लाइब्रेरी? किसको पढ़नी हैं किताबें?' उन्हें मानो बहुत आश्चर्य हुआ।

'क्यों? मेरे जैसे लोग जो रोज़ आते रहते हैं।'

‘तुम कैदियों की बात कर रहे हो? जो यहाँ आते हैं, वे या तो अपने घर-परिवार के बारे में बैठे सोचते रहते हैं या हमारी गालियाँ सुनने में समय का सदुपयोग करते हैं। उनके पास किताबें पढ़ने का समय ही कहाँ होता है?’ चेयर छोड़कर जेलर साहब मेरे पास आए, ‘क्या तुम्हारा मन अप्रसन्न या अशान्त है?’

‘नहीं तो। क्यों?’

‘चाहे जो हो, है तो जेलखाना ही।’

‘आप चाहे जितना इसे जेलखाना कह लें, मेरे लिए तो यह विश्रामागार है। आप यकीन करें, चलते-चलते मैं हाँफ उठा था। मुझे विश्राम की नितान्त आवश्यकता थी। और मज़े की बात यह कि मुझे विश्राम मिल भी गया और वह भी मुफ्त।’

‘विश्रामागार! आश्चर्यजनक बात कही तुमने।’ हँस पड़े जेलर साहब।

‘हाँ।’ मैंने जोर देकर कहा, ‘भ्रमण के नशे में मैं ऐसा पागल हो गया था कि दैनिक विश्राम तक भूल गया था। घर में होता तो दादी माँ जबरन घर में अटकाकर रखतीं। आप लोगों ने भी परम आत्मीय के समान ही मुझे यहाँ रोक लिया है ताकि मेरी देह को कुछ विश्राम मिले। मैं आप लोगों के प्रति कृतज्ञ हूँ। यह मेरे लिए विश्रामागार ही है।’

वार्तालाप के बीच-बीच मैं जेलर साहब की प्रतिक्रिया पर भी ग़ौर कर रहा था। देखा कि जेलर साहब थोड़ा-थोड़ा करके क्रमशः विस्मित हो रहे थे।

‘तुम सच कह रहे हो कि यहाँ आकर तुम बिलकुल भी उदास नहीं हो? शुरुआत के कुछ दिनों में तो मैंने प्रत्येक को टूटते हुए देखा है।’

‘टूटने लायक है क्या? और टूटने से लाभ भी क्या? आप ही बताएँ, उससे क्या यहाँ से मुक्ति का कोई रास्ता निकलेगा?...फिर मन को क्यों कष्ट देना? मैं यदि अधिक रोना-पीटना करूँ तो क्या आप मुझे यहाँ से जाने देंगे? नहीं न? फिर? जब यहाँ रहना मजबूरी है तो दिन आनन्द में बिता देना क्या अच्छा नहीं है?’

बातें करते-करते हम वहाँ आ पहुँचे जहाँ मैंने टालियाँ करीने से सजाकर रखी थीं। उनका निरीक्षण कर जेलर साहब ने सन्तोष जाहिर किया और बोले, ‘सचमुच तुमने तीन दिनों का काम डेढ़ दिन में कर दिया। ठीक है, कल तुम्हें नया काम दिया जाएगा। आज विश्राम करो।’

अगले दिन यथासमय मुझे काम दिया गया—अन्य कुछ कैदियों के साथ

विभिन्न प्रकार की लकड़ी की वस्तुओं पर रंग और पॉलिश करने का काम। काम मुझे बहुत पसन्द आया।

ऐसे ही देखते-देखते सात दिन बीत गए, बाकी बचे सात दिन। एक दिन काम के अन्तराल में जेलर साहब से भेंट हो गई। अभिवादन के बाद मैंने कहा :

'गुड मॉर्निंग सर! इधर कुछ दिन आपको देखा नहीं। आप आए नहीं थे क्या?'

'आना कहाँ से था, मैं तो यहीं रहता हूँ।' जेलर साहब ने उत्तर दिया।

'यहीं रहते हैं?' लकड़ी में रंग लगाते हुए मैंने कहा, 'यानी हम लोगों के साथ ही?'

'तुम लोगों के साथ क्यों? वो देखो मेरा बँगला।' जेलर ने उँगली के इशारे से अपना बँगला दिखाया।

दो पाइन-वृक्षों के बीच में अवस्थित बँगले की ओर देखकर मैंने कहा, 'तो फिर आप भी जेल में ही रहते हैं?'

''जेल में' का मतलब? मैं अपने बँगले में रहता हूँ। वह है मेरा क्वार्टर।'

'वह क्वार्टर हो या जो भी हो, आप ही ने कहा था कि इन प्राचीरों के भीतर है जेलखाना। लिहाजा आप जब इन प्राचीरों के भीतर रहते हैं तो आप भी हमारे जैसे ही हुए।'

'मैं तुम लोगों की तरह कैदी नहीं हूँ, मैं यहाँ का जेलर हूँ।' उन्होंने डाँट पिला दी।

'नाराज क्यों हो रहे हैं सर?' मैंने विनीत स्वर में कहा, 'मैंने जितना भर समझा, उतना भर कहा। आप जैसा भला आदमी जहाँ रहे, वहाँ कोई क्या दुखी रह सकता है? इसीलिए तो मैं बहुत मज़े में हूँ। हम सभी समान हैं, हम सभी एक जगह हैं। फ़र्क़ इतना है कि मैं लकड़ी पर रंग करता हूँ और आप उसका निरीक्षण। बहुत सामान्य-सा मामला है सर!'

इस बार जेलर सचमुच ग़ुस्सा हो गए, 'सुनो, तुम समझने में भूल कर रहे हो। हालाँकि हम एक ही सीमा के अन्तर्गत हैं, फिर भी तुममें और मुझमें बहुत बड़ा फ़र्क़ है।'

'अवश्य। मनुष्य मात्र में ही फ़र्क़ है। और आपके व मेरे काम में फ़र्क़ तो है ही।' मेरा निरीह उत्तर था।

अन्ततः जेलर साहब मुझे अपनी पद-मर्यादा के बारे में समझाने लगे। किन्तु जब उन्होंने देखा कि मैं समझ ही नहीं पा रहा था तो थककर चले गए। जाते समय

बार-बार कह गए कि मैं याद रखूँ कि यह जेलखाना है, हँसने की जगह नहीं।

दस दिन पूरे हुए तो उन्होंने मुझे बुला भेजा। मेरे हाजिर होते ही बोले, 'यदि तुम्हें छुट्टी दे दी जाए, तो तुम्हें ख़ुशी होगी न?

'क्यों? मैं तो यहाँ किसी कष्ट में नहीं हूँ, बल्कि बहुत मज़े में हूँ। खाना-पीना, काम और नींद। बढ़िया है पन्द्रह दिनों का विश्राम। मुफ्त में इतना कुछ कहाँ मिलेगा? मैं पन्द्रह दिनों बाद ही जाऊँगा।'

मेरा जवाब सुनते ही जेलर साहब चीख़ पड़े, 'तुम क्या पागल हो जो स्वेच्छा से जेल में रहना चाहते हो? अद्‌भुत हो तुम!'

'जी, बाहर रहने में यदि इतना ही मज़ा होता तो आप क्या यहाँ बैठे होते?' मेरा निरीह-सा उत्तर था।

मेरी बात सुनकर जेलर साहब दंग रह गए। किसी प्रकार बोले, 'पहले मैं समझा था कि तुम असाधारण कोई हो, किन्तु अब देख रहा हूँ कि तुम सचमुच पागल हो।'

जेलर साहब ने अपने अफ़सराना अन्दाज में अपना आदेश सुनाया, 'सुनो, तुम्हारे व्यवहार से हम बहुत सन्तुष्ट हैं तथा पुरस्कारस्वरूप निर्धारित अवधि से पूर्व ही तुम्हें रिहा किया जाता है। कल सुबह तुम यहाँ से जा सकते हो, समझे?'

मैं समझ गया और मेरी समझ ही मेरे गले का बोझ बन गई। अर्थात् फिर से नई योजना बनाकर राह पर चल पड़ना। किस्मत में शायद विश्राम नहीं है।

अगले दिन जेलर साहब से विदा ली। उन्होंने एक काग़ज़ पर मेरा मुक्ति-पत्र लिख दिया और बोले, 'मैं तुम्हारे पासपोर्ट पर स्टाम्प नहीं मारना चाहता क्योंकि वह तुम्हारे लिए अच्छा नहीं होगा। यह काग़ज़ दिखाकर बॉर्डर पार कर लेना और फिर इसे फाड़कर फेंक देना। चलो, तुम्हें लिफ्ट दे देता हूँ, मुझे उधर ही जाना है।'

सभी को अलविदा कहकर मैं जेलर साहब की गाड़ी पर आकर बैठा। गाड़ी चलाते-चलाते उन्होंने मेरे साथ बहुतेरी बातें कीं। अन्ततः गाड़ी आकर सरहद पर रुकी। सामान समेत साइकिल उतरवाकर वे बोले, 'फिर कभी मेरे देश में आओ तो मुझे एक चिट्‌ठी ज़रूर लिखना, तुम्हें रहने और खाने-पीने की कोई असुविधा नहीं होगी।' फिर धीरे से मेरे कान के पास मुँह ले जाकर बोले, सुनो! और किसी देश में किन्तु ऐसे विश्रामागार में मत जाना। तुम्हारे जैसे लोगों के लिए ऐसी जगह बिलकुल भी अच्छी नहीं है।'

मेरी पीठ थपथपाकर उन्होंने मुझे हल्का-सा धक्का दिया और मैं सरहद के उस पार जा पहुँचा। नये देश की धरती पर खड़े होकर देखा कि जेलर साहब की जीप धूल उड़ाती चली जा रही थी।

मुझे मुक्ति देकर वे लौट गए अपने घेरे में, जहाँ उनकी मुक्ति और आनन्द था तथा मुझे मेरे आनन्द में छोड़ गए। मेरा आनन्द था भ्रमण का नशा और मैंने फिर से राह चलना शुरू किया।

मोहम्मद के साथ

तुर्की भाषा में एक कहावत है : 'जो जाने मनुष्य का चरित्र, वही जाने पृथ्वी का रूप।'

पृथ्वी के प्रत्येक मनुष्य का अन्तर् दया, भक्ति, प्रेम इत्यादि का आधार होता है। वातावरण या स्थान-काल-पात्र भेद के अनुसार वह उजागर होता है। आम तौर पर हम जिन्हें अपराधी, पापी कहते हैं, उनका बाह्य स्वरूप चाहे जितना भी रूढ़ क्यों न हो, उनका अन्तर् अन्य मनुष्यों से किसी भी अंश में छोटा नहीं होता। विश्वात्मा के अन्तर्गत इस मानवात्मा का महत्त्व सभी मनुष्यों में है।

विश्व-पर्यटन की राह में जिन कतिपय असाधारण चरित्रों के साथ परिचय हुआ, उन्हीं में से एक हैं तुर्की के मोहम्मद। मेरे मित्र मोहम्मद के बाहरी स्वरूप को देखकर उनके अन्तर् का परिचय पाना सम्भव नहीं। किन्तु उनके अन्तर् का स्वरूप देखने का सौभाग्य मुझे प्राप्त हुआ था। उन्हीं मोहम्मद की कहानी यहाँ आपको सुनाऊँगा।

मैं तुर्किस्तान के भीतर से गुजर रहा था। मात्र पाँच दिन पूर्व सरहद पार की थी। अभी तक स्थानीय भाषा ठीक से नहीं आती थी। शाम को ग्रामवासियों के साथ कुछ बातचीत करने की चेष्टा की, किन्तु सम्भव न हो पाया। अतः फिर से रवाना हो गया। डंगु-बायाजित पार होकर उत्तर में कैस्पियन सागर की ओर जा रहा था। कैस्पियन सागर को देखने की तीव्र इच्छा थी। उत्तर में एशिया और दक्षिण में तुर्किस्तान। कैस्पियन सागर से सीधे कृष्ण सागर यानी ब्लैक-सी को जाया जा सकता है। जलमार्ग से भूमध्य सागर जाने का यही एकमात्र साधन है। श्रद्धेय पंडित पूर्णेन्दु घोष ठाकुर से सुना था कि इस कैस्पियन के साथ कश्यप गोत्र में विशेष साम्य नज़र आता है। लगता है, हमारे उन कश्यप मुनि के नाम

के अनुरूप ही इस सागर का नाम काश्प-सागर या अंगेजी में कैस्पियन सी पड़ा। प्राचीन शास्त्रों के अनुसार परीक्षित के दिग्विजय काल में इन सब देशों में कृष्ण-कथा का प्रचार हुआ। कृष्ण सागर या काला सागर नाम भी सम्भवत: श्री कृष्ण के काले स्वरूप पर पड़ा। हाँ, उस समय भौगोलिक नाम भी विभिन्न थे, जैसे शाकद्वीप—वर्तमान यूरोप, दधि सागर व घृत सागर—सम्भवत: ब्लैक सी और कैस्पियन सी; जम्बू द्वीप—वर्तमान एशिया तथा भूमध्य सागर उस समय सुरासागर कहलाता था। ख़ैर, ये सब पौराणिक बातें हैं। मैं अपनी मूल-कथा पर आता हूँ।

अपनी यात्रा के दरमियान मुझे कितने प्रकार के चरित्रों का सामना करना पड़ा है, उसकी कोई सीमा नहीं। तुर्की के उन मोहम्मद के साथ हालाँकि मेरा परिचय कुछ कड़वाहट के बीच शुरू हुआ था किन्तु बाद में जब उनके अन्तर् से परिचय हुआ तो वही परिचय मधुर हो उठा। आइए, सारी बात खुलकर बताता हूँ।

बारिश आ गई, हालाँकि पानी की मुझे दरकार न थी। शायद इसी प्राकृतिक कारण से मेरी मोहम्मद से भेंट हुई, वर्ना मैं जैसे जा रहा था, वैसे ही चला जाता। अन्य दिनों की तरह ही वृक्ष के नीचे मेरे सोने का डेरा होता। दोनों ओर जंगल और सोंधी मिट्टी थी, सिर के ऊपर निरन्तर बारिश हो रही थी। भारी वाटरप्रूफ शरीर पर था ज़रूर किन्तु दोनों पैर शरीर को और ढो पाने में असमर्थ थे। मैंने इधर-उधर नज़र दौड़ाई कि कहीं टूटी-फूटी मस्जिद या कोई जला हुआ घर दिख जाए। उस दिन ऐसी अवस्था थी कि रास्ते में कोई गाड़ी-घोड़ा तक नहीं कि किसी से कुछ पूछा जा सके। ऊँचा-नीचा अन्धकारमय रास्ता था और उस पर हो रही थी भयंकर बारिश। हाय रे कश्यप मुनि, तुम्हारे शिष्य की कछुए के समान ऐसी दुरवस्था!

रास्ता कुछ खड़ा-सा ऊपर की ओर गया था। कुछ ऊँचाई पर चढ़ते ही हठात् कुछ रोशनी दिखाई दी। हाँ, रोशनी ही तो। रास्ते के किनारे-किनारे थोड़ा आगे जाकर देखा कि रास्ते के किनारे ही एक मकान था, हालाँकि टूटा हुआ था—सम्भवत: पिछले महायुद्ध का ध्वंसावशेष था। होता रहे, कम-से-कम छत तो थी। शायद कोई ग़रीब परिवार उस टिमटिमाती बत्ती की तरह ही अभी भी यहाँ दिन बिता रहा है। साइकिल को दीवार के सहारे खड़ा कर मैं आगे बढ़ा। असंख्य खिड़की-दरवाज़ों में असली कौन-सा है, यह तय करने के लिए मैं चारों ओर एक चक्कर लगा आया, फिर बरामदे में आकर दरवाज़े को खटखटाया।

प्राय आधे घंटे बाद दरवाज़ा खोलकर जो मूर्ति मेरे सामने आकर खड़ी हुई, उसे देखकर लगा कि मैं साक्षात् यम के द्वार पर आ गया हूँ। विशाल डील-डौल (चंगेज ख़ाँ का देश जो था), दाढ़ी-मूँछ से भरा चेहरा और सिर पर झबरे बाल। मन-ही-मन बाबा ताड़कनाथ को याद किया, थूक निगलकर किसी प्रकार बोला, 'सलाम वालेकुम।'

'वालेकुम सलाम', और उसके साथ और भी कुछ दुर्बोध शब्द कानों में पड़े। काली दाढ़ी-मूँछ के साथ ही इस बार सफ़ेद दंतपंक्ति भी दिखाई दी।

बाहर भयंकर बारिश, उसके साथ-साथ ठंड और सामने साक्षात् यमराज, बचाव का कहीं कोई रास्ता नहीं। फिर सोचा कि एक बार जब आ ही गया हूँ तो कोशिश करने में क्या हर्ज है! अत: मैंने अपनी इशारे वाली भाषा का प्रयोग किया। इशारों में बताया कि मैं एक पर्यटक हूँ। इस भयंकर बारिश और ठंड में काफ़ी कष्ट पा रहा हूँ। यदि विश्राम के लिए थोड़ी-सी जगह मिल जाए तो कुछ बचाव हो। आम तौर पर मैं जो किया करता हूँ, वही यहाँ भी किया यानी एक चॉक निकालकर मैप बनाकर यह समझाने का प्रयास किया कि मैं हिन्दुस्तान से आया था और मुझे थोड़ा-सा आश्रय चाहिए। पर मेरी सारी चेष्टा व्यर्थ गई क्योंकि उन सज्जन को भारत तो क्या, मानचित्र के बारे में भी कुछ ज्ञात न था। अब मैंने पॉकेट से पुस्तक निकाली : 'टर्किश टु इंग्लिश'। अन्तत: अपना पासपोर्ट दिखाकर कहा 'टूरिस्ट'। यमराज अब कुछ हिले-डुले और बोले, 'स्पीक इंग्लिश?' मैंने राहत की साँस ली। ओह, मरुभूमि में मानो पानी! तो यमराज अंग्रेज़ी जानते हैं। पहले पता होता तो इतनी देर व्यर्थ समय क्यों गँवाता? उनके दोनों हाथ थामकर मैंने कहा, 'धन्यवाद! तो तुम्हें अंग्रेज़ी आती है।' अपनी अवस्था के बारे में मैंने उन्हें समझाकर बताया। थोड़ी देर मेरी ओर देखने के बाद उन्होंने कहा, 'ठीक है, आओ। किन्तु बारिश रुकते ही चले जाना होगा।'

मैं उसी में राजी हो गया। कम-से-कम आश्रय तो मिला। बाद के बारे में बाद में सोचेंगे। मैं साइकिल से बैग ले आया। मकान टूटा-फूटा था, सारे कमरों की छत नदारद थी, एकमात्र उस कमरे को छोड़कर जिसमें वह सज्जन रहते थे। बरामदे के एक कोने में जगह मिली जहाँ बारिश की बौछार तो आती थी किन्तु सीधे सिर पर पानी गिरने से बचाव था। किसी प्रकार स्वयं को समेटकर मैंने प्रश्न किया, 'मेरा नाम है दे, और तुम्हारा नाम?'

'मोहम्मद।' गम्भीर स्वर में उन्होंने जवाब दिया।

‘मोहम्मद? वाह, लाइलाहा इलल्लाह मोहम्मद उर रसूल...’

‘रुको।’ एक धमकी में मुझे रोककर मोहम्मद ने कहा, ‘मैं अल्लाह पर विश्वास नहीं करता।’

मैंने मन-ही-मन कहा—चोर न सुने धार्मिक-कथा। फिर मैंने उनसे कहा, ‘ठीक है, मैं भी नहीं करता।’ फिर मैंने सहज होने की चेष्टा करते हुए कहा, ‘अच्छा, मोहम्मद, तुमने अंग्रेज़ी कहाँ सीखी? तुम बहुत अच्छी अंग्रेज़ी बोलते हो।’

‘मैं आठ वर्ष नेवी में था।’

‘ओह, तभी। तो तुमने भी मेरी ही तरह अनेक देश देखे हैं, है न? सचमुच, विभिन्न देशों को देखने जैसा आनन्द और कोई नहीं।’ मैं बकबक करता रहा और उधर बारिश कम होने की जगह मूसलाधार शुरू हो गई। ख़ैर, भगवान की कृपा से एक आश्रय तो मिला।

मैंने मकान को ग़ौर से देखा। नितान्त पुराना मकान था। यहाँ तक कि जहाँ मैं खड़ा था, इस भयंकर बारिश में सिर के ऊपर की छत का भग्नावशेष कब भरभराकर गिर जाएगा, कहा नहीं जा सकता। मोहम्मद ने हालाँकि कमरे का दरवाज़ा बन्द नहीं किया था, किन्तु मुझे अन्दर बुलाया भी नहीं। जाहिर है, मैं बरामदे में खड़ा ठंड से जूझ रहा था। अन्ततः कुछ चंगा होने के लिए पानी गरम करने के लिए मैंने स्टोव निकाला किन्तु दियासलाई गीली हो चुकी थी। दरवाज़े के पास जाकर मैंने मोहम्मद से दियासलाई माँगी।

‘क्यों, सिगरेट सुलगाओगे?’

‘नहीं, चाय बनाने की है। इससे थोड़ा गरम भी हुआ जा सकेगा।’

मोहम्मद ने इतनी देर में पहली बार मोमबत्ती की रोशनी में मेरा मुँह देखा और पूछा, ‘तुम्हारी उम्र कितनी है?’

मैंने पासपोर्ट खोलकर दिखाया तो बोला, ‘मैं पढ़ नहीं सकता।’

मैंने उम्र बताई। सुनकर मोहम्मद बोला, ‘तुम तो बहुत जूनियर हो। एक काम करो, अपना सामान लेकर कमरे में आ जाओ। मैं कॉफी बनाता हूँ—तुर्की कॉफी, पियोगे?’

‘अवश्य!’ और साथ-साथ मैं कमरे में पहुँच गया।

कमरे में एक फटा-पुराना बिछौना, असंख्य मोमबत्तियों के टुकड़े तथा यहाँ-वहाँ बिखरी कुछ शराब की बोतलों के साथ रोज़मर्रा के काम में आने वाली कुछ ज़रूरी चीज़ें थीं।

एक प्याले में तुर्की कॉफी बनाकर मुझे दी, ख़ुद भी ली। कॉफी पीते-पीते मैंने कहा, 'मैं भी तुम्हारी ही तरह ग़रीब हूँ। देखो, मेरी यह फटी हुई पोशाक और कन्धे का झोला कैसे तुम्हारे घर से मेल खा रहा है!'

मोहम्मद ने कोई जवाब नहीं दिया, वह तो बार-बार बाहर जाकर हाथों से बारिश की अवस्था देख रहा था। बैठे-बैठे ही मैं सोने की चेष्टा कर रहा था कि मोहम्मद ने मुझे हिला-डुलाकर कहा, 'बारिश थम गई है, अब तुम जा सकते हो।'

ओफ़, कैसा बेरसिक आदमी है! सचमुच, यमराज में बिलकुल भी दया-माया न थी। बाहर आकर देखा कि बारिश का प्रकोप कम हुआ था, पर वह रुकी नहीं थी।

मैंने मोहम्मद से कहा, 'बारिश तो अभी तक रुकी नहीं है।'

'रुके या न रुके, तुम्हें अभी ही यहाँ से जाना होगा।'

उसका कंठस्वर सुनकर लगा कि भूकम्प भी शायद इससे मधुर होगा। अपना सामान-असबाब लेकर मैं बरामदे में आकर खड़ा हुआ। नहीं, इस अवस्था में तो यात्रा नहीं की जा सकती। किन्तु किया भी क्या जा सकता था! मोहम्मद बार-बार मुझे भगाने की चेष्टा कर रहा था। निरुपाय होकर मैंने कहा, 'अच्छा, मोहम्मद, तुम ही बताओ, इस अवस्था में मैं कैसे जाऊँ? मेरी स्थिति में तुम होते तो क्या करते, जा पाते ऐसी बारिश में? आधी रात को इस बारिश और ठंड में मैं कहाँ जाऊँ?'

'वह सब मैं नहीं जानता। तुमसे जाने को कह रहा हूँ तो तुम्हें जाना ही होगा।'

'क्यों मोहम्मद? डर की कोई बात नहीं। मैं तुम्हें कोई नुकसान नहीं पहुँचाऊँगा।'

मोहम्मद ने किन्तु मेरी बात मानो सुनी ही नहीं। मैंने सोचा, कैसी दुर्गति है यह! यह तो वैसे ही हुआ, जैसे प्यासे को पानी का गिलास देकर छीन लेना। अब अफसोस हो रहा था कि आश्रय पाकर भगवान को असंख्य धन्यवाद क्यों दिये। मोहम्मद बढ़कर आगे आया, तो क्या यमराज अब मुझे उठाकर फेंक देगा? आशंका में मैंने कहा, 'जाता हूँ, जाता हूँ। किन्तु इस बारिश में जाऊँगा कहाँ, क्या पता! मैं बेहद थका हुआ और भूखा हूँ, फिर भी चला जाऊँगा। तुम्हारी आपत्ति का विरोध कर मैं जबरन यहाँ नहीं रहूँगा, किन्तु एक बात सुनो मोहम्मद', मैंने रोनी सूरत बनाकर कहा, 'मैं जा तो रहा हूँ किन्तु कल सुबह यदि मिट्टी-कीचड़

में मेरी लाश मिले तो मेरा यह पासपोर्ट भारतीय दूतावास को पोस्ट कर देना। मेरा यह एकमात्र अनुरोध है।'

लगा, जैसे अब मोहम्मद कुछ विचलित हुआ था। कुछ ग़ुस्से में वह बोल उठा, 'एक दागी चोर के साथ रात बिताने में तुम्हें डर नहीं लगता?'

'दागी चोर! कौन दागी चोर, तुम? इस भयंकर आँधी-बरसात में तुमने मुझे आश्रय दिया, तुम तो मेरे आश्रयदाता हो, मेरे मित्र। मुझे नहीं मालूम कि तुम जो कह रहे हो, वह कितना सच है, पर तुम मेरे मित्र हो, प्रिय मित्र।'

मोहम्मद मेरे मुँह की ओर देख रहा था। हठात् चिल्ला उठा, 'क्यों, मुझे देखकर भी तुम समझ नहीं पाए?'

'नहीं, तुम्हारे माथे पर तो लिखा हुआ नहीं है। तुम्हारे जैसे चेहरे धरती पर हज़ारों-हज़ार हैं।'

मेरी बातों से मोहम्मद ने क्या समझा, पता नहीं। कुछ देर चुप रहकर वह बोला, 'ठीक है, रह जाओ। किन्तु तुम्हारा कोई सामान खो जाए तो वह मेरा दायित्व नहीं।'

'मेरे पास खोने लायक कुछ नहीं है। किन्तु हाँ...' मैंने हँसते-हँसते कहा, 'मेरे सामान में से यदि किसी चीज़ की तुम्हें दरकार हो तो वह ले सकते हो, मुझे ख़ुशी ही होगी।'

मोहम्मद ने गम्भीर स्वर में कहा, 'मेरी बातों पर यकीन नहीं हो रहा शायद? सोच रहे हो कि मैं झूठ कह रहा हूँ? अंग्रेजी पढ़ सकते हो?'

'हाँ, थोड़ा-बहुत पढ़ लेता हूँ।'

'भीतर आओ।'

मैं कमरे के भीतर गया तो उसने दीवार की टूटी हुई अलमारी से एक पुराना ओवरकोट निकाला। ओवरकोट की जेब से कुछ काग़ज़-पत्र निकाले। मोमबत्ती सामने बढ़ाकर उसने मुझे पढ़ने को कहा। कई तहों में छिपी लिखावट को मैंने पढ़ा। इस्ताम्बुल की किसी जेल से रिहाई का पत्र था। मोहम्मद का नाम भी पढ़ा। ऐसे और भी दो-तीन काग़ज़ मिले, उन पर क्या लिखा था, मैं समझ न पाया क्योंकि लिखावट हालाँकि अंग्रेज़ी लिपि में थी किन्तु भाषा तुर्की थी। तुर्किस्तान की वर्तमान भाषा यही है। वे व्यवहार तुर्की भाषा का करते हैं किन्तु लिखते अंग्रेज़ी लिपि में हैं। मुस्तफ़ा कमाल अतातुर्क ने पुरानी तुर्की भाषा को यह नया रूप दिया था।

'क्या, पढ़ पाए?' मोहम्मद ने प्रश्न किया।

वह मेरी ओर देखता रहा, फिर बोला, 'तुम अंग्रेज़ी नहीं पढ़ पाते। यदि सचमुच पढ़ पाते तो अभी ही अपना सामान-असबाब लेकर दौड़ जाते। मैंने कितनी बार जेल खटी है, जानते हो?'

'मुझे जानने की क्या दरकार? तुम मेरे मित्र हो, मेरे लिए इतना परिचय ही पर्याप्त है।'

'तुम्हारे जैसे कई भद्रपुरुष देखे हैं, जो पहले तो अच्छी-अच्छी बातें करते हैं और फिर जरा-सा दूर जाते ही पुलिस को ख़बर कर देते हैं। कुछ भी चोरी किए बिना, किसी को कोई भी नुकसान पहुँचाए बिना भी मैं दो बार जेल भुगत चुका हूँ। तुम्हारे सरीखे भलेमानसों को पहचानना अब मेरे लिए बाकी नहीं।' मोहम्मद अब कुछ तिरस्कार-भाव से कहने लगा था, 'पता है, मैं पाँच बार अपनी बेवकूफी से जेल भुगत चुका हूँ, तुम्हारे जैसे ही एक अन्य भलेमानस पर भरोसा करके। चोरी कौन नहीं करता? अपने जहाज़ के कैप्टेनों को देखा है, घड़ी-कैमरा लेकर सिविल ड्रेस में शहर देखने निकले और लौटे तो खाली हाथ। एक दिन हाथ में पैसा नहीं था तो एक 'रूपसी' के घर से निकलते समय अपनी जैकेट ही दे आए। और मज़े की बात यह हुई कि उसी रूपसी के घर से मैं वह जैकेट सस्ते में ख़रीद लाया। मन-ही-मन सोचा कि जहाज़ में कोई बीवी को लेकर तो घूमता नहीं, कैप्टेन की जैकेट उसे लौटा आऊँ। मेरी वह भलमनसाहत ही मेरा काल बन गई और मैं कैसी भयंकर विपत्ति में जा फँसा...ख़ैर, छोड़ो, वह एक लम्बी कहानी है—हाँ, तुमने अपना क्या नाम बताया था?'

'बिमल।'

'बिमल? अच्छा, ऐसे ही कई नाम मैंने दक्षिण अमेरिका में सुने हैं। ठीक है, तुम जब यहाँ रहना ही चाहते हो तो रहो। जितना झमेला है, सब आधी रात को! सुबह होते ही तो मेरे विरुद्ध पुलिस में नालिश करोगे। है न?'

जवाब में मुझे जो कहना था, कहा, पर सुनता कौन है? मोहम्मद अपने सारे अभियोग मुझे सुनाता रहा।

स्लीपिंग-बैग खोलकर कमरे के एक कोने में मैंने आश्रय लिया।

मोहम्मद ने आधी रोटी और मदिरा की बोतल मेरी ओर बढ़ाकर कहा, 'कह रहे थे न, कि भूख लगी है?'

मैंने बड़ी विनम्रता से उसे बताया कि भोजन से अधिक मुझे विश्राम की

दरकार थी। मोहम्मद ने एक बार फिर मुझे कोसते हुए कम्बल से सिर ढँक लिया। मैं भी बुझती मोमबत्ती को देखते-देखते मोहम्मद के ही बारे में सोचने लगा।

काफ़ी दिन चढ़ आया था, जब नींद टूटी। मोहम्मद अब काफ़ी शान्त-सा लग रहा था। बारिश थम चुकी थी फिर भी अब वह मुझे भगाने की कोई चेष्टा नहीं कर रहा था। हम दोनों ने थोड़ा-थोड़ा शोरबा (मांस का सूप) लेकर चहलक़दमी शुरू की तो मोहम्मद बोला, 'चलो, हम बगल के गाँव की ओर चलते हैं।'

सुनकर बड़ी ख़ुशी हुई। वाह, यह हुई न दोस्त वाली बात! एक बिचाली वहन करने वाली गाड़ी से मैं मोहम्मद के साथ रवाना हुआ। घंटे भर बाद हम मँझले आकार के गाँव में पहुँचे। गाँव का क्या वर्णन करूँ? पुराने जमाने में आम तौर पर मुस्लिम गाँव जैसे हुआ करते थे, यह गाँव भी कुछ वैसा ही था यानी एक मस्जिद को घेरकर असंख्य कच्चे-पक्के मकान और असंख्य नंग-धड़ंग बच्चों का दल और बुरके से ढकी सुन्दरियाँ (?) थीं। इस गली, उस गली से होते हुए अन्ततः हम एक स्कूल-भवन के सामने पहुँचे। घोड़े को एक खूँटे से बाँधकर मैं आ खड़ा हुआ। कुछ देर कुंडी खड़काने के बाद एक बुरका पहने महिला आई और मोहम्मद के साथ उसकी कुछ बातें हुईं। बाद में हम उस स्कूल में आए। हालाँकि यहाँ के लड़के बहुत बड़े-बड़े थे किन्तु उनके चेहरे देखकर हमारे गाँवों की पाठशालाओं के बारे में विशेष कुछ नहीं कहा जा सकता। असंख्य कौतूहली नज़रों के सामने से होते हुए हम स्कूल के ऑफ़िस में पहुँचे। एक युवक मास्टर जी के साथ परिचय हुआ। मोहम्मद के साथ कुछ देर बातें करने के पश्चात् वे मुझे एक अन्य कमरे में ले गए। घंटे भर बाद आने का कहकर मोहम्मद चला गया। मास्टर जी ने एक कप कॉफी के साथ टूटी-फूटी अंग्रेज़ी और डिक्शनरी की मदद से आधे घंटे तक जो कुछ कहा, उसका संक्षिप्त सार था :

पहली बात, मोहम्मद के अनुरोध पर ही मास्टर जी मुझे उसके चरित्र के बारे में बता रहे थे और मुझे उनकी (मास्टरजी की) बातों पर यकीन करना चाहिए। मोहम्मद एक दागी चोर, दागी आसामी है। जहाज़ में काम करता था, वहाँ चोरी के आरोप में पकड़ा गया और हाजत में रहना पड़ा। इसके बाद जब भी अवसर मिलता, चोरी कर लेता और यही उसका पेशा हो गया। नौकरी नहीं है। पर इस गाँव में मोहम्मद ने कभी चोरी नहीं की। हालाँकि इसी गाँव में उसका घर था, पर गाँव वालों ने उसे निकाल दिया। इसीलिए मोहम्मद अब उस टूटे-फूटे मकान में रहता है। अतः ऐसी स्थिति में मुझे वहाँ से निकल लेना चाहिए। किन्तु हाँ,

पर्यटक के रूप में यदि ज़रूरत हो तो ग्रामवासी मेरे रहने की व्यवस्था कर देंगे। मैं चूँकि विदेशी हूँ, इसलिए मेरा चोर के साथ न रहना ही उचित है।

मास्टर जी सब कुछ बताकर चुप हो गए।

अब मेरी बारी थी। मैं अपनी बात भी संक्षेप में लिपिबद्ध कर रहा हूँ, 'सच बताऊँ मास्टर जी!' मोहम्मद चोर है, पर मेरे लिए तो वह एक उपकारी मित्र है, अन्यथा यदि वह चाहता तो मुझे कल रात वह मुश्किल में डाल सकता था। परन्तु अवसर होने के बावजूद उसने मुझे कोई क्षति तो नहीं ही पहुँचाई बल्कि वह एक चोर और दागी आसामी है, यह बताकर उसने मुझे सावधान करना चाहा। उसके कहने पर मैं चला नहीं गया इसीलिए वह मुझे आपके पास ले आया ताकि आप मुझे सारी बातें अच्छी तरह समझा दें। ऐसा खुले मन वाला चोर तो दुनिया में विरल है। और हम-आप, समाज के शिक्षित सदस्य अंधा मन लेकर केवल शिक्षा की बड़ाई करते रहते हैं।'

यथासमय मोहम्मद आ पहुँचा। मास्टर जी को धन्यवाद कहकर हम वापस डेरे की ओर रवाना हुए। रास्ते में मोहम्मद ने पूछा, 'क्यों, अब तो विश्वास हुआ?'

मैंने जवाब दिया, 'मैंने तो पहले ही तुम पर विश्वास कर लिया था।'

'मतलब यह कि तुम विश्वास करते हो कि मैं चोर हूँ और यह जानकर भी मेरे साथ रहने में तुम्हें कोई दुविधा नहीं होती?' कुछ अवाक् होकर उसने कहा, 'मुझे लगता है कि मास्टर को अंग्रेज़ी ठीक से नहीं आती, तभी वह तुम्हें समझा नहीं पाया।'

'मुझे लगता है, तुम्हें मास्टर से अच्छी अंग्रेज़ी आती है मोहम्मद!'

मैं मोहम्मद के साथ ही लौटा। वह सचमुच आश्चर्यचकित था कि सब कुछ जानने के बावजूद मैं उसके साथ रहने को राजी कैसे हो गया।...और फिर धीरे-धीरे पनप उठी हमारी दोस्ती। मैं मोहम्मद के साथ ही रह गया, और मुझे पाकर वह कितना ख़ुश था, यह शब्दों में बयाँ करना मुश्किल है। कुछ ही दिनों में मैं उसकी पूरी आत्मकथा जान गया।

मोहम्मद ने दूसरी बार जेल से बाहर आकर देखा कि उसकी बीवी किसी और के साथ चली गई थी। अनेक उम्मीदें और सपने लेकर मोहम्मद घर लौटा था किन्तु एक चिट्ठी के माध्यम से उसकी पत्नी ने बताया था कि एक चोर की पत्नी बनकर वह नहीं रह सकती, इसलिए वह जा रही थी। मोहम्मद की अवस्था तो और भी ख़राब थी। विवाह के लिए लड़की का मिलना तो दूर, जीवन-यापन

के लिए एक नौकरी तक का मिलना मुश्किल था। बीच-बीच में नौकरी मिलती तो सही, पर जैसे ही मालिक को पता चलता कि वह जेल खट चुका है, उसे बर्ख़ास्त कर दिया जाता। भलेमानस की तरह जीवन-यापन उसके लिए दुर्लभ हो उठा। चला आया वह शहर से अनेक दूर, अपने प्रिय गाँव में। किन्तु साल भर में उसके जेल खटने की कहानी वहाँ भी सभी जान गए। भलेमानसों के बीच उसका रहना दुश्वार हो गया। कहीं कोई गड़बड़ी होती तो लोग उसी को पकड़ते। विशेष कर पुलिसिया परेशानियों और भद्रसमाज की यंत्रणा के चलते उसे अपना घर-द्वार त्यागना पड़ा। गाँव के लोगों ने उसे समझा दिया कि उसकी शक्ल से ही जाहिर होता था कि वह चोर था। मोहम्मद ने समाज में लौटने की कई बार चेष्टा की, किन्तु व्यर्थ। बाध्य होकर अन्ततः उसे यह रास्ता अख्तियार करना पड़ा।

एक दिन मैंने मोहम्मद से पूछा, 'अच्छा, मोहम्मद, इस काम में तुम्हें डर नहीं लगता?'

मोहम्मद का जवाब था, 'डरना तो कायरों व स्त्रियों का काम है। यह तो बड़ा उत्तम व्यवसाय है, एक दिन ड्यूटी करो और सारा महीना बैठकर खाओ।'

'पर जोखिम भी तो है।'

'जोखिम किस काम में नहीं है? ये जो बड़े-बड़े जहाज़ों के कैप्टेन हैं, इन्हें मोटी तनख्वाह इसी बात की तो मिलती है कि उन्हें जोखिम उठाकर भयावह समुद्र की यात्रा करनी पड़ती है। टैक्सी ड्राइवर की एक्सीडेंट में कभी भी मौत हो सकती है। सैकड़ों लोग रोज़ाना बिना कुछ किए गाड़ी के नीचे आकर मारे जाते हैं। तात्पर्य यह कि जोखिम तो हर समय है।'

मोहम्मद ने मुझे अच्छी तरह समझा दिया कि जिसे काम आता है, उसके लिए कोई जोखिम नहीं और जिसे नहीं आता, उसके लिए जोखिम ही जोखिम है।

'फिर भी किसी की उपार्जित वस्तु ले आना क्या अच्छा है?'

'अच्छा-बुरा क्या? जिनके पास है, उन्हीं से लेता हूँ। जिनके पास नहीं है, उनसे तो नहीं लेता।'

बातों में मैं मोहम्मद को नहीं हरा सकता। 'चोरी करना पाप है'—इसके पक्ष में जितने तर्क मुझे ज्ञात हैं, उसके विपक्ष में उससे अधिक तर्क मोहम्मद के पास हैं। अतः मैंने इस बारे में बहस नहीं की। और इस बहस से मेरा लेना-देना भी क्या! वह किसी के सिर पर नारियल फोड़े या कटहल, मुझे क्या? मुझे आवश्यकता है कुछ दिनों के विश्राम की, और वह मुझे जिससे मिलेगा,

वही मेरा मित्र है। उसके व्यक्तिगत झमेलों में स्वयं को उलझाना बुद्धिमानी का काम नहीं है।

रोज़ सुबह उठकर हरिनाम के जाप की तरह मोहम्मद से जो सुनता, वह था, 'मैं यदि उसका विश्वास न करूँ, तब ही ठीक है।'

एक दिन मैंने पूछा, 'तुम यहाँ कितने दिनों से हो?'

उत्तर में मोहम्मद ने बताया, 'दो महीने।'

'उससे पहले?'

'इस्ताम्बुल में।'

'इस्ताम्बुल में क्या तुम्हारा घर है?'

'नहीं, घर तो नहीं है, पर जब पकड़ा जाता हूँ तो वहीं रहना पड़ता है। छोटा-मोटा मामला हो तो दो-एक महीना, बड़ा हो तो कुछ और अधिक।'

रात को जब मैं डायरी लिख रहा था तो मोहम्मद ने मेरा पेन देखने को लिया। पेन हाथ में लेकर वह बोला, 'इसका दाम ब्लैक-मार्केट में कितना होगा, जानते हो?'

'मैं कैसे जानूँगा? यह मैंने ब्लैक-मार्केट से तो ख़रीदा नहीं था। किन्तु तुम्हें यदि पसन्द हो तो तुम ले सकते हो।'

मोहम्मद कुछ देर अवाक्-सा देखता रहा, फिर सिर हिलाते हुए बोला, 'नहीं, नहीं, कम-से-कम तुमसे तो नहीं ले सकता।' कलम मुझे लौटाकर काफ़ी देर मुझे देखता रहा, फिर धीरे-धीरे बोला, 'क्या तुम सच कह रहे हो?' मैंने पहली बार मोहम्मद को करुण होते देखा। फिर उसने धीरे-धीरे कहना शुरू किया, 'विदेशी होकर भी तुम मेरा इतना विश्वास करते हो जबकि जिन्हें मैंने कोई नुकसान नहीं पहुँचाया, वे मुझे चोर कहते हैं। जेल खटने के बाद नौकरी मिलना कितना मुश्किल है, यह मेरे सिवा और कौन जानता है? कितनी बार कोशिश की सही राह पर चलने की, किन्तु सारे रास्ते बन्द। क्या करता, लाचार था, पेट तो भरना था? और पेट भरने के लिए ही मैं चोरी करता हूँ। मेरे नाते-रिश्तेदार, दोस्त-यार सब थे, पर किसी ने मुझे सही राह पर लौटने में मदद नहीं की। सभी ने मुझे चोर कहकर बदनाम किया। विश्वास करो, दीर्घ ग्यारह वर्षों में तुम पहले व्यक्ति हो जिसने मुझे चोर नहीं, अपना मित्र कहा। मेरे बारे में सब कुछ जानकर भी मेरे साथ हो, जबकि तुम एक विदेशी हो। तुम सचमुच मेरे मित्र हो।' मोहम्मद की आँखें छलछला आईं।

कई दिन वहाँ रहने के बाद तेज़ हवा और बारिश का दौर कुछ कम हुआ और आसमान साफ़ हो गया तो सोचा, अब मुझे चलना चाहिए। भगवान के विरुद्ध अपना आरोप मैंने वापस ले लिया। सोचा कि उस दिन का कष्ट शायद मेरे अनुभव में वृद्धि के लिए था। ईश्वर ने उस दिन मुझे ठहरने के लिए कोई महल नहीं दिया, किन्तु उस कठोर स्थिति में भी मैं देख पाया एक ऐसा हृदय जो समाज से इतने दिनों तक कटकर भी मरा नहीं।

स्वयं को शिक्षित मानकर मैं बहुत गर्वित था, किन्तु मोहम्मद के सम्पर्क में आकर वह गर्व चूर्ण हो गया। हम सभ्य कहलाते हैं, क़ानून पर क़ानून बनाते जाते हैं और सोचते हैं कि यही सभ्यता है। किन्तु क्या वही सच है?

एक बार यदि कोई शृंखला भंग करे तो क्या हम प्रेम व हृदय से उसकी भूल सुधार नहीं सकते? क्या यही है हमारी सभ्यता, हमारी शिक्षा? एक ओर हैं कुछ शिक्षाभिमानी जो अपना शून्य हृदय लिये दिन-पर-दिन गर्व से सिर ऊँचा किए नाचते रहते हैं और दूसरी ओर हैं वे कुछ लोग, जो एक पाप का प्रायश्चित्त करने में दस पापों से जर्जरित होकर दिन-पर-दिन तिक्तता का गरल पान करने को बाध्य होते हैं।

मैंने बहुत बार इस प्रश्न का उत्तर माँगा है, किन्तु हर बार मेरा प्रश्न अरण्य की निस्तब्धता में, या फिर समुद्र के गर्जन में कहीं खो गया है।

आज मोहम्मद को मैं बहुत दूर छोड़ आया हूँ किन्तु आज भी उसके व्यथित हृदय की कहानी मेरे हृदय को, एक परिव्राजक के हृदय को, अनुभव से परिपूर्ण करती है।

ऐथोस तीर्थ

देवताओं और असुरों के बीच युद्ध छिड़ गया। जगत में एकमात्र देवता ही पूजे जाएँगे, यह तो सरासर अन्याय व असहनीय अपमान है। इस अन्याय के प्रतिकार और अपमान का बदला लेने के लिए सारे असुर संगठित हो गए। इस युद्ध में उनकी समस्त शक्ति की परख होगी। देवताओं और असुरों के सृष्टिकर्ता हैं भगवान जीउस। उन्होंने दोनों को ही पृथ्वी की समस्त सुख-सुविधाओं के उपभोग का अधिकार प्रदान किया है। तो फिर देवताओं को ही क्यों प्राप्त होगा पृथ्वी का सम्मान एवं पूजा तथा क्यों असुरों का प्राप्य होगा घृणा व असम्मान? फलों का गूदा खाएँगे देवता और केवल गुठली रहेगी असुरों के लिए? सूर्य की रोशनी का उपभोग एकमात्र देवता करेंगे और असुर रहेंगे पाताल के अन्धकार में? यह घृणित, अवहेलित व अपमानजनक जीवन अब नहीं सहेगा असुरकुल, और इसीलिए छिड़ा है यह युद्ध। महाशक्तिशाली असुरकुल ने प्रबल पराक्रम के साथ देवताओं पर आक्रमण किया। एक-एक कर पृथ्वी के समस्त हिस्सों पर असुरों ने विजय पाई और पलायन कर देवतागण चले आए ओलिम्पस पर्वत पर।

सृष्टि के प्रारम्भ से ही देवतागण ओलिम्पस पर्वत पर सुखपूर्वक मधुपान करते घूमते-फिरते थे। काम-काज तो कुछ था नहीं, अतएव देवियों के साथ वे वहाँ सुखपूर्वक दिन व्यतीत कर रहे थे। हाँ, बीच-बीच में उन्हें भक्तों के आह्वान पर किसी मन्दिर या भक्तों के हृदय में मर्त्यलोक जाना पड़ता। किन्तु यह कोई ख़ास कष्टसाध्य काम तो था नहीं क्योंकि भगवान जीउस ने उन्हें उड़ने की शक्ति दे रखी थी।

ऐसे परम सुख में असुरकुल के कारण व्यवधान पड़ गया। सुबह-सुबह रसीले ताजे अंगूर चखने गए और दाँतों के बीच जीभ आ गई। हठात् सब कुछ

उलट-पलट हो गया। शुरू हो गया हल्ला-गुल्ला। संत्रस्त हो विवस्त्रा देवियों ने भाग-दौड़ शुरू कर दी। देवतागण अंगूर की बात भूलकर अवाक् हो देखने लगे कि आख़िर हो क्या रहा है। चिरआनन्द के राज्य में यह प्रबल दुख की बाढ़ आई तो कैसे? जब असुरों का मारक गर्जन सुना तब जाकर उन्हें होश आया और भागे-भागे सब पहुँचे भगवान जीउस के समक्ष। अपनी आकस्मिक विपदा की बात बताकर सभी ने उनसे रक्षा के लिए विनती की। भगवान जीउस ने उन्हें आश्वस्त करते हुए कहा, 'चिन्ता मत करो। सब कर्मफल है। तुम लोगों की सुरक्षा हेतु मैंने सागर के सीने पर ऐथोस पर्वत की सृष्टि की है। तुम लोग वहीं जाकर रहो।'

आदेश शिरोधार्य हुआ और देवतागण चल पड़े ऐथोस पर्वत की ओर।

यह तो थी माउंट ऐथोस यानी ऐथोस पर्वत की सृष्टि की कहानी। एक अन्य मत के अनुसार, देवों व असुरों के सृष्टिकर्ता का नाम था ऐथोस अथवा वे स्वयं ही ऐथोस पर्वत पर वास करते थे। इस ऐथोस पर्वत के बारे में कई कहानियाँ प्रचलित हैं, उन्हें सुनाने लगा तो मैं अपनी कहानी न कह पाऊँगा। अत: मैं अपनी कहानी पर चला आता हूँ।

ग्रीस के उत्तरी हिस्से में है मेसिडोनिया। इसी मेसिडोनिया से सिकन्दर ने भारत वर्ष की ओर अपनी यात्रा शुरू की थी। पहले यह एक स्वतंत्र राज्य था एवं इस राज्य के मेसिडोनिया गाँव में सिकन्दर का जन्म हुआ था। इसीलिए ग्रीस के इस हिस्से को अभी भी मेसिडोनिया ही कहा जाता है। वर्तमान में मेसिडोनिया की राजधानी है थेसालोनिकी—जो कि ग्रीस का द्वितीय वृहत्तम शहर है। मेसिडोनिया के धुर दक्षिण में एक पर्वतीय उपद्वीप है माउंट ऐथोस। केवल ग्रीस ही नहीं, पूरे ऑर्थोडॉक्स क्रिश्चियन जगत में ऐसा तीर्थक्षेत्र कोई दूसरा नहीं। भारत के केदारनाथ-बद्रीनाथ की तरह ही माउंट ऐथोस भी एक अत्यन्त पवित्र पुण्य-भूमि है। इस पर्वतीय अंचल के तीन ओर समुद्र है तथा एक ओर दुर्गम पर्वतीय भूमि तथा वनांचल द्वारा यह अंचल मूल भू-भाग से जुड़ा है, इसलिए यहाँ आने के लिए मोटर लांच से समुद्री रास्ते से ही आना पड़ता है, मानो यह एक स्वतंत्र द्वीप हो!

इस माउंट ऐथोस की अधिष्ठात्री देवी हैं वर्जिन मेरी—ईसा मसीह की माता। यहाँ के संन्यासियों की तरह माता मेरी ने भी धर्मरक्षार्थ इस पहाड़ी को चुन लिया था तथा यहीं वे रहती थीं। माता मेरी के बारे में भी यहाँ कई कहानियाँ प्रचलित

हैं। एक समय यहाँ कम-से-कम दो दर्जन भक्त थे जिन्होंने स्वप्न में या ध्यान में देवी के दर्शन किए थे।

अब जैसे कोकोथेलिसा की बात ही लीजिए। उस दिन शनिवार था। अन्य दिनों की ही तरह कोकोथेलिसा शाम को बैठकर बाइबिल-पाठ में इतना तन्मय हो गईं कि उनकी आँख लग गई। नींद में ही उन्होंने स्वप्न देखा कि उनकी भक्ति से प्रसन्न होकर माता मेरी ने उनके हाथ में एक स्वर्णमुद्रा थमा दी। सुबह नींद से उठकर जब कोकोथेलिसा स्वप्न के बारे में सोच रही थीं तो उन्होंने देखा कि स्वप्न में प्राप्त स्वर्णमुद्रा उनके हाथ में ही थी। यानी देवी स्वप्न में नहीं, सचमुच आई थीं। कोकोथेलिसा ने उस स्वर्णमुद्रा के सोने से देवी की एक प्रतिमा बनवाई जो लाव्रा के महामन्दिर (Great Lavra) में अभी भी है।

नाविक जब इस पर्वत के पास से गुजरते हैं तो देवी का स्मरण करते हैं और देवी विपत्ति के समय हर बार विभिन्न प्रकर से अपने भक्तों का उद्धार करती हैं। पर्वत के गात पर छोटी-छोटी असंख्य देवी-मूर्तियाँ उन अलौकिक घटनाओं के प्रमाणस्वरूप हैं।

ग्रीस में आकर माउंट ऐथोस के बारे में कई लोगों से सुना। माउंट ऐथोस में स्त्रियों का प्रवेश वर्जित है। यहाँ की एकमात्र नारी हैं यहाँ की अधिष्ठात्री देवी वर्जिन मेरी। कई लोगों की आने की इच्छा होने के बावजूद वे नहीं आ पाते, क्योंकि अर्द्धांगिनी को छोड़कर आना उनके लिए सम्भव नहीं हो पाता। इसलिए भ्रमणार्थियों की भीड़ यहाँ नहीं के बराबर होती है। चूँकि यहाँ नारी-जाति का आगमन वर्जित है इसलिए माताओं की राय में यह एक अनिंद्य सुन्दर साधनास्थल है जहाँ साधुगण दिन-रात भजन-साधन में रत रहते हैं। जाहिर है, ऐसे माउंट ऐथोस को देखने का आग्रह तो तीव्र होगा ही। अतः प्रवेश-पत्र की व्यवस्था कर एक दिन लांच में सवार हो गया।

लांच आकर दाफनी (Dafni) पर रुका। दाफनी माउंट ऐथोस का प्रधान बन्दरगाह है। उतरते ही पुलिस ने आकर हमारे काग़ज़-पत्र की जाँच की। नाना प्रकार की जिरह के बाद छुटकारा मिला। सब मिला-जुलाकर विदेशी हाव-भाव था।

छोटा-सा बन्दरगाह है दाफनी। कुछ मोदीखाने और कुछ चाय की दुकानें—बरामदे में चेयर व बेंचें बिछी थीं, मचान पर से झूल रहे थे कुछ अंगूर। काली दाढ़ी-मूँछ से मेल खाता काला अंगरखा और टोपी पहने बाबाजी लोगों का समूह इधर-उधर घूम रहा था। मेरे साथ एक चालीस से अधिक उम्र के पत्रकार

डोमिनिक थे। डोमिनिक नाम हालाँकि ग्रीक है किन्तु वे हॉलैंडवासी थे। लांच में उनसे परिचय हुआ था। कुछ देर बाद विकट आवाज़ के साथ जो वस्तु आकर हमारे सामने खड़ी हुई, वह थी एक पुरानी-सी बस—इस बन्दरगाह का एक मात्र वाहन। हम प्राय: तीस यात्री उस बस पर सवार हो गए। हम यात्रियों के वजन से कराहती, चीख़ती वह हतभागी वयोवृद्ध बस पहाड़ पर चलने लगी। लगभग ढाई घंटे के बाद जब एक मठ के सामने हम बस से उतरे तो माथा झनझना रहा था। थोड़ी देर बाद जब स्थिति कुछ सुधरी तो देखा कि हम कारियेस (Karyes) अर्थात् माउंट ऐथोस की राजधानी में थे, जिसकी ऊँचाई प्राय: दो हज़ार दो सौ मीटर थी। अक्टूबर का अन्तिम सप्ताह था। सूर्यास्त के साथ ही साथ इस अंचल में ठंड बढ़ जाती थी। इसलिए हड़बड़ा कर मैं वहाँ के पुलिस-कार्यालय में हाजिर हुआ। हर विदेशी को उस पुलिस-थाने में आना होता था। वहाँ मैंने अपना नाम, पिता का नाम, इत्यादि लिखाया और बड़े गिरजा में गया जहाँ पवित्र एपिस्टेसिया (Holy Epistesia) रहते थे। ये माउंट ऐथोस के सर्वेसर्वा प्रधान संन्यासी थे। उन्होंने और उनके चेले-चमुंडों ने हमारे काग़ज़-पत्र की जाँच शेष की, फिर हमारे सामने आकर खड़े हुए, सिर पर दृष्टिपात किया और घोषणा कर दी : जगह नहीं होगी।

बाद में सारी बात हमारे सामने स्पष्ट हुई। मेरे और डोमिनिक, दोनों के बाल बड़े-बड़े थे। सुनकर हम अवाक् रह गए। बड़े-बड़े बालों से पता नहीं उन्हें क्यों और क्या आपत्ति थी! बहरहाल, किन्तु क्या किया जा सकता था! जब इनके देश में आए हैं तो जो ये कहें, वही सही। पर अब सवाल यह था कि जाएँ कहाँ? शाम हो गई थी। अब दाफनी से लौटने के लिए कोई बस भी नहीं थी। स्थितियाँ किसी मुसलमान के पशुपतिनाथ मन्दिर में प्रवेश सरीखी थीं।

कितनी तकलीफों के बाद तो यहाँ आए थे। कहाँ पता था कि मंत्रालय की अनुमति के बावजूद इन बाबाजी की अनुमति मिलना सम्भव नहीं! यहाँ तो धर्मशाला में भी जो यात्री ठहरेंगे, उनके लिए भी इनकी अनुमति आवश्यक थी।

ख़ैर, जो हो, ठंड में काँपते-काँपते आख़िरकार मुझे और डोमिनिक को एक दुकान मिली। छोटी-सी टीन के प्लेट पर खड़िया मिट्टी से लिखा था—Restoorant Hotel। हमें देखकर एक भद्र व्यक्ति आगे आए। हैजेक (गैस-बत्ती) की रोशनी में देखा कि उनकी उम्र होगी यही कोई पैंसठ वर्ष। बहुत कष्ट से अपनी दुरवस्था की बात उन्हें समझाकर हमने उनसे एक आश्रय की माँग की।

सिर हिलाकर उन्होंने हमें आश्वस्त किया और अपने साथ लेकर पहले तल्ले पर गए। एक कमरे में दो खटिया बिछी थीं। बिस्तर बिछा देखकर मेरी ख़ुशी का ठिकाना नहीं रहता। झक सफ़ेद चादर और पाँच-छः नये कम्बल। गिरजाघर के प्रांगण में होते हुए भी यह होटल चूँकि व्यक्तिगत मालिकाने के अधीन था, इसलिए बाबाजी का रोब यहाँ नहीं चला। हम वहीं रह गए। चमत्कार, पका हुआ भोजन, गरम मुर्गी का झोल और भात खाने के बाद कम्बल से सिर ढककर हमने रात बिताई।

अगले दिन से शुरू हुआ हमारा सफर। डोमिनिक से मेरी दोस्ती अच्छी जमी। हालाँकि उसकी बेटी की उम्र मुझसे अधिक थी, पर उससे क्या, दोस्ती तो मन मिलने से होती है।

सुबह गिरजा की घंटाध्वनि के स्थान पर हमारी नींद मुर्गे की बाँग से खुली। मैं काफ़ी अवाक् हुआ और गिरजा के घंटों की ध्वनि सुनने के लिए कान लगाए रहा। किन्तु नहीं, माउंट ऐथोस के किसी भी गिरजाघर का घंटा नहीं बजा। बाद में पता लगा कि यहाँ के साधु बाबाजी लोग किसी प्रकार की कोई पूजा-अर्चना नहीं करते। अपना इहकाल और परकाल, सब कुछ माता मेरी को सौंपकर स्वाधीन रूप से घूमते-फिरते रहते हैं। अर्थात् उनके करने के लिए कुछ भी नहीं।

बहुत दिनों की पुरानी बात है। साधु लोग उन दिनों पहाड़ी साग-सब्जियाँ और फलमूल आदि खाकर जीवन-रक्षा करते तथा सारा दिन साधन-भजन में लगे रहते। गिरजाघर के घंटे निर्धारित समय पर बज उठते। प्रार्थना के स्वर पर्वतशृंग से टकराकर वातावरण में प्रतिध्वनित होते रहते। देवताओं के आह्वान का संगीत अपने अपूर्व छंद से माउंट ऐथोस के परिमंडल को भर देता।

सन् 867 से 886 के बीच सम्राट बासिल महात्माओं के दर्शन के लिए यहाँ आए और महात्माओं के दर्शन व साक्षात्कार-लाभ कर मुग्ध होकर उन्होंने तय किया कि इन साधुओं के लिए वे हर सुयोग-सुविधा की व्यवस्था करेंगे। उनके प्रश्रय में यहाँ के रहनेवालों की अबाध गतिविधि को क़ानूनी स्वीकृति मिली और बिना मूल्य के उनके लिए आहार व वासस्थान की व्यवस्था हुई।

नवम् कन्स्तान्तिन सम्राट मनोमाकोस (Constantaine-IX, Monomachos) ने सन् 1046 में इस माउंट ऐथोस को भगवान के राज्य की आख्या दी। उसके बाद जितने भी राजा आए, सभी ने उस विधि-व्यवस्था की रक्षा की। इसीलिए आज भी माउंट ऐथोस के साधुओं के रहने, खाने तथा गिरजाघर का सारा ख़र्च

सरकार वहन करती है। केवल साधु ही नहीं, अतिथियों के लिए धर्मशाला भी है। केवल हमें ही अपने लम्बे बालों के कारण...।

माउंट ऐथोस साधुओं का अश्रय होते हुए भी बाहरी शत्रुओं के आक्रमण से नहीं बच पाया। समुद्री तस्करों और दस्युओं का उत्पात लगभग हमेशा लगा रहता। इसीलिए यहाँ राजा की सेना की एक टुकड़ी हमेशा नियुक्त रहती।

मुझे यह सुनकर बड़ा आश्चर्य हुआ कि सोलहवीं शताब्दी के प्रथम सुल्तान, मुसलमान राजा सलीम ने समग्र ग्रीस पर अधिकार करने के बाद एक फर्मान जारी कर इस माउंट ऐथोस की पवित्रता की रक्षा करने की सुव्यवस्था की। भारतवर्ष के इतिहास के अनुसार तो हम यही जानते थे कि मुस्लिम आक्रमण का अर्थ ही होता है विध्वंस और लूटपाट। तो फिर यहाँ इतने अच्छे व्यवहार का कारण क्या था? मेरी यह धारणा थी कि इस व्यवहार का कारण शायद था—धनरत्न अथवा नारी-लूट की सम्भावना का न होना। ख़ैर, जो हो, माउंट ऐथोस ने अपने साधु-सन्तों को काफ़ी निरापद रखा है। कहावत है न : 'जाको राखे साइयाँ, मार सके न कोय'।

माउंट ऐथोस का सम्पूर्ण शासन कारियेस से ही संचालित होता है। यहीं से विभिन्न गिरजाघरों की आवश्यकतानुसार रसद की व्यवस्था की जाती है। माउंट ऐथोस के सभी गिरजाघरों को रख-रखाव की दृष्टि से पाँच भागों में बाँटा गया है। प्रत्येक भाग के प्रधान होते हैं स्थानीय प्रधान गिरजा के अध्यक्ष। अपने अंचल के समस्त गिरजाओं की सुयोग-सुविधा का दायित्व उन्हें ही प्राप्त है। और वे उत्तरदायी हैं कारियेस के प्रधान गिरजा के प्रधान पुरोहित के प्रति। और उनके ऊपर है राज्य सरकार की शासन-व्यवस्था, जो क़ानून-व्यवस्था के मामले देखती है।

यहाँ के साधुओं की जीवन-यात्रा अत्यन्त आडम्बरहीन है। कनोबिया (Coenobia) नाम के छोटे-छोटे दलों में बँटकर ये साझे का जीवन-यापन करते हैं। यहाँ साधुओं की किसी व्यक्तिगत सम्पत्ति को स्वीकृति नहीं मिलती। सरकारी व्यवस्था के कारण प्राचीनकाल का फलाहार त्यागकर ये गाय व सुअर के मांस एवं मदिरा इत्यादि द्वारा किसी प्रकार कायक्लेश से अपनी देह-रक्षा करते हैं और घूमते-फिरते हैं।

इविरोन से फेरीबोट द्वारा आधे घंटे का रास्ता तय कर मैं माउंट ऐथोस की सबसे प्राचीन एवं प्रधान मोनेस्ट्री महालाव्रा (Great Lavra) पहुँचा। सामने

थी दिगन्त-विस्तृत आगियान सागर की गहरी नीली जलराशि, ऊपर था असीम नीलाकाश और पहाड़ पर थी नक्काशीदार अपूर्व सुन्दर मोनेस्ट्री महालात्रा यानी ग्रेट लात्रा। ऐथोस पर्वतवासी एक साधु, सन्त अथनासिओस (St. Athanasios) ने सन् 963 में इस मन्दिर की स्थापना की। हालाँकि व्ययभार वहन किया था तत्कालीन सम्राट निसेफोरस (Nicephors) एवं जॉन थिमित्सेज (John Thimitzes) ने।

यहाँ आकर एक साधु से परिचय हुआ, जो अमेरिका निवासी थे। डोमिनिक ने उनसे प्रश्न किया, 'आप सुदूर अमेरिका से यहाँ क्या केवल भजन व साधना के लिए ही आए हैं?'

'नहीं, ऐसा नहीं है। वे (ईश्वर) तो जगत में सर्वत्र विद्यमान हैं। उन्हें स्मरण करने के लिए इतनी दूर न आने से भी चलता।' साधु ने हँसते-हँसते जवाब दिया, 'किन्तु हाँ, सारी पृथ्वी अभी पाप से परिपूर्ण हो गई है और ध्वंस अवश्यम्भावी है।' ज्ञानी जैसा हावभाव बनाकर वे आसमान की ओर ताक़ते रहे मानो महाप्रलय के मेघों को देख पा रहे हों!

'आप क्या यह कहना चाहते हैं कि नोआ के समय में जैसा हुआ था, वैसा ही फिर से होगा...?

मैं अपनी बात पूरी कर पाऊँ, उससे पहले ही साधु ने कहा, 'ठीक, ठीक। सम्पूर्ण ध्वंस हो जाएगा यह जगत। केवल बची रहेगी यह पवित्र भूमि—माउंट ऐथोस।'

'इसीलिए शायद आपने यहाँ आकर आश्रय ले लिया?' मेरे मुँह से फौरन निकल पड़ा।

साधु महाराज बिना कोई उत्तर दिये दाढ़ी-मूँछ के बीच के खुले हिस्से से हल्के-हल्के मुस्कुराते रहे। यह साधु महाराज अन्य साधुओं के साथ यहीं सामने के एक बड़े मकान में रहते हैं। ग्रीक भाषा में इनके आश्रय को कैथलिकोन कहते हैं, जो काफ़ी कुछ मस्जिद जैसा निर्मित होता है अर्थात् बाइजेंटाइन पद्धति से निर्मित होता है यह मकान। हम घूम-फिरकर देखने लगे।

प्राचीन ग्रीक स्थापत्य की छाप थी इस कैथलिकोन पर। दीवार पर थे असंख्य फ्रेस्को। सन् 1535 में शिल्पी क्रेतान (Cretan), थियोफानोस (Theophanos) ने इसे रूप दिया। कैथलिकोन के विपरीत रिफेक्टरी (Refectory) की दीवार अत्यन्त सुन्दर-सुन्दर चित्र और फ्रेस्को से भरी है। विभिन्न संतों (Saint) की तसवीरें हैं जिनमें उल्लेखयोग्य हैं: अथानासिओस (Athanasios), यूथिमोस

(Euthymos), ग्रेगरी पालामा (Gregory Palama)। और भी कई जाने-अनजाने चरित्रों से भरी है प्रार्थना ही हर दीवार।

ग्रेट लाव्रा के चारों ओर ऊँची प्राचीर से घिरी जॅन थिमिस के नाम पर एक दीर्घ मीनार। इस दीवार के प्रधान प्रवेश पथ से भीतर घुसते ही नज़र आती है एक सुन्दरी स्त्री की कमनीय मूर्ति जिसे 'अवर लेडी' (Our Lady) या ग्रीक भाषा में कहते हैं—कोकोथेलिस। स्वप्न में प्राप्त उस स्वर्ण-मुद्रा से निर्मित है यह मूर्ति। चाँदी के पत्तर से निर्मित और भी कई देवमूर्तियाँ दीवार पर एवं भीतर सजी हैं। इनमें 'सेंट बासिल दि ग्रेट' की मूर्ति विशेष उल्लेखयोग्य है।

इस मोनेस्ट्री के चारों ओर छोटे-मोटे अनेक शून्य मकान हैं। रख-रखाव के अभाव में ये अति सुन्दर मकान दिन-पर-दिन ध्वंस के मुख की ओर बढ़े जा रहे हैं। पहले इस माउंट ऐथोस के भक्तों की संख्या थी लगभग चालीस हज़ार। वर्तमान में कम होते-होते रह गई है मात्र सात हज़ार। धार्मिकों की संख्या केवल यहीं नहीं, पृथ्वी पर सर्वत्र ही अत्यन्त कम होती जा रही है।

अच्छी आबोहवा तथा होटल की व्यवस्था मनमुताबिक होने के कारण कुछ दिन यहीं रुक जाने का निश्चय किया। हालाँकि होटल कोई ख़ास सस्ता न था, फिर भी जो व्यवहार मोनेस्ट्री में हुआ, उसकी तुलना में तो यह स्वर्ग था। कुल मिलाकर हमारा एक दिन का ख़र्च लग रहा था प्राय: सवा सौ द्राख्मा। ग्रीक मुद्रा को 'द्राख्मा' कहते हैं। सवा सौ द्राख्मा भारतीय तीस रुपयों के समान था। इधर कुछ दिनों में हमारा चलना-फिरना काफ़ी हुआ। डोमिनिक एक पत्रकार है। हर विषय की तह में जाना चाहता है, और फिर तसवीरें उतारने का झमेला भी तो है। इधर पैरों की हालत संगीन थी। बहुत परिश्रम कर होटल के मालिक को हमने सारी स्थिति समझाई तो बड़ी सहानुभूति के साथ उन्होंने हमें गधे की पीठ पर चढ़ा दिया। यहाँ एक मोनेस्ट्री से दूसरी मोनेस्ट्री तक जाने के लिए साधुओं का एकमात्र वाहन है गधा। और फिर जब साधु-संत गधे की सवारी कर सकते हैं, तो हमारे ऐसा करने पर क्या दोष? दो साधुओं से दो गधे किराये पर ले हम उन पर चढ़कर बैठ गए। कुछ दूर तक आने के बाद हम जी भरकर हँसे। मैं कुछ अधिक हँसा क्योंकि मैं मन-ही-मन सोच रहा था कि पुण्य क्षेत्र में आकर गधे पर बैठना तो हो गया, सिर मुड़ाकर दही डालना भर बाकी रहा।

काफ़ी दूर आकर हमारा वाहन (गधा) रुक गया, चलना ही नहीं चाह रहा था। एड़ी से खोंचा लगाने पर उल्टे दुलत्ती झाड़ने को तैयार हो गया। बाध्य होकर

पीठ से उतरकर माँ शीतला के वाहन को खींचते-खींचते फिसलनदार पहाड़ी रास्ता पार करना पड़ा। गधों को पहाड़ी काई से ख़ूब डर लगता है।

आख़िरकार हम ग्यारहवीं शताब्दी की लालरंग वाली मोनेस्ट्री वातोपदि (Vatopadi) पहुँचे। यह भी ग्रेट लाव्रा की तरह आशियान सागर के किनारे पहाड़ पर अवस्थित है। वातोपादि के सृजन के बारे में एक चमत्कारिक कहानी प्रचलित है।

वातोपादि की नींव की स्थापना कोंस्तान्तिन दि ग्रेट ने की, किन्तु आग लगा कर उसका ध्वंस किया जूलियस दि ऐपोस्टल ने। ध्वंस वातोपादि का पुनर्निर्माण किया थियोडोसियस दि ग्रेट ने। कहानी दरअसल थियोडोसियस को लेकर है। राजा की तीन सन्तानें थीं—आरफाडियस, ओनोरियस और पुत्री प्लासीदिया। वे जब बड़े हुए तो राजा ने पुत्री का विवाह रोम के एक आभिजात्य वंश में कर दिया। उन दिनों कोंस्तान्तिनोपोल (वर्तमान में इस्ताम्बुल) से रोम जाने का सहज उपाय था जलयान, अतः राजा ने अपने एक विशेष जहाज़ में अपनी बेटी को उसके ससुराल भेजा। राजा का एक पुत्र आरफाडियस भी बहन के साथ रोम गया। जाते समय तो यात्रा सुरक्षित रही, किन्तु बहन को छोड़कर वापस लौटने के समय आगियान सागर में पहुँचते ही शुरू हुई प्रचंड आँधी जिसमें जहाज़ डूब गया तथा किसी प्रकार छत्रभंग होकर लोगों ने वातोपादि के रेतीले कछार पर आश्रय लिया, किन्तु उन्हें राजकुमार कहीं न मिला। ऐसी स्थिति नें सभी ने माता मेरी की प्रार्थना शुरू की। प्रार्थना शेष होने पर लोगों ने देखा कि राजकुमार समुद्र के किनारे झाड़ियों में लेटे थे। जब नींद टूटी तो राजकुमार ने अत्यन्त आश्चर्यजनक कहानी सुनाई। लहरों में डूबने से बचने के लिए जब राजकुमार हाथ-पैर चला रहे थे तो उन्हें माता मेरी ने गोद में उठा लिया और लाकर झाड़ियों में सुला दिया। सभी ने फिर माता मेरी के नाम का जयकारा लगाया।

राजा थियोडोसियस ने जब यह सुना तो माता मेरी के प्रति कृतज्ञतावश उस ध्वंस मन्दिर का पुनर्निर्माण कराया। वह मन्दिर आज भी विद्यमान है।

अन्य मोनेस्ट्रियों की तरह यह भी चारों ओर दीवारों से घिरा है। बीच में एक प्रधान गिरजा घर को केन्द्र में रखकर छोटे-छोटे कई गिरजाघर हैं। प्रधान दरवाज़ा ब्रोंज (कांस्य) निर्मित है।

यह आया है सालोनिका (मेसिडोनिया की राजधानी, वर्तमान में थेसालोनिकि) की आया सोफिया के गिरजा से। भीतर में हैं साधुओं के रहने, खाने व पूजा-ध्यान

के कमरे। सारे कमरों में ही अपूर्व नक्काशी का काम है। ख़ास कर कैथली की कोने की दीवार पर ग्यारहवीं शताब्दी के मेसीडोनिय शैली की स्थापत्य कला का अपूर्व निदर्शन है। उल्लेखनीय आइकन व फ्रेस्को में प्रमुख हैं :

Vimata Rissa (Foundress or Our Lady of the Alter) या मूलदेवी।

Paramythia (Consolatrix) समव्यथिनी।

Esphagmeni (Wounded) आघात प्राप्ता।

Elaiovrotis (Oil Flowing) तैलधारा।

Anti Phonitria (Making Answer) उत्तरदायिनी।

ये सभी माता मेरी के विभिन्न स्वरूप हैं।

वातोपादि की सबसे महत्त्वपूर्ण वस्तु है वहाँ का ग्रन्थागार। यह ग्रन्थागार केवल माउंट ऐथोस का नहीं बल्कि सम्पूर्ण ऑर्थोडोक्स क्रिश्चियन जगत की अमूल्य धरोहर है। इस ग्रन्थागार में है गोस्पेल की अप्रकाशित लिपि, बेशुमार हस्तलिपियाँ एवं ईसा मसीह की अव्याख्यात वाणी। सोने के पानी से तथा विभिन्न चित्रकारों में वे सब अंकित हैं। इन सब लिपियों में है टलेमि का भूगोलतत्त्व। इस वातोपादि गिरजा के बाहर हैं तत्कालीन ऐथोसियस स्कूल के ध्वंसावशेष। असंख्य आइकन व फ्रेस्को हैं। किन्तु इच्छा होने के बावजूद अधिक छानबीन का समय नहीं था क्योंकि सूर्यास्त के पहले ही यदि उन दोनों गधों को जमा नहीं कर दिया तो उन दोनों को खिलाने का दायित्व हमारा होगा। अत: हम निकल पड़े। सामने ही पेड़ के तने से बँधे दोनों गधे हमारी प्रतीक्षा कर रहे थे।

माउंट ऐथोस को मैं जितना ही देखता हूँ, उतना ही अधिक आश्चर्यचकित होता जाता हूँ। केवल यहाँ के सागर-पर्वत-आकाश का मिला-जुला दृश्य ही नहीं, यहाँ साधुओं का अपूर्व नन्दनकानन भी मुझे अत्यन्त मुग्ध करता है। वर्तमान में साधु लोग यहाँ साधन-भजन में कितने व्यस्त रहते हैं, यह मुझे नहीं मालूम, किन्तु माउंट ऐथोस के प्रथम युग के साधु सचमुच बड़े साधक थे, इसमें मुझे सन्देह नहीं। प्रकृति की गोद में मुक्त आसमान के नीचे इस तपोवन में उनकी आडम्बरहीन साधना विकसित हुई थी। जागतिक समस्त इच्छाओं का परित्याग तथा माया-ममता के सारे बन्धन तोड़कर वे आए थे विभिन्न समूहों में यहाँ के मुक्त व स्वाधीन वातावरण में। दिन-पर-दिन कठोर साधना में लगे रहे। इष्टदेव के दर्शन पाया। मुक्त प्राणों की मुक्त चिन्ता से प्रकाशित हुआ उनकी प्रतिमा का

ऐश्वर्यशाली रूप। उन्होंने शिल्प, साहित्य-विज्ञान व दर्शन की रचना की। माउंट ऐथोस के प्रत्येक मन्दिर में उसी का प्रतिबिम्ब है।

जिन समस्त प्राचीन ज्ञानी-गुणी लोगों ने इस विराट शिल्पकीर्ति का निर्माण किया, वे किन्तु अतिसाधारण लोग थे। यहाँ आने से पूर्व उन्हें शिल्प-साहित्य-मूर्तिकला या दर्शन आदि का ज्ञान न था। प्रकृति की गोद में, मुक्त वातावरण में ही उनकी प्रतिभा विकसित हुई थी। और इस प्रकार यहाँ निर्मित बाइजेंटाइन शिल्पकला के अनेक नमूने मैंने देखे हैं। अलेक्जेंड्रिया से इस्ताम्बुल, काबाला से रोम, सर्वत्र इस सभ्यता का निदर्शन मिलता है। किन्तु माउंट ऐथोस ही एकमात्र जगह है जहाँ शिल्पकला के उद्गम व निदर्शन को एक साथ स्थान मिला है। किन्तु दुख का विषय यह है कि इस सभयता का गौरवोज्ज्वल निदर्शन आज लुप्त होता जा रहा है। कुछ-कुछ वस्तुएँ अजायबघर में संरक्षित होने के बावजूद उस युग का स्थापत्य शिल्प संरक्षण व जीर्णोद्धार के अभाव में ध्वंसोन्मुख है। कई मोनेस्ट्रियों में तो जंगली खरगोशों व सियारों ने डेरा जमा रखा है। वनाच्छादित इन भवनों में लम्बे समय से मनुष्य के चरण ही नहीं पड़े।

यहाँ के साधुओं से वार्तालाप के दौरान पूछा कि क्या वे अतीत के गौरवोज्ज्वल दिनों को लौटा नहीं सकते, नये-नये शिल्प, साहित्य व दर्शन की रचना नहीं कर सकते? पर कोई उत्तर नहीं मिला। हालाँकि अपनी प्राचीन विशिष्टता पर वे अत्यन्त गर्वित थे। परन्तु इस अतीत की कीर्ति का स्थायित्व कितने दिन?

हमने घूम-घूमकर माउंट ऐथोस की समस्त दर्शनीय वस्तुओं को देखा जिनमें उल्लेखनीय हैं : हिलैण्डैरिओ (Hilandariou), एस्फिगमेनु (Esfigmenou), ग्रिगोरियो (Grigoriou), पावलो (Pavlou), कारूलिया (Karoulia), फिलोथियो (Phylotheou) इत्यादि।

डोमिनिक और मैंने समग्र माउंट ऐथोस देखा है। डोमिनिक ने पाश्चात्य दृष्टि से और मैंने देखा है अपनी सनातन भारतीय अध्यात्मवादी दृष्टि से। डोमिनिक का मत है कि माउंट एथोस अतीत का गुरुभार वहन कर रहा है।

यहाँ के साधुओं का कठोर हावभाव तथा रूखा व्यवहार देखकर व्यथित हूँ। उनके वंचित जीवन का सारा हाहाकार उनके मुख पर स्पष्ट दिखता है। मैंने उन्हें छिपकर धूम्रपान करते देखा है। देखा है तन्मय होकर अख़बारों के विज्ञापनों में अर्द्धनग्न नारीमूर्तियों को देखते हुए।

माउंट ऐथोस के साधुओं के बारे में कहते हुए मैं यहाँ के माता मेरी के

भक्तों का ही उल्लेख कर रहा हूँ। ग्रीक भाषा में इन्हें आम तौर पर 'पापा' और अंग्रेज़ी में 'फादर' कहते हैं। हालाँकि इनमें अनेक श्रेणीविभाग हैं किन्तु सामान्य लोगों के लिए ये सभी पूज्य या 'फादर' (पितृतुल्य) हैं।

भारतीय सनातन धर्म में जैसे बाल ब्रह्मचारी, ब्रह्मचारी, संन्यासी, साधु, पुरोहित इत्यादि नाना विभाग हैं, यहाँ भी उसी प्रकार नाना विभाग हैं। उन समस्त विभागों का उल्लेख न कर मैंने साधु कहकर ही उनका उल्लेख किया है।

इनकी पोशाक है कोट-पैंट के ऊपर काला अंगरखा, काली गोल टोपी—मौलवियों की टोपी जैसी। काले जूते-मोजे। दाढ़ी-मूँछें मूँड़ने की मनाही है। खाने-पीने का कोई ख़ास विधि-नियम नहीं है, यानी हर प्रकार का मांस व सब्जियाँ और साथ में ये मदिरा ग्रहण करते हैं। हाँ, किन्तु धूम्रपान वर्जित है। ये सभी ऑर्थोडोक्स क्रिश्चियन हैं।

किन्तु मन की उन्नति तथा आत्मा की मुक्ति के बिना क्या ईश्वर-कृपा पाना सम्भव है? साधु की पोशाक पहनकर मन्दिर-मन्दिर घूमने से ही क्या साधु हुआ जा सकता है? यह मेरा कोई अभियोग या आरोप नहीं बल्कि नितान्त एक आन्तरिक प्रश्न है, एक अनुत्तरित जिज्ञासा है।

पानी का शहर

'**फालतू** तर्क मत करो मेरे साथ, समझे?' आपा खोते हुए उस भले आदमी ने कहा।

'फालतू तर्क मुझे भी पसन्द नहीं। किन्तु जो सच है, वही कह रहा हूँ।' मेरा कंठस्वर अपेक्षाकृत नरम था।

'तुमने क्या मुझे निरा मूर्ख समझ रखा है, कि जो समझाओगे, वही समझूँगा?'

'नहीं, बिलकुल नहीं। मैं तो बस इतना ही कहना चाहता हूँ कि पॉकेट गर्म न हो तो भी वेनिस शहर का देखना सम्भव है।' अपने कंठस्वर को कुछ और अधिक विनीत बनाते हुए मैंने कहा।

'असम्भव!' इस बार वह लगभग चीख़ उठे, 'पता है, कम-से-कम सौ डॉलर जेब में हों तब वेनिस शहर में प्रवेश करना चाहिए। वेनिस का मतलब ही है, टूरिस्ट शहर।'

इस तर्क का तत्क्षण समाधान सम्भव न था। वह महाशय हॉलैंडवासी थे। हम दोनों ही यूथ-होटल के अस्थायी बाशिन्दा थे। दिन के वक्त शहर का चक्कर लगाते और रात को यूथ होस्टल के कॉमन रूम में अड्डा जमाते। इस प्रकार के अड्डाखानों में एक मादकता-सी होती है, काफ़ी कुछ हमारे मुहल्लों के मोड़ की चाय-दुकान के अड्डे की तरह जहाँ घंटों गप्पें जमती हैं। अन्तरराष्ट्रीय लड़के-लड़कियों का भ्रमणकालीन ठौर है यह यूथ-होस्टल। विविध प्रसंगों को लेकर एक एक टेबल को केन्द्र कर छोटे-छोटे समूहों में चलता रहता है अड्डा यानी गप्पें। भाग लेने वाले अधिकांशतः स्कूल-कॉलेजों या विश्वविद्यालय के छात्र-छात्राएँ होते हैं। हालाँकि इनके भ्रमण का उद्देश्य बिलकुल अलग-अलग होता है, फिर भी मूलतः ये सभी भ्रमण-विलासी होते हैं।

बहसबाजी में दिमाग़ गरम करने का कोई अर्थ नहीं होता। हालाँकि तर्क या

बहस में मैं पीछे नहीं हटता किन्तु मिजाज को सब समय ठंडा रखने की चेष्टा करता हूँ और यथासम्भव मुस्कुराता चेहरा लेकर ही बहस में हिस्सा लेता हूँ, लिहाजा उत्तेजित विरोधी पक्ष अक्सर ही पराजित हो जाता है। सारा दिन शहर की अलियों-गलियों में घूम-फिरकर सभी का देह व मन थका हुआ व अवसन्न होता है। हालाँकि अली-गली में घूमने का तात्पर्य है नहर या झील में नाव पर घूमना। सचमुच, एक अजीब शहर है यह, जिसे स्वप्नराज्य कहा जा सकता है। अनेक लेखकों-कवियों-शिल्पियों की ख्याति के पीछे इस शहर की प्रेरणा रही है। शेक्सपियर ने इसी शहर को देखकर अपनी मशहूर कृति 'मर्चेंट ऑफ़ वेनिस' की रचना की थी।

जी हाँ, मैं वेनिस की ही बात कर रहा हूँ, जिसको लेकर हमारे बीच एक तर्क चल रहा था। सोचा, तर्क को बढ़ाने से कोई लाभ नहीं, लिहाजा बहस समाप्त करने के उद्देश्य से मैंने कहा, 'बात दरअसल यह है कि प्रत्येक मनुष्य स्वतंत्र मानसिकता से सम्पन्न होता है। हरेक का अपना-अपना दृष्टिकोण होता है। उस दृष्टि से यदि विचार किया जाए तो अपने हिसाब से तुम ठीक कह रहे हो। तुम्हारे पास चूँकि धन है, इसलिए तुम्हें लगता है कि धन के बिना भ्रमण असम्भव है। और मेरे हाथों में धन न होते हुए भी मैं आराम से भ्रमण कर रहा हूँ इसलिए मेरा कथन भी गलत नहीं है। प्रमाण के रूप में इतना ही कह सकता हूँ कि तुम वित्तवान हो और मैं वित्तहीन, फिर भी हम दोनों ही वेनिस शहर की यूथ-होस्टल के कमरे में बैठे बहस कर रहे हैं।'

मेरी इस बात का वही असर हुआ, जैसा आग में पानी पड़ने से होता है। दाहिनी ओर के लम्बे बालों वाले लड़के ने सिगरेट के लम्बे कश के साथ प्रश्न उछाला, 'किन्तु बिना पैसों के तुम चला कैसे रहे हो?'

'वह एक लम्बी कहानी है। तुम्हारे पास समय है?'

'हाँ, अवश्य। तुम बोलते जाओ।'

मैंने गिलास से एक घूँट लेकर गला तर किया और फिर शुरू किया :

आज का दिन लेकर मुझे वेनिस में आए सात दिन हो गए। पहले दिन जब ग्रैंड कैनल की बगल से कुछ दूर आकर बस स्टैंड पर पहुँचा तो उसके पहले तक मेरी धारणा थी कि यहाँ साइकिल नहीं चला पाऊँगा। हालाँकि साइकिल चलाने की कोई मनाही नहीं, पर रास्ता कहाँ? यहाँ रास्ते का मतलब तो है नहर। अतः लिबर्टा (Liberta) रोड की एक रेलिंग पर ताले के साथ साइकिल को

अटका कर, पोटली कन्धे पर उठाकर घुस पड़ा अजीब नगरी वेनिस में।

छोटे-छोटे रास्ते और प्राय: दर्जन भर सेतुओं को पार कर मन-ही-मन सोचा कि तीन घंटे पैदल चलकर निश्चय ही शहर के बीचोबीच आ पहुँचा हूँ। कन्धे की पोटली उतारकर एक छोटे चर्च की सीढ़ी पर विश्राम की उम्मीद में बैठा। मैप निकालकर सामने रखा। रास्ते के नाम का फलक देखकर मैप में वही नाम ढूँढ़कर निकाला। हालाँकि नाम तो सहज था पर उसका अर्थ समझने में यहाँ कम-से-कम तीन वर्ष बिताने होंगे। ख़ैर, जो हो, मैप में ढूँढ़कर रास्ते का नाम निकाला तो आँखें स्थिर रह गईं। मैं जहाँ बैठा था, उसके ठीक पीछे ही था लिबर्टी रोड, जहाँ मैं साइकिल रखकर आया था। अजीब गोरखधंधा था।

भविष्य में कोई भूल न हो इसलिए अब से मैंने मैप देखकर ही चलना शुरू किया। वेनिस शहर की मज़ेदार बात यह है कि इस छोटे-से शहर में खो जाना मुश्किल है। छोटे-से एक द्वीप पर अवस्थित यह शहर बीच से ग्रैंड कैनल द्वारा दो समान भागों में विभाजित है। यह कैनल या नहर देखने में अंग्रेज़ी के उल्टे 'S' की तरह हैं, और इस नहर से निकलकर असंख्य छोटी-छोटी नहरों का संजाल पूरे शहर में बिछा है। आधा घंटा चलकर मैं पहुँचा गिओवनी (Giovani) नहर के पास। बैठने को एक जगह मिल गई, वहीं बैठे-बैठे सूर्यास्त देखा। फिर रात हो आई। एक दुकान से तीन-चार सेब ख़रीदकर रात का ठिकाना ढूँढ़ने निकल पड़ा। हाथ में जो पैसे थे, उनसे चार-पाँच दिन का फलाहार तो हो सकता था किन्तु एक दिन का होटल का ख़र्च नहीं जुटता। पर विश्राम की मुझे सख़्त आवश्यकता थी। रात घनी हो आई थी, जनमानवशून्य रास्ते पर मैं नहर के किनारे-किनारे चल रहा था। शरीर बुरी तरह थका हुआ था और कहीं कोई ठिकाना नहीं मिल रहा था। रेलिंग का सहारा लेकर खड़े-खड़े नहर के अँधियारे की ओर देखकर आकाश-पाताल सोच रहा था कि हठात् नहर के पानी में परस्पर एक-दूसरे से ठोका-ठोकी करती नौकाओं को देखकर मन-ही-मन लगा—मिल गया ठिकाना। चारों ओर निगाह दौड़ाई, कहीं कोई न था। नौकाएँ मानो हिल-डुलकर हाथों के इशारों से बुला रही थीं। नहीं, अब और देरी नहीं। नहर के किनारे आकर डोर पकड़कर एक मँझोले आकार की नौका को अपने पास खींच लिया। हालाँकि नौका में कूड़ा-करकट भर्ती था, फिर भी एक किनारे में सिर छिपाने लायक जगह थी। अत: निद्रा की गोद में स्वयं को समर्पित करते अधिक देर नहीं लगी।

अलस्सुबह नींद टूटी। नौकाओं के मृदु हिलने-डुलने से अच्छी नींद आई

थी। आँखें बन्द कर हल्के डोलने में नींद की अलसाहट का उपभोग करने लगा। हठात् लगा, जैसे कोई मेरे सामने खड़ा हो। हड़बड़ाकर उठते ही देखा, सामने एक मानवमूर्ति थी। अवश्य ही वह नौका का मालिक रहा होगा। शुरू हुई मेरी 'इशारों की भाषा'। मैं समझाने लगा कि मैं एक ग़रीब राहगीर था जिसने नितान्त मजबूरी में नौका पर आश्रय लिया। उसे मेरी बात समझ में आ गई। दीर्घ काल से पर्यटकों को देखते-देखते वे अभ्यस्त हो चुके हैं। इसके अतिरिक्त मेरा अपना विश्वास है कि जहाँ मनुष्य है, वहीं मनुष्यत्व भी है। पियासिंटिनी (Piacintini) के साथ वार्तालाप जमते देर न लगी। मैं रह गया उसी की नौका पर। बिस्तर समेट लिया। नौका के पिछवाड़े छोटी-सी मशीन थी, चप्पू-डाँड़ चलाने का कोई झमेला ही न था। सूर्योदय के साथ-साथ नौका की रफ़्तार में तेज़ी आई। आधे घंटे में सारा मामला स्पष्ट हो गया। नौका थी सारे शहर का कूड़ा-करकट इकट्ठा करने का वाहन। अर्थात् पियासिंटिनी यहाँ की म्युनिसिपैलिटी में नौकरी करते थे। किन्तु इससे मेरा क्या वास्ता? मेरा उद्देश्य तो है शहर देखना और पियासिंटिनी के साथ शहर की हर अली-गली में घूमकर मेरा वह उद्देश्य अच्छी तरह सफल हुआ। नौका में एक हाथ-जाल है जिससे नहर के पानी में बह रहे कूड़े को उठा लिया जाता है—ठीक वैसे ही, जैसे सड़क साफ़ करने के लिए झाड़ू दिया जाता है। मैं पियासिंटिनी की हर समय मदद करता इसलिए हमारी दोस्ती गहरी हो उठी। शहर में बहते मकानों को देखकर बड़ा आश्चर्य होता। लगता, जैसे हठात् किसी बाढ़ में पूरा शहर डूब गया हो! प्रधान रास्ता तो एक ही था अर्थात् ग्रैंड कैनल किन्तु तकरीबन सौ छोटी-छोटी नहरें थीं जो विभिन्न रास्तों का काम करती थीं। कभी-कभी हमारी नौका घुस जाती किसी मकान के भीतर—पन्द्रह मिनट तक छाया रहता अन्धकार, फिर हठात् रोशनी आती तो पता चलता, हम खुले स्थान में आ पहुँचे। यह बड़ा रोमांचक अनुभव था। किसी मकान के जनानखाने यानी अन्दरमहल से, किसी मकान के बैठकखाने की बगल से विचित्र गति से टेढ़ी-मेढ़ी चलती हमारी नौका। और जब हम किसी की रसोई की बगल से गुजरते तो—अहा! ओलिव-तेल में तली जा रही मछली की गन्ध से जीभ में पानी आ जाता।

शहर के बाशिन्दे शहर को साफ़-सुथरा रखने में यथेष्ट सहायता करते। वे कभी-भी नहर के पानी में कूड़ा-करकट नहीं डालते। सारे दिन का कूड़ा-करकट ये लोग एक बड़े से प्लास्टिक बैग में डालकर उसका मुँह अच्छी तरह बन्द कर

मकान के सामने एक निर्दिष्ट स्थान में रख देते हैं जहाँ से वह बैग सहजता से उठाकर नौका में रख लिया जाता है।

पियासिंटिनी के साथ दिन भर ये प्लास्टिक के बैग उठाकर नौका में लादकर शाम को मैं उन्हें एक विशाल फर्नेस में डाल दिया करता। दिन भर का कूड़ा इस प्रकार वेनिस में जला डाला जाता है। हाँ, फर्नेस में डालने से पहले प्लास्टिक की सभी चीज़ों को अलग करके रखा जाता क्योंकि वे शहर के अन्य अंचल में चले जाते। किसी-किसी मकान में यदि कूड़ा अधिक होता तो बड़ा मज़ा होता, क्योंकि अधिक कूड़े वाले बैग के पास दो-एक बियर बोतलें या मदिरा की बोतल बतौर बख्शीश रखी रहतीं। इस प्रकार वेनिस के सारे रास्ते या नहरें मैं पहचान गया। मैं सारा दिन काम तो ज़रूर करता किन्तु नौका में घूमने में कितना आनन्द आता, यह शब्दों में बयान नहीं किया जा सकता। रात होते ही पियासिंटिनी घर चला जाता और मैं नौके की लकड़ी के मचान पर अपना बिस्तर बिछा लेता। चाँदनी की रोशनी और नौका के मन्द दोलन में मुझे स्वप्नराज्य में पहुँचते देर न होती।... इसी प्रकार कट गए कुछ दिन।

एक दिन सुबह के समय ग्रैंड कैनल के रियलटा ब्रिज को पार कर एक छोटी री (यहाँ की स्थानीय भाषा में छोटी नहर को 'री' कहते हैं) पकड़कर मैं आगे बढ़ा जा रहा था। इस गली में काफ़ी कूड़ा-करकट होता है, क्योंकि यहीं कई बड़े-बड़े होटल हैं। सान्ता मारिया के सामने आकर इंजन के बन्द होते ही नौका की डोर हाथ में ले मैं कूद पड़ा लकड़ी के मचान पर। डोर को खूँटी से सख़्ती से बाँधा। ये सारे काम अब मेरे लिए काफ़ी सहज हो गए थे। मेरे सामने जो विशाल भवन था, उस पर लिखा था : 'ग्रीति पैलेस होटल' (Griti Palace Hotel)। मैं कूड़े-करकट से भरे बैग पियासिंटिनी की ओर फेंक रहा था और वह उन्हें सजाकर नौका में रख रहा था। ऐसे समय किसी ने होटल की खिड़की से पियासिंटिनी के साथ वार्तालाप शुरू कर दिया। मेरा इटालियन भाषा का ज्ञान 'गुड मॉर्निंग, गुड ईवनिंग' से शुरू कर 'बहुत अच्छा, कितना मूल्य है, कहाँ, धन्यवाद, विशेष धन्यवाद, मुझे क्षमा करें, मैं इटालियन भाषा नहीं जानता, बहुत अच्छा देश है, मुझे बहुत प्रिय है', आदि तक सीमित था। जाहिर है, उनकी बातें मैं कुछ भी समझ नहीं पाया। पियासिंटिनी से कुछ देर बातें करने के बाद वे महाशय नीचे उतर आए। आते ही उन्होंने अंग्रेज़ी में मुझसे पूछा, 'क्या तुम्हें काम चाहिए?'

यह तो वही हुआ, जैसे बिन बादल बरसात! मैंने मुस्कुराकर जवाब दिया, 'जी, ज़रूर। किन्तु काम क्या है?'

कुछ सकुचाते हुए वे बोले, 'काम कुछ छोटा है, टेबल साफ़ करने का।'

'मेरे लिए कोई काम छोटा नहीं है।'

'तो फिर चले जाओ।' उन्होंने सादर आह्वान किया।

पियासिंटिनी से विदा लेकर मैं होटल में चला आया और काम पर लग गया। दिन भर में बीस घंटे काम करना पड़ता, साँस लेने की भी फुर्सत नहीं थी। समझते तो होगे ही कि होटल का काम कैसा होता है। मैं सात दिन वहाँ था, किन्तु उसी में जो आय हुई, उससे यूथ-होस्टल के ख़र्चे समेत मेरे दो महीने आराम से गुजर जाएँगे। सात दिनों तक गधे की तरह खटना ज़रूर पड़ा किन्तु उसके बदले बड़े आराम से यूथ-होस्टल में बैठकर तुम लोगों के साथ अड्डा मार रहा हूँ।

'क्यों भाई हॉलैंडवासी! अब विश्वास हुआ कि जेब में पैसा न होते हुए वेनिस देखना सम्भव है? अच्छा, अब उठता हूँ, रात हो गई।'

सबसे विदा लेकर मैं उठकर चला आया लकड़ी के मकान के चौथे तल्ले पर, जहाँ पर मेरा प्रिय बिस्तर मेरा इन्तजार कर रहा था। लेटे-लेटे खिड़की से चाँदनी की रोशनी में नहर के पानी को देखते हुए मन-ही-मन इन कुछ दिनों में वेनिस के बारे में जो कुछ भी जाना, सब याद करता रहा।

कई लोगों का मानना है कि वेनिसियन सभ्यता की शुरुआत हुई थी ई.पू. दो हज़ार साल में। वेनिस शब्द इंडो-यूरोपियन है जिसका अर्थ होता है 'सज्जन' अथवा 'नोबलमेन' (Noblemen)। पूर्ण रूप से इस शहर का इतिहास ई.पू. एक सौ से मिलता है। उस समय रोमनों ने पूर्ण रूप से इस शहर पर कब्जा कायम किया था।

वेनिस का क्षेत्रफल कोई बड़ा नहीं है। अगल-बगल के द्वीपों को लेकर सम्पूर्ण सीमाक्षेत्र है प्राय: 7.062 स्क्वायर किलोमीटर। प्राय: एक सौ अठारह द्वीपों को लेकर निर्मित हुआ है यह शहर। ग्रैंड कैनल अर्थात् बड़ी नहर, जिसे स्थानीय भाषा में कानालाजो (Canalazzo) और उसकी असंख्य शाखा-प्रशाखाएँ अर्थात् 'री' इन एक सौ अठारह द्वीपों के यात्रापथ या रास्ते हैं। इसके अतिरिक्त हैं चार सौ ब्रिज। और इन सबको मिलाकर है वेनिस शहर। मोटे तौर पर यह है वेनिस की टॉपोग्राफ़ी।

हालाँकि वेनिस एक द्वीपपुंज है, फिर भी इसके एक किनारे ट्रेन व बसों

का एक विराट स्टेशन है। वेनिस मूल भूखंड से प्राय चार-पाँच किलोमीटर दूर है। और यह दूरी मिटाता है एक विराट सेतु, जिसके ऊपर से होकर ट्रेन-बसें, हज़ारों-हज़ार मोटर गाड़ियाँ और असंख्य भ्रमणार्थियों का आवागमन होता है। लागुना उपसागर के ऊपर यह सेतु सुन्दर एक कार्पेट-सा लगता है।

सुबह मुर्गे की बाँग से नींद टूटी। दिन में यहाँ रहने की मनाही है। अर्थात् पृथ्वी की समस्त यूथ-होस्टलों में यह एक ही नियम है—दिन के वक्त द्वार बन्द। जल्दी-जल्दी मुँह-हाथ धोकर, बिस्तरा समेटकर नीचे उतर आया। चाय-टोस्ट के साथ सुबह का नाश्ता कर निकल पड़ा। ग्रैंड कैनल के ठीक ऊपर ही था हमारा छोटा-सा द्वीप।

फेरीघाट पर आकर इटली के पाँच पैसों से टिकट ख़रीदकर फरफराती हवा का आनन्द लेने लगा। स्थानीय बाशिन्दों का कहना है कि अक्टूबर के महीने में ऐसी चमत्कारिक हवा दुर्लभ है। यहाँ सूर्य दसों महीने सिर के ऊपर रहता है, अर्थात् यहाँ की आबोहवा आम तौर पर अच्छी ही रहती है।

पीछे से किसी ने पुकारा। घूमकर देखा, यूथ-होस्टल की एक संगिनी थी। मुस्कुराते हुए बोली, 'गुड मॉर्निंग!'

मैंने भी प्रत्युत्तर दे तो दिया किन्तु उसका नाम याद ही नहीं आया।

'किधर चले?' उसने सवाल किया।

'अभी तक तय नहीं। बोट की प्रतीक्षा में हूँ।' मैं प्राणपण से उसका नाम याद करने की कोशिश कर रहा था।

'यह सेंट मार्क (Saint Mark) स्क्वायर कहाँ है, जानते हो?'

'अवश्य। वेनिस में रहकर कोई सेंट मार्क स्क्वायर को जाने बिना रह सकता है? तुम्हें जाना है वहाँ?'

'हाँ, सुना है कि वह देखने लायक जगह है।'

'सिर्फ़ देखने लायक जगह नहीं, वही यहाँ का प्राणकेन्द्र है।' मैंने बड़े उत्साह से उसे दिखाया। 'वह जो बड़ा-सा चर्च और उसकी बगल में जो टावर नज़र आ रहा है, वही है सेंट मार्क स्क्वायर। बोट में यहाँ से दस-पन्द्रह मिनट का रास्ता है। अच्छा, चलो, मैं भी वहीं चलता हूँ। एक साथ घूम लेंगे। क्या राय है?'

'हाँ, हाँ, अवश्य।' उसने उत्साहित जवाब दिया।

बोट आकर रुकी सेंट मार्क स्क्वायर में। नहर के किनारे असंख्य नौकाएँ थीं। अनेक प्रकार की नौकाओं में विशेष रूप से उल्लेख योग्य है गंडोला (Gondola)

जिसे मयूरपंखी भी कहा जा सकता है। नौका के दोनों ओर काफ़ी ऊँचा-सा उल्टा 'त' जैसा हो गया है, वहाँ पंछी का मुँह तथा अन्य सुन्दर नक्काशी की हुई है। नौकाओं के मचान पर कालीन बिछी थी और उस पर आमने-सामने बिछी थीं दो कुर्सियाँ। माँझी के लिए जो पतवार थी, उसकी मूँठ पर भी चमत्कार नक्काशी की हुई थी। माँझी खड़े-खड़े ही नौका का संचालन करता था। विदेशियों ने इस बोट का नामकरण किया है : 'हनीमून बोट' (Honeymoon Boat)। ये नौकाएँ देखने में जितनी सुन्दर हैं, उतनी ही चढ़ने में मज़ेदार और उतना ही अधिक है भाड़ा भी, जो जेब को ठंडा करने की महौषधि है।

सेंट मार्क चर्च का इतिहास बड़ा अद्‌भुत है। काफ़ी समय पूर्व प्राय 828 ई.पू. एक दिन वेनिस शहर के खुले बाजार में दो बनियों को लेकर काफ़ी भीड़ जमा हो गई। कोई कह रहा था कि इन लोगों की बात पर विश्वास न करना। और कोई कह रहा था—नहीं, नहीं, ऐसे अपूर्व चतुर वणिकों को महा सम्मान के साथ यहाँ रखना उचित है। धीरे-धीरे इस भीड़ की बात नगर रक्षकों के माध्यम से राजा के कानों तक पहुँची। राजा ठीक नहीं, काफ़ी कुछ इंग्लैंड के ड्यूक (Duke) जैसा। प्रतापी डॅज (Doge) ने सारी बात सुनकर आदेश दिया कि उन दोनों वणिकों को दरबार में हाजिर किया जाए। बड़े सम्मान सहित उन्हें लाया गया और डॅज ने उन्हीं से सारी घटना के बारे में सुना। वणिकों का बयान बहुत रोमांचकारी था।

दोनों वणिक थे तो वेनिसियन किन्तु व्यवसाय के सिलसिले में उन्होंने दीर्घ काल मिस्र में बिताया था। वहाँ उनका व्यवसाय अच्छा ही चल रहा था। ईश्वरपुत्र ईसा मसीह ने उन्हें किसी चीज की कमी न होने दी। एक दिन उन्हें पता चला कि ईसा मसीह के अनन्य भक्त महान् सेंट मार्क की देह अलेक्जान्द्रिया के एक गिरजा में संरक्षित है। दोनों वणिक पुण्यार्जन के लिए उक्त देह के दर्शनार्थ उस गिरजा में आए किन्तु दर्शन सम्भव नहीं हुआ क्योंकि गिरजा के आसपास और उसके अन्दर भी स्थानीय मुसलमान निवासियों का प्रबल प्रताप था। इतना ही नहीं, वे सेंट मार्क के प्रति बिलकुल भी सम्मान प्रदर्शित नहीं करते थे। पुण्यात्मा सेंट मार्क की देह की ऐसी अवहेलना देखकर दोनों वाणिक मर्माहत हुए और उस देह के उद्धार के उपायों के बारे में सोचने लगे। अन्ततः एक दिन चुपचाप देह रखने के बक्से सहित दोनों गायब हो गए और किसी को पता भी नहीं चला। प्रभु यीशू की इच्छा से सारा काम निर्विघ्न सम्पन्न हुआ। किन्तु इस काम में

उन्हें न केवल बहुत बड़ा जोखिम उठाना पड़ा किन्तु उसके साथ ही साथ बहुत बड़ी धनराशि भी ख़र्च हुई।

राजा ने सारी बात सुनी। फिर सुदीर्घ पन्द्रह दिन वणिकों के वक्तव्य की सच्चाई को जाँचा-परखा गया। आख़िरकार मंत्रियों व उच्चपदस्थ पुरोहितों आदि ने निर्णय लिया कि महात्मा सेंट मार्क की पवित्र देह जब वेनिस की धरती पर आ ही पहुँची है तो इसे ही प्रभु ईसा मसीह की इच्छा मान लेना चाहिए। अतएव डॅज ने उस परम पवित्र देह को पर्याप्त धन देकर वणिकों से ले लिया और सेंट मार्क स्क्वायर की स्थापना की।

मुझे संगिनी का नाम याद आ गया : ट्रिप।

मेरे मुँह की ओर देखते हुए ट्रिप ने पूछा, 'तुम्हें इस कहानी के बारे में कैसे पता लगा?'

दो चुटकी बजाकर अनुभवी जैसा मुँह बनाते हुए मैंने कहा, 'जानने की इच्छा हो तो जानना सहज हो जाता है। किन्तु हाँ, यह सेंट मार्क स्क्वायर तभी निर्मित नहीं हुआ। क्योंकि उनकी देह तो मिस्र से ले आई गई किन्तु देह रखने लायक जगह लाना तो सम्भव न था। राजा के लिए समस्या खड़ी हो गई कि देह को कहाँ रखा जाए। आख़िरकार तय हुआ कि राजभवन के आँगन के एक कोने में सेंट मार्क का चर्च बनाया जाए। अभी जो चर्च नज़र आ रहा है, उसे बनने में कुछेक सौ वर्ष लगे। पीछे का हिस्सा नेपालियन के समय बना। यूरोप के अन्यान्य शहरों की तरह ही इस शहर को भी नेपोलियन के हाथ से रिहाई नहीं मिली। किन्तु सान्त्वना की बात यह है कि शहरवासियों ने समय रहते ही आत्मसमर्पण कर दिया और यह शहर तबाही से बच गया। ख़ैर, यह सब तो इतिहास का मामला है। अभी चलो, उस टावर से वेनिस शहर का नजारा देखा जाए।'

लिफ्ट से हम प्राय: 97 मीटर ऊँचाई पर चढ़ आए। हालाँकि यह ऊँचाई कोई बहुत ज़्यादा नहीं, किन्तु यही वेनिस का सबसे ऊँचा टावर है—बेल टावर। लिफ्ट का द्वार खोलते ही मानो हम किसी अन्य राज्य में आ पहुँचे। चारों ओर नज़र घुमाकर देखा कि असंख्य छोटे-बड़े घरों-मकानों को नीले रंग की नहरों से कई असमान भागों में बाँटा गया था। विशाल उपसागर को मानो सोला से निर्मित घरों-मकानों से सजाया गया हो! दूर नदी के ऊपर बड़े-बड़े जहाज़ मानो काग़ज़ की नौकाएँ हों! नीचे की ओर नज़र घुमाई तो देखा, सेंट मार्क के सामने आँगन में असंख्य काले बिन्दु चल-फिर रहे थे।

ट्रिप ने पूछा, 'वे सब क्या हैं, बताओ तो?'

'कबूतर। है न?'

'हाँ, ठीक। ऊपर से कितने अद्भुत लग रहे हैं!'

'सचमुच।' मैंने हामी भरी और फिर ज्ञान बाँटते हुए कहा, 'पता है ट्रिप, इन कबूतरों का ये लोग काफ़ी जतन करते हैं। इनके लिए दिन में दो बार गेहूँ के दाने छींटते हैं। इस शहर की भाग्यलक्ष्मी हैं ये कबूतर।'

'ये हज़ारों-हज़ार कबूतर केवल वेनिस के ही नहीं हैं।' बगल के सज्जन ने बिना माँगे अपनी राय देते हुए हमें बताया।

'तो फिर ये आए कहाँ से?' मैंने उनसे प्रश्न किया।

'ओह, वो कुछेक वर्षों पूर्व राजा के शासनकाल में एक जोड़ी कबूतर साइप्रस से लाए गए थे। उन्हीं एक जोड़ी कबूतरों से आज लाखों जोड़े हो गए हैं। यहाँ के लोग कभी भी इन्हें पकड़ते नहीं। ये यहाँ की भाग्य-लक्ष्मी जो ठहरे! इनके स्वाधीन रहने में ही मंगल है।'

वह सज्जन देखने में इटालियन लगे। मैंने उनसे पूछा, 'आप भी क्या हमारी ही तरह टूरिस्ट हैं?'

'हाँ, काफ़ी हद तक। मैं ट्रियेस्ट में रहता हूँ, यहाँ मेरा ससुराल है।' उन्होंने जवाब दिया।

'ओह, अच्छा। आपने ससुराल के लिए अच्छी जगह चुनी। होटल पर पैसे नहीं ख़र्च करने पड़ते होंगे। सही कहा न ट्रिप?'

सभी हँस पड़े।

उन सज्जन ने मेरे कान के पास फुसफुसाकर कहा, 'होटल में पैसे तो नहीं ख़र्च करने पड़ते, पर पता है, वेनिसियन लड़कियाँ बहुत 'कॉकेट' (नखरेबाज) होती हैं।'

हम नीचे उतर आए। वे सज्जन भी हमारे साथ ही आए। बड़े भले लगे वे। पेशे से कलाकार थे। जब पता लगा कि मैं भारत से हूँ तो आनन्दातिरेक में मेरा हाथ थामकर भारत व भारतीयों के प्रति अपने प्रेम के बारे में बताने लगे। वे भारत में चार महीनों तक थे तथा अजन्ता, एलोरा एवं मदुराई देख चुके थे। भारतीय शिल्प-कला के प्रति उनकी बहुत ऊँची धारणा थी और भारत की अतिथि-परायणता के बारे में मुझे बताते रहे, जैसे माँ को कोई मासी के बारे में बता रहा हो!

उन सज्जन का नाम था मारिया लिगास। उनसे परिचय का लाभ यह हुआ

कि वेनिस के बारे में ऐसी नाना जानकारियाँ मिलीं जिनसे मैं परिचित नहीं था। वे हमें बगल के 'दुकल राजप्रासाद (Ducal Palace) लेकर गए।

हालाँकि राजप्रासाद अब राजप्रासाद नहीं रहा किन्तु फिर भी तत्कालीन समय की शिल्प-निपुणता के नमूने अभी तक विद्यमान थे। सेंट मार्क स्क्वायर के आँगन को केन्द्र में रखकर उसके चारों ओर है यह राजप्रासाद। आँगन को राजप्रासाद का अन्तःपुर कहा जा सकता है और वेनिसियनों के मतानुसार यह यूरोप का बैठकखाना है। इतना सुन्दर स्क्वायर, कहते हैं, यूरोप में और कहीं नहीं है। (हालाँकि इस मत से मैं सहमत नहीं।)

यह दुकल पैलेस विभिन्न प्रकार की शिल्पकलाओं का एक अपूर्व समन्वय है। ख़ास कर बड़ी नहर के किनारे के मकानों की बात ही ली जाए, तो इनके स्थापत्य की विशेषता हर किसी की नज़र में आएगी। जिन चार विशिष्ट स्थापत्य-शैलियों को यहाँ स्थान मिला है, वे हैं—गोथिक शैली (Gothic Style), रोमनिक (Romaneeque), बाइजैंटाइन (Byzantine) एवं रेनेसां (Renaissance) शैली। इस प्राचीन राजप्रासाद के अधिकांश भाग में अब या तो सरकारी दफ़्तर हैं या अजायबघर। हाँ, निचले तल्ले के सभी कमरों में अभी या तो चाय-कॉफी की दुकानें या रेस्तराँ हैं, या फिर वे सुवेनियर स्टॉलों से भर्ती हैं। कुछ रेस्तराँओं में ग्राहकों को आकर्षित करने के लिए बैंड-बाजों की भी व्यवस्था थी। पुराने दिनों में जिन कमरों में राजा के विशिष्ट अतिथि और राजदूत रहते थे, हम उसी ओर अग्रसर हुए।

ईसवी सन् 814 में इस राजप्रासाद का उपयोग एक दुर्ग की तरह किया गया था। इसी से अनुमान लगाया जा सकता है कि प्रासाद कितना मजबूत रहा होगा। सन् 976 में किन्हीं अज्ञात कारणों से हठात् इस प्रासाद में आग लग गई थी। इस दुकल पैलेस ने अनेक जाने-माने राजाओं को आश्रय दिया, जिनमें प्रमुख हैं कनाडियानो चतुर्थ (Canadiano IV), प्रथम पिएट्रो ओरसिएलो (Pietro Orsealo-I), सम्राट फ्रेडरिको बारबारोसा (Frederico Barbarossa)। यहाँ तक कि सन् 1177 में तृतीय पोप अलेक्जेंडर (Pope Alexander-III) ने अपना अधिकांश समय यहीं व्यतीत किया था। आश्चर्य की बात है कि इस प्रासाद में कम-से-कम दस बार आग लगने से उम्दा दस्तकारी नष्ट हो गई, किन्तु हर बार नये कारीगरों ने आकर उस दस्तकारी को नया स्वरूप दिया।—असल बात यह है कि सेंट मार्क ने ही इस प्रासाद को बचाए रखा है।

मारिया लिगास के प्रगाढ़ पांडित्यपूर्ण परिचय से हम विस्मित थे। इतना सब कुछ, दस्तकारी, दस्तकारों के नाम, इतिहास आदि उन्हें मुखस्थ थे। वे उन्हीं के बारे में धाराप्रवाह बोल रहे थे और छोटी से छोटी द्रष्टव्य वस्तुएँ दिखा रहे थे। किन्तु मेरे लिए और सम्भवत: ट्रिप के लिए भी उन सारे दस्तकारों के नाम याद रख पाना कठिन तो था ही, कहा जा सकता है, असम्भव था। अत: मैंने मारिया लिगास से अनुरोध किया कि वे चुनिंदा विख्यात कारीगरों के बारे में ही हमें बताएँ। ट्रिप ने भी मेरी बात का समर्थन किया।

मारिया लिगास ने आँखें बड़ी करते हुए कहा, ''चुनिन्दा विख्यात कारीगर' से आपका क्या तात्पर्य? दुकाल पैलेस का हर शिल्पी-दस्तकार-कारीगर ही विख्यात था। किसको बाद देकर किसकी बात करूँ? ये जो सामने ब्रोंज की दो विशाल रिंग देख रहे हो, सोलहवीं शताब्दी में इनका निर्माण अमर शिल्पकार ऐंटोनियो रिजो (Antonio Rizo) एवं पियेट्रो लोम्बार्दो (Pietro Lombardo) ने किया था।'

मैंने मन-ही-मन हिसाब लगाने की कोशिश की। नहीं, याद तो नहीं पड़ता कि ये नाम पहले कभी सुने हों। हो सकता है, मेरे छोटे भैया इन सब नामों से परिचित हों, क्योंकि वे स्वयं एक शिल्पकार हैं। किन्तु मेरे लिए तो ये नाम चाहे कितने भी पुराने क्यों न हों, नये ही हैं। लेकिन यह कहने से तो कोई लाभ नहीं, अत: किसी प्रकार तनिक मुस्कुराकर कहा, 'ओहो, ऐसा है! कारीगरी तो गजब की है।'

मेरे इस कथन ने मारिया लिगास के ज्वलंत उत्साह में घी का काम किया। वह बोल उठे, 'अरे ये तो क्या, वो जो गोथिक आर्ट का पोर्टिको देख रहे हो, उसका निर्माण हुआ था सन् 1600 में, और जानते हो, शिल्पी कौन था?' हमारे विस्फारित मुख पर एक नज़र डालकर वे बोले, 'बार्थलोमियो मोनोपोलो।'

अजायबघर का यह कक्ष मुझे बहुत पसन्द आया। विशाल हॉल-घर में प्रत्येक दीवार पर छोटे-बड़े असंख्य तैलचित्र थे। कोई-कोई तो इतना बड़ा था कि पूरी पचास फीट की दीवार को घेर रखा था। न मैं चित्रकार हूँ, न मेरी दृष्टि चित्रकार की है, फिर भी मुझे लग रहा था कि... अहा! यह कक्ष तो एक मधु-कलश सा है। प्रत्येक चित्र, मानो कोई जीवंत मूर्ति हो! दाहिनी ओर तीन अर्द्धनग्न नारी मूर्तियों की ओर नज़र पड़ते ही, मैं उस ओर बढ़ गया। एक विचित्र आकर्षण था। अपूर्व सुन्दरी वे तीनों अर्द्धनग्न नारीमूर्तियाँ मानो एक मायावी मोहजाल विस्तारित कर रही हों!

मैं मुग्ध दृष्टि से देख रहा था कि कन्धे पर हल्का-सा दबाव महसूस किया। मारिया लिगास ने फुसफुसाकर कहा, 'इतने करीब से तीनों को एक साथ नहीं देख पाओगे। थोड़ा-सा दूर सरक आओ। अमर तिनतोरेत्तो की अपूर्व रचना है यह—'द थ्री ग्रेस' (The Three Grace)। ठीक से देखो सिर के बाल, चेहरे के भाव, स्तन की आकृति, देह का गठन—इनकी मिली-जुली भंगिमा। सब कुछ मिलाकर मानो एक दैवीय भाव हो, है न?'

तिनतोरेत्तो के कुछ और उल्लेखयोग्य चित्र मैंने देखे। उनमें आरियान और वीनस का (Arianne and Venus) विशेष उल्लेख योग्य चित्र था। एक अन्य दीवार पर पाब्लो वेरोनिस (Pablo Veronese) व बासानो (Bassano) की चित्रकला का नायाब नमूना देखा। एक बैठी हुई गाय की पीठ पर बैठी कुछ सम्भ्रांत वंशीय महिलाएँ ऊपर परी से मानो कुछ माँग रही थीं (Rape of Europe)—अपूर्व सुन्दर था यह चित्र।

फिर मैंने बगल के कक्ष में प्रवेश किया। इस हॉल-घर की पूरी सीलिंग (छत) लकड़ी की महीन दस्तकारी से भरी थी। इसी कक्ष में राजा डॅज (Doge) और उनके विचारक गण बैठते थे। यहाँ की सारी दस्तकारी के सर्जक थे तिनतोरेत्तो। असंख्य बहुमूल्य वेनिसियन चित्रों के बीच मैं खो-सा गया। चित्रकला और चित्रकारों के नाम याद रख पाना बड़ा टेढ़ा काम था फिर भी जो नाम मैं जीवन भर नहीं भूल पाऊँगा, वे हैं—सानसोविनो (Sansovino-1544) की 'नेपचून और मार्स' (Naptune and Mars); अलेक्जेंडर वित्तोरियो (Alessandro Vittorio-1559) की 'सोने की सीढ़ी' (Golden Staircase); तितियान (Titian-155) की 'डॅज ग्रीमानी की श्रद्धा (Doge Grimani Adoring Faith); जैकोबो बासानो (Jacobo Bassano) की 'जैकोब की वापसी' (Return of Jacob); तिजियानो (Tiziano) की 'भक्ति' (The Faith), तियेपोलो (G.B. Tiepolo) की 'वेनिस को नेपचून का दान' (Naptune offers Donation to Venice) इत्यादि।

सच बात तो यह है कि ख़ूब अच्छी तरह इन चित्रों को देखने के लिए जिस पर्याप्त समय और विशेष दृष्टिकोण की ज़रूरत होती है, वह मेरे पास नहीं है। इसलिए इस बारे में विस्तार से चर्चा करना मेरे बस की बात नहीं है। दुकाल पैलेस के अतिरिक्त भी वेनिस में सर्वत्र फैले हुए हैं ऐतिहासिक स्थापत्य कला तथा दस्तकारी के नमूने। सोलहवीं शताब्दी के शिल्पकार सानसोविनो (Jacopo Sansovino-1536-88) द्वारा निर्मित 'मारसियाना लाइब्रेरी' की स्थापत्य कला

विशेष रूप से उल्लेखयोग्य है। यह राजप्रासाद के ठीक सामने ही अवस्थित है। घूम-घूमकर राजप्रासाद की चित्रकला देखने में ही मेरा पूरा एक दिन बीत गया। ढन्-ढन् कर घंटा ध्वनि ने राजप्रासाद के अतिथियों के विदा होने के समय की घोषणा की। हम निकल आए।

मारिया लिगास को चाय-पान के लिए आमंत्रित करते ही वह राजी हो गए। नहर के किनारे के एक कैफ़े में हम तीनों जाकर बैठे। चेयर पर शरीर को ढीला छोड़ ट्रिप आराम की मुद्रा में आ गई। मैंने तीन चाय और पेस्ट्री का ऑर्डर दिया और सोचा कि चाय और पेस्ट्री पर और घंटा भर गप्पें हो सकती थीं, क्योंकि यूथ-होस्टल का दरवाज़ा तो छः बजे खुलेगा। चाय और पेस्ट्री आने के दरमियान ट्रिप का परिचय दे दूँ।

ट्रिप एक अमेरिकन लड़की है। गर्मियों में तीन महीने काम कर जो पैसे जमा किए, उन्हें ही लेकर निकल पड़ी यूरोप और मध्य-पूर्व के सफर पर। उम्र होगी यही कोई 16-17। स्कूल पास कर अब कॉलेज जाने वाली है। मेरे साथ उसका परिचय यूथ-होस्टल में हुआ। पर्यटन के क्षेत्र में अभी बिलकुल कच्ची है। इस एक महीने के भ्रमण-काल में ही कुछेक बार धक्का खा चुकी है और यों ही चोट खाकर सीख रही है। उसके लिए तो यही 'प्रैक्टिकल एजुकेशन' है। वर्तमान में हम एक साथ वेनिस की गलियों की खाक छान रहे हैं।

अगले दिन हम पूर्व निर्धारित समय पर मारिया लिगास से मिले। मारिया लिगास ने प्रश्न किया, 'आज किधर जाना है?'

मैंने कहा, 'चलिए, अकादमी गैलरी की ओर चला जाए।'

चलने के रास्ते में मैंने ट्रिप को अकादमी गैलरी के बारे में कुछ जानकारी दी। वेनिस का मतलब ही है चारों ओर पानी—केवल पानी। इसीलिए एकमात्र मछली पकड़ना छोड़कर बाकी हर चीज़ के लिए यहाँ के लोगों को बाहर के उद्योग-व्यापार पर निर्भर करना पड़ता है। किन्तु इसीलिए स्थानीय लोग हाथ पर हाथ धरे बैठे नहीं रहे। नाना कुटीर उद्योगों, ख़ास कर काँच से विभिन्न वस्तुओं व सामग्री का निर्माण कर इन लोगों ने दुनिया भर की दृष्टि आकर्षित की है। और अति प्राचीन काल से ही वेनिस अपने तैलचित्रों के लिए मशहूर रहा है। एक समय ऐसा भी था जब वेनिसवासियों की प्रधान जीविका ही चित्रकारी थी। अकादमी गैलरी में उस स्वर्ण-युग के कुछ चित्र संरक्षित हैं। चौदहवीं शताब्दी से अठारहवीं शताब्दी तक जितने भी विख्यात चित्रों की रचना हुई, प्रायः सभी

को इस गैलरी में रख दिया गया। नेपोलियन के तत्त्वावधान में ई. सन् 1807 में इस गैलरी का निर्माण हुआ। उसके पहले यह एक छोटा-सा चर्च था, जिसका नाम था—सांटा मारिया डेल्ला कारीता (Santa Maria Della Carita)।

हम अकादेमिया ब्रिज के पास पहुँचे। ब्रिज पार होते ही है अकादमी गैलरी। छात्र-छात्राओं का प्रवेश निःशुल्क है। ट्रिप के पास स्टूडेंट-कार्ड था। मैंने भी यूथ-होस्टल के पुराने कार्ड को स्टूडेंट कार्ड के रूप में चला दिया। बेचारे मारिया लिगास को टिकट ख़रीदनी पड़ी। हज़ारों-हज़ार मूल्यवान तैलचित्रों से भरी इस गैलरी के सामने अवाक् रह जाना पड़ता है। नेपोलियन के एक फर्मान से वेनिस के समस्त चर्चों से इन सभी बहुमूल्य चित्रों को संग्रह किया गया था। इसीलिए यहाँ के प्रायः सभी तैलचित्रों की विषयवस्तु देव-देवियाँ या पौराणिक कहानियाँ हैं। विभिन्न चित्रों के माध्यम से वेनिस की उत्पत्ति और उसके इतिहास का वर्णन किया गया है, हालाँकि यह इतिहास नाना प्रकार की उपकथाओं व लोकगाथाओं पर आधारित है। गोस्पेल (Gospel) के विभिन्न चरित्रों सम्बन्धी बहुतेरे चित्र हैं जिनमें उल्लेखनीय हैं—निकोलो दि पियेट्रो (Nicolo Di Peitro) की 'वर्जिन एंड चाइल्ड' (Virgin and Child); जैकोबेलो डेल फियेरो (Jacobello Del Fioro) की 'विचार-सभा' (Justice between Michael and Gabriel)।

दीवार का प्रत्येक चित्र मानो एक-एक जीवंत मूर्ति था। प्रत्येक चित्र की अपनी अलग ही विशेषता थी। जैसे—माइकेल डि गियाम्बोनो (Michael Di Giambone), माइकेल डि मैट्यो (Michael Di Matteo), गियोवानी बेलिनी (Giovanni Bellini), विटोरो कारपासिओ (Vittoro Carpaccio), बर्नार्डो लिसिनिओ (Bernardo Licinio)।

चित्र और चित्र—सैकड़ों चित्र—मानो चित्रों का देश, चित्रों का साम्राज्य हो! एक चित्र ने हठात् मेरी दृष्टि को आकर्षित किया। चित्र था : 'सन्तान को स्तन-पान कराती माता'। विषय के हिसाब से तो चित्र में नयापन कुछ न था किन्तु चित्र में एक अद्भुत वातावरण का चित्रण किया गया था। ऊपर था नीला आसमान—एक छोटी-सी नदी—एक सेतु—दूर एक सफ़ेद मकान का कुछ हिस्सा—नदी के किनारे पर एक प्रहरी—ऐसे वातावरण में नदी के किनारे हरी घास पर बैठी एक माता अपने शिशु को स्तनपान करा रही है। सीने के कपड़े के खुले हिस्से से स्तन शिशु के सहज-सुन्दर मुख में आया। सीने पर का वस्त्र तो ठींक था किन्तु पहना हुआ वस्त्र घास पर बिछा देने के कारण माता के वक्ष

का निचला हिस्सा नग्न था। माता के मुख के भावों को मैं अव्यक्त ही रखना चाहता हूँ क्योंकि वर्णन में मैं अपनी विद्वत्ता जाहिर नहीं करना चाहता। ख़ैर, सब कुछ मिला-जुलाकर चित्रकार ने अपनी रचना को एक ऐसा अनिंद्य सुन्दर व अनिर्वचनीय स्वरूप दिया कि एक बार नज़र पड़ जाए तो पास जाकर देखे बिना रहा न जाए। एक और चित्र है : 'टेम्पेस्ट' (Tempest), जिसके चित्रकार हैं : जॉर्जियोन (Giorgione)। इसके अतिरिक्त बेलिनी (G. Bellini) द्वारा अंकित चित्र 'मैडोना व बाप्टिस्ट' (Madona with the Baptist), 'पिता' (La Pieta), 'वर्जिन एंड चाइल्ड (Virgin and Child); पियासेटा (Piazzetta) का चित्र 'भविष्यवक्ता' (Fortune Teller); वैरोनिस (P. Veronese) का चित्र 'भोजन' (Meal at the house) इत्यादि असंख्य चित्रों के साथ पत्थर की मूर्तियाँ एवं समसामयिक काल का कुछ असबाब आदि भी संरक्षित हैं।

मैं जितना देखता जाता हूँ, उतना ही चकित होता जाता हूँ। यह सारा कुछ क्या हाड़-मांस के मनुष्य ने रचा है? यदि हाँ, तो ऐसी असाधारण शिल्पकला का सृजन क्या एक जन्म में सम्भव है? सम्भव तो अवश्य ही है—ये शिल्पकार तो जन्मजात प्रतिभा लेकर अव्यक्त को व्यक्त करने आए थे। मैंने मन-ही-मन उन सभी महान् शिल्पकारों को प्रणाम किया।

अब विदा होने का समय आ गया था। सारा दिन कब गुजर गया, पता ही नहीं चला। बाहर आकर पुराने भवन की ओर देखकर लगा कि अभी तो कुछ देखा ही नहीं, और थोड़ी देर रुकते तो अच्छा होता।

हालाँकि शाम हो गई थी, किन्तु सूर्य डूबने में अभी काफ़ी देर थी। अतएव हम धीरे-धीरे सेंट मार्क की ओर बढ़ते रहे। असंख्य छोटे-छोटे पुल, टेढ़ी-मेढ़ी नहरें पार कर हम ग्रैंड कैनल के समीप आ पहुँचे। पानी के किनारे-किनारे बढ़ गया है किसी विशाल प्लेटफॉर्म जैसा पैदल चलने का रास्ता। असंख्य चाय की दुकानें थीं और उनके सामने थे कुर्सी-टेबलों पर छोटे-छोटे लोगों के जमाव। हाँ, टेबलों पर केवल चाय के कप ही नहीं और भी विभिन्न प्रकार की रंग-बिरंगी बोतलों का समावेश था। छोटे बच्चों का कोलाहल, बूढ़े-बूढ़ियों का वर्तालाप, मद्यपों का प्रलाप और युवतियों का पीछा करते छोकरों की सिसकारियाँ—सब कुछ ही तो विद्यमान था इस प्लेटफॉर्म पर। इसी के बीच से चलते-चलते हम अन्ततः एक विशाल पार्क के पास पहुँचे। नदी के किनारे एक सुन्दर बग़ीचा था जिसमें जगह-जगह बेंचें व कुर्सियाँ बिछी थीं। एक एकान्त जगह पर हम आराम

से बैठ गए। आँखों के सामने अस्ताचलगामी सूर्य की लाली से आसमान और सामने की विस्तृत जलराशि रक्ताभ-सी हो उठी थी। उठती-गिरती छोटी-छोटी लहरों पर लाल रंग खेल रहा था, अगल-बगल के वृक्षों के पत्तों पर भी वही एक रंग था—और लग रहा था, लोगों के मनों पर भी उसी रंग की छुअन थी। पार्क का नाम था : 'पापादोपेलिस गार्डेन'।

थोड़ी देर प्राकृतिक शोभा को देखने के पश्चात् हम फिर पैदल चल पड़े। अनेक फूल-पौधों, झाड़ियों आदि को पार कर हम बढ़ते रहे। आख़िर में एक जगह आकर रास्ता ख़त्म हो गया, वहीं एक झाड़ी के पास हम फिर बैठ गए और फिर से शुरू हुआ हमारा वार्तालाप। इधर-उधर की बातें करते-करते अजायबघर का प्रसंग छिड़ गया। चित्रों व चित्रकला के प्रसंग में फिर से छिड़ उठी बहस जिसका विषय था : 'नारी की नग्नता'। नग्नता क्यों? इस प्रसंग के कारण ही बहस जोरदार हो उठी।

मारिया लिगास का कहना था कि वह नग्नता चित्त को व्याकुल कर देती है, और वह यही प्रमाणित करने में लग गए।

मेरी राय इसके विपरीत थी। मेरा मत था कि नग्नता हमारा प्राकृतिक स्वरूप है। हम नग्न ही पैदा हुए हैं, लिहाजा बाहर के मिथ्या आवरण को हटाकर चित्रकार हमारे स्वाभाविक व सच्चे स्वरूप को ही उजागर करता है। यह नग्नता यदि किसी के मन में विकार लाती है तो इसका कारण उस व्यक्ति का दृष्टिकोण, न कि नग्नता। इसके लिए चित्रकार को दोष नहीं दिया जा सकता।

ख़ैर, जो हो, बातचीत के बीच में मारिया लिगास अचानक ट्रिप से पूछ बैठे, 'प्रेम' के बारे में उसकी क्या राय थी?

ट्रिप अभी तक चुपचाप थी। इस बार उसने जवाब दिया, 'प्रेम तो प्रेम ही होता है। उसके बारे में राय क्या?'

मैंने देखा कि ट्रिप की बात से मारिया लिगास प्रफुल्लित हो उठा था। उसका हावभाव मुझे कुछ अजीब लगा। देखा कि लिगास ने ट्रिप के कन्धे पर हाथ रखकर प्रश्न किया, 'तुम्हें मैं कैसा लगता हूँ?'

हाँ, जैसा सोचा था, रंग की छुअन यहाँ भी लग गई है। इस रंग के खेल में एक मैं ही बे-रंग हूँ, इसलिए मुझे लगा कि अब खिसक लेना ही बेहतर है। मैंने पूछा, 'अब चलें?'

कोई प्रत्युत्तर नहीं, अतः मैं चल पड़ा।

इसी बीच अँधेरा हो गया था। तेज़ क़दमों से कुछ दूर आकर मैं रुक गया। यह काम क्या सही हुआ? ट्रिप को इस प्रकार छोड़ आना क्या उचित था? चाहे जो हो, अभी उसकी उम्र बहुत कम है और फिर वह मेरे ही साथ आई। एक सम्भावना और भी है—मारिया लिगास के साथ द्वंद्व की सम्भावना, जो ऐसी स्थिति में ख़ूब स्वाभाविक है। मैं असमंजस में पड़ गया। कुछ तय ही नहीं कर पा रहा था। अतएव एक बेंच पर बैठ गया और सोचने लगा कि क्या करना उचित है। लगून सागर में अभी भी ज्वार था। सूर्य अस्त हो रहा था और दूसरे किनारे पर चन्द्रमा की एक फाँक दिखाई दे रही थी।...दुर! यह मैं क्या सोच रहा हूँ।...चाँद, नदी, नौका, बग़ीचा, अँधेरा—इन सबने मिल-जुलकर मारिया लिगास के मन की ऐसी चरम अवस्था कर दी थी। ख़ैर, उनके जो जी में आए, करें!

उठकर दो-तीन क़दम बढ़ाते ही देखा, सामने से कोई दौड़ा चला आ रहा है। विस्मित मन से देखा, कोई नारी मूर्ति थी। कुछ समझ पाऊँ, उससे पहले ही ट्रिप मुझ पर आ गिरी। मेरा हाथ पकड़कर खींचते-खींचते बोली, 'यहाँ से जल्दी चलो—मैं समझ ही नहीं पाई थी...'

मुझे कुछ समझने का अवसर दिये बिना वह मुझे खींचते हुए नौका में ले आई। नौका में बैठकर वह हाँफते-हाँफते बोली, 'सचमुच सारा दिन उसके साथ घूमने-फिरने के बावजूद मैं उसे बिलकुल समझ न पाई।'

मैंने भी अभिभावक की तरह उसे कुछ नसीहतें देने का अवसर न छोड़ा।

अगले दिन मैं अकेला ही चला आया वेनिस यूनिवर्सिटी में। यूनिवर्सिटी मेरे लिए सदा एक आनन्ददायक जगह रही है। वहाँ छात्र-छात्राओं के साथ बड़ी सहजता से दोस्ती हो जाती है। फिर अक्सर उनके घर जाने का आमंत्रण मिलता रहता है। किन्तु यूनिवर्सिटी में जाने से ही तो दोस्त नहीं मिल जाते, उसके लिए दोस्त बनाने का गुर आना चाहिए। और मुझे वह गुर अच्छी तरह आता है। मेरे जैसे घुमक्कड़ों को लोगों से दोस्ती जमाने में अधिक समय नहीं लगता, अत: आधे घंटे में ही वेनिस यूनिवर्सिटी की कैंटीन से ईर्ष्यालु लड़के-लड़कियों के एक दल की आँखों के सामने मैं नये दोस्त बिवेस को लेकर छत पर चला आया। मकसद था वेनिस का पूरा इतिहास सुनना। छत पर अनेक कुर्सियाँ-टेबल छितराए हुए पड़े थे। कबूतरों की बीठ साफ़ कर हम बैठ गए।

बिवेस ने एक सिगरेट सुलगा ली। लम्बा-सा कश लेकर बोला, 'इतने कम समय में वेनिस का पूरा इतिहास बता पाना मुश्किल है, फिर भी मैं चेष्टा करता हूँ :

सम्भवत: विदेशी आक्रमणों से बचने के लिए ही इटली के इस हिस्से के रहने वालों ने इस लगून उपसागरीय द्वीप पुंज को चुना था। ख़ासकर ईसा मसीह के जन्म के सौ वर्षों के दौरान रोमनों के प्रबल आक्रमण के कारण इटलीवासियों ने इन समस्त द्वीपों में रहना शुरू किया। उस समय इन द्वीपों के निवासियों में चूँकि एकता नहीं थी, इसलिए ईसवी सन् 500 तक उन्हें रोम-सम्राट के अधीन रहकर अपने दिन गुजारने पड़े। इसी बीच अत्यधिक विलासिता और व्यसन के कारण रोमनों की अटूट शक्ति का भ्रम उत्तर-पूर्व के बर्बरों ने चूर्ण-चूर्ण कर दिया। इस प्रबल आक्रमण के धक्के को सम्हाल नहीं पाए रोमन सम्राट और ऐसी अस्त-व्यस्त स्थिति का लाभ उठाकर वेनिस ने अपनी स्वतंत्रता की घोषणा करते हुए रिपब्लिक ऑफ़ वेनिस का गठन किया। फिर शुरू हुआ व्यवसाय-वाणिज्य, ख़ास कर नमक का कारोबार। जहाज़ और नौका-निर्माण में दक्ष वेनिस के लोगों ने जहाज़ी-विद्या के कई विद्यालय खोल लिये। जहाज़ी-विद्या की शिक्षा प्राप्त करने के लिए विदेशों से सैनिकों के समूह वेनिस में आने लगे। जहाज़ी-युद्ध एवं उससे सम्बन्धित ज्ञान-अर्जन के केन्द्र के रूप में वेनिस की ख्याति दुनिया भर में फैल गई। विभिन्न प्रकार के लोगों से भर उठे आकुइया, आतिनो, कोरल, गाद्रो, तोरसेलो, कंकरदिया, पोया, इसेलो, सुरानो आदि छोटे-छोटे द्वीप। जाग उठा पूरा वेनिस एक नवीन उन्माद में।

इसी समय (ई.सं. 451) वास्तव में वेनिस की नींव पड़ी। वेनिसवासियों की सर्व स्तर पर इतनी उन्नति के बावजूद वेनिस पर आधिपत्य किन्तु रोम सम्राट का ही रहा। किन्तु यह अवस्था अधिक दिनों तक नहीं रही। सातवीं शताब्दी में वेनिस ने अपनी पूर्ण स्वाधीनता की घोषणा की। ख़ूनी संघर्ष के माध्यम से वेनिस की जनता ने अपनी आज़ादी हासिल की और शासक के पद पर एक युद्ध-कुशल व ज्ञानी व्यक्ति को नियुक्त किया। और वह थे ड्यूक या डॅज्। वेनिस तभी से अपनी प्रतिरक्षा व्यवस्था को चाक-चौबन्द करने में जी-जान से जुट गया और तैयार कर ली युद्ध में कुशल एक विशाल नौसेना। कूटनीति में भी वेनिस ने अपनी पटुता दिखाई। रोम के पोप के साथ बाइजेंटाइन सम्राट के बीच धर्म-विरोध हुआ तो वेनिस ने रोम की तरफ से युद्ध में भाग लिया और बदले में पोप से कुछ विशेष सुविधाएँ हासिल कीं। नौवीं शताब्दी में वेनिस के डॅज ने हठात् लगून उपसागर के कुछ द्वीपों पर अधिकार कर लिया। हालाँकि वह (डॅज) उस समय रोम-सम्राट के अधीन था किन्तु इस प्रकार के आक्रमण करने

की उसे स्वाधीनता थी। उस समय बिसान्तियम में रोम सम्राट के साथ नौरमैन लोगों का युद्ध छिड़ा, एवं नौरमैन लोग जब वेनिस के लगून द्वीप की बगल से बिसान्तियम की ओर हमला करने को रवाना हुए, ठीक उसी समय डॅज ने पाँच जहाज़ों में अपनी कुशल सेना लेकर नौरमैनों पर आक्रमण कर दिया। नौरमैनों को पलायन कर जान बचानी पड़ी। और सम्राट को बाध्य होकर राजनीतिक सत्ता को स्वीकार करना पड़ा।

इसी समय वेनिस की कूटनीतिक दूरदर्शिता का भी परिचय प्राप्त होता है। उन्होंने अपने देश की विशिष्टता को पहचानना सीखा और उस विशिष्टता को काम में लगाने के लिए उन्होंने विभिन्न देशों के साथ सम्पर्क साधना शुरू किया। और इस प्रकार विभिन्न समझौतों के माध्यम से अपनी सुयोग-सुविधाओं एवे प्रतिरक्षा व्यवस्था को और अधिक सुदृढ़ करने के काम में उन्होंने सफलता पाई। इसी बीच सम्राट फ्रेडरिक बारबरोसा के साथ तृतीय पोप अलेक्जेंडर का विवाद शुरू हुआ। वेनिस ने इन दो महान् शक्तियों के बीच मध्यस्थ होने का अवसर नहीं गँवाया। चतुर, वाक्पटु वेनिस के कूटनीतिज्ञों ने इन दोनों महाशक्तियों को युद्धविराम समझौता साक्षरित करने के लिए विख्यात सेंट मार्क स्क्वायर में ला खड़ा किया। वेनिस की मध्यस्थता में शान्ति समझौता हुआ। और कूटनीति के क्षेत्र में यह वेनिस की बहुत बड़ी सफलता थी।

दसवीं और ग्यारहवीं शताब्दी के बीचोबीच के समय में वेनिस के लोगों ने डॅज की निरंकुशता को अस्वीकार कर दिया। इससे पूर्व सारे राजकीय पद तथा शासन-क्षमता के समस्त अधिकार केवल डॅज-वंशियों को ही प्राप्त थे, किन्तु इस समय से अनेक छोटे-बड़े संग्रामों के माध्यम से ये नियम बदले और अब योग्यता-सम्पन्न कोई भी नागरिक शासनकर्ता या अन्यान्य पदों पर अधिकारी नियुक्त हो सकता था।

डॅज-वंश की तानाशाही का तो अन्त हो गया किन्तु उसके सम्मान-प्रतिष्ठा या प्रभाव में कोई कमी नहीं आई। सुदीर्घकाल तक शासन-क्षमता में बने रहने के कारण एवं अपनी शिक्षा-दीक्षा, अनुभवों और अपनी सम्मान-प्रतिष्ठा के कारण उन्होंने शासन-व्यवस्था में अत्यन्त महत्त्वपूर्ण भूमिकाएँ ग्रहण करना शुरू कर दिया। पोप इन्नोसेंट तृतीय (Pope Innocent-III) ने जब चतुर्थ क्रुसेड के लिए सेना भेजी तब वृद्ध डॅज एनरिको डंडेलो (Enrico Dundelo) ने जहाज़भर्ती सैन्यबल से पोप की मदद की। हालाँकि डॅज एनरिको ने उस सेना का संग्रह

ईसाई धर्म की रक्षा के नाम पर किया था, फिर भी पोप ने डॅज को ख़ुश होकर जारा द्वीप उपहार में प्रदान कर दिया। लगून उपसागर में यह जारा द्वीप तब विशिष्ट वाणिज्यिक केन्द्र था। इस प्रकार डॅज-वंश क्रमशः अपनी शक्ति का विस्तार करता रहा। फिर भी पुरानी क्षमता फिर से हासिल कर पाना उनके लिए सम्भव नहीं था। इसके अतिरिक्त सेंट मार्क स्क्वायर के पुरोहितों का भी शासन-व्यवस्था में अंश-ग्रहण करने के लिए आह्वान किया गया और यह दायित्व उन्होंने ख़ुशी-ख़ुशी ग्रहण किया।

बिवेस कुछ रुका, फिर मुस्कुराकर उससे पूछा, 'बोरिंग तो नहीं लग रहा?'

'नहीं, नहीं।' मैंने उत्तर दिया, 'मेरी तो धारणा थी कि वेनिसवासियों ने शताब्दी-दर-शताब्दी केवल चित्रकारी की। इस चमत्कारिक युद्ध और कूटनीतिक इतिहास की तो मुझे जानकारी ही न थी। तुम बोलते रहो।'

'पता है, इतिहास कभी एक-सा नहीं रहता।' बिवेस ने फिर से कहना शुरू किया :

वेनिस, जिसने यूरोप के वाणिज्यिक क्षेत्र में एकाधिकारी आधिपत्य स्थापित कर लिया था, उसे 'जेनेवा' के रूप में एक नया प्रतिद्वंद्वी दिखाई दिया। 'जेनेवा' एक छोटा-सा स्वाधीन राज्य है किन्तु इसके बावजूद उसकी शक्ति-सामर्थ्य एवं जहाज़-विद्या का ज्ञान वेनिस से कहीं अधिक हो सकता है, इसकी वेनिसवासियों ने कभी कल्पना भी नहीं की थी। अतएव अधिकार छिन जाने की आशंका से वेनिस जल उठा। शुरू हुआ युद्ध। दो-एक वर्ष नहीं, बल्कि प्रायः सौ वर्षों तक चली वेनिस और जेनेवा के बीच ख़ून-ख़राबी और युद्ध। आख़िरकार दोनों देशों के शासकों ने यह स्पष्ट अनुभव किया कि इस लड़ाई से केवल क्षति ही क्षति है, लाभ की कोई सम्भावना नहीं। अतएव शुरू हुई समझौता-वार्ता। जब वे एक समझौता-पत्र तैयार करने को प्रस्तुत हुए तो उस समय वेनिस में आविर्भूत हुए एक महावीर विट्टोर पिसानी (Vittor Pissani), जिन्होंने हुंकार भरी कि जेनेवा के साथ सन्धि वेनिस के लिए कलंकस्वरूप है।... फिर शुरू हो गया भयंकर युद्ध। वेनिस के प्रचंड आक्रमण से पराजित हो जेनेवा को पलायन करना पड़ा। वीर विट्टोर पिसानी की जय-जयकार से गूँज उठा वेनिस। प्रतिरक्षा-व्यवस्था और अधिक शक्तिशाली हो उठी। नये सिरे से सेंट मार्क स्कवायर तथा दुकाल राजप्रासाद को सजाया गया। चारों ओर एक नवजागृति नज़र आई। इसी को वेनिस के इतिहास का स्वर्ण-युग कहते हैं।

अपनी प्रतिरक्षा-व्यवस्था के अतिरिक्त बाहरी आक्रमणों का मुकाबला करने के लिए वेनिस ने पार्श्ववर्ती राष्ट्रों के साथ शान्ति व मैत्री के समझौते किए, जिसका पूरा श्रेय वेनिस के कूटनीतिज्ञों को जाता है। इसका नतीजा यह हुआ कि मिलान, फ्लोरेंस, पादुआ तथा और भी अनेक मित्र-राज्य मिलकर एक विशाल शक्ति बनकर उभरे, और वेनिस निश्चिन्त हुआ।

ई.स. 1416 में मुसलमानों ने वेनिस पर आक्रमण किया। वेनिस की शक्ति का मुसलमानों को कोई अनुमान ही नहीं था, इसलिए प्रचंड मार खाकर वे पलायन के लिए बाध्य हुए। किन्तु इसके बाद के समय को वेनिस के दुःसमय के रूप में चिन्हित किया जाता है। कुछेक वर्षों में ही मोहम्मद थेसालमिकी द्वितीय ने वेनिस पर आक्रमण किया। उस विशाल मुसलमान शक्ति का मुकाबला करना वेनिस के बूते से बाहर था। बाध्य होकर शान्ति का समझौता करना पड़ा तथा क्षतिपूर्ति के रूप में देने पड़े कुछ द्वीप। किन्तु वही शेष न था। मुसलमान आए दिन समझौता तोड़कर एक युद्ध छेड़ देते। और इस प्रकार थोड़ा-थोड़ा कर वेनिस का काफ़ी हिस्सा उन्होंने हथिया लिया। बाध्य होकर आत्मरक्षा के अन्तिम उपाय के रूप में वेनिस स्पेन और सेरेनिसिमा के साथ मिल गया। सम्मिलित शक्ति के आगे मुसलमान-शक्ति टिक तो नहीं पाई किन्तु वेनिस को इस युद्ध से कोई लाभ नहीं हुआ।

इसके बाद का इतिहास गौरवजनक नहीं है। विदेशी शत्रुओं के आक्रमणों से वेनिस क्रमशः दुर्बल होने लगा। यहाँ तक कि ऑस्ट्रियनों ने भी वेनिस पर आक्रमण किया और उसके पश्चात् ई.स. 1797 में नेपोलियन ने सम्पूर्ण वेनिस पर अधिकार कर लिया।

नेपोलियन के अधिकार में आने का वेनिस को एक लाभ यह हुआ कि विध्वंस के हाथ से यह बच गया। वेनिस यदि विदेशी आक्रमणों से पूर्णतः ध्वंस हो गया होता तो इन असाधारण कलाकृतियों और चित्रकारी का कोई नमूना आज न मिलता। वेनिस के शिल्प-सौन्दर्य से आकर्षित होकर नेपोलियन ने इस राज्य की रक्षा की थी तथा इसे अपना स्वप्नराज्य कहा था।

—इतना कहकर बिवेस रुका।

मैंने मन-ही-मन कहा, 'जाको राखे साइयाँ, मार सके न कोय'। फिर प्रकट होकर कहा, 'सब सेंट मार्क की इच्छा है।'

'1848-49 में क्रान्तिकारी दानियल मानिन के नेतृत्व में शुरू हुआ 'संयुक्त

इटली आन्दोलन'। वेनिस ने भी स्वयं को इस आन्दोलन से जोड़ा और इटली में शामिल हो गया।'

सीढ़ियों से उतरते-उतरते मैंने बिवेस को धन्यवाद दिया। हालाँकि वह अर्थनीति का छात्र था, किन्तु स्कूल में उसने, लगता है, वेनिस का इतिहास ख़ूब अच्छी तरह पढ़ा था।

बिवेस को डाक-टिकटें संग्रह करने का शौक़ था। भारत में कुछेक ठिकानों तथा अभी हाल ही में घर से प्राप्त कुछ चिट्ठियों से डाक-टिकट उतार मैंने उसे दिये। वह बहुत ख़ुश हुआ। क्योंकि उसके संग्रह में पहली बार भारतीय डाक-टिकटें जुड़ी थीं।

मैं कैंटीन में लौट आया। पूरे वेनिस में इस कैंटीन का भोजन सबसे सस्ता है। लाइन में लगकर भोजन ले रहा था कि किसी ने कन्धे को हल्के से थपथपाया देखा, वह श्रीमती ट्रिप थीं। मुझे अपने टेबल पर बुलाया। ट्रिप के साथ यूथ-होस्टल के और तीन जन थे। वे वेनिस घूमने अभी आए ही थे। शोर-शराबे के बीच खाना ख़त्म हुआ।

ट्रिप के नए मित्रों को आए हुए अभी चार दिन हुए थे। सेंट मार्क के अलावा वेनिस का विशेष और कुछ नहीं जानते थे। वे आए थे वेनिस देखने, इसलिए उनकी जेबें गर्म थीं। सुन रखा था कि वेनिस आकर मयूरपंखी पर चढ़कर शहर देखने का जो आनन्द है, वह और कहीं नहीं है। अतएव गंडोला (Gondola) किराये पर लिया गया, जिसके यात्री हम पाँच व्यक्ति थे : दो पुरुष और तीन महिलाएँ।

गंडोला के माँझी ही आम तौर पर गाइड का काम करते हैं। अंग्रेज़ी, फ्रेंच या जर्मन भाषा जानने वाले माँझी सहजता से मिल जाते हैं। एक जानकार माँझी को देखकर उसके साथ ईरानी कालीन ख़रीदते वक्त जैसे मोल-भाव करते हैं, वैसे मोल-भाव कर उसे चार हज़ार 'लीरा' देना तय हुआ। और हम सवार हो गए मयूरपंखी पर। यात्रा-पथ था सेंट मार्क से स्टेशन तक।

ग्रैंड कैनल से हम बढ़े जा रहे थे। यात्रापथ का पूरा विवरण न देकर मैं कुछेक उल्लेखनीय प्रासादों की बात करूँगा क्योंकि ये प्रासाद ही वेनिस की उज्ज्वल कारीगरी के नमूने हैं।

'पैलेस कंटारिनी फसान' (Palazzo Contarini Fassan) एक सुन्दर पुराना राजप्रासाद है, जिसका निर्माण ई.स. 1475 में हुआ था। गोथिक शैली पर रेनेसां का प्रभाव इसमें स्पष्ट समझ में आता है।

'पैलेस कॉर्नर देला सा ग्रैंड' (Palazzo Corner Della Ca Grande)—ई.सं. 1537 में इसका निर्माण सान्सोविनो (Sansovino) ने किया। ग्रैंड कैनल के किनारे यही सबसे बड़ा प्रासाद है। 1532 में यह प्रासाद आग में जलकर स्वाहा हो गया तो उसके बाद इसका नये सिरे से फिर निर्माण हुआ। वर्तमान में यहाँ प्रिफेक्टर रहते हैं। इन सब प्रासादों में प्रवेश के लिए नौका लेकर सीधे भीतर चले जाना होता है। उसके बाद नौका से ही सीढ़ी पर पैर रखने की व्यवस्था है। सचमुच सोचने में भी आश्चर्य होता है।

गाइड की राय में 'पैलेस ग्रीमानी' (Palazzo Grimani) रेनेसां की एक आश्चर्यजनक पेशकश है। दो-मंज़िले इस प्रासाद के सारे के सारे मेहराब ही अत्यन्त सुन्दर हैं। ऐसा कहीं और नज़र नहीं आता। मिसेल सान्मिसेली (Michele Sanmicheli) ने पन्द्रहवीं शताब्दी में इसका निर्माण किया और यह प्रासाद वर्तमान में यहाँ की अदालत है।

हमारा गंडोला बहते-बहते 'रियल्टो ब्रिज' (Rialto Bridge) के पास पहुँचा। इसका उल्लेख शेक्सपियर की मशहूर रचना 'मर्चेंट ऑफ़ वेनिस' में मिलता है। यह 48 मीटर लम्बा, 22 मीटर चौड़ा और पानी से इसकी उच्चता है 7.5 मीटर। धनुषाकार यह सेतु वेनिस के बहुतेरे उत्थान-पतन का साक्षी रह चुका है। ई.स. 1588 में आन्तोनियो दा पॅ की परिकल्पना के अनुरूप इस सेतु का निर्माण प्रारम्भ हुआ और 1592 में इसका निर्माण-कार्य पूरा हुआ। सम्पूर्ण सीढ़ियों से निर्मित इस ब्रिज के दोनों ओर दुकानें भर्ती हैं, जिनके कारण यह दूर से मन्दिर जैसा दिखता है।

'फॅनडाको डेल टेडेसि' (Fondaco Del Tedeschi)—ई.स. 1505 में स्कारपानिनी ने इसका निर्माण किया। इसके प्रत्येक दरवाज़े, खिड़की और दीवार पर फ्रेस्को गियोरगियोन तथा टिटियान की अपूर्व सुन्दर कारीगरी का निदर्शन मिलता है।

बइजान और वेनिसियन शिल्पकला को 'सा डा मोस्तो' (Ca Da Mosto) के भवन में एक साथ स्थान मिला है। प्राचीन मोस्तो-वंश अपनी नौ (जहाज़) विद्या के लिए विख्यात है।

और भी कितने ही, मन को लुभाने वाले, अचरज में डालने वाले प्रासाद हैं वेनिस में। यदि उन सबका वर्णन किया जाए तो एक पुस्तक और लिखनी होगी। इसलिए मैं अपने वर्णन को यहीं विराम देता हूँ।

इसके बाद जितने दिन भी वेनिस में रहा, दोनों आँखें खुली रखकर जितना भी देख पाना सम्भव था, देखा। किन्तु दो चित्रों की कोई व्याख्या मेरे लिए स्पष्ट नहीं थी। पहली थी आर्कियोलॉजिकल म्यूजियम के 13 नम्बर कमरे की एक रिलीफ जिसका नम्बर था 193। चित्र का शीर्षक था : Mitra Sacrificing the Bull। मेरा प्रश्न है, चित्र के चरित्र में मित्र और साँड़ की कहानी के पीछे चित्रकार की जो भावना है, उसके मूल में क्या किसी भारतीय चित्रकार की प्रेरणा है या कि किसी भारतीय पौराणिक कथा से चित्रकार ने प्रेरणा लेकर चित्र का सृजन किया? या फिर यह भी हो सकता है कि चित्रकार ने प्राचीन सत्य को वर्तमान स्वरूप देने की कोशिश की हो!

दूसरा चित्र है : मडोना डेल ओरटो (Madona Dell Orto)। चर्च में दिखा चित्र : 'Worship of the Golden Calf' जिसके चित्रकार हैं तिनतोरेत्तो (Tintoretto)। चित्रकार ने चित्र को ऐसा मनमोहक स्वरूप दिया है कि कोई भारतीय देखे तो श्रीकृष्ण की याद हो आए। आश्चर्य इस बात का है कि जिस देश में गोमांस के बिना कोई भोजन ही सम्पूर्ण नहीं होता, उस देश का एक चित्रकार बछड़े की पूजा का इतना सुन्दर चित्र दर्शकों के सामने कैसे रख सकता है? पता नहीं, चित्रकार को यह प्रेरणा कहाँ से मिली?

सेंट मार्क स्क्वायर के बाद ही वेनिस का द्वितीय आकर्षणीय स्क्वायर है : 'काम्पोडिसान जानिपोलो'। सेंट पॉल तथा और भी अनेक सन्तों की प्रस्तर मूर्तियाँ हैं यहाँ। मूर्तियों में सबसे उल्लेख योग्य मूर्ति है कॅलेओनी की मूर्ति। घोड़े पर वीर योद्धा बेरगामो कॅन्दोतियेर कॅलेओनी (Bergamo Condottiere Colleoni)विजयी मुद्रा में। विरल है इतनी सुन्दर मूर्तिकला। मूर्तिकार हैं फ्लोरेन्तिन आन्द्रे देल वेरोसिओ (Florentine Andrea Del Verrocchio), जो लिओनार्दो विंची के शिक्षक थे।

कलाकारों और कलाकृतियों का यह देश वेनिस देखकर वासना तृप्त ही नहीं होती। बेलिनी, वेरोनिस तिनतोरेत्तो इत्यादि सारे अमर शिल्पकार एक के बाद एक अवतरित हुए यहाँ—पानी के ऊपर इस स्वप्ननगरी का निर्माण करने के लिए।

वेनिस में घूमते-घामते एक महीना बीत गया। अब विदा होना होगा। होस्टल से निकलकर लांच पर बिवेस से भेंट हो गई। उसके साथ सुन्दरी तरुणी को देखकर लगा, जैसे उसे कहीं देखा था। बिवेस ने बताया कि वे लोग यूनिवर्सिटी जा रहे थे, साथ ही उसने अपनी बहन एलि से परिचय भी करा दिया। एलि से

हाथ मिलाते वक्त भी लग रहा था, कहीं देखा है, पर कहाँ? लगता है, मेरे भाव मेरे चेहरे पर प्रस्फुटित हो उठे थे। एलि हल्के-हल्के मुस्कुरा रही थी। शायद वह मुझे पहचान रही थी। निश्चय ही मैंने उसे देखा होगा, पर कहाँ? याद ही नहीं आ रहा था। मैंने उससे पूछा, 'तुम अंग्रेज़ी जानती हो?'

'हाँ'। एलि शायद बात करने को प्रस्तुत ही थी।

'तुम क्या यूथ-होस्टल में थीं कुछ दिन?'

वह खिलखिलाकर हँस पड़ी। बोली, 'यूथ-होस्टल में क्यों रहूँगी, मेरा तो घर यहीं है।'

मैं कुछ झेंप-सा गया। सचमुच बेवकूफी भरा सवाल था मेरा। किन्तु...।

'मुझे कहाँ देखा है, याद नहीं आ रहा?' मेरे हाथ में हाथ रखकर मुँह पास कर एली ने कहा, 'तुम हमारे घर पियासिंटिनी के साथ कचरा संग्रह करने आते थे। मैं पढ़ने के कमरे से तुम्हें गुड मॉर्निंग कहती थी। याद नहीं आ रहा?'

इसी बीच लांच ठक् से आकर घाट पर रुकी। मुझे लगा, जैसे एलि ने तमाचा जड़ दिया हो!

बिवेस ने हाथ मिलाकर विदा देते हुए कहा, 'तुम्हारी यात्रा शुभ हो।'

कान में एक वाक्य गूँज रहा था—हाँ, पियासिंटिनी ने मुझे बताया था कि तुम्हें नौका में घूमना अच्छा लगता है।

मुझे कोई उत्तर नहीं सूझ रहा था। मैं उसके नटखट मुस्कुराते चेहरे को देखता रहा।

लांच की सीढ़ी पर से एलि ने हाथ हिलाया। उसके चेहरे पर मुस्कान थी और बगल में था भाई बिवेस। लांच चल पड़ी स्टेशन की ओर।

मैंने चित्रकारी, मूर्ति व स्थापत्यकला की समृद्ध परम्परा के वहनकारी गौरवशाली नगर वेनिस को कहा : 'अलविदा'!

लन्दन में प्रथम तीन दिन

मैंने इच्छापुर के अपने मोदक दादू से एक दिन पूछा था, 'अच्छा, दादू, फर्ज करो कि तुम्हारे सामने दो दरवाज़े हैं—एक स्वर्ग का और दूसरा विलायत का। तुम किस दरवाज़े से जाओगे?'

मोदक दादू ने पान से लाल हुए अपने नब्बे साल पुराने होंठों से हँसकर जवाब दिया था, 'विलायत के दरवाज़े से, क्योंकि विलायत तो विलायत है। उसके सामने स्वर्ग भी कहीं टिकता है?'

और अभी मैं उसी ख़ास विलायत में खड़ा होकर विलायत को ढूँढ़ता फिर रहा हूँ। थोड़ी ही देर पहले अपने मित्र को लिखा है, 'विश्वास करो दुर्गा, विलायत किन्तु अब विलायत नहीं रहा।'

विक्टोरिया से शुरू कर इस स्कॉटलैंड यार्ड तक मुझे ऐसा कुछ नज़र नहीं आया जो विलायती हो। लग रहा है, जैसे मुम्बई के विक्टोरिया टर्मिनस से निकलकर बगल के जी.पी.ओ. के रास्ते पर चल रहा हूँ। हाँ, किन्तु सड़कों पर सभी साहब-मेम हैं और बीच-बीच में काले आदमी भी नज़र आते हैं। कोलकाता की तरह ही दो तल्ला बसें हैं। हालाँकि पायदान पर लटकते-झूलते यात्री नहीं हैं परन्तु भीतर से बसें ठसाठस भरी हैं। दीवारों पर पोस्टर भी चिपके हैं, ठीक कोलकाता की ही तरह। मेरी इन कोलकतिया आँखों ने लन्दन शहर की इस विचित्रता को प्रथम दर्शन में ही अनुभव नहीं किया बल्कि लन्दन में पैर रखने के एक घंटे के अन्दर मेरी यह धारणा बनी।

इस देश में आने के लिए मुझे कई झंझटों का सामना करना पड़ा था। पहले सोचा था कि यूरोप भ्रमण पूरा कर लन्दन होते हुए सीधा अमेरिका के लिए रवाना हो जाऊँगा। किन्तु योजनाओं को कार्य रूप देना हमेशा सहज नहीं होता। विभिन्न

कारणों से योजना में परिवर्तन करना पड़ता है। अत: पेरिस से जर्मनी होते हुए स्कैंडिनेविया जाने के स्थान पर मुझे लन्दन की ओर मुड़ना पड़ा।

लन्दन जाने में प्रथम बाधा वीज़ा को लेकर होती है। सुन रखा था कि कॉमनवेल्थ राष्ट्रों के बीच आवागमन के लिए वीज़ा की आवश्यकता नहीं होती, किन्तु ब्रिटिश दूतावास के दरवाज़े पर जाकर माथा ठोक लिया। उन्होंने स्वागत तो मुस्कुराकर किया किन्तु साथ ही साथ बताया कि यह सही है कि वीज़ा की आवश्यकता नहीं है परन्तु एंट्री-परमिट नितान्त ज़रूरी है।

यह तो वही हुआ कि नाक सीधे पकड़ो या घुमाकर। अब इस एंट्री-परमिट का जुगाड़ करने में मुझे एड़ी-चोटी का जोर लगाना पड़ा। एंट्री परमिट तो वीज़ा से भी दुश्वार था। इसके लिए आवश्यक थी रिटर्न टिकट,पॉकेट में खाने-पीने व रहने के लिए पर्याप्त धनराशि तथा उद्‌देश्य। अब इन आवश्यक वस्तुओं में प्रथम दो—रिटर्न टिकट और पर्याप्त धन राशि—तो मेरे पास थीं नहीं। और तृतीय वस्तु उद्‌देश्य—भले ही मेरे लिए अत्यधिक मूल्यवान हो, किन्तु नियम के देवताओं की नज़र में उसकी कीमत फूटी कौड़ी भी नहीं थी।

फ्रांसीसी भाषा में इंग्लिश चैनल का नाम है : 'ला-मांश' जिसका हिन्दी अनुवाद होगा : 'कमीज की बाँह'। इस 'कमीज की बाँह' को पार करने में इतनी झंझटें आएँगी, यह पहले कहाँ मालूम था। साइकिल से घूमता हूँ, तो रिटर्न टिकट का तो सवाल ही नहीं था। कैले-डोवर की रिटर्न टिकट को ये मानते ही नहीं। धनराशि जो मेरे पास थी, उससे ख़र्च तो चल जाता। पेरिस में एक महिला के यहाँ बावर्ची का काम कर, एक चित्रकार के यहाँ कुछ काम कर तथा तीन साइक्लिंग एसोसिएशनों में भाषण देकर कुछ पैसे कमाए थे, परन्तु उतने भर से तो 'कमीज की बाँह' को पार नहीं किया जा सकता। कोई सख़्त खूँटा भी नहीं था, जो मदद करता और भारतीय दूतावास तो इस मामले में बिलकुल निस्पृह था। 'एंट्री परमिट' का जुगाड़ नहीं हुआ। बाबा ताड़कनाथ का नाम लेकर मैं कैले (Calais) की ओर रवाना हुआ। सोचा कि जो तकदीर में बदा होगा, वह होगा, पर एक बार नौ-घाट तक तो जाऊँ।

कैले में एक सरदार जी से परिचय हुआ, दाढ़ी-पगड़ी झटककर उन्होंने मुझे भरोसा दिलाया और ले गए बन्दरगाह के अधिकारी के पास। बन्दरगाह के अध्यक्ष मिस्टर मूर बड़े भले आदमी थे। मेरे काग़ज़ात देखकर और बात कर उन्होंने मेरी विलायत जाने की व्यवस्था कर दी।

जहाज़ में चढ़ते समय देखा कि यूरोपियनों का तो आईडेंटिटी कार्ड और रिटर्न टिकट देखकर ही जाने दिया जा रहा था किन्तु यूरोप के बाहरवालों के प्रति सख़्ती बरती जा रही थी। मिस्टर मूर की मेहरबानी से मेरा रास्ता साफ़ हो गया।

फ्रांसीसी बन्दरगाह कैले से जहाज़ छूटा, जाएगा ठीक उस पार ब्रिटिश बन्दरगाह डोवर को। किन्तु जहाज़ में एक बखेड़ा उठ खड़ा हुआ। बड़ी मेहनत और मिस्टर मूर के नाम की महिमा से उस बखेड़े से मुक्ति मिली। केवल मुक्ति ही नहीं मिली बल्कि उसके साथ ही मिला देव-दुर्लभ 'एंट्री परमिट' और विलायत में छः महीने रहने का अनुमति-पत्र भी।

आख़िरकार लन्दन की धरती पर आकर पैर रखा।

अब मेरे सामने था एक विशाल प्रासाद। आगे जाकर देखा, बोर्ड पर लिखा था : 'Scotland Yard'। मेरे तो रोमांच से रोयें खड़े हो गए। शर्लक होम्स का नाम याद आया। क्षमा करें, मेरा उद्देश्य तो था ग्रॉसवेनर एवेन्यू को खोज निकालना। थोड़ी दूर पर कुछ बच्चा साहबों को देखकर मैं उनकी ओर बढ़ा और पूछा, 'बता सकते हैं, ग्रॉसवेनर एवेन्यू कहाँ है?'

एक लड़का आगे आया, 'ऑफ़ कोर्स, गो अहेड फर्स्ट लेफ्ट देन सेकेंड राइट।'

उसे धन्यवाद कहकर मैं साइकिल लेकर चल पड़ा। मन-ही-मन कुछेक बार दोहरा लिया : 'फर्स्ट लेफ्ट देन सेकेंड राइट'। बाईं ओर की पहली गली फिर दाईं ओर की दूसरी गली। बाईं ओर की गली पार कर दाईं ओर की गली में घूमते ही देखा, एक साइन बोर्ड पर लिखा था : Start With A Little Scotch, Star of Edinburgh। अरे, यह तो पहचाना-सा लग रहा है! अच्छी तरह चारों ओर नज़र दौड़ाई तो देखा कि बाएँ ही तो था वह बोर्ड जिस पर लिखा था : Scotland Yard.

बच्चा साहबों का समूह इस बीच गायब हो गया था। ऐसा शरारती खेल कोलकाता में काफ़ी देख चुका हूँ। मन-ही-मन विचार किया, यह खेल भी अन्य बदखेलों की ही तरह अंग्रेज़ी खेल ही था, जो अंग्रेज़ों के माध्यम से ही भारत पहुँचा।

फुटपाथ के एक वृद्ध राहगीर से पूछकर मैंने रास्ते का पता जान लिया। 20 नम्बर ग्रॉसवेनर एवेन्यू में है इंटरनेशनल स्पिरिचुअल रिजेनरेशन मूवमेंट की एक शाखा। दरवाज़े से लौट आना पड़ा। शनिवार को यह शाखा बन्द रहती है।

इस संस्था के सभापति से साथ मेरा परिचय स्विट्जरलैंड में हुआ था। उन्होंने ही मुझे ठिकाना देकर मिलने को कहा था।

इधर शाम हो चुकी थी, और रात के लिए कोई ठिकाना खोजना था। विक्टोरिया के पीछे ज़रूर मैंने कई 'Bed and Breakfast' के होटल देखे हैं। किन्तु यथासम्भव मैं होटलों में नहीं ठहरता। होटलों से अच्छे होते हैं यूथ-होस्टेल और उनसे अच्छा होता है रास्ता। यूथ-होस्टल में फ़ोन किया तो निराशा हाथ लगी। वहाँ जगह खाली नहीं थी। सोचा, तब तो मेरा रास्ता ही सबसे बेहतर है। रास्ते में रहने की सुविधाएँ अनेक हैं, ख़ास कर यदि उस देश को ठीक से जानना हो तो। बड़े शहरों के रास्ते पर थोड़ी देर खड़े रहकर कितने विचित्र मनुष्यों, घटनाओं और वातावरण की जानकारी व प्रत्यक्ष अनुभव प्राप्त होता है।

लन्दन के बारे में मैं कोई नई जानकारी आप लोगों को नहीं देने जा रहा। मेरी अपनी धारणा यह है कि लन्दन के बारे में हमारी जानकारी लन्दनवासियों से अधिक है। हाथ में है लन्दन शहर का मानचित्र, अत: शहर में कहाँ क्या है एवं किस रास्ते से वहाँ पहुँचा जा सकता है, इसको लेकर कोई चिन्ता नहीं। याद आ रहा है, यहाँ कई बड़े-बड़े पार्क हैं—रिजेंट पार्क, केनसिंगटन गार्डन, हाइड पार्क आदि का तो कितना नाम सुना है। इसके अतिरिक्त भी कुछ नाम हैं जो नज़र पर चढ़ रहे हैं—दि मॉल, व्हाइटहॉल, स्ट्रैंड रोड, वेस्टमिनिस्टर इत्यादि। मैं रास्ता पकड़कर रवाना हुआ।

रास्ता जहाँ ख़त्म हुआ, वही मैं साइकिल से उतर पड़ा। सामने ही था टैफल्गर स्क्वायर। अगल-बगल के मकानों को देखकर लगा कि बहुत सम्भ्रांत हैं। हो सकता है, राजप्रासाद हों! घेरे हुए अंचल के बीच एक मॉन्यूमेंट और एक फव्वारा था। चारों ओर कई बेंचें बिछी थीं। स्क्वायर के चारों ओर ही व्यस्त सड़क थी। चलते-चलते थक जाने पर राहगीर इस स्क्वायर में बिछी बेंचों पर बैठकर विश्राम कर सकते हैं। और इच्छा हो तो कबूतरों को गेहूँ व मकई के दाने भी खिला सकते हैं। कबूतर भी दाने के लिए झुंड के झुंड यहाँ हाजिर होते हैं। हाथ में कोई काम तो था नहीं, अत: कबूतरों को देखना ही एक बड़ा काम हो गया।

अचानक एक वृद्धा पर नज़र पड़ी। वह हाथों में कई गेहूँ और मकई के दानों के ठोंगे लिये घूम रही थीं। मैं समझ गया कि वह कबूतरों का दाना बेच रही थीं। मैं उछल पड़ा कि 'सब्जेक्ट' मिल गया। नकद पाँच पेनी ख़र्च कर ख़रीद लिये एक ठोंगा मकई के दाने और ख़रीदारी के सूत्र से ही छेड़ दी बातचीत।

कोलकाता होता तो वृद्धा को दादी-माँ या नानी-माँ कहकर सम्बोधित करता किन्तु यहाँ उस मधुर सम्बोधन का मर्म कौन समझे, अतएव वृद्धा को सुनाकर स्वगत-भाषण के लहजे में मैंने कहा :

'कितने प्यारे हैं ये कबूतर, हैं न?'

'प्यारे तो हैं पर लालची भी कम नहीं।' मेरे उछाले प्रश्न का वृद्धा ने जवाब दिया।

'बात तो आपकी सही है। किन्तु ये लालची न होते तो आपका काम कैसे चलता?' मेरा सहास्य प्रत्युत्तर था।

वृद्धा ने जोरों से हँसते हुए कहा, 'हाँ, सो तो है'

'आप क्या यहाँ रोज़ आती हैं?' मैंने कुछ अन्तरंग होने की कोशिश करते हुए पूछा।

'नहीं भैया! रोज़ यहाँ आ पाना मेरे लिए सम्भव नहीं।' वृद्धा के स्वर में क्षोभ था।

'क्यों, आप क्या बहुत दूर रहती हैं?' मेरा सहज प्रश्न ख़त्म होते न होते वृद्धा ने मेरी पसली पर कोहनी मारी और कहा :

'पास रहूँ या दूर, आना चाहने से ही क्या आया जा सकता है? वह देखो न!'

पसलियाँ सहलाते-सहलाते मैंने देखा कि दो पुलिस वाले इधर ही आ रहे थे। मैं समझ गया कि कोलकाता में फुटपाथी फेरीवालों पर जैसे पुलिस का 'हल्ला' पड़ता है, ठीक वैसे ही घटना यहाँ भी घटती है। पुलिस के उस जोड़े को देखकर मुझे वृद्धा पर कुछ दया हो आई। सोचा कि उससे दो-एक ठोंगे मकई के दानों के और ख़रीद लूँगा, किन्तु बगल में नज़र घुमाते हुए देखा कि वृद्धा तो अन्तर्ध्यान हो गई थीं। इतनी भारी देह लेकर बिना कोई आवाज़ किए वह कहाँ सरक गईं? परन्तु क्या किया जा सकता था! शाम हो आई थी। कबूतर लौट रहे थे अपने-अपने डेरे। अब मुझे भी अपने सिर छिपाने का बन्दोबस्त करना चाहिए। अत: फिर से रवाना हुआ।

गर्मियों के दिन थे इसलिए थोड़ा बचाव था वर्ना अब तक तो जो कुहासा तसवीरों में देखा था, उसके साक्षात् दर्शन हो जाते। अभी तक तो लन्दन को सिर्फ़ तसवीरों में ही देखा था, फिर भी यह शहर मुझे अत्यन्त जाना-पहचाना और अपना-सा लग रहा था। इटली, जर्मनी, फ्रांस-भ्रमण के पश्चात् यह लन्दन जैसे अपना देश-सा लग रहा था। भारत छोड़ने के बाद अब तक जितने भी देश घूमा हूँ, हर जगह सबसे पहले भाषा की समस्या का सामना करना पड़ा है। रास्तों पर

लिखावट अनजानी भाषा में, लोगों से कितना भी मेल-जोल क्यों न बढ़ाऊँ पर भाषा के कारण हर वक्त महसूस हुआ कि मैं विदेश में हूँ और विदेशियों से बातें करने की चेष्टा कर रहा हूँ। किन्तु लन्दन—अहा! यहाँ की हर लिखावट पढ़ पा रहा हूँ, लोगों की बातें समझ पा रहा हूँ। पता नहीं क्यों, लोग भी सब परिचित-से लगते हैं। यहाँ स्वच्छंद हाथ-पैर खोलकर घूम-फिर पा रहा हूँ।

लन्दन में अभी तक दोस्तों-यारों का जुगाड़ नहीं हुआ। 'मैप' पर नज़र दौड़ाकर मैं यह समझने की कोशिश कर रहा था कि मैं हूँ कहाँ। लिखावटें देखकर लगा कि मैं कोलकाता के किसी फिरंगी-मोहल्ले में आ पहुँचा था। कुछ दूर और चलने के बाद देखा, सामने थी टेम्स नदी। हे प्रभु, क्या यही है वह प्रसिद्ध नदी? हमारी गंगा की तुलना में तो यह नितान्त बच्ची हैं। अविराम बह रही काली-सी जलराशि को देख मुझे सिर्फ़ यह लगा कि यह नदी अंग्रेज़ों के औपनिवेशिक कलंक की कालिमा को साथ लिये चल रही है। मुझे क्षमा करेंगे। मैंने किसी की आलोचना करना नहीं चाहा। अंग्रेज़ों के अपने गुण भी हैं, जैसे उनका आत्ममर्यादा बोध! किन्तु यह क्या, मैं क्या ग़लत देख रहा हूँ? नहीं, वही तो एक वृद्ध सज्जन खड़े हैं लैम्पपोस्ट के नीचे, हाथों में एक सफ़ेद लाठी लिये। क्या कर रहे हैं वे? भीख माँग रहे हैं? हाँ, भीख ही तो माँग रहे हैं! विश्वास कीजिए, पहले तो मैं भी अचकचा गया था—जिस भाषा में राजकाज चलता हो, उसी में भिक्षा के बोल सुनकर। प्राचीर के किनारे, लैम्पपोस्ट के नीचे, नदी के किनारे कोट-पैंट-टोपी-नेकटाई पहने लाठी और मग लिये साहब भिखारी को पाँच पेनी देने में कुछ संकोच हुआ। बीस पेनी उसके मग में डालते ही उसका ख़ुशी से भरा कंठ-स्वर सुनाई दिया, 'थैंक यू सर।'

मैंने फिर से नदी के किनारे-किनारे चलना शुरू किया। वेस्टमिनिस्टर ब्रिज के पास आते ही दूर से बहकर आती घंटा-ध्वनि ने सूचित किया कि रात के आठ बज गए थे। घंटे की आवाज़ सम्भवत: वेस्टमिनिस्टर चर्च से ही आई थी। अचानक याद आया कि काफ़ी देर से पेट में कुछ गया नहीं। साथ ही साथ भूख ने भी जोर मारा। नजदीक में ही एक 'बार' देखकर घुस गया। साइकिल को बाहर ही छोड़ दिया। चाय-टोस्ट और ऑमलेट आया। खाते-खाते चारों ओर नज़र दौड़ाई। बार के भीतर बिलकुल नि:शब्द था। प्लेट-गिलास की टुँ-टाँ और दबे स्वर में बातचीत के अतिरिक्त कोई शब्द ही नहीं सुनाई दे रहा था। बाईं ओर के टेबल पर दो महिलाएँ दो पुरुषों के गले लगी बैठी थीं। मैं पेरिस घूम आया

हूँ—यह दृश्य मेरे लिए नया न था। खाना ख़त्म किया। मूल्य देना पड़ा बीस पेनी। शिलिंग अब उठ गया है। विलायत में अब सिर्फ़ पेनी और पाउंड चलता है।

वेस्टमिनिस्टर रास्ता पकड़कर काफ़ी आगे जाकर सामने दिखाई दिया वेस्टमिनिस्टर ऐबे। यहाँ एक भले आदमी से हल्का-सा परिचय हुआ, उसी ने बताया कि यह बर्डकेज-वाक रास्ता पकड़कर सीधा आगे जाने पर मिलेगा बकिंघम पैलेस। चलना शुरू किया। रात का लन्दन, ख़ास कर यह जगह काफ़ी कुछ कोलकाता म्यूजियम के अगल-बगल के अंचल से मिलती-जुलती है। वृक्षों के बीच की खाली जगह में लैम्पपोस्टों की रोशनी, गिने-चुने राहगीर, मृदु विघ्नित नीरवता, सब मिला-जुलाकर एक रोमांटिक-सा वातावरण था, बशर्ते पेट भरा हो। हठात् सामने देखा रोशनी का फव्वारा और ख़ूबसूरत आलोक सज्जा। सामने ही विशाल आकार लिये खड़ा था पारम्पारिक बकिंघम पैलेस। किन्तु अभी नहीं, अभी काफ़ी रात हो गई है, बकिंघम कहीं भागा नहीं जा रहा। अभी मुझे दरकार है एक ठौर की, जहाँ रात बिताई जा सके। बकिंघम को बाएँ छोड़ मैं चल दिया आगे। कुछ दूर आकर मैं रुका, सामने ही था एक महासंगम पाँच विशाल राजपथों का। अरे, वह क्या! सामने एक पार्क है न! मैंने मैप निकाला। कहाँ आ पहुँचा हूँ, यह देखना होगा न! हाँ, बकिंघम पैलेस की बगल से वेलिंटन आर्च के भीतर से होकर रास्ता आया है हाइड पार्क के कोने पर—इसका अर्थ यह हुआ कि यह पार्क है, वही विख्यात हाइड-पार्क, बस। रात अब इसी हाइड-पार्क में बिताई जाएगी। हाइड-पार्क के अन्दर इधर-उधर घूमकर भी कहीं कोई लता या झाड़ियाँ नज़र नहीं आईं। अन्ततः एक पेड़, जिसके नीचे एक बेंच थी, के सामने आकर मैं रुका। मन-ही-मन सोचा, मिल गई। बेंच यानी खाट। सिर पर एक वृक्ष की छत, नीचे बेंच की खाट, एक ईंट मिल जाती तो हो जाता तकिये का इन्तजाम भी। एक यायावर को अभाव कैसा? हल्की-हल्की ठंड लग रही थी। यानी नींद अच्छी आएगी। सारा प्रबंध कर मैं लेट गया। गुडनाइट लन्दन!

कितनी देर सोया, पता नहीं, पर एक धक्के में ही नींद टूट गई। यह मुझे धक्का किसने दिया? आँखें जरा-सी खोलीं तो देखा, एक कांस्टेबल साहब थे। जानता था कि ऐसा हो सकता है।

'क्या चाहिए सर?'

'चाहिए कुछ नहीं। मेरी उपस्थिति से समझ जाना चाहिए था। रात बारह बजे के बाद पार्क में रहना ग़ैरक़ानूनी है।' कांस्टेबल ने गम्भीर स्वर में कहा।

'बैठिए न सर!' मैं ख़ुद भी उठ बैठा।

'नहीं, हम लोगों को बैठने की फुर्सत कहाँ!'

'हाँ, सो तो हैं। इस लन्दन शहर में यदि सभी को जगाने पड़े तो बैठने का समय ही कहाँ आप लोगों के पास।' मैंने अपनी आवाज़ में एक सहानुभूति की चाशनी मिलाई। 'कितना बज गया, बता सकते हैं सर?'

'एक बजकर पन्द्रह मिनट।'

'ओह! पर इस आधी रात को जाऊँ तो कहाँ जाऊँ, बताइए?' मेरे स्वर में उत्कंठा थी।

'यह बताना मेरा काम नहीं। तुम्हारे साथ अधिक बातें मैं नहीं करना चाहता। और इसके अतिरिक्त मेरे पास इतना समय भी नहीं है।'

'ठीक है। तो मेहरबानी करके कुछ इंफॉर्मेशन ही दे दीजिए।'

'बोलो।'

'रास्ते में फुटपाथ पर सोने पर भी क्या आपके क़ानून को आपत्ति है?'

'अवश्य।'

'और यहाँ से निकलकर यदि साइकिल पर सारे शहर का चक्कर लगाऊँ तो?'

'हम उसमें भी बाधा दे सकते हैं।' कांस्टेबल ने फरमान सुनाया।

'आपकी सहृदयता के लिए धन्यवाद। अब यदि एक परामर्श दें तो मैं बहुत उपकृत होऊँगा।'

'टूरिस्टों को परामर्श देना मेरा काम नहीं।' कांस्टेबल साहब ने घड़ी देखी, फिर आदेश जारी किया, 'आधे घंटे बाद मैं फिर आऊँगा, तब तुम मुझे यहाँ नज़र नहीं आने चाहिए।' जूतों की आवाज़ करते-करते कांस्टेबल महाशय चले गए। थोड़ी देर बाद उनकी जीप के जाने की आवाज़ सुनाई दी।

क्यों भाई! हमारे देश में जब खाट-बिस्तर लेकर दो सौ वर्ष सोए थे तब तो क़ानूनी और ग़ैरक़ानूनी का खयाल नहीं आया, अब तुम्हारे देश में पार्क में सोना, साइकिल पर शहर में घूमना ग़ैरक़ानूनी है? धत्तेरे की! अभी आधा घंटा तो है हाथ में। आधे घंटे का सदुपयोग किया जाए।

कच्ची नींद टूट गई थी, अब नींद कहाँ से आए! लेटे-लेटे में ऊल-जलूल सोच रहा था—राम—श्याम, टॉम-डिक—हैरी के बारे में, ईडेन गार्डन, हाइड पार्क, कोलकाता, इराक, लन्दन के बारे में...। इसी बीच कानों में पड़ी बूटों की आवाज़—ठक्-ठक्—और साथ ही सुनाई दी रोबीली आवाज़—गेट अप,गेट अप हरि...।

नहीं, इस बार वाक्-कौशल से काम नहीं बना। थोड़ी देर बाद साइकिल और माल-असबाब समेत मैं पुलिस-वैन के अन्दर था। बाहर की ठंड से तो गाड़ी के भीतर काफ़ी आरामदायक था। और नरम गद्दी पर बैठकर भ्रमण करना अच्छा लग रहा था। थोड़ी ही देर बाद गाड़ी रुकी। पुलिस साहब के निर्देशानुसार उतरना पड़ा। साइन बोर्ड देखकर ही समझ गया कि हम थाने में हैं। साइकिल नीचे रखकर, बैग कन्धे पर लेकर, पाँच-छः सीढ़ियाँ चढ़कर ऊपर आया। एक कमरे में घुसते ही दो कांस्टेबल उठकर आगे आए। जो कांस्टेबल मुझे लेकर आए थे, उन्हें आश्वस्त करते हुए बोले, 'नथिंग सीरियस।'

इसके बाद टेबल के बगल में बैठकर उन्होंने एक फॉर्म उठाया और ख़ुद ही उसे भरा। इसी बीच मेरा पासपोर्ट माँग लिया। फिर फार्म मेरी ओर बढ़ाकर बोले, 'साइन हियर, चार्ली!'

मैंने प्रतिवाद किया, 'माई नेम इज विमल, नॉट चार्ली।'

वे महाशय हँसे, 'ओ के बिमल, फॉर अस एवरीवडी इज चार्ली।'

काग़ज़ पर हस्ताक्षर करने से पहले एक बार नज़र फेर ली। केस में लिखा गया था : Hyde Park, Normal Gentle इत्यादि। माल-असबाब जमा देकर एक व्यक्ति का अनुसरण करते हुए जिस कमरे में प्रवेश किया, वह एक साधारण-सा कमरा था—एक पुरानी मैली-सी खाट थी और उसके बगल में ही तहाये रखे थे कुछ कम्बल। झन्न-सी एक आवाज़ हुई। पीछे देखा तो बन्द दरवाज़े के उस ओर चाबियों का गुच्छा लिये कांस्टेबल साहब खड़े थे। हँसते हुए बोले, 'गुडनाइट चार्ली।'

'गुड नाइट।'

यही तो चाहिए था। जय बाबा ताड़कनाथ! बत्ती बुझाकर मैंने भी कंबल के नीचे आश्रय लिया।

अगले दिन सुबह साढ़े नौ बजे नींद टूटी। थाने से रिहाई मिली तो बाहर सड़क पर पैर रखा। आते समय थाने के अफ़सर को मैंने कहा, 'धन्यवाद सर, आप लोगों के अतिथि-सत्कार से मैं बहुत ख़ुश हूँ। दरकार हुई तो फिर आप लोगों की शरण लूँगा।' उस पुलिस अफ़सर का हकबकाया हुआ चेहरा देखकर हँसी आ रही थी।

आज रविवार है। शहर में काफ़ी कुछ आज बन्द है, और काफ़ी कुछ खुला भी है। यूरोप में रविवार को मेरे हाथ में कोई काम न हो तो मैं चर्च में चला

जाता हूँ। इससे समय भी कटता है और अनुभव भी होते हैं। मैंने देखा है कि इसमें लाभ ही है, नुकसान नहीं।

जिस सड़क पर मैं चल रहा हूँ, उसका नाम मुझे नहीं मालूम। आसपास के चेहरों को देखकर लग रहा है कि मैं लन्दन शहर के अन्दर ही हूँ। बाईं ओर एक चर्च नज़र आया। बस, और क्या चाहिए! साइकिल सीढ़ी के पास रखकर चला गया ऊपर। विशाल हॉल-घर था जो लगभग पूरा भर्ती था। खाली थीं तो बस पीछे की कुछेक सीटें, उन्हीं में से एक पर मैं सावधानी से बैठ गया। ऑर्गन की धुन पर समवेत संगीत चल रहा था। समवेत प्रार्थना का कितना माहात्म्य है, इसकी जानकारी मुझे नहीं है। भगवान ईसा मसीह हमारे भगवान शिव से अधिक शक्तिमान हैं कि नहीं, इस तत्त्व की भी मुझे जानकारी नहीं है। किन्तु हाँ, मुझे जो अच्छा लगता है, वह है यह संगीत और समवेत प्रार्थना। भगवान यीशु से ये लोग कितना प्रेम करते हैं या उन पर कितना विश्वास करते हैं, यह तो मैं नहीं कह सकता किन्तु उनको निमित्त बना हफ्ते में एक बार यह जो सामूहिक मिलन, भावनाओं का आदान-प्रदान और साथ ही साथ जो धर्म-चर्चा है, सामान्य जीवन में इसका महत्त्व असीम है। मेरी राय में तो ईसाई धर्म की यही प्रधान विशिष्टता है। व्यक्तिगत रूप से मेरे लिए मन्दिर-मस्जिद-गिरजा-सिनॉगॅग सब समान हैं—ईश्वर एक है—विप्राः बहुधा बदन्ति।

यह कैथोलिक चर्च है। पूजा व प्रार्थना के अन्त में सभी प्रभु यीशु के नाम पाव रोटी के टुकड़े को दाँतों से काटकर, मदिरा को होंठों से छुआकर एक-एक कर चर्च से बाहर जा रहे हैं। मैं भी उनके साथ क़दम मिलाते-मिलाते पादरी के पास पहुँचा। उन्हें 'सुप्रभात' कहकर मैं बोला, 'सभी ने तो कुछ न कुछ दान किया, किन्तु मैं तो कुछ भी नहीं दे पा रहा हूँ। आप लोगों का गायन बहुत ही अच्छा लगा, बहुत आनन्द आया। मेरी भी, कुछ देने की इच्छा है। आप ही बताएँ, मैं आपके किसी काम आ सकता हूँ क्या?'

सजे-धजे फादर (पादरी) ने स्नेह से गद्‌गद होकर नाटकीय अन्दाज में हाथ हिलाते हुए जवाब दिया, 'नो सन, हमें किसी सहायता की आवश्यकता नहीं है। तुम मन-प्राण से प्रभु की सेवा करो, उसी से तुम्हारी सारी इच्छाएँ पूरी होंगी।'

चर्च से निकलकर देखा कि मेरी साइकिल के चारों ओर उत्सुक जनता की भीड़ जमा थी। मेरे नजदीक जाते ही सब कुछ दूर हट गए। मेरे साइकिल पर हाथ रखते ही सबने पास आकर मुझे घेर लिया। सबकी ओर एक नज़र डालकर

मैंने अपनी बात शुरू की। अपना परिचय देते हुए मैंने बताया कि मैं एक भारतीय पर्यटक हूँ। यदि उनका कोई प्रश्न हो तो वे पूछने को स्वतंत्र हैं।

मेरी बात ख़त्म होते ही एक महाशय सामने आए। दोहरा बदन, चेहरे पर एक धूर्त हँसी। उन्होंने जो प्रश्न किया, वह मैं पहले भी कई बार सुन चुका हूँ। इसे प्रश्न न कहकर मंतव्य ही कहना उचित होगा। उन महाशय का कहना था, 'आप मज़ाक़ कर रहे हैं या कि हम लोगों को बुद्धू बना रहे हैं! आप साइकिल से भारत से हमारे देश आए हैं, यह बात आप हमें विश्वास करने को कह रहे हैं?'

कहने की आवश्यकता नहीं कि इन सवालों का क्या जवाब दिया जाना चाहिए, यह मैं जान गया हूँ। मैंने हँसकर ही जवाब दिया, 'आप लोगों को बुद्धू बनाने के लिए मैं इतने कष्ट उठाकर यहाँ आपके देश में आया हूँ, यह सोचना क्या बुद्धिमानी का लक्षण है?'

इतना सुनते ही उन महाशय का चेहरा उतर गया। भीड़ में से किसी ने प्रश्न किया, 'आप क्या क्रिश्चियन हैं?'

'क्रिश्चियन कहकर आप क्या समझाना चाहते हैं?' मैंने उल्टा प्रश्न किया।

'अर्थात आप क्या ईसा मसीह में विश्वास करते हैं?' इस बार स्वर कुछ नर्म लगा।

'सत्य को कौन अस्वीकार कर सकता है?' उपदेशपूर्ण उक्ति के लहजे में मैंने कहा।

'तो आप यह स्वीकार करते हैं कि ईसा मसीह ईश्वर के पुत्र हैं और वे नये स्वरूप में इस धरती पर अवतीर्ण हुए थे?'

'अवश्य!' मुझे सूत्र मिल गया था, छोड़ता कैसे। मैंने श्लोक पढ़ा :

परित्राणाय साधुनाम् विनाशाय च दुष्कृताम्।
धर्मसंस्थापनार्थाय सम्भवामि युगे-युगे॥

फिर मैंने 'गीता' के श्लोक की व्याख्या कर दी। मेरे बगल वाले सज्जन मेरे श्लोक-पाठ और उसकी व्याख्या से अत्यन्त ख़ुशी नज़र आए। सभी को सम्बोधित करते हुए वह बोले, 'मैं अब समझ गया हूँ। इनकी बातों से यह स्पष्ट हो गया कि ये एक भारतीय योगी हैं।'

बस, शुरू हो गया कोलाहल। कुछ देर प्रश्नोत्तर चलने के पश्चात् जब मैं भीड़ से निकल रहा था, वह महाशय मेरे पीछे-पीछे आए। जब उन्होंने सविनय

मुझे चाय-पान का निमंत्रण दिया तो मैं फौरन तैयार हो गया। हम दोनों एक चाय की दुकान में आकर बैठे।

उन महाशय का नाम था मि. ब्रायन स्कॉट। वे ऑक्सफोर्ड यूनिवर्सिटी में अंग्रेज़ी साहित्य के अध्यापक और गवेषक थे। बीच बीच में लन्दन आते रहते हैं, और रविवार हो तो इस चर्च में आते हैं।

साहित्य के व्यक्ति होते हुए भी मि. स्कॉट को भ्रमण विषयक पुस्तकें पढ़ना अच्छा लगता है। मेरे प्रति उनके उत्साह का कारण यह था कि उनकी घनिष्ठ मित्र देवला मर्फी (Devla Murphy) भी साइकिल द्वारा बेलफास्ट से भारत गई थीं। मि. स्कॉट ने अनुरोध किया कि मैं उनकी मित्र की पुस्तक पढ़कर देखूँ। मेरे लिए आई चाय और सैंडविच तथा मि. स्कॉट ने ली कॉफी। इस बीच हमारी बातचीत भी चलती रही। मि. स्कॉट बड़े ही सरल व मिलनसार व्यक्ति थे। मुझे अच्छे लगे। उनकी बातों से बड़ा आश्चर्य हुआ जब उन्होंने बताया कि यह लन्दन शहर शुरुआती दौर में एक रोमन नगरी था। यह पाँचवीं शताब्दी की बात है।

मि. स्कॉट मुझे अपने मित्र जैफरी से परिचय कराने ले गए। चाय की दुकान से निकलकर प्रायः आधा घंटा पैदल चलकर हम बेलग्रेड रोड पर पहुँचे। रास्ता मेरा जाना-पहचाना था। क्योंकि कल रात इसी रास्ते से तो आया था। एक गली के मुँह पर आकर मि. स्कॉट ने बताया, यही है जैफ़री का स्टूडियो। जैफ़री एक आर्टिस्ट हैं। वे रविवार को यहाँ आते हैं चित्र अंकित करने। वैसे वे रहते ब्राइटन में हैं।

पहले तल्ले के एक कमरे की कॉल-बेल दबाई मि. स्कॉट ने। कुछेक मिनटों के बाद दाढ़ी-मूँछ-बाल-चश्मे समेत एक गोलाकार चेहरे ने बाहर झाँका और अत्यन्त प्रसन्न होकर मि. स्कॉट का स्वागत करते हुए दरवाज़ा खोला। हमने भीतर प्रवेश किया।

मि. स्कॉट ने मि. जैफ़री बेकर से मेरा परिचय कराते हुए बताया कि वे केम्बखेल आर्ट कॉलेज के प्रोफ़ेसर थे और भारत के बारे में उनका अगाध ज्ञान एवं उत्साह था। मेरा परिचय प्राप्त कर मि. बेकर ने बड़े उत्साह के साथ हाथ मिलाया। अपने स्टूडियो में बैठाया। देखा, चारों ओर रंग, तूलिकाएँ, कैनवस तथा समाप्त व अर्द्धसमाप्त चित्र यहाँ-वहाँ बिखरे पड़े थे। मनमौजी चित्रकार के चित्रांकन-घर के साथ मेल खाता था स्वयं चित्रकार का चेहरा। मैली फटी-पुरानी पैंट-गंजी, गंजे माथे के चारों ओर रुखे-सूखे बाल। सब मिला-जुलाकर लग रहा था कि मि. बेकर पचास के ऊपर के होंगे, किन्तु मि. स्कॉट ने बताया

कि मि. बेकर की उम्र मात्र तीस थी। बातचीत के दौरान ही मि. स्कॉट ने घड़ी पर नज़र डाली और बताया कि उन्हें कहीं और जाना है इसलिए वह और नहीं रुक पाएँगे। मुझे मि. बेकर के जिम्मे छोड़ उन्होंने विदा ली।

मि. बेकर कहकर सम्बोधन करते ही चित्रकार ने प्रबल आपत्ति की। बाद में हमारा सम्बोधन जैफ और बिमल हो गया। जैफ के साथ मेरी बातचीत काफ़ी जम उठी। जैफ को सचमुच भारत के बारे में अच्छी-ख़ासी जानकारी थी। भारतीय शिल्प और दर्शन पर उनके ज्ञान ने मुझे विस्मित कर दिया। भारत के प्रति जैफ का लगाव कितना गहरा था, इसका परिचय मुझे हमारी बातचीत में मिला। जैफ ने अपने यहाँ ही मुझे भोजन कर लेने को कहा और आश्वासन देते हुए कहा कि लन्दन में अब मुझे चिन्ता करने की कोई ज़रूरत नहीं। सिर छिपाने का ठिकाना मिल जाएगा।

भोजन के पश्चात् जैफ ने अचानक कहा, 'तुम्हें देखते ही मुझे बार-बार टर्नर की याद हो आती है।'

'टर्नर? वे कौन हैं?' मैंने पूछा।

'तुमने उनका नाम नहीं सुना होगा। वे एक महान व्यक्ति थे। यदि पूछो कि इंग्लैंड में सबसे बड़े चित्रकार कौन थे? या यदि जानना चाहो कि यूरोपीय चित्रकला में किस कलाकार या चित्रकार का अवदान सर्वाधिक है? या इंग्लैंड के बाहर किस चित्रकार की ख्याति सर्वाधिक है? तो इन तीनों सवालों का एक ही उत्तर है : टर्नर—Joseph Mallord William Turner।

मैं तो सुनकर ही अवाक् रह गया। जैफ का सिर फिर गया है क्या? मैंने जैफ को रोकने की चेष्टा करते हुए कहा, 'बस, बस, कहाँ इंग्लैंड तथा यूरोपीय चित्रकला-जगत की विशिष्ट प्रतिभा टर्नर और कहाँ मैं, भारत का एक मामूली-सा पर्यटक। दोनों का एक साथ चर्चा में जिक्र करना भी...'

'बिमल।' जैफ ने भारी गले से कहा, 'मेरी बात अभी ख़त्म नहीं हुई है।'

'ओह, सॉरी जैफ।'

'तुम कह रहे थे कि जोसेफ़ टर्नर से तुम्हारी तुलना नहीं की जा सकती। अवश्य की जा सकती है। जोसेफ टर्नर और तुममें समानता कहाँ है, जानते हो? टर्नर भी तुम्हारी ही तरह भ्रमण-विलासी थे।'

'सच? तब तो उनके बारे में और भी कुछ...'

'सुनना चाहते हो? तो सुनो।' ठीक से बैठकर जैफ ने कहना शुरू किया :

'जोसेफ टर्नर का जन्म अप्रैल, 1775 में हुआ था। आज से लगभग दो सौ वर्ष पूर्व। अभी जहाँ कॅवेंट गार्डन सोसाइटी ऑफ़ आर्टिस्ट का भवन है, वही टर्नर का वास भवन था।

बचपन में जब माँ का देहान्त हो गया तो जोसेफ के पिता ने उन्हें छोटे भाई के पास भेज दिया। सच पूछो तो जोसेफ का लालन-पालन उनके चाचा ने किया। उनके चाचा 'मास्टर बुचर' यानी उस्ताद कसाई थे और बड़ी-बड़ी मांस की दुकानों में मांस काटना ही उनका पेशा था।

सम्भवत: अपने चाचा के पास रहने के समय ही उनकी प्रतिभा का विकास हुआ। तेरह-चौदह वर्ष की अवस्था में उन्हें रॉयल ऐकेडमी स्कूल में भर्ती किया गया। हाथ की कारीगरी के लिए उन्हें एक छात्रवृत्ति दी गई। उम्र बढ़ने के साथ-साथ हठात् उनका गायब हो जाना भी बढ़ने लगा।

इस निरुद्‌देश्य यात्रा के समय चित्रांकन का सारा सरंजाम उनके साथ होता। उनके चित्रों के विषय थे : पुराने प्रासाद-दुर्ग-चर्च, इत्यादि।

टर्नर के इन सब चित्रों से उस स्थापत्य का निदर्शन मिलता है,जो आजकल विध्वंस हो गया है। जैसे सैलिसबरी कैथेड्रल का कोई भी चित्र आज नहीं है, किन्तु टर्नर के चित्र से उसके स्थापत्य का हू-ब-हू निदर्शन मिलता है। और इसीलिए टर्नर के अंकित चित्रों का ऐतिहासिक महत्त्व अत्यधिक है। मज़े की बात यह है कि टर्नर यदि भ्रमण-विलासी न होते तो ये सब चित्र उनके हाथों से न बनते और उस ऐतिहासिक स्थापत्य का कोई चिन्ह भी हमें न मिलता। वे भी तुम्हारी ही तरह घुम्मकड़ थे, इसीलिए अमर हो गए।' यह बता कर जैफ रुक गया।

थोड़ी-सी देर के परिचय में जैफ़ ने इतने घनिष्ठ सम्पर्क में बाँध लिया कि मैं मुग्ध हुए बिना नहीं रह सका। जैफ़ ने बताया कि वह अपने कुछेक छात्र-छात्राओं से भी परिचय करा देगा। अपनी एक छात्रा को उसने फ़ोन से मेरे बारे में बताया और शाम को उसके यहाँ जाने की बात भी पक्की कर ली।

मैं भी तो यही चाहता था कि अधिक से अधिक लोगों से परिचय हो—विशेष कर यदि युवा-सम्प्रदाय हो तो कहना ही क्या!

शाम को साइकिल पर सवार हो मैं चला आया फॉरेस्ट हिल में नेदरबी रोड के 24 नम्बर मकान में। जैफ़ बाद में आएगा। छोटा इकमंज़िला क्वार्टर टाइप का मकान था। सामने बिना किसी जतन के उगे जिनिया फूल के के पौधों का एक छोटा सा बग़ीचा था। लकड़ी का दरवाज़ा खोलकर मैंने भीतर प्रवेश

किया। दरवाज़े पर कोई कॉलिंग बेल नहीं थी, न ही कोई कुंडी या कड़ा था कि खटखटाता। उँगली की गाँठ से खटखटाने के लिए हाथ छुआते ही दरवाज़ा धीरे से खुल गया, अर्थात् दरवाज़ा भिड़काया हुआ था। बाध्य होकर हाँक लगाना पड़ा, 'घर में है कोई?'

साथ ही साथ भीतर से दौड़कर बाहर आई पैंट-शर्ट पहने लम्बे बालों वाली एक लड़की, जिसके हाथों में अधखाया एक सेब था। सीधी आकर मेरे सामने खड़ी हुई फिर सेब का एक टुकड़ा दाँतों से काटकर खाते-खाते बोली—'भीतर आ जाओ।'

मेरे कुछ कहने से पूर्व ही वह लड़की अन्दर चली गई। एक बार ठिकाने का मिलान कर तथा साइकिल बाहर एक किनारे खड़ी कर मैंने भी आहिस्ता से भीतर प्रवेश किया। जैफ की छात्रा का नाम था लिज जार्विस—संक्षिप्त नाम लिज। दरवाज़ा पार करते ही और एक लड़की से टकराते-टकराते बचा। ख़ुद को सँभालकर मैंने कहा, 'मैं लिज से मिलना चाहता हूँ।'

'मैं ही लिज हूँ। आओ बिमल, बगल के कमरे में बैठते हैं।' उस लड़की ने उत्तर दिया।

लिज के सिर पर निग्रो लोगों जैसे घुँघराले बाल थे। देखने में सुन्दर...हाँ, कहा जा सकता है। किन्तु मुँह की गन्ध से लगा कि जीवन में दाँतों पर कभी ब्रश लगा ही नहीं। किन्तु व्यवहार इतना सुन्दर कि किसी को भी अपना बना ले। उसकी उस सेब खाने वाली मित्र का नाम था विजी। दोनों की उम्र होगी यही कोई सत्रह-अठारह। एक ही कॉलेज में पढ़ती हैं, एक ही मकान में रहती हैं दोनों में बहुत प्रेम है। इन लोगों का बैठकखाना बहुत बड़ा है, इसलिए शाम को अन्यान्य छात्र-छात्राएँ चले आते हैं अड्डा देने यानी गप्पें करने। निचले तल्ले पर रहती है लिज और विजी तथा ऊपर के तल्ले पर रहती हैं उनकी लैंडलेडी।

आधे घंटे में ही जैफ भी चला आया। इसके बाद एक-एक,दो-दो कर धीरे-धीरे और भी कुछेक लोग आए। ये सभी जैफ के छात्र-छात्राएँ थे। किन्तु बातचीत का ढंग देखकर लग रहा था, जैसे पुराने दोस्त हों!

लिज ने अचानक मुझे भारतीय तंत्र विद्या के बारे में कुछ बोलने को कहा। सभी की प्रतिनिधि के रूप में उसने बताया कि उपस्थित सभी लोग मेरे मुँह से 'तंत्र-आर्ट' के बारे में कुछ सुनना चाहते थे। मैं मुश्किल में पड़ गया। जान छुड़ाने के लिए मैंने कहा कि 'मैं तो एक सामान्य-सा परिव्राजक या घुमक्कड़

हूँ, तंत्र के बारे में मुझे कोई ज्ञान नहीं। अत:...'

परन्तु कौन किसको सुने? सभी ने समान स्वर में हल्ला करना शुरू कर दिया। मैंने जैफ की ओर देखा। आँखों के इंगित से उसने कहा, 'चलाए जाओ।' मैं समझ गया कि अब कुछ तो बोलना ही होगा।

फायरप्लेस के ऊपर नीले रंग की हल्की-सी रोशनी ने कमरे में एक अस्पष्ट-सी छाया तैयार कर रखी थी। मूल्यवान सामान यहाँ-वहाँ बिखरा था, और उसी में कोई सोफा पर तो कोई कारपेट पर यहाँ-वहाँ बैठा था। फायरप्लेस की सुलगती आग की आभा ने सभी के चेहरों पर मानो लाल रंग लगा दिया हो! उजले-अँधेरे घर के भीतर के वातावरण ने कुछ आलोकित स्वरूप ले रखा था। और उसके ऊपर थी उत्सुक श्रोता-मंडली।

'मैं पहले ही बता देता हूँ कि 'तंत्र' के बारे में मेरी कोई विशेष धारणा या अनुभव नहीं है। एक भ्रमणकारी या परिव्राजक के रूप में विभिन्न तांत्रिक पीठस्थानों में घूम-फिरकर कुछ-कुछ जाना है। उन सब जगहों पर मैंने जो सुना है, वही तुम सबको सुनाता हूँ। 'तंत्र' मूलत: हिन्दू धर्म की एक धारा है। तंत्र के देवता हैं शिव, महाकाली, यम इत्यादि। अति प्राचीनकाल से ही भारत, नेपाल, तिब्बत एवं अगल-बगल के विभिन्न राज्यों पर तंत्र का प्रभाव असीम था। आजकल भारत में तंत्र-चर्चा वैसी कुछ नहीं है। किन्तु हिमालय के विभिन्न हिस्सों एवं भारत में दो-तीन जगहों पर अभी भी तंत्र-चर्चा या साधना है, जैसे कामाख्या, नेपाल के काठमांडू, बक्रेश्वर, नैनीताल के माता जी का डेरा इत्यादि में। अब सवाल यह है कि यह तंत्र आख़िर है क्या चीज़? मुझे क्षमा करें, इसका उत्तर स्वयं मैं भी नहीं जानता। किन्तु कहने की सुविधा के लिए यह माना जा सकता है कि मनु धातु और स्ताच् प्रत्यय मिलकर हुए हैं मंत्र, इसी प्रकार तन् धातु और स्ताच् प्रत्यय मिलकर शायद बने हों तंत्र! तन् अर्थात् देह को धारण करे जो, अथवा देहत्व के बारे में सम्यक् ज्ञानअर्जन ही है तांत्रिकों का मूल उद्देश्य। अब इस तंत्र की सृष्टि कब हुई, मुझे नहीं मालूम। जहाँ तक सुना है, पैलिओलिथिक युग की गुफाओं में तांत्रिकों जैसे बहुतेरे प्रतीक प्राप्त हुए हैं। इससे यह समझा जा सकता है कि ईसा-पूर्व बीस हज़ार वर्ष पहले भी इसका अस्तिस्व था।

'किसी एक समय इस तंत्र-साधना में अत्यधिक जटिलता की सृष्टि हुई। हमारी भाषा में इन्हें डाकिनी, मोहिनी, कुहक, निशा इत्यादि कहते हैं और अंग्रेज़ी में इसको ब्लैक-मैजिक कहते हैं। ख़ैर, जो हो, भारतीय समाज में इन तांत्रिकों

ने एक समय चरम आतंक की सृष्टि की। छोटे बच्चों को पकड़कर महाकाली के सामने उनकी बलि चढ़ाना, सुन्दर कुमारी लड़कियों का अपहरण कर साधना के नाम पर उन पर बीभत्स यौन-अत्याचार, नरबलि इत्यादि ने तंत्र-साधना के नाम पर व्यापक रूप धारण किया तो जनता ने क़ानून की शरण माँगी और तब ब्रिटिश राज ने तंत्र-साधना पर पाबन्दी लगा दी। किन्तु इस तरह की चीज़ों को केवल क़ानून से नहीं रोका जा सकता। तांत्रिक लोग चले गए घने जंगलों में, पर्वतों पर, जनपदों से दूर। किन्तु तंत्र-साधना पूर्णतः बन्द नहीं हुई।'

मैं थोड़ा रुका। फायरप्लेस के पास रखी केतली से थोड़ी चाय उड़ेलकर बगल की प्लेट से एक काजू उठाकर मुँह में डाला।

'यह जो मैंने काजू का एक टुकड़ा मुँह में डाला और चाय के कप से चुस्की ली—यही यदि कोई तांत्रिक होता तो क्या करता, पता है? उसके हाथ में इस कप के बदले किसी मुर्दे की साफ़ की हुई पुरानी खोपड़ी होती और उसमें भरा होता किसी ताजा नरबलि का गरम ख़ून। और इस काजू के बदले वह मुँह में डालता कच्चा नरमांस और फिर ऐसे चुस्की लेता...'

'इश्श!'

'कैसा भयानक है!'

'क्या कह रहे हैं!'

चारों ओर से नाना शब्दों की ध्वनि सुनाई दी।

मैं समझ गया कि दवा असर कर रही है। रस को और गाढ़ा करने के लिए मैंने कहा, 'मेरी बात सुनो। यह पूरा मामला मैं तुम लोगों को 'फील' कराना चाहता हूँ। और इसके लिए दरकार होगी थोड़े-से वातावरण के निर्माण की और तनिक से कल्पना के आश्रय की। वातावरण-निर्माण के लिए कमरे की उस नीली बत्ती को बुझाने से ही काम चल जाएगा।'

एक लड़की ने उठकर साथ ही साथ बत्ती बुझा दी। अब अँधेरे कमरे में थे हम कुछेक प्राणी। फायरप्लेस की आग की रोशनी में सभी किसी रहस्यमय जगत के निवासी लग रहे थे।

मैंने फिर से बोलना शुरू किया, 'फर्ज करो कि हम सभी तांत्रिक संन्यासी हैं। किसी की पोशाक रक्ताम्बर है और कोई बिलकुल निर्वस्त्र है। पुरुषों के सिर पर जटा और चेहरे पर बड़ी-बड़ी दाढ़ी-मूँछ हैं। महिलाओं ने लाल वस्त्र पहने हैं, खुले बाल भैरवी हैं वे। सभी के माथे पर सिंदूर की बिन्दी है। फर्ज करो कि मैं

प्रधान तांत्रिक हूँ अर्थात तांत्रिक गुरु हूँ। घना जंगल है। चारों ओर विशाल आकार के वृक्ष हैं। बीच में है एक पुराना मन्दिर, जिसमें महाकाली की मूर्ति है। गहरी निस्तब्ध रात है। हम सभी साधना में बैठे हैं। मैं प्रधान तांत्रिक समाधिस्थ हो एक मृत देह पर बैठा हूँ। मंत्र उच्चारित हो रहे हैं—ऊँ काली कराली महाकाली...। एक ओर दो सुलक्षणा कुमारी युवतियाँ हैं, जिन्हें साधना के उपकरण के रूप में उपयोग के लिए पकड़कर लाया गया है। अर्थात थोड़ी देर बाद ही शुरू होगा इन पर बीभत्स यौन-अत्याचार। मेरी समाधि टूटेगी और मैं यज्ञ में आहुति दूँगा। इसके बाद उठ बैठेगा वह शव यह कहते हुए—मैं भूखा हूँ...'

'नो-नो, आइ कांट...'

चीख़ उठी एक लड़की। और साथ ही साथ जल उठी नीली बत्ती। लड़की बुरी तरह डरकर पसीने-पसीने हो गई थी।

जैफ कुछ देर मेरी ओर देखता रहा, फिर बोला, 'सचमुच बिमल, तुमने ऐसा माहौल बना दिया था कि हम सभी...' उसकी बात ख़त्म होने से पहले ही सबने हो-हल्ला मचा दिया।

उसी से मैं समझ गया कि मेरी कहानी पर सभी मुग्ध थे। यहाँ तक कि जो लड़की डर गई थी, वह भी हल्के-से मुस्कुरा रही थी।

'देखो, हमारे लिए तो यह सारा मामला ही कल्पना का है, किन्तु तांत्रिकों के लिए कल्पना नाम की कोई चीज़ नहीं होती। तांत्रिकों का तो विश्वास होता है कि इस जगत का सब कुछ रूढ़ व कठिन सत्य है...' मैं अब उपसंहार पर आना चाहता था किन्तु देखा कि बाकी कोई रुकना ही नहीं चाह रहा था।

लिज रसोई से खाने को कुछ ले आई और साथ ही चाय की केतली में कुछ और चाय।

'तांत्रिकों को सेक्स इतना पसन्द क्यों है?' किसी ने सवाल किया।

'केवल तांत्रिकों को? क्या और किसी को पसन्द नहीं?' मेरे प्रतिप्रश्न पर सभी ठठाकर हँस पड़े।

'तांत्रिक-आर्ट में सेक्स है सृजन का प्रतीक। जरा ठीक से सोचकर देखो, नारी और पुरुष के मिलन से सृष्टि होती है। यह प्राकृतिक नियम है। जीवात्मा से शुरू कर संसार का सब कुछ इस नियम के सूत्र से बँधा है। किसी भी सृष्टि के लिए दो शक्तियाँ चाहिए : स्त्री व पुरुष, शिव-काली, योनि-यंत्र—ये सब उसी के विभिन्न प्रतीक हैं। मैंने व्याख्या करने की कोशिश की।

‘किन्तु सामान्य दृष्टि से क्या यह अश्लील नहीं है?’ फिर किसी ने प्रश्न किया।

‘यह तो व्यक्तिगत दृष्टिकोण पर निर्भर करता है। मैं यदि अपना जन्म-रहस्य जानना चाहूँ, तो क्या वह गलत होगा? यह तो विज्ञान है।’ मेरा उत्तर था।

‘तांत्रिक-आर्ट में महाकाली की तसवीर देखी है। उस तसवीर की व्याख्या क्या है?’

‘व्याख्या व्यक्तिगत अनुभवों पर निर्भर करती है। अब जैसे तुम लोग एब्स्ट्रैक्ट को लेकर हो-हल्ला करते हो, अब वैसी एक एब्स्ट्रैक्ट तसवीर यदि रास्ते के किसी व्यक्ति को दिखाकर उसकी राय जानना चाहो, तो वह व्यक्ति कर पाएगा इस तसवीर की व्याख्या? नहीं न। क्योंकि तसवीर को समझने के लिए कुछ मानसिक प्रस्तुति की दरकार होती है, दरकार होती है चिन्तन-मनन की, अनुभव की। ठीक उसी प्रकार महाकाली की मूर्ति की व्याख्या भी व्याख्याता के मानसिक स्तर पर निर्भर करती है। तुम लोगों का प्रश्न भले ही छोटा हो, पर इसका उत्तर देने में सारी रात बीत सकती है। संक्षिप्त रूप से कहा जा सकता है कि महाकाली की तसवीर की विभिन्न व्याख्याएँ की जाती हैं। तांत्रिकों की यह भी एक विशिष्टता है। अर्थात तांत्रिक अपने व्यक्तिगत अनुभवों, ध्यान-धारणाओं और समाधि के विभिन्न स्तरों की मानसिकता को बाह्य स्वरूप देने की चेष्टा करते हैं। कहा जा सकता है कि यह उनकी मानसिकता के क्रम-विकास की अभिव्यक्ति है।

‘महाकाल है ‘इंटर्नल टाइम’ या प्रवहमान अनन्त कालस्रोत। जगत का सम्पूर्ण जीवन सीमाबद्ध काल है। हमारा जन्म-मृत्यु सब एक निर्दिष्ट समय पर निर्भर करता है। इस जगत का सब कुछ समय के परिमाप में बँधा है—वह चाहे एक क्षण हो या एक हज़ार वर्ष। स्थान-काल-पात्र के भेद में हमारी विभिन्नता है। महाकाल की सृजनशक्ति ही है महाकाली—यह एक प्रतीकस्वरूप है। महाकाली का स्वरूप घना काला हो या नीला, अन्धकार तो अनन्त का प्रतीक है। और जन्म-मृत्यु आदि सबकुछ इस काल के गर्भ में है। इसके अतिरिक्त भी अनेक व्याख्याएँ हैं। किन्तु वे साधक के व्यक्तिगत अनुभव पर निर्भर हैं, जैसा कि मैं पहले ही कह चुका हूँ।’

मैं रुका। जैफ की ओर देखा तो लगा कि वह भी सन्तुष्ट था। घड़ी पर नज़र पड़ते ही जैफ़ उछल पड़ा। रात के साढ़े ग्यारह बज रहे थे। जैफ उठा तो बाकी सब भी शरीर झाड़कर खड़े हुए। मैंने देखा कि जैफ, लिज और विजी में कुछ

परामर्श चल रहा था। मैंने उनकी बातों पर ध्यान न देने का प्रयास किया। कुछ क्षण पश्चात् जैफ़ ने मुझे बताया कि यदि मुझे आपत्ति न हो तो उनके कॉलेज में मेरे साथ एक छोटी-मोटी परिचर्चा का आयोजन किया जा सकता है।

मैंने अपनी सहमति जताई तो सभी ने विदा ली। कमरे में रह गए लिज, विजी और मैं। मुझे अभी तक पता नहीं था कि इसके बाद मैं जाऊँगा कहाँ। लिज और विजी से जब मैंने विदा माँगी तो दोनों एक साथ बोल उठे, 'इतनी रात को कहाँ जाओगे?'

मैंने हँसते हुए उत्तर दिया, 'यह तो पता नहीं, किन्तु तुम लोगों के शहर में तांत्रिक साधुओं का कोई छोटा-मोटा ठौर-ठिकाना नहीं है क्या?'

मेरी बात पर दोनों हो-होकर हँस दिये। लिज ने मेरी ओर बढ़कर कहा, 'जैफ ने तुम्हारे बारे में मुझसे कहा था। तुम यदि चाहो तो निश्चिन्त होकर कुछ दिन हमारे यहाँ रह सकते हो।'

सुनते ही मैं कुर्सी पर बैठ गया और अपनी मातृभाषा में कुछ बड़बड़ाने लगा।

विजी ने पूछा, 'क्या कह रहे हो तुम?'

मैंने उत्तर दिया, 'यही कि जैसी तुम्हारी इच्छा।'

मैं उठकर अपना सामान यानी साइकिल और बैग कमरे में ले आया। कुछ देर की बातचीत के बाद 'गुड नाइट' कहकर विजी बगल के कमरे में चला गया। रात को खाना-पीना तो था नहीं क्योंकि मेरा पेट भरा हुआ था। अब तो केवल सोने की चिन्ता थी, पर लिज तो उठ ही नहीं रही थी। आख़िरकार बाध्य होकर कहना पड़ा, 'सोने नहीं जाओगी लिज?'

'ओह, हाँ, ज़रूर।' सीधा-सादा जवाब था लिज का।

'पर मुझे तो जोरों की नींद आ रही है।' मैंने उनींदे स्वर में कहा।

'तो सो जाओ।'

'कहाँ? इसी कमरे में?'

'हमारे कुल तीन कमरे हैं। एक रसोई और दो कमरे मेरे और विजी के सोने के लिए। मेरा कमरा काफ़ी बड़ा है। इस कमरे में हम दोनों आराम से सो सकते हैं, और कोई असुविधा नहीं होगी।' यह था लिज का समाधान।

मैंने बिना कुछ कहे स्लीपिंग बैग खोला और उसमें लेट गया। मैं सोच रहा था कि एक तो विलायत, उस पर रहना-खाना 'फ्री'। इसी को कहते हैं तकदीर। और आँखें मूँदकर मैंने सोने का प्रयत्न किया।

अगले दिन जब आँखें खोलीं, तो देखा—सुबह नहीं, दोपहर हो गई थी। लन्दन में अभी गर्मियों और सर्दियों के बीच का समय था। स्लीपिंग बैग का आराम त्यागने की इच्छा नहीं हो रही थी। बगल के बिस्तर की ओर देखा, बिलकुल खाली था। उस पर कोई नहीं था। यहाँ तक कि बिस्तर पर कोई था, उसका चिन्ह तक नहीं था। नज़र पड़ी स्लीपिंग बैग के पायताने अटके हुए एक काग़ज़ पर। बाध्य होकर बैग से निकलना पड़ा। वह काग़ज़ लिज की लिखी एक चिट्ठी थी। लिखा था, हम कॉलेज जा रहे हैं, शाम को चार बजे लौटेंगे तब मिलना ज़रूर। दरवाज़े की चाबी घड़ी के पास रखी है। खाने का सामान फ्रिज में है। नीचे लिखा था : 'योर लिज'।

ताज्जुब की बात थी! एक रात के परिचय में घर की चाबी का अधिकार मिल गया। अब आगे क्या हो, क्या पता! शायद यही विलायती कायदा हो!

बिस्तर मिलते ही सोना, यह सही नहीं है। सोने से पहले कुछ सोचने की दरकार होती है। और सही सोच के लिए आवश्यक होता है शुद्ध मन तथा मन की शुद्धियों के लिए चाहिए समयानुसार थोड़ा ध्यान। घर जब खाली है तो उसका सही उपयोग होना चाहिए, लिहाजा मैं ध्यान पर बैठ गया।

प्रात:कर्म तथा स्नान आदि से निवृत्त होकर बिस्कुट के साथ चाय पी और साइकिल लेकर निकल पड़ा। चार बजे से पहले लौटना होगा।

इंडिया हाउस।

मकान पुराना होकर भी कुछ खानदानी-सा लग रहा था। प्रवेश करते ही बड़ा-सा हॉल था। सामने ही एक लिफ्ट नज़र आई। दाहिनी ओर एक काउंटर था—दस-बारह लोग लाइन में लगे प्रतीक्षा कर रहे थे, सम्भवत: पासपोर्ट 'रिन्यू' कराने के लिए। उसकी बगल में ही एक कमरा था जहाँ बैठकर पत्र-पत्रिकाएँ पढ़ी जा सकती थीं। सब मिला-जुलाकर एक नज़र में ही समझ में आ गया कि यह पारम्पारिक भारतीय सरकारी दफ़्तर है।

लिफ्ट की बगल में ही एक काउंटर था जिस पर लिखा था : 'रिसेप्शन'। मैं उसी ओर बढ़ गया। अपना परिचय देने की कोशिश करते ही रिसेप्शन काउंटर पर बैठे सज्जन बोल उठे, 'आप बंगाली हैं? मैं भी। मेरा नाम चक्रवर्ती है।'

बातचीत के ढंग से ही लग गया कि वह भले आदमी और काफ़ी बातूनी थे।

मेरी हिम्मत बँधी तो मैंने कहा, 'चक्रवर्ती बाबू, मैं जरा पी.आर.ओ. साहब से मिलना चाहता हूँ।'

'किसलिए मिलना चाहते हैं, जरा यह तो बताइए।' कुछ विनोदी स्वर में उन्होंने पूछा।

'यह तो ख़ुद मुझे पता नहीं।' कुछ झिझकते हुए मैंने कहा।

'ज़रूर कोई नौकरी-चाकरी का मामला होगा?' आवाज़ में कुछ आन्तरिकता घोलते हुए कुछ सामने की ओर झुककर बोले चक्रवर्ती बाबू।

'जी नहीं।' मैंने विनम्रतापूर्वक कहा।

'तो फिर स्कॉलरशिप?'

'जी नहीं।'

'व्यवसाय सम्बन्धी?'

'जी, वह भी नहीं।'

चक्रवर्ती बाबू के उत्साह में फिर भी कमी नहीं आई। 'अब मेरी समझ में आ गया' के अन्दाज में बोल उठे, 'कुछ रुपये-पैसे कम पड़ गए हैं?'

'नहीं, चक्रवर्ती बाबू, आपका यह अनुमान भी सही नहीं है। मुझे अफसोस है।'

'तो फिर किस उद्देश्य से आप मिलना चाहते हैं?' कुछ हताश-से होते हुए चक्रवर्ती बाबू ने पूछा।

'बात दरअसल यह है कि मुझे हाई-कमिश्नर से मिलना है और इसके लिए पीआरओ ही सुयोग्य व्यक्ति हैं।'

'ओह, तो यह बात है!' चक्रवर्ती बाबू कुछ सहज हुए।

अगले क्षण ही उन्होंने टेलीफ़ोन उठाकर पीआरओ से सम्पर्क किया और मेरी भेंट की व्यवस्था कर दी। फ़ोन रखकर मुझे बताया कि आधे घंटे पश्चात् पीआरओ मुझसे मिलेंगे।

चक्रवर्ती बाबू को 'नमस्कार' कह मैंने विदा ली।

आधे घंटे बाद पीआरओ साहब के चैम्बर का दरवाज़ा खटखटाते ही भीतर से आवाज़ आई, 'कम इन।'

दरवाज़े को हल्का-सा धक्का देकर मैं भीतर घुसा।

'नमस्कार शिवराम बाबू।' चक्रवर्ती बाबू ने बता दिया था कि पीआरओ साहब का नाम शिवराम कृष्ण था।

'नमस्कार! बैठिए।' बगल की कुर्सी की ओर इशारा करते हुए वे बोले।

मैं कुर्सी पर बैठ गया। एक साथ शिव, राम व कृष्ण मेरे सामने थे। मैं यह देखने की चेष्टा कर रहा था कि एक देह में जो त्रिमूर्ति है, उसने दरअसल

कौन-सी मूर्ति का रूप धारण कर रखा है। मुझे अपलक अपनी ओर देखता पाकर पीआरओ साहब को कुछ असहज-सा लग रहा था। शान्त, सौम्य, गोलमटोल डीलडौल वाले इन सज्जन में मुझे फुर्तीलापन नज़र आया। वह सोच रहे थे कि मैं स्वयं ही अपने आगमन का उद्देश्य उन्हें बताऊँगा। और यह स्वभाविक भी है। किन्तु मैं तो चुपचाप उन्हें घूरे जा रहा था। बाध्य होकर उन्होंने पूछा, 'कहिए, मैं आपके लिए क्या कर सकता हूँ?'

मैंने बाधा देते हुए कहा, 'काम की बातें बाद में, पहले आपको जी भरकर देख तो लूँ।'

उनके चेहरे को आरक्त होते देख मैंने फौरन आगे जोड़ा, ''इंडिया हाउस' तो एक विराट तीर्थस्थान है, और उसमें एक साथ शिव, राम और कृष्ण को देखा तो...'

इतना सुनते ही वह ठठाकर हँस पड़े और हँसते-हँसते बोले, 'सचमुच बंगाली लोग बड़े रसिक होते हैं। तीर्थस्थान वाली बात आपके अतिरिक्त किसी ने कभी नहीं कही।'

अब वार्तालाप जमाने में मुझे कोई असुविधा नज़र नहीं आई। अपना परिचय देकर मैंने उनसे कहा कि मैं हाई कमिश्नर श्री पंत से भेंट करना चाहता हूँ।

मैंने देखा कि शिवराम बाबू कुछ चिन्तित-से थे। विभिन्न सवालों के माध्यम से वह भेंट का उद्देश्य जानना चाहते थे। मैंने उन्हें अपना उद्देश्य बताया, विशुद्ध रूप से, शुभकामनाओं का आदान-प्रदान। काफ़ी देर की बातचीत के बाद शिवराम बाबू ने टेलीफ़ोन पर सम्पर्क साधकर हाई कमिश्नर महोदय के साथ मेरी भेंट की व्यवस्था कर दी।

इधर-उधर की बातचीत के बीच शिवराम बाबू ने जानना चाहा कि मैं ठहरा कहाँ हूँ। मौका मिलते ही मैंने अपनी लाइन पकड़ ली तथा सखेद बताया कि पहली रात तो थाने में गुजारी, और उसके बाद से इधर-उधर भटक रहा हूँ। कहीं सिर छुपाने को जगह न मिली तो लन्दन देखना ही नहीं हो पाएगा।

शिवराम बाबू ने भरोसा दिलाया, 'उसके लिए आप चिन्ता न करें। हमारे स्टूडेंट होस्टल में आपके रहने की व्यवस्था कर देता हूँ।'

उन्हें धन्यवाद देकर मैं उठ खड़ा हुआ। बस, अब और तो कोई समस्या थी नहीं। शिव-राम-कृष्ण जिसकी मदद करें, उसे चिन्ता किस बात की?

एस्किमो लोगों के देश में

पृष्ठभूमि

मैं कोई साहित्यकार नहीं हूँ, मैं तो बस लिखने के लिए लिखता हूँ। अपनी डायरी के पन्नों से संग्रह कर, बिखरी हुई घटनाओं का संयोजन कर मैंने संक्षेप में अपने प्रिय यायावर एस्किमो लोगों की कहानी लिखी। चूँकि यह एक विशुद्ध भ्रमण कहानी है इसलिए मेरे लेखन में सरसता की जगह शुष्कता ही होगी, किन्तु फिर भी जिन्हें भ्रमण कहानियाँ पढ़ना अच्छा लगता है, जो पृथ्वी के अन्यान्य अंचलों के लोगों के बारे में जानने को उत्सुक हैं, मेरा यह लेखन उन्हीं के लिए है।

ग्रीनलैंड के एस्किमो लोगों के बारे में कुछ कहने से पूर्व, ग्रीनलैंड के बारे में कुछ तथ्य जान लेना आवश्यक है। दरअसल ऐसा कुछ है ही नहीं जिसे ग्रीनलैंड का इतिहास कहा जा सके। वास्तव में सुप्रसिद्ध अभियात्री क्नूड् रासमुसेन (Knud Russmusen 1879-1933) साहब ही सबसे पहले ग्रीनलैंड के मामले में प्रबल उत्साही थे और उन्हीं के समय से ग्रीनलैंड का इतिहास शुरू हुआ।

ग्रीनलैंड जाने की मेरी कोई योजना नहीं थी। मेरे यहाँ आने का पूरा श्रेय लूइस को जाता है, वही मुझे यहाँ लेकर आया। वह अमेरिकन फौज का हेलिकॉप्टर चालक है, इसीलिए उसने अपने बारे में विस्तार से लिखने से मना किया है। बिना किसी ख़र्च के वह केवल मुझे ही नहीं बल्कि मेरी साइकिल को भी यहाँ लेकर आया। बर्फ़ के साम्राज्य में साइकिल की सवारी का कोई स्वप्न भी नहीं देखता, लिहाजा मुझे एस्किमो लोगों के बीच छोड़ वह मेरी साइकिल अपने कैम्प (थुल) में ले गया। तय हुआ है कि ग्रीनलैंड छोड़ने के समय उससे सम्पर्क करते

ही वह मेरी साइकिल वापस मुझ तक पहुँचा देगा। उसकी इस मदद के लिए मैं कृतज्ञ हूँ क्योंकि अन्यथा इस दोपहिये की गाड़ी को लेकर मुझे परेशानी का सामना करना पड़ता। बहरहाल गॉथ्सहब से थुल में लुइस से सम्पर्क करने पर मुझे मेरी साइकिल वापस मिल गई। वहाँ से यूनिवर्सिटी कॉलेज के मिस्टर ब्रंग और पोर्ट कमिशन की सहृदयता से मेरा सम्पर्क एक कनेडियन मछली पकड़ने के जहाज़ के कैप्टेन के साथ हुआ, और उसी जहाज़ से मैं ग्रीनलैंड से फिर समुद्र मार्ग से कनाडा के न्यूफाउंडलैंड की ओर रवाना हुआ।

रासमुसेन साहब के पिता ईसाई धर्म-प्रचारक थे। वे धर्म-प्रचार के लिए ग्रीनलैंड गए और वहाँ एक एस्किमो के प्रेम में पड़ गए। उन्हीं की सन्तान है रासमुसेन। ग्रीनलैंड में चूँकि केवल बर्फ़ का साम्राज्य था, इसलिए वहाँ किसी यूनानी या रोमन राजा का पदार्पण नहीं हुआ। यहाँ कभी कोई युद्ध या लड़ाई नहीं हुई। यहाँ के निवासियों में थे—सील मछलियाँ,समुद्री घोड़े, सफ़ेद भालू, बर्फ़ में रहने वाले खरगोश, नीले सियार और यायावर एस्किमो दल। और पानी में विचरण करतीं रंग-बिरंगी मछलियाँ, और उनके अतिरिक्त व्हेल, शार्क व अन्य जहाज़ी मछलियों के लिए ग्रीनलैंड सागर हमेशा मशहूर रहा। इसीलिए ग्रीनलैंड किसी राजा या साम्राज्य के अधीन नहीं रहा। सर्वप्रथम डैनिस सरकार ने ही यहाँ मिशनरी को भेजा।

सन् 1902 में डैनिस-राज ने रासमुसेन के नेतृत्व में अभियात्रियों का एक दल भेजा, जिसका उद्देश्य था ग्रीनलैंड सम्बन्धी सारे तथ्यों को संग्रह करना। छोटेपन से ही रासमुसेन कायाक व स्लेज चलाने में माहिर थे और साथ ही बर्फ़ के जन्तु-जानवरों के शिकार में भी उनका हाथ काफ़ी सधा हुआ था। रासमुसेन ने धीरे-धीरे ग्रीनलैंड के बारे में बहुतेरे तथ्यों का संग्रह किया। यहाँ की मछलियों, जन्तु-जानवरों, जलवायु तथा यहाँ तक कि यहाँ कितने एस्किमो रहते हैं, ये सारी जानकारियाँ उन्होंने हासिल कर लीं।

सन् 1910 में अपनी कामयाबी के लिए उन्हें राजा की ओर से विशेष खिताब से नवाजा गया। दरअसल उसी समय से ग्रीनलैंड जगत की दृष्टि आकर्षित करने में सक्षम हुआ। थुल (ग्रीनलैंड की राजधानी Thule) अजायबघर में रासमुसेन द्वारा आविष्कृत बहुतेरे अनजाने तथ्यों को बड़े यत्न से रखा गया है। उनके सम्मान में ग्रीनलैंड में एक छोटे शहर का नाम कूंगवाक (Kuunguaq) या छोटा क्नूड् रखा गया है।

ग्रीनलैंड-सागर छोटी मछलियों, शार्क, व्हेल और समुद्री घोड़े के लिए विश्व-विख्यात हैं। खनिज व कृषि से उत्पन्न द्रव्यों व खाद्यान्न के लिए यहाँ के लोग बहिर्जगत पर निर्भरशील हैं।

एस्किमो लोगों का मूल उत्पत्ति स्थान है नॉर्वे। हज़ारों वर्ष पूर्व शायद किसी युद्ध या संघर्ष के कारण नॉर्वे के कुछ नागरिक जलमार्ग से भागकर ग्रीनलैंड चले आए और फिर जीवित रहने के लिए उन्हें एस्किमो में परिणत होना पड़ा।

आम तौर पर एस्किमो का तात्पर्य है यायावर या बंजारा आदिवासी। आजकल डेनमार्क सरकार ने उन्हें लिखना-पढ़ना सिखाकर मशीनी गुड़िया बना दिया है। पहले ग्रीनलैंड में तम्बाकू, शराब व छुआछूत का कोई रोग नहीं था, किन्तु वर्तमान सभ्यता के नाम पर आज वह सब कुछ प्रचुर मात्रा में हैं। सचमुच, सिगरेट या शराब के बिना सभ्यता कैसी! हाय रे दुनिया—इसी का नाम सभ्यता है।

पूरे ग्रीनलैंड में निवासियों की संख्या है प्राय: तैंतीस हज़ार और वास्तविक एस्किमो की संख्या अत्यन्त अल्प है। कहा जा सकता है कि दुनिया में यायावरों का कोई स्थान नहीं है। मात्र दो सौ परिवार हैं, जो किसी प्रकार टिके हुए हैं—और सभ्यता की मार उन पर भी पड़ी है।

हालाँकि ग्रीनलैंड का पर्यटन सर्वप्रथम रासमुसेन साहब ने ही किया किन्तु उनसे पहले भी ग्रीनलैंड के विभिन्न बन्दरगाहों से आगंतुकों का आगमन हुआ था किन्तु उस वक्त शान्त व निरीह स्थानीय बाशिंदों का ध्यान नहीं टूटा था, जबकि आज ग्रीनलैंड में हर ओर एक अभियान चल रहा है। पृथ्वी का एक विचित्र जीव है मनुष्य, जिसका जीवन ही शायद औरों पर प्रभुत्व जमाने के लिए है।

डैनिस भाषा में इसको 'ग्रोनलैंड' या 'विशाल देश' कहते हैं—हाँ, विशाल ही तो है, क्षेत्रफल है : 2,175,600 वर्ग कि.मी.। इस विशाल देश के सामान्य से हिस्से का मैंने भ्रमण किया है, अत:मेरे ज्ञान की परिधि भी सीमित है, अतिक्षुद्र। फिर भी मैं वही बता रहा हूँ, जो मैंने देखा।

अंग्रेज़ी में कहते हालाँकि ग्रीनलैंड (Greenland) हैं जबकि वास्तविक नाम है : ग्रोएनलैंड (Groenland)।

—बिमल दे

ग्रीनलैंड की धरती पर हँसी का फव्वारा

हाहा हाहा हा हा आ आ
हीही हीही ही ही ई ई
होहो होहो हो हो ओ ओ

सभी मिलकर हँस रहे थे—हँसते ही जा रहे थे, रुकने का नाम ही नहीं। बूढ़े अपने टूटे हुए दाँतों के बीच से हँस रहे थे—युवक खीसें निकालकर हँस रहे थे—युवतियाँ व बूढ़ियाँ हँसते-हँसते चमड़े के बिछावन पर लोट-पोट हुई जा रहीं थीं—बच्चे उछलते-कूदते हँस रहे थे—और यह सब देखता-सुनता मैं अवाक्-सा बैठा था। किन्तु तब भी रिहाई कहाँ थी! बगल में बैठा मित्र हँसते-हँसते मेरे कन्धे पर लुढ़क गया और उसके मुँह से आ रही कच्चे मांस की उत्कट गन्ध से मुझे उबकाई आने लगी। किन्तु इस प्रकार बेरसिक की तरह कब तक बैठे रहा जा सकता था—अन्ततः उन सबकी हँसी के ज्वार में मैं भी बह गया—उनकी अद्भुत प्रकार की हँसी देखकर मैं भी हँसते-हँसते लोट-पोट हो गया। और इस प्रकार हँसी की होड़ चलती रही। उनकी हँसी थी कि थमने का नाम ही नहीं ले रही थी। हँस रहे थे तो बस, हँसे ही जा रहे थे, किन्तु क्यों, उनकी हँसी का कारण क्या था, कुछ समझ में नहीं आ रहा था। काफ़ी देर बाद उन लोगों की हँसी रुकी। तो क्या उन लोगों की हँसी का ख़जाना ख़त्म हो गया था? नहीं, हँसते-हँसते उनके पेट में बल पड़ गए थे इसीलिए बाध्य होकर रुकना पड़ा। आँखों और जीभ के पानी का जब संगम हुआ तो पेट पर हाथ रखकर सब हाँफने लगे। जी हाँ, कुछ ऐसी है एस्किमो लोगों की हँसी।

पहले कभी सोचा भी नहीं था कि मुझे इगलू (एस्किमो लोगों का आवास) में इन लोगों के साथ रहना होगा, इसलिए इन लोगों का सब कुछ मुझे अद्भुत ही नहीं, कुछ अजीब भी लग रहा था।

लगभग महीना भर होने को आया, मैं इन लोगों के साथ हूँ—महीना भर कहना शायद गलत हो क्योंकि यहाँ सूर्यास्त या सूर्योदय का पता ही नहीं चलता। अभी गर्मियों के दिन हैं; सूर्य हर समय सिर के ऊपर रहता है। दरअसल उत्तरी ध्रुव का मामला ही कुछ अलग है। इस विषय पर विस्तार से चर्चा बाद में करूँगा।

आइए, अब पुराने प्रसंग पर लौट चलें। हाँ, तो मैं कह रहा था कि अन्दाजन महीने भर से मैं इन लोगों के साथ हूँ किन्तु इनकी भाषा का सिर-पैर कुछ भी

समझ नहीं पाया, इसलिए इनकी हँसी का मुद्दा मेरी समझ से परे रहा। हाँ, मैं हँसी के बारे में ज़रूर बता सकता हूँ। रोज़ शिकार से लौटकर हम सभी इगलू में प्रवेश करते हैं,और फिर शुरू होती है भोजन की प्रस्तुति। भोजन का अर्थ है खौलते पानी में मांस को डाल देना, फिर अधपके मांस को चूल्हे पर से ही उठाकर खाना।

हमारा इगलू बर्फ़ से निर्मित नहीं है। अभी गर्मियाँ हैं, तो बर्फ़ गल जाने के डर से यह इगलू चमड़े से निर्मित है। यह गोल घर हमारे देश के कुछ-कुछ पत्तों के छप्पर वाले घर जैसा है। और घर के बीचोबीच टीन से निर्मित चूल्हा काफ़ी कुछ हमारी तीन ईंटों वाले चूल्हे जैसा है, जिसे घेरकर बैठे हैं हम ग्यारह जन : उरान, उसकी पत्नी, पिता-माता, दो बेटियाँ और एक बेटा, जिनकी उम्र आठ से ग्यारह-बारह के बीच होगी। उरान के पिता आबा रोज़ ही हमारे भोजन के पश्चात् कहानी कहते हैं और उनकी कहानी सुनने के लिए हमारे पास वाले इगलू से और चार व्यक्ति इकट्ठा हो गए हैं। 'आबा' का कहानी कहने का ढंग बहुत ही अच्छा है। कहानी कहते समय उनके शरीर में मानो हाथी का बल आ जाता हो! कहानी कहते समय केवल उनका मुँह और हाथ-पैर ही नहीं चलते बल्कि उनकी सारी देह की अंगभंगिमा देखने योग्य होती है। उनकी कहानी का सारमर्म होता है उनकी प्राचीन शिकार कहानी, कि कैसे एक दिन वे अकेले व्हेल मछली के शिकार पर गए और नेस्तनाबूद हो गए थे। रोज़ उस एक ही कहानी की पुनरावृत्ति होती और उसके साथ ही छूटते हँसी के फव्वारे। सचमुच इन लोगों जैसी सम्मोहक व प्राणवंत हँसी मैंने जीवन में कहीं नहीं देखी। हालाँकि मैंने जीवन में कभी चीख़-चिल्लाकर हँसने की चेष्टा नहीं की, किन्तु इन लोगों के साथ के कारण मुझे भी आवाज़ करके हँसना पड़ रहा है। क्या मुसीबत है, जोर से नहीं हँसे तो हँसी ही नहीं! हँसते-हँसते यदि लोट-पोट ही नहीं हुए तो वह हँसी कैसी? उन लोगों के बीच रहकर ही मैं समझ पाया कि सचमुच की हँसी कैसी होती है। 'शान्त, सरल व सुन्दर तथा उम्र की कसौटी से हँसी को नहीं परखा जा सकता। मन जहाँ मुक्त हो, वहीं हँसी का प्राचुर्य है।' वर्तमान सभ्यता के दबाव में हम दिनों-दिन हँसना भूलते जा रहे हैं—निर्मल हँसी में ही सत्य,शिव व सुन्दर का वास है, यह पहली बार जाना।

सभी के साथ मैं भी पेट पकड़कर हाँफ रहा था। यों ही यदि थोड़ी देर और हँसता तो शायद हँसते-हँसते पेट फट जाता। पता नहीं, हँसी पेट से उपजती है

या कहीं और से, किन्तु हँसी के बाद पेट में एक अद्‌भुत मरोड़, एक मीठा-सा दर्द होता है, यह मैं निश्चय के साथ कह सकता हूँ। अब तक हम चमड़े के बिस्तर पर लुढ़क गए थे। बूढ़े बाबा आबा भी उकड़ूँ बैठे हँसी के अन्तिम सोपान पर पहुँच गए थे। बगल के इगलू से आए मित्र भी विदा हो गए। गर्मी के दिनों का यह था दिनांत। हाँ, चूँकि यह दिनांत था इसलिए सूर्यदेव थोड़ा-सा झुक भर गए थे। छ: महीनों तक वे पूर्णत: अस्त नहीं होते उत्तरी गोलार्ध के आसमान में।

एस्किमो लोगों के साथ मैं लगभग तीन महीने रहा। इनके बारे में और कुछ भी बोलने से पहले अपने प्रथम दिन के अनुभव से शुरू करना अच्छा रहेगा।

मैं आइसलैंड के ब्रिटिश द्वीपपुंज के उत्तर-पश्चिम में अवस्थित ध्रुव-रेखा के नजदीक एक द्वीप में था। वहाँ से पाइलॅट मित्र की मदद से उसी के हेलिकॉप्टर से ग्रीनलैंड के प्रधान बन्दरगाह आंगमाग्शालिक पहुँचा।

घड़ी के अनुसार रात के दो बजे थे किन्तु पश्चिमी आकाश में सूर्य तब भी नज़र आ रहा था। अचम्भे में मैंने लुइस से पूछा :

'क्या कह रहे हो, अभी रात के दो बजे हैं?'

'हाँ, यह देखो।' उसने मुझे अपनी घड़ी दिखाई।

उसमें सचमुच दो बजे थे, किन्तु हमें सब कुछ स्पष्ट नज़र आ रहा था। रोशनी इतनी थी कि आराम से समाचार-पत्र पढ़ा जा सकता था। इसीलिए तो इस देश को 'निशीथ सूर्य का देश'; कहा जाता है। गर्मियों के छ: महीने सूर्य का अवस्थान उत्तरी गोलार्ध में होता। हम उत्तरी गोलार्ध के उत्तर में हैं जहाँ का अक्षांश है 65 डिग्री (उत्तर), हालाँकि मैं 56 डिग्री के भी उत्तर तक गया हूँ। नार्वे का ट्रॉम्सो उससे भी उत्तर में है।

'चलो, थोड़ी कॉफी पी जाए।'

लुइस के साथ हम नजदीक की एक कॉफी-शॉप में घुसे। ये दुकानें चौबीसों घंटे खुली रहती हैं। कॉफी-शॉप में घुसने के साथ-साथ पूरी देह चमड़े से ढँके एक सज्जन हमारे पास आए। लुइस के साथ उनके वार्तालाप से समझ में आया कि वे डैनिश भाषा बोल रहे थे। वास्तव में वह सज्जन एक पुलिस वाले थे। जब उन्होंने मेरा पासपोर्ट देखना चाहा तो मेरा चेहरा पीला पड़ गया, क्योंकि यहाँ आने की मेरी कोई पूर्व योजना तो थी नहीं, इसलिए मैंने वीज़ा नहीं लिया था। उन्होंने मेरे पासपोर्ट के पन्ने उल्टे बिना ही पूछा—'कहाँ से आ रहे हैं?'

'फिलहाल तो रेक्जाविक से।'

'उसके पहले कहाँ थे?'

'यूरोप में।'

'हाँ, डेनमार्क कभी गए थे?'

'जी, गया था।'

'डेनमार्क का वीज़ा कहाँ है?'

मैंने मन-ही-मन सोचा, अजीब पुलिस वाला है। हूँ मैं ग्रीनलैंड में, पर देखना चाह रहा है डेनमार्क का वीज़ा! किन्तु चेहरे पर मैंने विरक्ति के भाव न आने दिये और केवल इतना कहा कि डेनमार्क जाने के लिए हमें वीज़ा की दरकार नहीं होती। हाँ, पाँच वर्ष पहले तक होती थी, अब फ्री है।'

वह सज्जन मेरे उत्तर से प्रसन्न हुए और मुझे धन्यवाद दिया। लुइस यहाँ का जानकार व्यक्ति है, उसी के मुँह से सुना था कि आइसलैंड से ग्रीनलैंड में उसका हेलिकॉप्टर महीने में लगभग दस बार आवागमन करता है।

हम एक टेबल पर बैठे। टेबल पर कोनियाक और व्हिस्की की बोतलें सजाकर रखी थीं। 'सेल्फ सर्विस सिस्टम' था। बहुत पुरानी लकड़ी से बनी थी दुकान, काफ़ी कुछ पहाड़ी मकान की तरह। दीवार पर टँगी किंग फ्रेडरिक और रानी की तसवीर पर मेरी नज़र पड़ी। उधर देखते हुए कॉफी की एक चुस्की लेकर मैंने लुइस से पूछा :

'मामला क्या है? ग्रीनलैंड में डेनमार्क के राजा-रानी की तसवीर...'

'यह क्या, तुम्हें पता नहीं? ग्रीनलैंड तो डेनमार्क के अधीन है। हम तो ग्रीनलैंड को डेनमार्क की 'कॉलोनी'(उपनिवेश) कहते हैं।'

'ओह, अच्छा।' मैं समझ गया कि इस मामले से मैं बिलकुल अनभिज्ञ था, अत: चुप मार गया। अब मुझे समझ में आया कि उस पुलिस वाले सज्जन ने मुझसे डेनमार्क के बारे में इतने सवाल क्यों किए। बाद में हम वहाँ से निकलकर बाहर आए। दुकान में पैसे चुकाने में कोई असुविधा नहीं हुई क्योंकि वहाँ के लोगों को आइसलैंड की मुद्रा स्वीकार करने में कोई दुविधा नहीं होती।

बाहर निकलकर देखा कि ठंडक हालाँकि शून्य डिग्री के आसपास थी किन्तु पर्याप्त मात्रा में ऊनी कपड़े थे इसलिए मुझे कोई असुविधा नहीं हो रही थी। ग्रीनलैंड काफ़ी कुछ आइसलैंड जैसा ही था। सबसे अधिक जो फ़र्क़ नज़र आया, वह मिट्टी का था। आइसलैंड की जो मिट्टी थी, वह मिट्टी नहीं, ज्वालामुखी का लावा था, जबकि ग्रीनलैंड में ऐसा नहीं था। यहाँ पत्थर और सामान्य रेतीली

मिट्टी की आभा तो नज़र आती है, किन्तु अत्यधिक ठंड के कारण पेड़-पौधे पैदा नहीं होते। गर्मियों और सर्दियों का अन्तर आकाश को देखकर समझ में आता है। गर्मियों में आसमान साफ़ होता है जबकि सर्दियों में हर वक्त कुहासा छाया रहता है। सर्दियों में चारों ओर केवल बर्फ़ ही बर्फ़ नज़र आती है। ग्रीनलैंड के समुद्र में सर्दियों में बर्फ़ के पहाड़ यानी 'आइसबर्ग' नज़र आते हैं—किन्तु गर्मियों में समद्र में पानी नज़र आता है।

चलते-चलते हम और आगे आ गए। दोनों ओर लकड़ी के मकान और बीच में ऊँचा-नीचा रास्ता। रास्ते पर कोई नज़र नहीं आ रहा था। आम तौर पर सूर्य जब पश्चिम की ओर थोड़ा-सा झुककर फिर गोलाकार होकर पूर्व की ओर जाता है, तब इन लोगों की रात होती है।

हम हल्का वार्तालाप करते बढ़े जा रहे थे, अचानक पीछे से यमदूत की तरह पाँच-छः कुत्ते हमारी ओर उछले। लुइस ने फौरन मुझे सावधान किया :

'डरो मत। चुपचाप खड़े रहो।'

'कह तो दिया कि डरो मत, पर इन कुत्तों का क्या भरोसा! क्या मुश्किल है—इस प्रकार कब तक स्थिर खड़े रहा जा सकता है?'

और कुत्ते थे कि पूँछ उठाए तीव्र स्वर में भौंके जा रहे थे।

'डरो नहीं, ये एस्किमो लोगों के 'हस्की' कुत्ते हैं। आम तौर पर ये काटते नहीं, किन्तु जब तक इनका मालिक नहीं आता, तब तक ये यहाँ से हिलेंगे नहीं।'

लुइस यहाँ का जानकार व्यक्ति था, लिहाजा उसकी बात की अवहेलना कर मैं किसी आफत में पड़ना नहीं चाहता था। सचमुच, थोड़ी देर में ही देखा कि आसपास के घरों से दो व्यक्ति निकलकर आए। पास आते ही एक ने लुइस को पहचान लिया। उसने धमकाकर कुत्तों को वहाँ से विदा किया, तब जाकर जान छूटी।

लुइस के माध्यम से यहाँ के एक एस्किमो व्यवसायी से परिचय हुआ, वह अंग्रेज़ी जानते थे, नाम था—मेमा।

'हेलिकॉप्टर की आवाज़ सुनकर ही मैं समझ गया कि कौन आया है। अपने मित्र को लेकर घर में आओ तो बैठकर चुरुट पिया जाए।'

'चलो।'

और हम सभी ने सिर झुकाकर एक लकड़ी के घर में प्रवेश किया और फिर बैठकर चुरुट के धुएँ और उसकी गन्ध से मेल खाती हमारी गप्पें चलती रहीं।

लुइस और मेमा की गप्पों का आकर्षणीय प्रसंग था 'सुन्दरी युवती'। आइसलैंड में इस बार कौन किसके बिस्तर पर कितने दिन सोया और शैतानी से आख़िरी रात में किसने जलती सिगरेट छुआ दी थी—इन्हीं सबके रसीले क़िस्से थे।

लुइस हालाँकि लड़की को काबू में में रख सकता था, किन्तु नहीं, क्योंकि लड़की कम उम्र और सुन्दरी थी। थोड़ा बहुत बचपने को प्रश्रय देना पड़ता है, अन्यथा आजकल अच्छा और कच्चा माल बाजार में मिलना दुष्कर है। मेमा जैसे एस्किमो लोगों से सस्ते में चमड़ा ख़रीदने में होशियार है, वैसे ही कच्चे चमड़े के मामले में लुइस भी कुछ कम नहीं।

समय काटने का यह एक अच्छा अन्तरराष्ट्रीय प्रसंग है। मैं जानता हूँ कि यह प्रसंग एक बार छिड़ गया गया तो झट से इसे रोक पाना बड़ा मुश्किल है। जाहिर है, लुइस और मेमा की सरस वार्ता से लकड़ी का छोटा-सा घर सरगर्म हो उठा था और बीच-बीच में मेमा का हो-होकर हँसना लोगों की निद्रा भंग करने को पर्याप्त था।

अब लुइस ने मुझ से अनुरोध किया, 'अरे भाई, तुम तो रियल टूरिस्ट हो। इतने चुपचाप क्यों? तुम भी सुनाओ कोई क़िस्सा। जेब में कोई फ़ोटो-वोटो है?'

मुझे लगा कि इस माहौल में मुझे भी कुछ छोड़ना चाहिए, लिहाजा मैंने भी बोलना शुरू किया...।

घड़ी में अब छः बज रहे थे। चार घंटे कैसे बीत गए, पता ही नहीं चला। मेमा से मेरी दोस्ती जम गई। तय हुआ, मैं उसके साथ ही रह जाऊँ। लुइस भी इसके लिए राजी हो गया। हम सभी मिलकर हेलिकॉप्टर के पास आए क्योंकि मुझे अपना पीठ का बैग लेना था। साइकिल मैं हेलिकॉप्टर में ही रखने को बाध्य हुआ।

लुइस दरअसल अमेरिकन एयर-फोर्स में काम करता है, जिसका हेडक्वार्टर थुले Thule में है। उससे अपना बैग लेकर हमने उसे 'गुड बाय' कहा और हेलिकॉप्टर के ऊपर की चरखी घुमाकर लुइस ने भी हमें 'विदा' कहा।

मैं मेमा के साथ लौटा। कहना नहीं होगा कि उसके कुत्ते भी इस दरमियान हमारे पीछे-पीछे चल रहे थे। मैं रुक तो गया, किन्तु यह पता नहीं था कि अब लौटूँगा किस प्रकार।

तो यह था मेरा ग्रीनलैंड आगमन। मेमा के साथ दिनोंदिन मेरी मित्रता घनिष्ठ

होती गई। उसकी दुकान में काम करता हूँ। चमड़े को धूप दिखाता हूँ और समय मिलते ही आसपास के लोगों से घनिष्ठता बढ़ाता हूँ—यानी परमानन्द में ही हूँ। अद्‌भुत है यह देश—पृथ्वी से अलग। लगता है, जैसे किसी कहानी के काल्पनिक देश में आ पहुँचा हूँ। जहाँ केवल दिन ही दिन है, रात है ही नहीं।

मेमा भी मुझे पाकर ख़ुश था। मैं बहुत ही अच्छा कर्मचारी था, और वह भी मुफ्त का। अत: मैं जब तक चाहूँ, रह सकता था। मेमा की पत्नी और बच्चों के साथ मेल-मिलाप में शुरू-शुरू में कुछ असुविधा हुई थी क्योंकि उनमें से किसी को भी अंग्रेज़ी नहीं आती थी, किन्तु बाद में इशारों की मेरी अन्तरराष्ट्रीय भाषा से सब 'मैनेज' हो गया।

मेमा एस्किमो ज़रूर था किन्तु उसका जीवन-यापन एस्किमो लोगों के जीवन-यापन से काफ़ी उन्नतमान था। साधारण एस्किमो लोग शिकार कर जीव-जन्तुओं की खाल इसके पास ले आते और बदले में स्टोव, किरासन तेल, लकड़ी, दियासलाई तथा लोहे का हर प्रकार का सामान ले जाते, या फिर खाल बेचकर जो राशि मिलती, उससे अपनी ज़रूरत का सामान ख़रीदते। यह ख़रीदा-बेची भी रोज़ तो होती नहीं थी। किसी-किसी दिन तो दिन भर में कोई एक ग्राहक आता।

मेमा का व्यवसाय था ऐस्किमो लोगों से चमड़े का हर प्रकार का सामान ख़रीदना और फिर उसे यूरोप के बाजार में ऊँचे भाव में बेचना। सफ़ेद भालू की खाल के कोट और नीले सियार के 'फर' से निर्मित पोशाक की आभिजात्य वर्ग में काफ़ी माँग होती है।

कुछ दिन मेमा की दुकान पर रहने के बाद इच्छा हुई कि और दूर जाऊँ, किन्तु एकमात्र शहर के अतिरिक्त कहीं और जाने का कोई उपाय न था, अत: अवसर की प्रतीक्षा करने लगा।

अचानक एक दिन मेमा का एक पुराना मित्र उसकी दुकान पर आया। वह अपने साथ एक विशाल समुद्री घोड़े की खाल लाया था। समुद्री घोड़े की कहानियाँ तो कई पढ़ी थीं, किन्तु आज तक उसे देखा नहीं था, अत: बड़े ध्यान और मनोयोग से मैं खाल को उलट-पलटकर देखने लगा—राख के रंग का भैंसे की खाल जैसा था।

कमरे में आकर मैं उसके बारे में नाना प्रश्न करने लगा। मेरे प्रश्नों से शायद खीझकर ही मेमा ने कहा, 'तुम्हें यदि इतना कुछ जानने का शौक़ है तो चले जाओ इसके साथ शिकार पर।'

ऐसा उसने खीझकर कहा या नहीं, यह तो मुझे नहीं मालूम, किन्तु उसके प्रस्ताव पर मैं तो आनन्द से उछल पड़ा। मैंने उसके प्रस्ताव को बड़ी गम्भीरता से लिया। मेरे आग्रह पर मेमा ने अपने मित्र से मेरा परिचय करा दिया और साथ ही साथ उसने यह भी पूछ लिया कि उरान मुझे साथ ले जाने को राजी है या नहीं। शायद मेमा ने मेरी अत्यधिक प्रशंसा कर दी थी इसीलिए उरान भी मुझे ले जाने को राजी हो गया। कहने की आवश्यकता नहीं कि उरान एस्किमो लोगों के कथोपकथन के अतिरिक्त अन्य कोई भाषा नहीं जानता था, और एस्किमो लोगों के सम्बन्ध में मेरी अपनी जानकारी भी बहुत कम थी। इधर कुछ दिनों में मेमा के साथ रहकर जितना समझ पाया, बस, उतना भर जानता था। बरहहाल, मैं उरान के साथ रवाना हुआ। पीठ के बैग को ठीक से पीठ पर लेकर मैंने मेमा से विदा ली। पता नहीं, कहाँ जा रहा था, कब और किसके साथ लौटूँगा। आंगमाग्शालिक से हम दक्षिण की ओर रवाना हुए।

आम तौर पर हम जब एक जगह से अन्य जगहों पर जाते हैं तो उन जगहों के नाम का उपयोग करते हैं। किन्तु कल्पना ही की जा सकती है कि हम जहाँ जा रहे हैं, उस जगह का कोई नाम ही नहीं। रेगिस्तान में जब बंजारों के साथ था, तब भी ठीक वैसा ही था यानी उँगली से दिखाना पड़ता था कि कहाँ से आ रहे हैं और कहाँ जा रहे हैं। किन्तु जिस जगह पर कोई रहता ही नहीं, जो जगह मनुष्य के किसी काम की नहीं, उस जगह का नाम क्या? उरान मुझे किस जगह ले जा रहा था, पता नहीं!

मेमा का मित्र है उरान, जो अभी मेरा संगी-साथी है। उसके चेहरे-मोहरे का यदि ठीक से वर्णन करूँ तो कहा जा सकता है कि हमारे देश के 'शेरपाओं' के जैसा था वह। आश्चर्य! पृथ्वी के एक कोने से दूसरे कोने पर आकर अपने देश के लोगों जैसे लोग मिलेंगे, सोचा भी नहीं था। चलते-चलते मैंने वार्तालाप शुरू किया, इशारों की भाषा में। नये लोगों और नई जगह में कैसे सामंजस्य बैठाया जाए, इस विधा में मैं अब काफ़ी अभ्यस्त हो चुका था। हम बढ़ते जा रहे थे, चलने में कोई असुविधा नहीं हो रही थी क्योंकि रास्ता पथरीला था। बर्फ़ीला होता तो फिसलने का डर रहता। अन्ततः रास्ता शेष हुआ। लगता है, हम पाँच-छः घंटे पैदल चले होंगे।

एक बड़े से शिलाखंड के पास आकर थोड़ा सुस्ताने के लिए हम बैठे। मेरे बैग में पानी की बोतल थी, मैंने उसे निकाला। उरान ने मुझे पानी पीने से

मना किया। उसके बदले उसने सियार के चमड़े से बनी जैकेट की जेब से एक लम्बी डोर जैसी कुछ निकाला, जो फुटबॉल के चमड़े की लेस जैसी, किन्तु उससे कुछ अधिक मोटी थी। मैं तो उसे चमड़े की डोर ही कहूँगा। दाँत से उस डोर का कुछ भाग काटकर उरान ने मेरे हाथ में दिया और कहा, 'खाओ।'

मैं चौंका। क्या कह रहा है ये? इस चमड़े की डोर को खाने को कह रहा है। सोचा कि मैंने शायद उसका आशय ठीक से समझा नहीं, किन्तु थोड़ी-सी देर में ही मुझे सारा मामला समझ में आ गया। मुझे सकते में छोड़ उसने उस डोर को तोड़-मरोड़कर मुँह में डाल लिया। उसे देखकर मुझे अरब के बंजारे बद्दू याद आ गए जो चमड़ा भिजाकर खा लेते थे। मैं तब भी वह चमड़े की डोर हाथ में लिये बैठा था और मेरी ओर ताक लगाए उरान उस डोर को च्युइंगम की तरह चबाने लगा और मैंने देखा कि वह सख़्त सी चमड़े की डोर भीजकर गोंद की डली जैसी हो गई थी।

अब मेरी बारी थी। मैंने बाबा ताड़कनाथ को याद किया और उस डोर को मरोड़कर मुँह में डाल चबाने लगा। अद्‌भुत! कुछ ही देर में वह चमड़ा भीजकर च्युइंगम जैसा हो गया और फिर चॉकलेट की तरह मुँह में लार के साथ गलने लगा। स्वाद बिलकुल भेड़ की चर्बी जैसा। अहा, क्या स्वाद था! जिसने नहीं खाया, उसे समझाऊँ कैसे? जैसे मुँह की गर्मी से च्युइंगम पिघलती है, वैसे ही। मैं समझ गया, यही है एस्किमो लोगों का लॉजेन्ज यानी मीठी गोली।

अब फिर हमारे पैदल चलने की बारी थी। अब हम रास्ता छोड़कर और भी पश्चिम की ओर बढ़ चले। असमतल पहाड़ी उपत्यका थी इसीलिए हमें इस पत्थर, उस पत्थर पर छलाँग लगाते हुए बढ़ना पड़ रहा था। पेड़-पौधों का कहीं कोई चिन्ह न था। हरियाली के नाम पर पत्थरों पर जमी काई मात्र नज़र आ रही थी, परन्तु दूर से देखने में इतनी सुन्दर लग रही थी, मानो पत्थरों पर किसी चित्रकार ने ख़ूबसूरत चित्रकारी की हो! मैं अपना बैग लिये हुए कुछ पिछड़ गया था क्योंकि पत्थरों पर कूदते-फाँदते मेरी अँतड़ियाँ और फुसफुस सब एकाकार हो गए थे। उरान अब नज़र नहीं आ रहा था। वह काफ़ी आगे चला गया था। मैं अन्दाजे से उसी के रास्ते पर बढ़ रहा था। एक ऊँचा-सा टीला पार करते ही देखा कि एक हरे-से पत्थर पर उरान लेटा हुआ था। मैं भी एक छलाँग में वहाँ पहुँच गया, किन्तु वहाँ पहुँचते ही अवाक् हो गया। लगा, जैसे मखमल की

गद्दी पर पैर रख दिया हो! मैं अच्छी तरह से हाथ फिराकर उस हरे-से पत्थर का परीक्षण-निरीक्षण करने लगा। देखा, उस सब्ज पत्थर पर मोटी-सी काई की परत चढ़ी थी, जिसे बर्फ़ की काई कहते हैं।

मैंने बहुत देखी हैं फारसी कालीनें, दामी 'पर्सियन कारपेट्स' पर चला भी हूँ। राजा के घर की मखमली गद्दी पर बैठ चुका हूँ। टर्की के सुलतान की गद्दी को सहलाकर देखा है। देखी है ताजमहल की मखमली घास की बहार, किन्तु ऐसी अपूर्व मुलायम सब्ज़ प्राकृतिक कालीन की तो कल्पना भी नहीं की थी। मनुष्य जिन सब वस्तुओं की रचना कर सकता है, मैंने देखा है, किन्तु विधाता की इस सूक्ष्म रचना से तुलना कर सकूँ, ऐसी कोई मानवीय रचना अभी तक मेरी नज़र से नहीं गुजरी। कन्धे का बैग उस हरियाली पर रख, मैं भी चित लेट गया।

ओफ, दीर्घ क्लांति के बाद मिली थी यह परम शान्ति। नीले आसमान पर सफ़ेद रूई जैसे बादलों को निहारते हुए भगवान को किन शब्दों में धन्यवाद दूँ,उनके प्रति कृतज्ञता ज्ञापित करूँ, समझ नहीं पा रहा था। असीम नीलाभ आकाश की ओर देखकर केवल महसूस हो रहा था कि वे असीम हैं, सीमाहीन है उनकी उदारता। श्रांत, क्लांत सन्तानों के लिए विस्तृत है उनकी करुणा। स्वत:स्फूर्त कविगुरु रवीन्द्र के गीत के बोल मुँह से निकल पड़े : 'सीमा के बीच असीम तुम बजाते हो अपना सुर...'

उरान तब सामने आकर खड़ा हुआ तो स्वत: ही मेरा कवित्व भाव तिरोहित हुआ। मैं उठकर खड़ा हुआ। एकाएक लगा, जैसे मखमल से निकलकर काँटों के झाड़ पर आ गिरा। हम फिर से शुष्क रूखे पत्थरों के ऊपर चलने लगे। कुछ दूर बढ़ते ही उरान ने मेरा ध्यान अपनी ओर खींचा। वह मुझे उँगली के इशारे से कुछ दिखाने का प्रयास कर रहा था। ठीक से देखा तो गोल पत्तों के छप्पर वाले कुछ घर नज़र आए। अर्द्धगोलाकृति के ये घर ही इनके ग्रीष्मकालीन इगलू हैं। धीरे-धीरे हम आगे बढ़े तो उन घरों को ठीक से देखने का अवसर मिला। वास्तव में गोल पत्तों के छप्पर नहीं बल्कि सख़्त लकड़ी के फ्रेम चमड़े की छावन थी। कुछ और नजदीक जाते ही कुछ शिकारी कुत्ते दौड़कर हमारी ओर आए। विपत्ति को अपनी ओर आते देख मैं उरान के और करीब जा खड़ा हुआ। कुत्ते वास्तव में मेरी ओर ही आ रहे थे, किन्तु हाथ उठाकर कुछ बोलते ही मंत्र जैसा काम हुआ और वे वहीं रुक गए। अल्सेशियन कुत्ते जैसे काफ़ी कुछ लकड़बग्घे जैसे

होते हैं, वैसे ही हस्की कुत्ते देखने में काफ़ी कुछ अल्सेशियन और सियार के बीच की प्रजाति लगते हैं। शायद इसीलिए एस्किमो लोगों के कुत्तों में लकड़बग्घे जैसी हिंस्रता और सियार जैसा चौर्य-भाव प्रबल होता है। किन्तु उपयुक्त ट्रेनिंग मिलने पर ये अत्यन्त वफ़ादार होते हैं। कुत्तों के भौंकने और उरान की आवाज़ से आसपास के इगलुओं से कई लोग निकल आए। ऊन या चमड़े से बने जूते, कपड़े और पैंट पहने छोटी लड़कियों का एक दल हमारे इर्द-गिर्द इकट्ठा हो गया। उरान ने सबसे मेरा परिचय कराया। मैंने देखा, सभी ने मुस्कुराकर मेरा स्वागत किया। अन्त में हम सभी ने एक बड़े-से इगलू में प्रवेश किया। जीवन में पहली बार मैं वास्तविक एस्किमो लोगों के इगलू में था।

एक गोल कमरे की फ़र्श पर तख़्त बिछाकर प्लेटफार्म-सा बनाकर उस पर चमड़ा बिछाया हुआ था और उसके ऊपर चमड़े की गद्दी बनाई हुई थी। एक किनारे एक पत्थर की कटोरी में चर्बी का दीया जल रहा था और उसके अगल-बगल कई प्रकार का सरंजाम बिखरा पड़ा था। एक 'तीन ईंट' वाला पत्थर का चूल्हा भी नज़र आया। घर में प्रवेश करते ही आश्चर्यजनक रूप से कुछ गर्मी-सी महसूस हुई। मैं सिर की ऊनी टोपी और हाथ के दस्ताने उतारकर उरान के पास आकर बैठ गया।

उरान को घेरकर बैठा था युवक-युवतियों तथा बूढ़े-बूढ़ियों का दल और मेरी ओर ताक रहे थे छोटे-छोटे लड़के-लड़कियाँ। मैं समझ रहा था कि उनकी आँखों में थे अनेक प्रश्न—मैं कौन हूँ, क्या नाम है, कहाँ घर है, इत्यादि। मैं ठहरा शिशु-प्रेमी, उनकी अव्यक्त वेदना को समझ रहा था। दो-एक बच्चों ने तो मुझसे दो-एक सवाल किए भी, किन्तु उरान ने उन्हें रोका और शायद समझा दिया कि मैं उनकी बातें नहीं समझता। मैंने भी सोचा कि सहज ही इनके साथ दोस्ती करने के बजाय इनके हावभाव पर ग़ौर करना सही होगा।

उरान शहर से मानो कोई बहुत बड़ा सौदा कर लौटा हो, इसीलिए सभी उसे उत्सुकता से घेरकर बैठे थे। शहर में चमड़ा बेचकर वह काफ़ी कुछ लाया है। उसके उस बड़े से चमड़े के कोट में इतना कुछ सामान है, मैंने नहीं सोचा था। एक-एक कर वह सब चीज़ें निकालने लगा—दर्जन भर दियासलाई, पेट्रोल, लोहे का भाले का फलक, छुरी, मछली फँसाने की बंसी, नमक-चीनी रखने के डिब्बे, ऐसा ही छोटा-मोटा और भी कई सामान। वृद्ध सज्जन, जिनके सामने के तीन दाँत नदारत थे वही थे, आबा यानी उरान के पिता।

कुछ देर बाद और एक महिला ने प्रवेश किया। उरान ने प्रेम से उसका आलिंगन कर पास बैठाया, फिर उँगली के इशारे से उसने बताया कि वह उरान की पत्नी थी। बाद में एक विशेष इशारे से उसने बताया कि लड़के-लड़कियों में तीन उरान के थे और बाकी पड़ोसियों के। और कुछ देर बाद समझ में आया कि अब सोने की बारी है। सूर्य सिर के ऊपर से होकर चक्राकार में पश्चिम से पूर्व की ओर सरकने लगा था—और यही था रात्रि का संकेत। और कुछ देर बाद सूर्य थोड़ी देर के लिए दिखाई नहीं देगा, किन्तु दिन का उजाला ख़त्म होने से पहले ही फिर से सूर्योदय होगा।

अगल-बगल के लड़के-लड़कियाँ जा चुके थे। बच्चे चौकी के ऊपर सोने चले गए थे। चौकी पर दो जन तो पहले से ही सोए हुए थे, शायद उरान के बन्धु-बान्धव या कोई हों। मुझे भी उबासी आ रही थी। चौकी के एक कोने में मेरे सोने की जगह तय हुई। जो लोग सो रहे थे, उन्हीं के बगल में। ये लोग तो जूते समेत ही सो जाते हैं। किन्तु मैं कुछ भद्र था इसलिए जूते उतारकर बैग के भीतर से भारी मोजे निकालकर पहन लिये।

कमरे में घुसते ही काफ़ी देर से एक विचित्र-सी गन्ध आ रही थी। बिस्तर पर लेटते ही पता चला कि ओढ़ने को जो दिया गया था, वास्तव में वह चमड़े का था। चमड़े के छोटे-बड़े कई टुकड़ों को जोड़कर रजाईनुमा बनाया गया था। लगता है, भालू का चमड़ा था इसीलिए काफ़ी गर्म था। हालाँकि यह भारी था किन्तु ऊन के कारण नर्म भी था। नाक तक उसे खींचते ही समझ में आ गया कि वह कच्चा चमड़ा था और उसी की गन्ध थी। हालाँकि मेरे लिए वह गन्ध बड़ी विकट थी किन्तु एस्किमो लोगों को नये चमड़े की गन्ध सुहावनी लगती है। अपने देश में जैसे कइयों को कोरे कपड़े की गन्ध सूँघना अच्छा लगता है, बिलकुल वैसे ही।

इसी बीच कइयों ने खर्राटे भरना शुरू कर दिया था। हालाँकि अभी कुछ ही देर पहले तक मुझे जोरों की नींद आ रही थी किन्तु चमड़े की विकट दुर्गन्ध और नाक के पास ऊनी रेशों की गुदगुदी के कारण नींद उचट गई थी। थोड़ी ही देर में यह माहौल भी बर्दाश्त के लायक हो गया किन्तु इसी बीच एक और विकट दुर्गन्ध से नाक में जलन होने लगी। दूर रखा दीया टिमटिमा रहा था। मैंने चारों ओर धीरे-धीरे नज़र दौड़ाई। हम सभी बिस्तर पर थे—एक ही तोशक पर और एक ही रजाई में। मैं एक कोने में अर्थात् रजाई के आख़िरी छोर पर था।

दुर्गन्ध कहाँ से आ रही थी, इसकी खोज में इधर-उधर नज़र दौड़ाते-दौड़ाते कब नींद आ गई, पता ही नहीं चला। नींद तो आ गई परन्तु विकट दुर्गन्ध दिमाग़ पर छाई थी—मैंने स्वप्न देखा कि मैं चला जा रहा हूँ कि तेज़ तूफानी हवा बहने लगी। एक विशाल मृत सियार को खींचते-खींचते मैं बढ़ रहा हूँ किन्तु ठंड इतनी है कि मैं बढ़ नहीं पा रहा। इधर मृत सियार सड़ने लगा था और उसकी सड़ांध सही नहीं जा रही थी। क्या करूँ? इस तूफानी ठंडी हवा में आगे बढ़ना ही होगा और सड़ रहे सियार को छोड़ा भी नहीं जा सकता। इसी प्रकार काफ़ी देर ठंड और तूफानी हवा से लड़ते-लड़ते मैं थक गया और पहाड़ के ऊपर से हाथ से मृत सियार का शरीर फिसल गया और उसे पकड़ने के चक्कर में मैंने भी पहाड़ से छलाँग लगा दी। और बस, वहीं स्वप्न टूट गया।

आँख खुली तो अस्पष्ट रोशनी में देखा कि ठीक मेरी नाक के पास किसी का मुँह खुला था और उससे सियार की सड़ाँध की दुर्गन्ध आ रही थी—और उधर किसी ने इसी बीच पूरी रजाई अपनी ओर खींच ली थी। मैं सिर झटककर उठ बैठा। बग़ल में सोए व्यक्ति (पता नहीं, पुरुष था या स्त्री) के खुले मुँह को मैंने टोपी से ढँका और रजाई को अपनी ओर खींच फिर से सोने की कोशिश की। मैं संयुक्त परिवार से आया था, लिहाजा इतनी सामर्थ्य किसमें थी कि रजाई की खींचतान में मुझे हरा दे, और इधर इतनी सामर्थ्य स्वयं मुझमें कहाँ थी कि टोपी से किसी के मुँह की दुर्गन्ध को ढक सकूँ। अतः एस्किमो लोगों के साथ मेरी पहली रात सियार की सड़ाँध में ही गुजरी।

आम तौर पर सुबह होने के साथ-साथ हम लोगों की नींद टूट जाया करती है, किन्तु एस्किमो लोगों के देश में जिसकी जब मर्जी हो, तब नींद से उठता है। इनका कोई बँधा-बँधाया नियम नहीं है, इसलिए ब्रेकफास्ट या बेड-टी का कोई झंझट नहीं। चूल्हें में मांस भूनकर या उबालकर जब जी चाहे, खाओ और आराम से घूमो-फिरो। किन्तु हाँ, रात का भोजन वे सब साथ में ही करते हैं, और उसका कारण हैं वे रसीली कहानियाँ जिन्हें सुनकर हँसते-हँसते पेट में बल पड़ जाए। उन कहानियों का रसज्ञ मैं नहीं तो क्या हुआ, अगल-बगल के इगलुओं के रसज्ञ समागम की कोई कमी नहीं।

एस्किमो लोगों के छोटे बच्चे देखने में ठीक नेपाली बच्चों जैसे होते हैं। बहुत छोटे बच्चे माँ की पीठ से बँधे होते हैं और जो चल-फिर सकते हैं, वे हर समय आज़ाद रहते हैं। उनके लिए करने को कुछ नहीं होता, सारा दिन वे खेल-कूद

और हो-हल्ले में व्यस्त रहते हैं। लड़कियाँ तेरह-चौदह वर्ष की आयु से ही माँ की मदद करने लगती हैं और लड़के जब थोड़ा समर्थ होते हैं तो शिकार करना सीखते रहते हैं।

मैं धीरे-धीरे इन लोगों का रहन-सहन, अदब-कायदा सीखने लगा। दिन भर तो मेरे करने को कुछ था नहीं, पर रात मुझे मज़ेदार लगती। बुढ़ऊ जब दिन पर दिन एक ही कहानी सुनाए और उसे घेरकर जब हँसी का तूफान चले तो मुझे वह मज़ेदार ही नहीं, आश्चर्यजनक भी लगता। कल्पना कीजिए, रोज़ रात को एक ही कहानी पर तीन-चार घंटों तक अनवरत पेट में बल पड़ जाए, ऐसी हँसी, और उस हँसी के ज्वार में एकमात्र मैं था जो रस की उपलब्धि से वंचित था।

एस्किमो लोगों के हस्की कुत्ते

इस प्रकार कोई पन्द्रह-बीस दिन बीत गए। एक दिन उरान मुझे बुलाकर ले गया। उसके साथ मैं एक छोटे-से इगलू में आया। इससे पहले मैं इस घर में कभी नहीं आया था। घर में घुसते ही देखा, कई कुत्ते के पिल्ले थे और उनमें से कई को तो पालने में रखा था, शायद ठंड से बचाने के लिए। वे कुल मिलाकर 20-25 पिल्ले होंगे। धीरे-धीरे उन सबको बाहर निकाला गया। फिर मुँह को ऊ के उच्चारण की शक्ल में गोलाकार कर वह चिल्लाने लगा—ऊ...ऊ! कुछ ही देर में छः कुत्ते वहाँ हाजिर हुए और उनके वहाँ आते ही पिल्ले अपनी-अपनी माँ को ढूँढ़कर आराम से दूध पीने में जुट गए। मैं अवाक्-सा उन अत्यन्त सुन्दर पिल्लों को देखता रहा। इस प्रकार घंटा भर वहाँ रहने के बाद मादा कुत्तों और पिल्लों को यथास्थान पहुँचाकर हम लौट आए। उस दिन हम और चार बार पिल्लों को दूध पिलाने के लिए गए। पिल्लों को बाहर छोड़ना विपत्तिजनक था, क्योंकि कई बार ठंड के कारण पिल्ले मर भी जाते हैं। लगभग दो महीने बाद इन्हें खुला छोड़ा जाएगा, यानी जब वे स्वयं मांस खाना सीख जाएँगे। उरान ने मुझे यह सब कुछ अच्छी तरह दिखा-समझा दिया। कल से यह सारा दायित्व मुझे ही लेना होगा। मैं मन-ही-मन ख़ुश हुआ कि चलो, अन्ततः एक काम तो मिला। वास्तव में यह काम जो करता था, वह आज दिन भर से नज़र नहीं आया। हो सकता है, कहीं गया हो, तभी तो उसका काम मुझे लेना पड़ रहा था।

अगले दिन नियमानुसार मैं अपने काम पर लग गया। सुबह जाकर पिल्लों को छोड़ देना, फिर कुत्तों को बुलाना, पिल्लों को दूध पिलवाना, फिर बहुत छोटे पिल्लों को अलग से पालने पर रखना, ये सारे काम मैंने बख़ूबी किए। कुछ दिन कुत्तों की सेवा के कारण बच्चों से मेरा सम्पर्क कुछ कम हो गया क्योंकि समय कम था। कुत्तों की सेवा करने के चक्कर में मैं कुत्ता-प्रेमी हो गया। अब मैं आँख बन्द कर बता सकता था कि किस कुतिया का पिल्ला कौन-सा था या किस पिल्ले को दूध पीने में कितना समय लगेगा।

जब आसपास कोई न होता तो मैं उन कुत्तों से अपने मन की बात कहता। बातें करने को तो लोग बहुतेरे थे किन्तु इन कुत्तों जैसा नीरव श्रोता कहाँ मिलता! स्वदेश से हज़ारों मील दूर, कई अक्षांश-देशांतर पार कर एक कोने से दूसरे कोने में जाकर बैठना, कैसी मादकता है, यह कैसे समझाऊँ!

ऐसे ही एक दिन अवसर के समय जब मैं अपने साथी कुत्तों के साथ मशगूल था, ठीक उसी समय उरान एक एस्किमो के साथ हाज़िर हुआ। हँसी के आदान-प्रदान के पश्चात् उरान अपने साथी को कुत्तों के पिल्ले दिखाने लगा। उस साथी को देखकर लगा कि पिल्लों को देखकर वह काफ़ी ख़ुश था। सन्देह हुआ कि उरान पिल्लों को बेच रहा है। साथी व्यक्ति एक-एक कर पिल्लों को बाएँ हाथ पर रख दाहिने हाथ से उनकी परिपक्वता की जाँच किसी के दाँत देखकर,तो किसी के कान का छिद्र देखकर या फिर किसी के पंजों के नाख़ून देखकर करते हुए वह अच्छे 'माल' की छँटाई करने लगा और मैं अवाक् हो वह छँटाई देखता रहा। उस व्यक्ति ने इस प्रकार तेरह पिल्ले छाँटकर चमड़े के एक बड़े-से थैले में भरे और विदा ली। हालाँकि वे पिल्ले अब बड़े हो चुके थे और स्वयं मांस खाना सीख चुके थे, फिर भी आँखों के सामने अपने प्रिय साथियों से विच्छेद कचोट रहा था। हालाँकि बाद में मामला साफ़ हुआ। वास्तव में एस्किमो ज़्यादा कुत्ते एक साथ नहीं रखते। कुत्तों की संख्या अधिक होने पर बड़ी गड़बड़ होती है इसलिए ये इस प्रकार उन्हें बेच देते हैं। फ्रांस पार करते समय आल्प्स की चोटी पर मैंने हस्की कुत्तों का एक बड़ा-सा केन्द्र देखा था। जहाँ काफ़ी महँगे दामों में इन कुत्तों को बेचा जाता था। शिकारी कुत्तों के रूप में ये काफ़ी दामी होते हैं। अधिक कुत्ते रखने की एक समस्या यह भी है कि सर्दियों के दिनों में जब शिकार मिलना मुश्किल होता है, तब इनके लिए भोजन की व्यवस्था कर पाना कठिन हो जाता है, इसीलिए समय रहते इन्हें वितरित कर देना या बेच देना

ही श्रेयस्कर होता है। पिल्ले तब मांस खाना प्रारम्भ करते हैं, ठीक उसी समय से इनकी ट्रेनिंग शुरू होती है।

हमारे सभ्य समाज में स्वर्णाभूषणों को जिस प्रकार बहुमूल्य सम्पदा माना जाता है, उसी प्रकार एस्किमो लोगों की अमूल्य सम्पदा होते हैं उनके कुत्ते। गाँव-देहात के हिन्दू गृहस्थों के घर में जैसे गाय को पूज्य माना जाता है, उसी प्रकार एस्किमो अपने कुत्तों को बड़े प्रेम और जतन से रखते हैं। और क्यों न रखें—ये कुत्ते उनके लिए क्या नहीं करते, गाड़ी खींचते हैं, स्लेज चलाते हैं, शिकार पकड़वाते हैं, चोर-डकैतों से रक्षा करते हैं। इतना ही नहीं, मरने पर इनकी हड्डियों से अस्त्र तैयार किए जाते हैं और खाल से गर्मियों में इगलू की छावन बनती है।

इन कुत्तों का चरित्र भी बड़ा विचित्र होता है। शिकार के समय लकड़बग्घे-सा हिंस्र और अन्य समय में भीगी बिल्ली। इसीलिए कभी-कभी लगता है कि कुत्ता मनुष्य के इतना काम आता है जितना मनुष्य भी मनुष्य के काम नहीं आता होगा। तो फिर ऐसे जीव के प्रति प्रेम क्यों न हो!

कुत्तों की संख्या कम हो गई तो मेरा काम भी कम हो गया। आजकल मैं कुत्तों के पीछे अधिक समय बर्बाद नहीं करता, क्योंकि इससे माया बढ़ती है। अतः मैं फिर से मानव-शिशुओं के दल की ओर लौट आया।

शिकार

प्रायः महीना भर वहाँ गुजारने के पश्चात् एक दिन सुबह देखा कि सभी ने इगलुओं को तोड़ना शुरू कर दिया है। समझ गया कि अब विदा होने की बारी है। एस्किमो लोगों का चरित्र यायावर चरित्र होता है। हमारे दैनन्दिन जीवन में मानो जान लौट आई हो।

इगलुओं को तोड़ना काफ़ी झमेले का काम है। पहले भीतर का सारा सामान लाकर बाहर रखना, फिर उन्हें अलग-अलग कर चमड़े के बैगों में भरना—यह काम स्त्रियों का था, वे करने लगीं। फिर शुरू हुआ हम लोगों का काम, मैं उरान की मदद में जुट गया। मैं इगलू के चमड़े की सिलाई खोलकर चमड़ा और डोर अलग करने लगा, फिर तख़्तों को लेकर एक पर एक सजाने लगा।

मेरी शिशु-सेना भी इस काम में कुछ कम न थी। जितनी देर में मेरी अनभ्यस्त उँगलियाँ एक सिलाई खोलने में व्यस्त होतीं, उतनी देर में वह तीन-चार सिलाइयाँ खोल देती। कुल मिलाकर नौ इगलू थे। घंटे भर में ही वह जगह मैदान में तब्दील हो गई। हम सब इस काम में जुटे थे, तब 'हाइ' अर्थात उरान की माँ गला तर करने के लिए हमें चर्बी की डोर चूसने के लिए दे गई।

मैंने उरान से पूछा, 'हम कहाँ जा रहे हैं?'

उसने जबाव दिया, 'शिकार पर।'

'सचमुच?' मैं तो आनन्द से उछल पड़ा। मेरा उत्साह उस समय देखने लायक था।

सामान सब वहीं पड़ा रहा। हम सभी हाथों में छोटी-छोटी लकड़ियाँ, बल्लम व मछली मारने वाले भाले इत्यादि लेकर नजदीकी नदी की ओर रवाना हुए। यात्रा से पहले कुछ मछलियाँ मार लेनी होंगी। हम जहाँ जाकर पहुँचे, उसे नदी न कहकर नाला कहना ही उचित होगा। बर्फ़ गलकर झिरझिर करता पानी बह रहा था, उसी का अनुसरण करते-करते हम और कुछ आगे बढ़े। उस नाले के पानी से एक जगह एक छोटी-मोटी पोखरी-सी बन गई थी। हम सभी आकर वहीं रुके, तब समझ में आया कि उसी पोखरी से मछली का शिकार किया जाएगा।

कइयों ने चमड़े की एक ख़ास किस्म की पैंट पहन रखी थी। इस पैंट की ख़ासियत यह थी कि जूते और पैंट एक ही चमड़े से बने थे। जूते और पैंट एक ही साथ बने होने के कारण कमर भर पानी में उतरने पर भी पानी शरीर पर नहीं लगेगा। मेरे पास वैसी पैंट नहीं थी इसलिए मैं किनारे पर ही रहा।

हम कुल सत्रह जन थे जो पोखरी को चारों ओर से घेरकर खड़े हो गए। फिर अचानक ग्यारह जन पोखरी के पानी में कूद गए। पोखरी का स्वच्छ सब्ज पानी हिल रहा था, पत्थरों पर काई जमी थी। अब हाथ की बल्लम से हम लोगों ने काई को छेड़ना शुरू किया। आश्चर्य! साथ ही साथ उसके भीतर से मछलियों के झुंड के झुंड निकल आए।

अब शुरू हुआ पानी को पीटकर मछली पकड़ना। कई मछलियाँ घबराहट में किनारे पर जा गिरीं। कोई बल्लभ में बिंध गई तो किसी पर लकड़ी की मार पड़ी, और कोई नाले से भागने के चक्कर में हमारी पकड़ में आ गई। इस छोटी-सी पोखरी में इतनी मछलियाँ होंगी, इसकी तो मैंने कल्पना भी नहीं की थी। छोटी-बड़ी विभिन्न प्रकार की मछलियाँ थीं जिनमें अधिकांशतः सोल मछलियाँ

और साल्मन मछलियाँ ही थीं। सबसे बड़ी मछली का वजन होगा यही कोई पाँच छ: किलोग्राम। मछली-प्रिय मेरे जैसे बंगाली के लिए मुफ्त में इतनी सारी मछलियों का मिलना एक आश्चर्य ही था। खाऊँ या न खाऊँ, यह तो बाद की बात है, फिलहाल तो देखकर ही आनन्द आ रहा था।

प्राय: घंटा भर उस बर्फ़ीले पानी में मछली मारने के बाद हम वापस अपने सामान के पास लौट आए। अब खाने की बारी थी।

इसी बीच कइयों ने कच्चा ही खाना शुरू कर दिया, किन्तु कच्चा खाने की एक मुश्किल यह है कि मुँह में काँटा लगने का डर रहता है। हालाँकि मछली मेरा प्रिय खाद्य है, पर कच्ची मछली नहीं। कइयों ने उबालकर या भूनकर खाना शुरू किया। सचमुच ताजी मछली का स्वाद ही कुछ अलग होता है और वह भी ग्रीनलैंड के उन्मुक्त आसमान के नीचे, तो कहना ही क्या! बरहहाल, इस प्रकार हम जितना खा सकते थे खाया और बाकी रास्ते के लिए साथ लेकर चल पड़े।

हमने उत्तर-पश्चिम की ओर रुख किया। विशाल नाव जैसी कायाक गाड़ी के सामने कुत्तों को जोत दिया गया। और इस प्रकार की पाँच कायाक गाड़ियों पर हमारा माल-असबाब लद गया। सामान्य तौर पर कायाक एक लकड़ी की नाव ही होती है, किन्तु आवश्यकता पड़ने पर इस पर माल लादकर कुत्तों से खिंचवाया जाता है। तब इससे स्लेज की तरह काम लिया जाता है। हमारा माल असबाब बहुत भारी था, इसलिए हम लोगों ने पीछे से ढकेलना शुरू किया। इस प्रकार हम मछली पकड़ने वाले नाले के पास पहुँचे। नाले के किनारे की बर्फ़ तब भी पूर्णत: गली नहीं थी। यहाँ स्लेज गाड़ियों को धीरे-धीरे उतारते ही बोझ हल्का हो गया। अब कुत्ते फिसलनदार बर्फ़ीले रास्ते पर अनायास ही उन्हें खींचकर ले चले।

पुरानी पोखरी को हम पीछे छोड़ आए—और उसके थोड़ी देर बाद एक टीले-सी जगह को पार करते ही हम एक नदी के किनारे पहुँचे। अब स्लेज से कुत्तों को अलग कर लिया गया—वे भी थक गए थे। दरअसल यह स्लेज नहीं, नौका जैसी गाड़ी थी, किन्तु कायाक गाड़ी भी नहीं थी। यह पानी में नौका का और ज़मीन पर गाड़ी का काम करती है, किन्तु इसमें पहिये नहीं होते। इसे कुत्ते खींचते हैं। आम तौर पर कायाक एस्किमो लोगों की नौका को कहते हैं, जो अपने यहाँ की सँकरी और लम्बी चाल की नाव होती है जिसमें चार आदमियों से ज़्यादा नहीं बैठ सकते। इसलिए मैं इसको कायाक न कहकर नौका ही कहूँगा।

स्थानीय भाषा में ये लोग इसे नोवोमिनि कहते हैं।

नदी के किनारे आते ही हमारा दल कुछ और बड़ा हो गया। हमारे साथ आकर कई और 'इनुंग' (एस्किमो लोगों का स्थानीय नाम) आकर मिले, बड़े शिकार के लिए। अब हमारा दल काफ़ी बड़ा था। अब हमारी नोवोमिनियाँ पानी में उतरीं और शिकार की खोज में हम निकल पड़े।

शिकार के प्रसंग को आगे बढ़ाने से पूर्व यहाँ का भौगोलिक विवरण देना उचित रहेगा। ग्रीनलैंड केवल नाम के लिए ही ग्रीनलैंड है। दरअसल ग्रीनलैंड नाम ही अपने-आपमें एक प्रहसन हैं। सियालदह में जिस प्रकार सियाल यानी सियार नहीं हैं, उसी प्रकार ग्रीनलैंड में हरियाली का कोई नामोनिशां नहीं है। ग्रीनलैंड की जगह इसे व्हाइटलैंड कहा जाता तो शायद उपयुक्त होता। वास्तव में ग्रीनलैंड एक विशाल बर्फ़ीला महादेश है। ग्रीनलैंड के केन्द्र में जो बर्फ़ीले पहाड़ हैं, उनमें से अधिकांश की ऊँचाई सात हज़ार से दस-ग्यारह हज़ार फीट के करीब है। अतः इन विशाल बर्फ़ीले पहाड़ों का ऊपरी हिस्सा जब गर्मियों के दिनों में थोड़ा-सा गलता है और उससे जो जलस्रोत निकलता है, उसी से बनते हैं ग्रीनलैंड के तीरवर्ती असंख्य 'ब' द्वीप। ग्रीनलैंड की गर्मियों का मतलब है बर्फ़ गलने का समय या वह समय, जब सूर्य नज़र आता है, किन्तु इसके बावज़ूद ग्रीनलैंड के तापमान में कोई विशेष अन्तर नहीं होता। लिहाजा समुद्र के निकटवर्ती ग्रीनलैंड के अंचलों को छोड़कर पूरा ग्रीनलैंड बारहों महीने बर्फ़ से ढका रहता है। ग्रीनलैंड का अक्षांश 60 डिग्री से 90डिग्री उत्तरी ध्रुव तक और देशांतर 10 डिग्री से शुरू कर 70 डिग्री तक (ग्रीनविच के पश्चिम में) है। इसीलिए ग्रीनवीच के पूर्व से पश्चिम के समय में जैसे अन्तर होता है, ठीक वैसे ही उत्तर और दक्षिण के तापमान में भी प्रचंड अन्तर होता है। उत्तर सागर हालाँकि उत्तरी ध्रुव के करीब है और वहाँ की बर्फ़ के न गलने की सम्भावना अधिक थी, किन्तु गल्फ स्ट्रीम के कारण यहाँ का पानी कभी पूरी तरह बर्फ़ के रूप में नहीं जमता। हालाँकि पानी में आइसबर्ग यानी हिमशैल की कमी नहीं थी। ग्रीनलैंड सागर में गल्फ स्ट्रीम पहुँची ही नहीं। और चूँकि यह उत्तरी ध्रुव के करीब है इसीलिए साल में छः महीनों तक यहाँ सूर्य किरण रहती है और उसी प्रकार दक्षिणी ध्रुव में छः महीने रात रहती है। भौगोलिक विवरण में और न जाकर शुरू करता हूँ अपनी कहानी।

हाँ, तो इनुंग लोगों के साथ मैं अब नदी के प्रायः बीचोबीच था जहाँ कोई

स्रोत नहीं था, किन्तु कोई गर्म-स्रोत है कि नहीं, पता नहीं। इतनी देर बाद एक स्पष्ट दृश्य नज़र आया। नदी अब एक विशाल झील-सी लग रही थी। कागचक्षु-सा साफ़ पानी और दूर से सफ़ेद बर्फ़ीले पहाड़। बर्फ़ीले पहाड़ का तात्पर्य पहाड़ के ऊपर बर्फ़ नहीं बल्कि सम्पूर्ण रूप से बर्फ़ के पहाड़ से है। वह सामने जो छोटा-सा पहाड़ नज़र आ रहा है, यदि अचानक गल जाए तो घंटे भर में पूरे यादवपुर को बाढ़ में बहा ले जाने के लिए पर्याप्त है। यह तो तकदीर अच्छी है कि कोलकाता यहाँ से काफी दूर है, और यह बर्फ़ का पहाड़ भी कभी गलने वाला नहीं। भविष्य के बारे में तो क्या कहा जा सकता है किन्तु मनुष्य को जहाँ तक जानकारी है, इस पहाड़ को गलाने के लिए आवश्यक तापमान का यहाँ नितान्त ही अभाव है।

तीन घंटों तक डाँड़ चलाते-चलाते, डाँड़ कहना सही नहीं होगा, तख़्ता चलाते-चलाते हम झील के किनारे पहुँचे। नोवोमिनि के किनारे पर आकर लगते ही हम कूदकर ज़मीन पर आ गए। अब कहीं पत्थर नहीं था, सम्पूर्ण रूप से बर्फ़ का देश था। सागर-किनारे से हम ज़्यादा से ज़्यादा कोई तीस मील उत्तर-पश्चिम में आ गए होंगे। और उसी में विराट परिवर्तन नज़र आ रहा था। पानी की जगह चारों ओर बर्फ़ ही बर्फ़ थी।

ठंड की क्या बात करूँ। ठंड के साथ हमारा सम्पर्क न हो, इसकी हमने पर्याप्त व्यवस्था कर रखी थी। पैरों में भालू के चमड़े के जूते, पूरी ऊनी पैंट, कमीज के ऊपर चमड़े की जैकेट, हाथ में व्हेल मछली की खाल के दस्ताने, सिर पर रोमस सियार की खाल की टोपी और गले पर लपेटी थी बर्फ़ीले नेवले की पूँछ और इतना सब कुछ पहनकर हम सिर से पैर तक मानवजन्तु में परिणत हो गए थे। इस अवस्था में एक-दूसरे को पहचान पाना मुश्किल था। किन्तु सबसे अधिक आश्चर्य इस बात का था कि चमड़े का इतना कुछ धारण करने के बावजूद शरीर का वजन कुछ ख़ास नहीं बढ़ा था।

नोवोमिनि यानी नौकाओं को निकालकर ज़मीन पर रखा गया और उनमें कुत्तों को जोत दिया गया। नौकाएँ अब बर्फ़ीली ज़मीन पर फिसलकर चलने लगीं। पहले की तरह अब हमें ठेलने की ज़रूरत नहीं थी। हम प्रत्येक नोवोमिनि या नौका के पीछे-पीछे चलने लगे। अत्यधिक मेहनत के कारण हमें भूख लग गई थी, ख़ास कर मुझे, किन्तु इतनी देर नये अभियान में व्यस्त होने के कारण उसका आभास नहीं हुआ। किन्तु अब अचानक पेट में मरोड़ उठने लगे। अन्तत:

उरान के पास जाकर अपने पेट की अवस्था समझाई। वह फौरन मेरी बात समझ गया क्योंकि उसके पेट का हाल भी कुछ मुझसे बेहतर न था। वह अपनी माँ की पीठ के झोले से कुछ खाने को लेकर आया। वह जो लेकर आया था, उसमें था कुछ सूखा सादिन और हमारी पकड़ी साल्मन मछलियाँ। नमक लगाकर हम उन्हें चलते-चलते ही खाने लगे, जैसे अपने यहाँ हम मूड़ी-खोई खाते हैं। भूख के समय वह भी बड़ी स्वादिष्ट लगती है।

काफ़ी देर तक चलने के बाद हम पहली बार रुके। जगह का नाम पता नहीं। पता नहीं, कोई नाम था भी कि नहीं। इस बर्फ़ीली मरुभूमि में किसी ने कभी नाम के बारे में सोचा भी नहीं होगा, तो फिर मुझे ही नाम की क्या दरकार?

इनुंग लोगों में पता नहीं, किस विषय को लेकर चर्चा शुरू हुई। ठीक से तो मैं समझ नहीं पा रहा था, किन्तु उन लोगों के हावभाव से यह समझ में आया कि किस ओर जाया जाए, इसी बात की चर्चा हो रही थी। काफ़ी देर तक उनका सलाह-मशवरा चलता रहा, और इस मामले में सभी बुजुर्गों की राय पर ही निर्भरशील थे। इस प्रकार और थोड़ी देर सलाह-मशवरा के पश्चात् युवक लोग विभिन्न दिशाओं में फैल गए। यह मामला मुझे समझ में नहीं आया।

मैं क्या करूँ, समझ नहीं पा रहा था। सोचने लगा कि क्या मैं भी युवकों के साथ किसी एक दिशा में निकल जाऊँ? मैं सोच ही रहा था कि अचानक उरान प्रकट हुआ। उसके हाथ में उलझे हुए सूते का एक बड़ा-सा बंडल था, जिसे मुझे थमाकर उसने कहा कि मैं सूते की उलझनें सुलझा दूँ। जाहिर है, यह कोई काम तो था नहीं, टाइमपास जैसा काम था।

अन्दाजन कोई पाँच-छः घंटों बाद जो लोग इधर-उधर चले गए थे, एक-एक कर लौटने लगे और इसके बाद फिर से शुरू हुआ परामर्श। विभिन्न युवक विभिन्न दिशाओं की ओर इंगित कर जाने का क्या कुछ समझाने लगे।

इस प्रकार जब उनका परामर्श समाप्त हुआ तो हिसाब के अनुसार प्राय: भोर हो आई थी, अर्थात हम लगातार 26-27 घंटे पैदल चल चुके थे। किन्तु आश्चर्य, इनमें कोई भी थका नहीं था। और तो और, बच्चे भी पैदल चलने का आनन्द उठा रहे थे।

अन्ततः परामर्श रुका। उबली बेक्टी मछली खाकर फिर शुरू हुई हमारी यात्रा। अब हम सीधे उत्तर की ओर चले। बर्फ़ पर चलने का अपना आनन्द है ज़रूर, पर कहीं यदि गिर पड़े तो सारा आनन्द हवा हो जाता है। ऐसा ही

मेरे साथ हुआ। बर्फ़ पर करामात दिखाने के चक्कर में मैं गिर पड़ा। किन्तु बलिहारी, पोशाक के कारण काफ़ी बचाव हो गया वर्ना आधा पैर वहीं छोड़कर आना पड़ता। ऊँचे-नीचे बर्फ़ीले टीलों की भूमि थी, दल के लोगों ने आकर मुझे उठाया तो ज़रूर, किन्तु कुछ देर के लिए मुझे अपना चलना स्थगित रखना पड़ा। किन्तु किसी ने मेरी प्रतीक्षा न की। सभी चले गए और मैं बड़े-से बर्फ़ खंड पर बैठा 'माँ रे, बाप रे' चीख़ता रहा। पैर में जोरों का दर्द हो रहा था। लग रहा था, अच्छी-ख़ासी मोच आ गई है, किन्तु मातृभाषा में मन खोलकर, 'माँ रे, बाप रे' करने से काफ़ी आराम मिला। अच्छा ही हुआ कि इंनुग लोग जा चुके थे और इस निर्जन में मैं जी भरकर मातृभाषा में चिल्ला सकता था।

कुछ देर विश्राम के पश्चात् अचानक लगा, यह मैं कहाँ हूँ? न कोई रास्ता है, न आस-पास कोई है, न किसी को मेरी प्रतीक्षा है। वे सब तो चले गए। सर्वनाश! अचानक लगा, जैसे कोई व्रजपात हुआ हो! निःसंगता और दुर्बलता ने मुझे घेर लिया। मैं हिम्मत कर उठा। नहीं, मुझे अब चलना होगा। अचानक मुझे सऊदी अरब के रेगिस्तान में खो जाने की घटना याद हो आई। नहीं, जीवन का वैसा भयंकर अनुभव मुझे और नहीं चाहिए। ऐस्किमो लोग जिस ओर गए थे, मैंने उसी ओर चलना शुरू किया। इतनी ठंड में भी मेरी कमीज पसीने से तर थी। हठात् पैर में 'खट'-सी एक आवाज़ हुई और काफ़ी दर्द के साथ सरकी हुई हड्डी पुनः यथास्थान पर आ गई। अनायास मैं चीख़ उठा—मेरा पैर ठीक हो गया! आसमान की ओर मुँह कर मैंने ईश्वर को धन्यवाद देते हुए कहा—सब तुम्हारी इच्छा है प्रभु!

बर्फ़ के ऊपर खींचे गए भारी माल के निशान देखते-देखते मैंने आगे बढ़ना शुरू किया। ज़्यादा से ज़्यादा कोई एक घंटा चला था कि इनुंश लोगों का शोर-शराबा सुनाई दिया। 'यूरेका!' पास गया तो काफ़ी व्यस्तता नज़र आई। एक समतल जगह छाँटकर वहाँ सारा साज-सरंजाम उतार लिया गया था और कुछ बड़े चूल्हों पर मांस उबाला जा रहा था—लगा, जैसे ये लोग किसी भोज के लिए निकले हों! उरान को ढूँढ़ना नहीं पड़ा। उसके बच्चे मुझे देखते ही दौड़े-दौड़े चले आए और आनन्द से गले लगकर झूल गए। मैंने मन ही मन सोचा—मेरे लिए कितनी चिन्ता है, यह पता है मुझे। मुझे पीछे छोड़कर ही तो चले आए थे, याद है? तकदीर अच्छी थी जो मैं उनकी भाषा नहीं जानता था, वर्ना कौन

जाने अनजाने में मुँह से कुछ निकल जाता। बरहहाल,पक रहे मांस की गन्ध से मैं अपनी नाराजगी भूल बैठा।

मांस तो क्या, मांस का पानी कहना ज़्यादा सही होगा। मैं दावे से कह सकता हूँ कि जिस मांस की गन्ध से मेरे मुँह में पानी आ रहा था, वह मांस यदि मेरे मँझले भैया को चखा दिया जाता तो...। कुरुक्षेत्र का जिक्र छोड़ देता हूँ, और अधिक लिखने की आवश्यकता नहीं। वास्तव में सारा अन्तर तो परिस्थितियों का है। बरहहाल, सोचा था कि खाने-पीने के बाद थोड़ा सो लिया जाता, किन्तु सोऊँ कहाँ? बच्चे तो सामान के ऊपर चमड़े की बास्केट में सो रहे थे, पर बड़ों के लिए कोई व्यवस्था नहीं थी।

मांस का पानी या मांस खाने के पश्चात् फिर से काम शुरू हो गया। मांस पता नहीं किस जन्तु का था किन्तु खाने के साथ-साथ शरीर में हाथी का-सा बल महसूस हुआ। मैं भी उन लोगों के साथ काम में जुट गया।

काम करने के लिए सभी छोटे-छोटे समूहों में बँट गए, फिर एक-एक जगह छाँटकर सबने काम करना शुरू किया। सचमुच चारों ओर बर्फ़ का राज था। रास्ते से बर्फ़ हटाने पर नीचे बर्फ़ ही मिलेगी। बर्फ़ पर कुआँ खोदो तो नीचे पानी नहीं, बर्फ़ ही निकलेगी और यदि अंधड़ चला तो हवा में धूल नहीं, बर्फ़ के कण ही होंगे।

सामने एक टीला छाँटकर उस पर से साइज के अनुसार बर्फ़ काटी जा रही थी। कोई-कोई बर्फ़ काटने के समय फट जाती है, किन्तु यहाँ की बर्फ़ फट नहीं रही थी। बर्फ़ काटने के लिए अर्द्धवृत्ताकार करात का उपयोग करना पड़ रहा था। ऐसी एक करात जब हाथ लगी तो मैं उसे ध्यान से देखने लगा। एक कोने में लिखा था—मेड इन यू.एस.ए.। इस्पात की करात के अतिरिक्त इन लोगों के पास और भी छोटे-मोटे आधुनिक उपकरण थे। साइज के अनुसार बर्फ़ को काटा जा रहा था, और साइज था दो फीट बाइ चार फीट के करीब। एक समूह बर्फ़ काट रहा था और दूसरा उन टुकड़ों को लेकर एक जगह वृत्ताकार रूप में सजाकर रख रहा था और वृद्ध लोग देख-रेख कर रहे थे। इतनी देर बाद मुझे समझ में आया कि हम इगलू तैयार कर रहे थे। इस नये अनुभव ने मुझे उत्साह से उत्साहित किया।

इगलू का निर्माण मुझे जितना सहज लग रहा था, उतना था नहीं। इसके

लिए दरकार थी पर्याप्त अनुभव की। बर्फ़ का एक ढेला यदि इधर से उधर हो गया तो सब कुछ ताश के महल की तरह ढेर हो जाएगा। इसलिए आवश्यक है, सही माप-जोख की। हाँ, इसके लिए इन्हें किसी स्कूल जाने की आवश्यकता नहीं होती, आँख से देखते-देखते ही यह पूर्ण अनुभवी हो उठते हैं। माप-जोख के लिए आम तौर पर ये चाल के अन्तर का या फिर सीधे-सीधे पैरों के माप का उपयोग करते हैं, जैसे हमारे गाँव में ज़मीन मापने के लिए किया जाता है।

इगलू का साइज लोगों के अनुरूप होता है। आम तौर पर दो-तीन परिवार एक साथ रहते हैं, अर्थात पन्द्रह-बीस लोगों के इगलू को बड़ा ही कहा जाएगा। इगलू का निर्माण भी बड़े मज़े का काम है। एक निर्देशकर्ता होता है और बाकी सभी काम करने वाले। प्राय: छब्बीस बर्फ़ की ईंटों को पहले गोलकार सजाया गया, फिर हर ईंट के पास एक-एक व्यक्ति खड़ा हुआ, यानी कुल छब्बीस जन। अब उन्हें आगे-पीछे कर करीने से सजाया गया। एक ईंट को दूसरी के साथ सटाकर लगाया गया। ईंटों का केन्द्रीय हिस्सा तो एक-दूसरे से सटा किन्तु विपरीत छोर की ओर फाँक रह गई। अब बर्फ़ के बारीक टुकड़ों से फाँक को भरा गया। ठीक बीचोबीच लकड़ी का एक फ्रेम बनाकर उसके ऊपर तख़्ता रखकर अर्द्धवृत्ताकार छत बनाई गई। मैं अचम्भे में उन लोगों की अपूर्व कारीगरी देख रहा था। इस सारे काम को अंजाम देने में समय लगा प्राय: घंटा भर। यह सम्पूर्ण फ्रेम तख़्त और सूत के प्रयोग से बना, बिना किस कील-काँटी के। अब बाकी का काम सहज हो गया। बर्फ़ की सिल्ली पर बर्फ़ की सिल्ली सजाकर धीरे-धीरे चहारदीवारी उठानी शुरू हुई। गोलाकार यह चहारदीवारी जैसे-जैसे ऊपर की ओर उठ रही थी, वैसे-वैसे संकीर्ण होते-होते केन्द्र की ओर झुक गई।

यही वह समय था जब नुकसान होने की सम्भावना अत्यधिक थी, क्योंकि अधिकांश इगलू-निर्माण के दौरान इस जगह पर आकर ध्वस्त हो जाते हैं। इसलिए अब बारह-तेरह व्यक्ति इगलू के भीतर से बर्फ़ की सिल्लियों या बर्फ़खंडों को सहारा देकर सँभालने लगे ताकि वे ध्वस्त न हों। इसके बाद बड़ी सावधानी के साथ दर्जन भर लोग भीतर से एक-एक कर बर्फ़खंडों को लकड़ी की छत पर सजाने लगे।

अब मेरे लिए करने को कुछ नहीं था, क्योंकि अब इस मामले में निपुण हाथों की आवश्यकता थी। अत: अब मैं मज़े से इन लोगों की अपूर्व कारीगरी

को देखने लगा। इसी समय उन लोगों में सबसे ज़्यादा हो-हल्ला शुरू हुआ, काफ़ी कुछ इस प्रकार—'जरा ध्यान से, पकड़ो-पकड़ो, सँभालो, ख़बरदार, अरे सिर बचाकर—हाँ-हाँ, इत्यादि। अन्ततः अर्द्धवृत्ताकार छत डाल दी गई, और छत पड़ते ही अब यह निर्माण एक उल्टे रखे हुए गमले के जैसा लगने लगा। अब जो लोग अन्दर थे, वे हवा-रोशनी, खिड़की-दरवाज़ा विहीन बर्फ़ के एक बड़े से गमले के भीतर बन्द थे।

मैं मन-ही-मन चिन्तित हो उठा—सर्वनाश! अब क्या किया जाए? ये लोग बाहर कैसे निकलेंगे?

हठात् चार जनों ने बड़ी-सी कुल्हाड़ी लेकर ज़मीन से सटी इगलू की चाहरदीवारी पर दनादन प्रहार करना शुरू किया और कुछ ही देर में दीवार से बर्फ़ की दो बड़ी-बड़ी ईंटें निकल आईं। धीरे-धीरे इसी द्वार से एक-एक कर भीतर से सभी बाहर आ गए—और बन गया इगलू का दरवाज़ा! बाद में भीतर के लकड़ी के फ्रेम को भी टुकड़े-टुकड़े कर बाहर निकाल लिया गया। अब यह था हमारे रहने का स्थान—एस्किमो लोगों का इगलू।

अब शुरू हुई भीतर की तैयारी। पहले तख़्ता बिछाकर तख़्तपोश बनाया गया और उस पर बिछाया गया दुनिया भर का चमड़ा और चमड़े की चादरें। सबसे नीचे बिछाया गया भारी और खुसखुसा चमड़ा और फिर उसके ऊपर यथाक्रम नर्म चमड़ा बिछाकर सुन्दर गद्दा-सा बनाया गया। घर के एक किनारे मोमबत्ती की तरह चर्बी के दीपक की जगह बनाई गई। इस प्रकार प्रायः चार इगलू अड़सठ लोगों से, जिनमें बच्चे व लड़के-लड़कियाँ भी शामिल थे, भर गए। और दूर के एक इगलू में सारे कुत्तों को रखा गया। इस प्रकार प्रायः अड़तालीस या पचास घंटों के बाद हमें सोने का अवकाश मिला।

लगभग तीन दिनों की अनथक मेहनत के बाद—ओह! कितना सुखकर होता है बिछावन! हम सभी मछली व मांस का शोरबा पीकर सो गए।

अब मैं केवल उरान के साथ नहीं बल्कि सभी इनुंग लोगों के साथ हिलमिल गया था और इगलू में हम सभी एक संयुक्त परिवार की तरह थे।

मेरी धारणा थी कि बर्फ़ के घर इगलू काफ़ी ठंडे होंगे, किन्तु आश्चर्य, यह बहुत अधिक ठंडे नहीं थे। एक साधारण लकड़ी के घर जैसे ही थे। अर्थात इगलू के भीतर का तापमान आंगमाग्शालिक जैसा ही होगा। भीतर अधिसंख्यक लोगों के कारण शायद तापमान में उष्णता कायम रहती है।

एक-एक कर जब सभी सोने चले गए तो मैंने देखा कि एक मैं और एक बुढ़िया, मात्र दो जन जगे थे। पहले मैंने सोचा था, आज भी कहानी का पर्व जमेगा, किन्तु थकावट के कारण आज का कार्यक्रम स्थगित रहा।

इसी बीच कइयों ने खर्राटे भरने शुरू कर दिए थे—'घोंत-घोंत-घड़-घड़' शब्द बर्फ़ की दीवार से प्रतिध्वनित होकर एक अद्‌भुत प्रकार के रहस्य का मायाजाल रच रहा था। उधर वह बुढ़िया चर्बी के दीये की रोशनी में जाने क्या सी रही थी। चर्बी की बत्ती की रोशनी में, झुलसे बैंगन सरीखा उसका मुँह थलथल कर रहा था। लग रहा था, जैसे अभी ही मुँह से चमड़ी अलग होकर गिर पड़ेगी।

चमड़े के एक बड़े-से टुकड़े से इगलू के दरवाज़े का टट्‌टर तैयार हो रहा था। बाहर किन्तु अभी भरी दोपहर है, परन्तु उससे क्या? इन लोगों को जब विश्राम की दरकार होती है, तब विश्राम कर लेते हैं। उसके लिए रात या दोपहर को विशेष महत्त्व नहीं देते।

मैं इस पसोपेश में बैठा था कि कहाँ सोऊँ? हाँ, इस बीच इन लोगों के मुँह की दुर्गन्ध का मैं आदी हो गया हूँ। ये लोग कभी मुँह नहीं धोते, या कहा जा सकता है कि मुँह धोने जैसा भी कोई काम हो सकता है, यह इन्हें ज्ञात ही नहीं। इन लोगों के साथ रहते-रहते हो सकता है कि मेरे मुँह से भी दुर्गन्ध आने लगी हो। ख़ैर, अपनी बात छोड़कर मैं उन्हीं की बात करूँ तो सही होगा। सच बात तो यह है कि आजकल उन लोगों से बात करते समय जो गन्ध आती है, उसे मैंने एस्किमो प्रकार की गन्ध मान लिया है। इसका तात्पर्य यह कि उनके सामने खड़े होने पर यदि वे विशेष गन्ध न मिली तो वे कैसे एस्किमो! मेरी राय में हर जगह का अपना आचार-व्यवहार तथा कुछ विशेषताएँ होती हैं, जैसे अपने देश में मुँह से पान या बीड़ी का गन्ध, ख़ास लोगों में पसीने की गन्ध, गुरु यदि तांत्रिक है तो उसके मुँह से गांजे की गन्ध। इसी प्रकार विदेशों में भी हर जगह मैंने जातीय गन्ध को विद्यमान पाया है, जैसे—अफ़ग़ानिस्तान में तंबाकू की गन्ध, रूस में वोदका की गन्ध, जर्मनी में बियर की गन्ध, अरब में बीवी की गन्ध, फ्रांस में इत्र व सिगरेट की सम्मिलित गन्ध। लिहाजा एस्किमो लोगों में भी यदि कोई ख़ास गन्ध है, तो इसमें अचम्भे की क्या बात है? बरहहाल, अब इस गन्ध-तत्त्व को यहीं छोड़कर आगे बढ़ते हैं।

मैं अपने सोने की व्यवस्था के बारे में सोचने लगा। प्राय: सभी गुड़ी-मुड़ी होकर सो रहे थे। इतनी ठंड में मैं किसी कोने की ओर सोने को राजी न था

क्योंकि किसी ने यदि रजाई खींच ली तो फिर निमोनिया होना अवश्यम्भावी था।

हठात् एक माकूल जगह नज़र तो आई। सोचा, वहाँ जाकर शरीर जँचा लूँ परन्तु फिर लिंगगत समस्या की ओर ध्यान गया; क्या पता किसके बगल में जाकर लेटूँ और विपदा मोल ले लूँ। दरअसल इन लोगों में पुरुष और स्त्री का अन्तर कर पाना कठिन है। यह सही है कि पुरुषों के बाल छोटे और स्त्रियों के लम्बे होते हैं, पर यहाँ तो सभी टोपी पहने सो रहे हैं, पहचानना मुश्किल है। और दाढ़ी-मूँछ तो किसी के है ही नहीं, काफ़ी कुछ तिब्बतियों की तरह। छाती देखकर भी समझ पाना कठिन है कि कौन पुरुष है और कौन स्त्री, क्योंकि सब समतल है।

वह बुढ़िया, लगता है, इतनी देर से मेरी परेशानी देख रही थी। टूटे दाँतों की फाँक से मुस्कुराकर उसने मुझे सोने को कहा। मैंने भी हँसकर उसे अपनी दुविधा समझाते हुए पूछा कि सोऊँ कहाँ!

वह मेरी समस्या समझ गई। गोद से चमड़े की सिलाई को एक किनारे रख वह मेरे लिए सोने की जगह तलाशने लगी। अन्ततः एक जन को कोहनी से सरकाकर तथा अन्य एक जन के पैर खींचकर उसने मेरे सोने लायक जगह बना दी। मैं भी उसका शुक्रिया अदा कर सियार के नर्म चमड़े की रजाई ओढ़कर सोने का उपक्रम करने लगा। सचमुच नर्म थी रजाई...।

मैं कितनी देर सोया, पता नहीं। बीस-पच्चीस घंटे भी हों तो कोई असम्भव बात नहीं। मेरी जब नींद टूटी तो देखा कि मेरे दाहिनी ओर के एक व्यक्ति को छोड़कर सभी उठ चुके थे। आलस्य त्यागकर मैं भी उठ बैठा। अब ध्यान से देखा तो पता चला कि मैं जिसके बगल में सोया था, वह कोई संगी नहीं बल्कि संगिनी थी। ख़ैर बाबा, नींद ठीक-ठाक रही। एस्किमो लोग अत्यन्त संयमी होते हैं, शायद ठंड के कारण। मैं बाहर घूम आया। पता नहीं, वह कुहासा था या बादल, दूर का कुछ नज़र नहीं आ रहा था। पता नहीं, दिन था या रात—अजीब भूलभुलैया थी।

चारों ओर सभी काम में व्यस्त थे। मैं सूखी मछलियों का नाश्ता करते-करते उन लोगों का काम देखने लगा। आज ठंड कुछ अधिक थी इसलिए चमड़े की एक चादर ओढ़ ली। ये लोग बड़े उद्यमी लोग हैं।

कुछ दिन हुए, नाजो के साथ मेरा परिचय हुआ। वह नौजवान है, मुझे बहुत कुछ कहना व समझाना चाहता है अपनी व्यक्तिगत प्रतिभा के बारे में। वह

जितना बोलता है, उससे ज़्यादा उछलता है और हँसता तो शायद सबसे ज़्यादा है। नाजो ने मुँह में उँगली देकर सीटी बजाई तो मैं दौड़कर उसके पास गया तो देखा कि वह एक छोटी-सी नौका या वैसा ही कुछ बनाने की चेष्टा कर रहा था। मैं उसके पास पहुँचा तो अपने हाथ-पैर-मुँह तथा हावभाव से उसने मुझे समझा दिया कि वह एक 'स्लेज' गाड़ी बना रहा था।

स्लेज बर्फ़ पर फिसलती चलने वाली गाड़ी होती है जिसके पहिये नहीं होते। और बर्फ़ पर चूँकि यों ही सब कुछ फिसलता है, इसलिए थोड़ा-सा जोर लगाकर भारी सामान खींचा जा सकता है।

छुटपन में भूगोल की किताबों में रेनडियर (एक प्रकार का बारहसिंगा हिरन) के बारे में पढ़ा था, किन्तु एस्किमो लोगों के देश में इन हिरनों की संख्या अब लुप्त होती जा रही है। जो भी थोड़े-बहुत हैं, वे स्लेज गाड़ी खींचने के बजाय मनुष्य की क्षुधा-निवारण के लिए ही अधिक पकड़े जा रहे हैं।

स्लेज गाड़ी के निर्माण में बहुत अधिक बुद्धि की दरकार नहीं होती। सारा सरंजाम साथ होता ही है, केवल उन्हें सेट करना होता है और इस काम में नाजो काफ़ी होशियार है। उसकी होशियारी स्वीकार करने में मुझे कोई असुविधा नहीं क्योंकि उन लोगों के बीच इन सब मामलों में एक मैं ही था निपट मूर्ख। बाकी सभी कोई न कोई काम जानते थे। बेवकूफ बस मैं था।

आम तौर पर एस्किमो लोगों की स्लेज को कुत्ते खींचते हैं, किन्तु यूरोप या अमेरिका में घोड़ों द्वारा खींचे जाने वाली स्लेज का प्रचलन अधिक है।

एक स्लेज तैयार करने के लिए दरकार होती है कुछ 'आक्डालिका' यानी तख़्तों की,'कापुन' यानी छोटी खूँटी की और 'आकुंडार्मिक' यानी चमड़े की डोर की। दरअसल ये हैं तीन प्रधान उपकरण। नाजो ने एक के बाद एक इन सारी चीज़ों को सजाकर एक छतविहीन पालकी जैसी वस्तु का निर्माण किया। हाँ, इनमें कुछ लोहे के स्क्रू भी लगे। यह था मोटे तौर पर स्लेज का स्वरूप जो दूर से बड़ी दियासलाई की डिबिया के भीतरी खोल जैसा लग रहा था। हाँ, किन्तु जो हिस्सा भूमि का स्पर्श कर रहा था, वह नौका जैसा था ताकि चलते समय सख़्त बर्फ़ का प्रचंड धक्का सीधा न लगे। स्लेज के बनकर तैयार होते ही नाजो ने एक गुलाटी मारी, जिसका अर्थ है कि अच्छी बनी। अब कुत्तों को जोतते ही लीजिए, हो गई तैयार 'एस्किमो एक्सप्रेस', जो एक घंटे में साठ मील की रफ़्तार तक चल सकती थी। हाँ, किन्तु उसके लिए चाहिए एक पक्का ड्राइवर। ख़ैर,

उस स्लेज को हमने लाकर कुत्तों के घर के सामने रखा। फिर हम अपने इगलू के सामने हाजिर हुए तो देखा कि उरान भी कहीं बाहर जाने को प्रस्तुत था।

मुझे देखते ही उरान ने हँसकर कहा—'फोआ', जिसका मतलब था—'चलो।' मैं भी तत्काल राजी हो गया। नाजो कुछ बोलकर दौड़कर घर के भीतर घुस गया और हम प्रतीक्षा करने लगे। थोड़ी ही देर में उसने एक जोड़ी जूते लाकर मुझे पहनने के लिए दिये। ख़ुद तो वह पहन ही आया था, मैंने भी प्रायः घुटनों तक लम्बे चमड़े के जूते पहन लिये। जूते पैर में फिट आ जाएँ इसलिए उनमें चमड़े के कुछ पैड खोंसने पड़े। ऐसे लम्बे जूते प्रायः सभी एक ही साइज के थे। छोटों के लिए ऐसे जूते नहीं थे। नाजो ने मेरे हाथ में एक 'आकुन' खोंसते हुए कहा, 'चलो।' मैं समझ गया कि हम शिकार पर जा रहे थे। चारों ओर लहरों के समान बर्फ़ और बीच-बीच में छोटे-से नाले के समान जलाशय, कुछ दूर जाते ही और कुछ लोग आ गए हमारे साथ।

हम एक लाइन पकड़कर चलने लगे। अद्‌भुत जगत है यह ग्रीनलैंड। ओफ! ठंड और किसको कहते हैं—और धन्य है एस्किमो लोगों की पोशाक जिसमें आँखों के अतिरिक्त सब कुछ ढका रहता है। जगह किसी टीले जैसी ऊँची-नीची थी, दूर पहाड़ नज़र आ रहा था। ग्लेशियर की बर्फ़ कभी गलती नहीं। चिकनी,मुलायम और नीली-सी, सूर्य की किरणें पड़ने पर काफ़ी सुन्दर दिख रही थी। अब कुहासा नहीं था, लग रहा था कि दोपहर हो गई।

यहाँ की बर्फ़ पर चलना पहले से भी अधिक कष्टकर था क्योंकि बर्फ़ जमी हुई और चिकनी थी। पोखर आदि के किनारे जमी काई पर चलने के समान ही कष्टकर—जरा-सा अन्यमनस्क होते ही फिसलकर गिरना निश्चित।

कुछ दूर और आगे आकर हम रुके। यह एक समतल जगह थी—ठीक वैसी ही, जैसे किसी खेल के मैदान को बर्फ़ की सिल्लियों से ढक दिया गया हो। अब कुल्हाड़ी से बर्फ़ काटना शुरू हुआ और थोड़ा-सा खोदते ही पानी निकल आया। प्रत्येक ने इस प्रकार एक-एक गड्ढा खोद लिया। अब मैं समझा कि वास्तव में यह कोई बड़ी-सी झील या नदी थी जिस पर बर्फ़ जम गई थी और सख़्त हो गई थी। लिहाजा ऊपर की एक फुट बर्फ़ की परत हटाते ही पानी निकल आया था। इसका तात्पर्य यह था कि हम अभी उस नदी या झील के बीचोबीच थे, और अचानक यह बर्फ़ यदि गल गई तो पोशाक और जूतों के वजन के कारण सीधे रसातल पहुँचने से कौन रोक सकता था। यह खयाल आते ही मैं सिहर उठा।

किन्तु फिर सोचा—नहीं, यह बर्फ़ गलने वाली नहीं, कम-से-कम संगी-साथियों के हाव-भाव से तो ऐसा ही लग रहा था।

फिनलैंड के उत्तर अथवा ट्रॅमसो में भ्रमण के दौरान मैंने देखा था मछली पकड़ने का वह अपूर्व कौशल। जमी हुई लेक में गड्ढे खोदकर लोग मछलियाँ पकड़ते थे। यहाँ भी वैसा ही कुछ था। पर तरीका कुछ अलग था।

हालाँकि यह जलाशय बर्फ़ से ढका हुआ था किन्तु नीचे इसका आभ्यंतरीन स्रोत चूँकि कायम था इसलिए मछलियों का आवागमन जारी था—जिसका मतलब यह हुआ कि नीचे के पानी में कोई परिवर्तन नहीं हुआ था। यानी जलाशय की ऊपरी सतह पर बर्फ़ की एक छत-सी थी, और उस छत में छेद करते ही नीचे था पानी, पानी में मछलियाँ और उनका साम्राज्य। किन्तु आज इन लोगों की जो तैयारी थी, वह साधारण मछलियाँ पकड़ने की तैयारी नहीं थी। हाव-भाव देखकर लगता था कि हम किसी जन्तु के शिकार पर निकले हैं।

गड्ढा खोदने के पश्चात् उसके बगल में बर्फ़ की एक बड़ी-सी सिल्ली रखी गई बैठने के टूल के रूप में, क्योंकि उन विशाल जूतों के कारण घुटने मोड़कर बैठना मुश्किल था। गड्ढा बहुत बड़ा न था—एक पैर इधर और एक पैर उधर रखकर अनायास खड़े हुआ जा सकता था। बर्फ़ के टूल पर बैठने के लिए मोटे चमड़े का एक आसन बिछाया गया और पैर के नीचे भी एक मोटा चमड़ा रखा गया, ठंड से बचने के लिए। अब बंसी के सिरे पर मछली फँसाने का काँटा बाँधकर डाल दिया गया और मछली के फँसने की प्रतीक्षा शुरू हुई।

यहाँ की मछली पकड़ने की बंसी कुछ भिन्न प्रकार की थी। हमारे यहाँ बंसी के सिरे पर आटा या केंचुए लगाकर मछलियों को आकर्षित किया जाता है, किन्तु इन लोगों की फाँस बिलकुल अलहदा है। इन लोगों की बंसी छोटी-छोटी हड्डियों से निर्मित होती है और वे हड्डियाँ देखने में छोटी-छोटी सफ़ेद मछलियों-सी होती हैं। पानी के नीचे बड़ी मछलियाँ बंसी को छोटी मछली समझ ज्योंही निगलने जाती हैं—बस, साथ ही साथ फँस जाती हैं। इस प्रकार पाँच घंटे में हमने कोई मन भर मछलियाँ पकड़ ली होंगी और सबसे बड़ी मछली का वजन होगा यही कोई सात-आठ सेर।

आकाश अभी कुछ रंगीन था। रंगीन सूर्य पश्चिम से उत्तर की ओर प्राय: पूर्वी आकाश पर था, जिसका अर्थ यह हुआ कि अभी भोर का समय है। मछलियाँ पकड़ने के दौरान हमने सूखी मछलियों के लॅजेंज के अतिरिक्त कुछ भी खाया

नहीं था। हम लोगों ने जो मछलियाँ पकड़ी थीं, उनकी पूँछ में छेद कर एक डोर में मछलियों की माला बना ली गई और फिर उस माला को रास्ते पर खींचते-खींचते ही हम अपने इगलू में पहुँचे। इसके बाद शुरू हुआ हम लोगों का भोज। उबली मछलियाँ और मछलियों के पानी के आहार के पश्चात् हम फिर निकल पड़े। आराम की दरकार तो थी नहीं क्योंकि पाँच-छः घंटों से मछली पकड़ना भी एक तरह से विश्राम ही तो था। और जिन्हें मछली पकड़ने का नशा हो,उन्हें नींद कहाँ? मुझे हालाँकि थोड़ी-थोड़ी नींद आ रही थी, पर नाजो के पल्ले पड़कर नींद भी उचट गई।

अब मैंने एक आश्चर्यजनक चीज़ पर ग़ौर किया और वह यह कि मैंने देखा कि सभी की कमर पर एक गैंगीन यानी रस्सी झूल रही थी, काफ़ी कुछ 'काऊ-ब्वायज' की तरह—और हाथों में उनांग यानी बरछी थी। मछली पकड़ने वाले बंसी का नामोनिशान न था। पैदल चलते समय यदि अत्यावश्यक न हो तो ये लोग बातें नहीं करते। मेरे लिए ऐसा करना बड़ा उबाऊ काम था, ख़ास कर यदि रास्ता लम्बा हो।

चारों ओर देखने को कुछ न था—न कोई आवाज़, और इस नीरवता में हम चले जा रहे थे। विचित्रता सिर्फ़ यह थी कि बीच-बीच में हममें से दो-एक जन फिसल जाते—कोई हाथ की लाठी से स्वयं को सँभाल लेता, तो कोई सँभलने से पहले ही फिसल जाता। और मुझे इसी में मज़ा आ रहा था—चलने को यही सहारा काफ़ी था। मैं यही प्रतीक्षा करता कि कब कौन फिसलकर गिरे। जैसे ही कोई गिरता, मैं होंठ दबाकर अपनी हँसी को रोकता। ढीली-ढाली जोब्बा जैसी पोशाक समेत किसी को गिरते देखने में मुझे लड़कपन सा आनन्द आ रहा था। फिसलकर गिरना ही हमारे पैदल चलने की विविधता था और मानो वही एक छंद हो। औरों के गिरने के छंद का जब मैं आनन्द ले रहा था, ठीक वैसे ही समय मेरे सामने एक जन अचानक फिसला और उसे सँभालने के चक्कर में मेरा पैर भी फिसल गया, लिहाजा उसकी मदद के बदले मैं ही धड़ाम से गिरा बीस हाथ दूर—और साथ ही साथ मेरा छंद टूटकर मेरी ही नाक पर जा लगा। अब मुझे समझ में आया कि जब एक आदमी फिसलकर गिरता है तो दूसरा कोई उसे थामने क्यों नहीं आता, अथवा जब कोई गिरता है तो दूसरा कोई हँसता क्यों नहीं—सभी तो भुक्तभोगी हैं।

हम चल रहे थे तो बस, चलते ही जा रहे थे। लग रहा था, जैसे चलते ही जाना है, अविराम। बीच में केवल दो बार चमड़ा बिछा और पैर फैला बैठकर कच्चा मांस चबाया है, बस। और फिर शुरू हो गया हमारा चलना; कहाँ जा रहे हैं वे, एकमात्र या तो ये लोग जानते हैं या फिर भगवान। मेरा काम तो इनका अनुसरण करना है, और मैं वही करने लगा इनके चलने के उत्साह के साथ। हालाँकि चलने में कष्ट हो रहा था, पैर अकड़ रहे थे, किन्तु क्या किया जा सकता था! उनकी ओर देखकर मैं मन-ही-मन कह रहा था—मैं क्या तुम लोगों से कम हूँ?

अब एक नाला-सा मिला—पहाड़ी जल-स्रोत सम्भवत: हमारे पैरों के नीचे से होता हुआ तेज़ी से बहा जा रहा था। हम ख़ूब सावधानी से एक के बाद एक चलने लगे—एक़दम सामने जो चल रहे थे, वे लाठी ठोक-ठोककर परीक्षा करते चल रहे थे कि कहीं पैर धँस तो नहीं जाएगा! अब थोड़ी विविधता आई थी। अब सभी लोग चंचल-से हो उठे थे—कहीं किसी चीज़ की उन्हें गन्ध मिली थी शायद—बीच-बीच में धीरे-धीरे कुछ परामर्श करते हुए हम उस नाले के साथ-साथ आगे की ओर बढ़ने लगे। सभी का ध्यान किन्तु नाले पर ही था—नाला यानी पर्वतीय जलस्रोत। उस जलस्रोत पर अब बर्फ़ का परिमाण बहुत कम हो गया था। कहीं-कहीं तो बर्फ़ की परत इतनी पतली थी कि बर्फ़ के नीचे बह रहा जलस्रोत स्पष्ट दिख रहा था।

अन्तत: हम जिसे ढूँढ़ रहे थे, वह जगह ठीक मिल गई। गोलाकार खड़े होकर जेब का उबला मांस चबाते-चबाते शुरू हुआ परामर्श। उनका हाव-भाव देखकर मुझे लगा कि कुछ बहुत बड़ा होने जा रहा है।

आख़िर में हममें से एक व्यक्ति निकलकर पहाड़ी जलस्रोत, जहाँ बर्फ़ की पतली-सी परत के नीचे से बह रहा था, वहाँ जाकर खड़ा हुआ। फिर मांस काटने की बड़ी करात जैसी छुरी लेकर वहाँ की बर्फ़ काटने लगा, किन्तु जब देखा कि उस छुरी से और गड्ढा खोदना सम्भव नहीं तो फिर कुल्हाड़ी से बर्फ़ काटना शुरू हुआ। फिर एक समय बर्फ़ का बड़ा-सा टुकड़ा काटकर निकालने के साथ-साथ उस जगह पहले जैसा मछली पकड़ने का गड्ढा बन गया। अब आसपास से बर्फ़ के टुकड़े लाकर टूल बनाया गया और टूल पर बैठने के लिए भारी रोएँ वाला चमड़ा बिछाया गया। गड्ढे की ओर मुँह किए टूल पर बैठकर पानी की ओर देखते हुए अब बस शिकार की प्रतीक्षा थी। इस बार पैरों के

नीचे काफ़ी भारी चमड़ा बिछाया गया ताकि पैरों में ठंड न लगे। दो दिन पूर्व मछलियों के शिकार के समय भी ऐसा ही इन्तजाम देखा था, पर इस बार बंसी की जगह इन लोगों के हाथ में बर्छी थी। और बर्छी के साथ बँधी थी बहुत बड़ी रस्सी, जिसका तात्पर्य यह था कि बर्छी यदि हाथ से फिसल भी जाए तो रस्सी के सहारे उसे वापस खींच लिया जाए, या यदि शिकार बर्छी समेत भागे तो उसे ढूँढ़ने में कोई असुविधा न हो।

बहरहाल, जहाँ वह व्यक्ति बैठा था, उस बर्फ़ के नीचे का पानी आभ्यंतरीन स्रोत के कारण स्थिर न था। यह स्रोत बर्फ़ की परत के नीचे से बहते-बहते अन्तत: ग्रीनलैंड के समुद्र में जाकर मिलेगा। सर्दियों में इस प्रकार बर्फ़ काटना एक असम्भव मामला होता है क्योंकि उन दिनों बर्फ़ बीस फीट या उससे भी अधिक मोटी होती है। इस प्रकार बीच में थोड़ा-सा अन्तर रख, दो गड्ढे खोद हाथों में बल्लम लिये दो व्यक्ति गड्ढे पर दृष्टि जमाए बैठे रहे।

यह सारा मामला दरअसल सील मछली के शिकार का था। इस जलस्रोत में बेशुमार सील मछलियाँ विचरण करती हैं। हालाँकि ऊपर बर्फ़ की परत होती है, परन्तु इससे उन्हें कोई ख़ास फ़र्क़ नहीं पड़ता। बीच-बीच में जब उन्हें साँस लेने के लिए हवा की दरकार होती है तो जहाँ बर्फ़ की परत अपेक्षाकृत पतली है, वहाँ फुस्स कर ऊपर आकर ये फिर डुबकी मार लेती हैं। गंगा में जैसे सूस बीच-बीच में पानी की सतह पर आ जाती है, ठीक वैसे ही। किन्तु, सील मछलियाँ काफ़ी ताक़तवर होती हैं और अपने सिर से पानी के ऊपर जमी बर्फ़ की चादर को एक धक्के से तोड़ डालती हैं। हाँ, किन्तु विचरण के समय यदि उन्हें कोई खाली जगह नज़र आ जाए जहाँ बर्फ़ तोड़ने की दरकार न हो तो वे धीरे-धीरे पानी की सतह के ऊपर नाक ले जाकर साँस ले लेती हैं। और इसीलिए यह गड्ढे बर्फ़ में खोदे गए ताकि इस गड्ढे से ऊपर ज्योंही सील मछली धीरे-धीरे अपनी नाक उठाए, त्योंही दक्ष शिकारी की बर्छी का फलक उसकी नाक में धँस जाए। और एक बार यदि बर्छी का वार नाक पर ठीक से लग गया तो मौत पक्की।

सील मछली के शिकार में सामान्य मछली के शिकार से कहीं अधिक धैर्य की आवश्यकता होती है। पहली बात तो यह कि बड़ी प्रखर होती है सील मछलियों की घ्राण क्षमता और उनकी शक्ति भी उल्लेखनीय होती है। बर्फ़ काटने के समय जो सील मछलियाँ पानी में थीं, वे निश्चय ही पलायन कर गई होंगी, अब प्रतीक्षा है नई मछलियों की। गड्ढे के पास दोनों हाथों में बर्छी पकड़े शिकारी की निगाहें

पानी की सतह पर जमी हैं, वे सावधान हैं कि तनिक-सा भी हिलना-डुलना या हलचल न हो। गड्ढे के पानी की सतह पर जरा-सी भी हलचल हुई कि हो गई सारी मेहनत मिट्टी। कब सील मछली आकर गड्ढे से अपनी नाक निकालेगी, इसी उम्मीद में घंटों इन शिकारियों को खड़े रहना पड़ता है। इस प्रकार खड़े-खड़े जब एक बुरी तरह थक जाता है तो दूसरा आकर उसका स्थान ले लेता है और उसे छुट्टी दे देता है। इस प्रकार लोगों की अदला-बदली कर गड्ढे पर निरन्तर निगरानी रखी जाती है—ठीक वैसे ही, जैसे राजमहल के प्रहरी रखा करते हैं।

गड्ढे मात्र दो हैं और उन पर निरन्तर नज़र जमाए ररखने को वे हैं कुल सात जन। दो जन जब गड्ढे के किनारे होते हैं तो बाकी पाँच जन दूर प्रतीक्षा करते हैं। बीच-बीच में मृदुस्वर में बातचीत के अलावा और किसी बात की गुंजाइश नहीं। मुझे लेकर कुल आठ जन हैं। इस समय उन्हें कैसा लग रहा है, मुझे नहीं मालूम, पर मैं सिर झुकाए पैर फैलाकर ऊँघने लगा। अचानक एक व्यक्ति की चिल्लाहट से मेरी तंद्रा टूटी। मैं समझ गया कि जरा-सी चूक के चलते मछली भाग गई।

हमारे सामने रखे चमड़े के बैग में खाने का सामान पर्याप्त था। सूखी साल्मन मछली थी, भूनी हुई भेटकी मछली थी, विभिन्न प्रकार का मांस का चनाचूर था और यदि यह सब अच्छा न लगे तो चर्बी की च्युइंगम थी। इनमें कोई धूम्रपान नहीं करता—या कहा जा सकता है कि इन्हें तलब नहीं होती। मुझे पता नहीं कि इनकी अधउबली मछलियों के साथ मिलकर धुएँ की गन्ध कैसी लगती होगी। बहरहाल मैंने देखा कि केवल मैं ही नहीं, और भी कई लोग ऊँघने लगे थे। करने को और था भी क्या? मैंने तो कई बार देखा है कि काम के अभाव में पुलिस वाले तक खड़े-खड़े ऊँघने लगते हैं। जिस चमड़े पर हम बैठे थे, वह दरअसल एक व्हेल मछली की खाल थी, जो भले ही कम्बल की तरह गरम न हो किन्तु गरम थी। उस चमड़े पर हम सब ठेलाठेली कर बैठे थे और ऊँघते हुए एक दूसरे पर लुढ़के पड़ रहे थे। हमारी हाल रात के रेल मुसाफ़िरों जैसी थी। यह तो बस कल्पना ही की जा सकती है कि इस प्रकार खड़े-खड़े और ऊँघते हुए हमने कोई दो-एक घंटे नहीं बल्कि प्रायः दो दिन गुजार दिये किन्तु सील मछली का कहीं कोई अता-पता न था। वे लोग आपस में जगह अदल-बदल रहे थे, उनके मन में आशा और उत्साह शायद भरपूर था किन्तु उम्मीद के अभाव में मैं हताश हो उठा था। बैठे-बैठे सिर्फ़ चिन्ता और उधेड़बुन में लगा रहा। यदि मैं

योगी-पुरुष होता तो इन दो दिनों की शान्ति-निस्तब्धता और ध्यान के माध्यम से धनी हो जाता। बैठे-बैठे मैंने ख़ूब ध्यानपूर्वक जो देखा, वे थे इन लोगों के दाँत। ये लोग न तो कभी दाँत माँजते हैं और न ही मुँह धोते हैं, फिर भी पता नहीं इनके दाँत कैसे साफ़ और झकाझक सफ़ेद हैं! इनके मसूड़ों या दाँतों में कभी कोई रोग होता हो, ऐसा मुझे लगता तो नहीं।

'हुप्प'—एक भयंकर चीख़ से चौंककर हम सभी उठ खड़े हुए।

'हाप्पा-हाप्पा'—जाने कौन इन शब्दों में चीख़ रहा था। ग़ौर से देखा तो देखा कि उसकी कमर से लिपटी रस्सी खुलती जा रही थी, जिसका अर्थ यही था कि अन्ततः मछली फँस ही गई। अब धीरे-धीरे नहीं, हाँफते-हाँफते हम सबने दौड़ लगाई। बर्छी की लाठी बगल में पड़ी रही और बर्छी के फल समेत मछली थी पानी के नीचे। फल रस्सी से बँधा था, अतः शिकार भागकर जाएगा भी तो कहाँ!

अब उरान ने रस्सी को हाथ में लिया और उसके दूसरे छोर को दो व्यक्तियों ने कसकर पकड़ा ताकि उरान के हाथ से रस्सी फिसल भी जाए तो कोई नुकसान न हो क्योंकि उसका सिरा दो व्यक्तियों ने कसकर पकड़ रखा था। अब शुरू हुआ रस्सी का खेल। बगल के दूसरे गड्ढे के लोग भी मदद को चले आए। दो दिनों से सोया हमारा उत्साह जाग उठा था। गड्ढे के पास जाकर मुँह बढ़ाकर देखते ही मैं सिहर उठा—गड्ढे में लगा, जैसे पानी नहीं, रक्त-गंगा हो। अब उरान कभी रस्सी को ढील देता तो कभी कसकर समेटकर अपनी करामात दिखा रहा था, मानो पतंग का पेंच लड़ा रहा हो! सचमुच अद्‌भुत था यह खेल। बर्छी के इतने बड़े फल समेत जो मछली घंटे भर से अधिक जीवित रहे, वह मछली तो क्या, एक प्रचंड पशु समान थी। हमारी उत्तेज़ना बढ़ती जा रही थी। उरान एक दक्ष शिकारी था और उसकी दक्षता के चिन्ह उसके चेहरे की रेखाओं से फूटे पड़ रहे थे। उरान के साथ हिल-डुलकर सभी उसे उत्साहित कर रहे थे। फिर एक समय आया जब शिकार को उस गड्ढे से निकालना था, किन्तु इतनी बड़ी देह को उस दो फीट के गड्ढे से निकाल पाना सम्भव न था। एक सख़्त खूँटी के साथ रस्सी को बाँधकर रखा गया। फिर शुरू हुआ दूसरा अध्याय। सभी गड्ढे का मुँह बड़ा करने में जुट गए। धीरे-धीरे दो फीट के गड्ढे का मुँह बड़ा होकर एक कुएँ के मुँह-सा हो गया और उसके भीतर पानी पर तैर उठा सूअर जैसा एक विशाल जन्तु। अब सबने मिलकर पूरा जोर लगाकर उस जन्तु को खींचकर निकाला।

तो क्या इसी को कहते हैं सील मछली? मछली तो क्या, यह तो किसी पशु के समान था और यदि इसे मछली ही कहना पड़े तो मैं इसे महामछली कहूँगा। मैं अभी तक यह नहीं समझ पाया कि इसे सील मछली आख़िर कहते क्यों हैं? और अगर यह मछली है तो मेरे विचार से मगरमच्छ भी एक मछली ही हुआ। यदि पानी में रहने से ही कोई मछली हो तो मगरमच्छ को भी मछली मानने में आपत्ति कैसी? मैं यहाँ प्रकृति की नहीं, आकृति की बात कर रहा हूँ।

एक जंगली सूअर का आकार और देखने में एक पैरविहीन उदबिलाव-सी, तैलीय खाल वाली राख के रंग की है सील मछली, जिसके नाक पर भरपूर जोर से बर्छी का वार हुआ है। बर्छी का फल नाक और होंठों के बीच काफ़ी भीतर तक धँसा हुआ था और ख़ून से सनी रस्सी संकेत दे रही थी कि हमारा शिकार कहाँ था।

सब अत्यन्त प्रसन्न थे, काम जो हासिल हो गया था। गर्व से चौड़ी छाती लिये सभी शिकार को घूर रहे थे—सचमुच यह एक महाशिकार ही था।

अब शिकार की पूँछ पर सख़्ती से कसकर एक रस्सी बाँधी गई और फिर उसे खींचते हुए हम इगलू की ओर रवाना हुए। ठंडक की वजह से अब तक जो ख़ून रिस रहा था, वह जम चुका था और खाल में रगड़ झेलने की पर्याप्त क्षमता थी।

अन्ततः हम लौटे। इगलू के पास तक आते न आते छोटे-बड़े सभी हमारी ओर दौड़े—लगता है, जैसे हवा की गन्ध से उन्हें हमारी ख़बर लग गई थी! हमें घेरकर फिर लोग नाचने लगे।

इगलू के पास पहुँचकर हम रुके। हम सभी बेहद थके हुए थे, फिर भी विश्राम का समय कहाँ था। सील मछली को बीच में रखकर चारों और गोल घेरा कर नाचना शुरू हो गया। इसके बाद शुरू हुआ गाना। काफ़ी ध्यान से सुनने पर जो शब्द मैं समझ पाया, वे थे :

'आयगो ना गोग् ना का।'

इस एक पंक्ति का ही वे बार-बार उच्चारण कर रहे थे, और फिर एक समय आया जब सभी ने थक-हारकर नाचना-गाना बन्द किया। और तब एक वयोवृद्ध व्यक्ति सील मछली के पास आकर खड़ा हुआ, उसके हाथ में मांस काटने की बड़ी-सी छुरी थी।

अब उसने आगे आकर एक कुशल कसाई की तरह छुरी को सील मछली की ठीक नाभि के पास घोंप दिया और फिर जैसे कच्चे आम को गोलाकार काटते हैं, वैसे ही छुरी को गोलाई में घुमाकर कुछ बाहर निकाला, जो शायद कलेजी जैसा कुछ था। उस टुकड़े को उस शिकारी के हाथ में रखा गया जिसने वास्तव में उसका शिकार किया था। शिकारी ने उस टुकड़े को थोड़ा-सा दाँतों से काटा और बाकी का हिस्सा बगल वाले को दे दिया। इस प्रकार वह टुकड़ा प्रसाद की तरह इस हाथ से उस हाथ जाने लगा। कई हाथों से होता हुआ जब वह टुकड़ा मेरे हाथ में पहुँचा तो उसका आयतन नैनीताल के आलू जैसा था। अपने पूर्व अनुभव से मुझे मालूम था कि मुझे क्या करना है। मैंने भी उस टुकड़े पर अपने दाँत गड़ाए। स्वाद कोई बुरा न था, कुछ-कुछ कच्ची झींगा मछली जैसा था। थोड़ा-सा अदरक, काली मिर्च और नमक लगा होता तो मज़ा आ जाता। बहरहाल, और कुछ हाथों में घूमने के पश्चात् वह टुकड़ा ख़त्म हो गया।

अब शुरू हुआ कसाई का वास्तविक काम। छः जने उस काम में जुट गए। सबसे पहले बकरे के समान खाल उतारते ही निकल पड़े भीतर के मांस-पिंडों की थाक। पूरा वजन कितना होगा, यह तो कहना कठिन होगा किन्तु कुल मांस का परिमाण लगभग दो सूअरों जितना होगा।

बाद में आधा मांस उबालकर खा लिया गया और बाकी बचे आधे मांस को बर्फ़ के नीचे भविष्य के लिए दबाकर रख दिया गया। उस रात कहानियों का कार्यक्रम नहीं हुआ। शिकार के लिए निकलने पर रात को कहानी कहना स्थगित रहता है। सभी जब थके होते हैं तो सोते हैं और जब ऊर्जा होती है तो शिकार चलता है। मोटे तौर पर यह है एस्किमो लोगों के सील मछली के शिकार का क़िस्सा।

इसके पश्चात् और भी अनेक बार मैंने इन लोगों के साथ सील मछली का शिकार देखा है किन्तु पहली बार जैसा उत्सव, नाचना-गाना हर बार नहीं होता। वर्ष के प्रारम्भ में अर्थात सूर्य के उत्तरायण के पहले शिकार के समय होता है इन लोगों का सील उत्सव, और इस उत्सव के माध्यम से इनके शिकार की शुरुआत होती है। वर्ष के प्रथम शिकार के अनुरूप ही होगा उनका अगला शिकार, ऐसी उनकी मान्यता है। अतः उनके प्रथम शिकार का अनुभव मैं जीवन में कभी नहीं भूल सकता।

नाजो के साथ नये अनुभव

नाजो के प्रति मेरा प्रेम धीरे-धीरे प्रगाढ़ हो उठा। उसकी उम्र होगी यही कोई बीस से पच्चीस के बीच, जिसका तात्पर्य यह हुआ कि उसके जीवन में पच्चीस बार सूर्योदय हुआ है। यह सोचकर आश्चर्य होता है कि उस अवधि में यानी पच्चीस वर्ष में पच्चीस गुणा तीन सौ पैंसठ बार सूर्योदय होता है।

नाटा-सा शेरपाओं जैसे दिखने वाला नाजो अब मेरी सांकेतिक भाषा पहले से कहीं अधिक अच्छी तरह समझने लगा था और उसकी मदद से मैं भी उनकी जीवन-यात्रा का काफ़ी कुछ समझने लगा था किन्तु उन लोगों की आपसी बातचीत अक्सर मुझे बोझ-सी लगती।

कुछ दिनों से वह कुत्तों को लेकर व्यस्त है और मैं भी उसके पीछे-पीछे घूमकर काफ़ी कुछ जानने-समझने लगा। कुत्ते जिस इगलू में थे, वह हमारे इगलू से काफ़ी दूरी पर था। अगले शिकार के लिए कुत्तों को तैयार करना होता है। शिकार या स्लेज गाड़ी खींचने के अतिरिक्त कुत्तों के लिए जब करने को कुछ नहीं होता तो शारीरिक व्यायाम के लिए उन्हें काँटेयुक्त मछली या ख़ूब भूखे हों तो उन्हें चबाने के लिए अनेक दिन पुरानी हड्डियाँ दी जाती हैं। शिकार चूँकि कुत्तों का स्वभाव होता है इसलिए शिकार के लिए उन्हें अधिक ट्रेनिंग नहीं देनी पड़ती।

सामान्यतया पाँच-सात कुत्तों को लेकर एक दल बनाया जाता है। कभी-कभी एक दल में उससे अधिक संख्यक कुत्ते भी होते हैं, और प्रत्येक दल में दलनेता के रूप में एक कुत्ते को नियुक्त किया जाता है। इस कुत्ते को नेतृत्व-भार देने से पूर्व उसे विशेष ट्रेनिंग दी जाती है। यह लीडर-डॉग या जिसे उनकी भाषा में 'बुजु' कहते हैं, दल के अन्यान्य कुत्तों को सँभालने का दायित्व ग्रहण करता है। हर कुत्ता बुजु बनने में उपयुक्त नहीं होता। छुटपन से जो ख़ूब चतुर-चालाक होता है, ऐसे एक कुत्ते को बुजु के लिए तैयार किया जाता है। बुजु विशेषताओं में प्रधान है—दल के किसी भी कुत्ते से वह अधिक तेज़ी से दौड़ सकता है, दल के अन्य कुत्तों से अधिक ताक़तवर और तीक्ष्ण घ्राणशक्ति वाला होता है।

स्लेज गाड़ी चलाते समय दलनेता कुत्ता सबसे आगे होता है और फिर दो-दो कर वल्गा के दोनों ओर अन्यान्य का स्थान होता है। शिकार के समय यदि शिकारी ख़ूब दक्ष न हो तो इस दलनेता को सँभालना मुश्किल हो जाता है, ख़ास कर यदि स्लेज में जुता हो तो प्राय: ही प्रचंड वेग के कारण स्लेज उलट

जाती है। अन्यान्य कुत्ते जब आपस में झगड़ते या एक दूसरे को काटते हैं तो दलनेता की डपट देखने लायक होती है। दो दलों या दो कुत्तों के बीच लड़ाई होती है तो दल का नेता उनके बीच कूद पड़ता है और फिर उसके काट खाने की अपरिमित शक्ति को देखते हुए युद्धरत दोनों पक्षों को शान्ति-समझौते के लिए बाध्य होना पड़ता है। यह सब दृश्य देखने लायक होते हैं। अतः दलनेता कुत्ते को बड़ी सावधानी से ट्रेनिंग दी जाती है और उसे बड़ी सतर्कता के साथ रखा जाता है। दलनेता को यदि ठंडा रखा जाए तो सब ठंडा है।

जैसे उरान एक पक्का व कुशल शिकारी है, वैसे ही कुत्तों को ट्रेनिंग देने में उस्ताद है नाजो। और मैं भी उसके साथ रहते-रहते उसकी विभिन्न निपुणताओं को देखता।

उस दिन सुबह हठात् नाजो ने मेरी नाक में सुरसुराहट कर मुझे नींद से जगा दिया। नाक में सुरसुराहट से नींद टूटी थी इसलिए अलसाहट कट चुकी थी। उठते ही जूते पहन निकल पड़ा। बाहर निकलकर देखा कि चारों ओर सफ़ेद मैदा जैसा कुछ छितराया हुआ था—जिसका अर्थ यह हुआ कि रात को बर्फ़ गिरी थी। पारा शून्य डिग्री पर पहुँचता है तो यह अवस्था होती है।

कुत्तों के घर के सामने आकर हमने पाँच कुत्तों को निकाला, फिर स्लेज में जोता। उनके शरीर के ऊपर से चमड़ा और रस्सी से उन्हें घोड़ों की तरह तैयार किया गया। स्लेज के ठीक सामने कुछ दुर्बल कुत्तों को रख, सबसे आगे दलनेता को रखा गया। स्लेज एक नौका जैसा लकड़ी का छोटा-सा बक्सा था जिसके दोनों ओर पकड़ने के लिए खूँटी थी। दो व्यक्ति अगल-बगल नहीं बैठ सकते थे, लिहाजा सामने नाजो था और पीछे मैं। स्लेज के भीतर अद्‌भुत नरम-सा कुछ था। हाथ से छुआ तो समझ में आया कि वह नीले सियार या पोलर बियर या ध्रुवी भालू का चमड़ा था—काफ़ी नरम और गरम। आज एक नई चीज़ देखी। देखा कि नाजो की कमर पर चमड़े की एक नई बेल्ट थी जिस पर बल्गा हिरण के मुड़े हुए सींगों का हुक लटक रहा था। छोटा-छोटा और भी बहुत कुछ झूल रहा था, जैसे छुरी, रस्सी, बर्छी का फल तथा और भी काफ़ी कुछ। स्लेज के बगल में भी वैसा ही एक हिरण का सींग और एक हुक पर गोलाकार समेटी हुई कुछ रस्सी। ठक्-ठक् का शब्द करते ही कुत्तों ने उछलकर स्लेज को खींचना शुरू किया। ऊबड़-खाबड़ रास्ते में हम हिचकोले खाते आगे बढ़ रहे थे।

घोड़ागाड़ी को चलाने के लिए कोचवान को चाबुक की दरकार होती है। चाबुक की आवाज़ से डरकर घोड़े सरपट दौड़ने लगते हैं। किन्तु स्लेज गाड़ी में इसका ठीक उल्टा होता है। किसी प्रकार के चाबुक का प्रयोग नहीं होता क्योंकि एक बार यदि कुत्ते डर गए तो स्लेज खींचने में असुविधा होगी। हर कुत्ते की पीठ पर चमड़े की बेल्ट के साथ लगाम लगी होती है। एक हाथ में चार कुत्तों की लगाम और दूसरे हाथ में होती है दलनेता कुत्ते की लगाम। यानी दोनों हाथ व्यस्त होते हैं। बैठे-बैठे इस प्रकार स्लेज चलाने में कोई असुविधा नहीं, किन्तु खड़े होकर चला पाना सचमुच कष्टसाध्य होता है, क्योंकि सन्तुलन बनाए रख पाना बहुत कठिन होता है। सामने खूँटी जैसी जो लकड़ी है, उस पर घुटना टिकाकर बैलेंस रखना पड़ता है। अभ्यास से हर काम सम्भव है। टर्की में मैंने देखा है, कैसे एक तख़्ते पर खड़े होकर कितनी निपुणता से वे घोड़ा-गाड़ी चलाते हैं। ये स्लेज चलाना भी वैसा ही है।

नाजो कभी बैठकर, कभी खड़े होकर अपनी बहादुरी दिखाता स्लेज चलाने लगा। इस प्रकार कुछ दूर आने के पश्चात् हमारे स्लेज की रफ़्तार धीमी हो गई, फिर धीरे-धीरे कुत्ते रुक गए। माजरा क्या है?

नाजो ने मुझे समझाया कि यहाँ की बर्फ़ सुविधाजनक नहीं है। अब स्लेज आगे नहीं जाएगी, लिहाजा हमें लौटना पड़ा। नाजो की शायद और दूर शिकार करने जाने की इच्छा थी, पर क्या किया जा सकता था। इसी बीच सूर्य के ताप से मैदे जैसी भुरभुरी बर्फ़ गलनी शुरू हो गई, लिहाजा हमें उस दिन स्लेज खींचना बन्द करना पड़ा। इसी बहाने कुछ अनुभव तो हुआ। और कुछ दिन वहाँ चुपचाप रहने के पश्चात् फिर शुरू हुई तैयारी शिकार की। यह स्थान शिकार के लिए उपयुक्त नहीं, इसलिए जाना होगा उत्तर की ओर।

शुरू हुई तोड़फोड़। भारी वस्तुओं को दो स्लेज पर लादकर ख़ूब कसकर बाँध दिया गया ताकि रास्ते में कहीं गिर न पड़े। तय हुआ कि ऊँची जगह पर सब मिलकर धक्का देंगे और नीची जगह तथा समतल रास्ते पर उपयोगी बर्फ़ यदि हुई तो कुत्ते खींचेंगे स्लेज। कुत्ते सभी खुले ही रहे। फिर शुरू हुआ चलना शिकार की खोज में।

चलना और फिर विश्राम, विश्राम और फिर चलना। इस प्रकार चलते-चलते प्रायः चार दिन कट गए। एक दिन अचानक सभी एक साथ चीख़ उठे। उनके

आनन्द का कारण था—दूर में दिख रहा वह नीलाभ पहाड़। पहाड़ तो नहीं, सख़्त बर्फ़ का ऊँचा-सा शिलाखंड। आकृति देखकर लगा कि यही दक्षिण-पूर्वी ग्रीनलैंड का सबसे ऊँचा पहाड़ है। मेरे पाइलॅट मित्र लुइस ने मुझे इसी पहाड़ के बारे में बताया था। जहाँ तक याद आ रहा है, उसने नाम बताया था—माउंट फोरेल, जिसकी ऊँचाई है प्राय: बारह हज़ार फीट। हाँ, बारह हज़ार फीट और सारी की सारी सख़्त शिलाखंड-सी जमी हुई बर्फ़। उसका नीलाभ रंग देखकर ही समझ में आ रहा था कि वह एक ग्लेशियर था। अब हम माउंट फोरेल अपने दाहिने रख चलने लगे। पहाड़ पार करने में हमें और दो दिन लग गए। इस समय के दौरान जिन्हें सबसे अधिक कष्ट हुआ, वह था पीठ पर शिशुओं को लादे महिलाओं का दल। परन्तु जिन बूढ़ों और अल्पवयस्कों के लिए मैं चिन्तित था, देखा—नहीं, वे मुझसे कहीं अधिक सख़्त थे। फिर एक जगह ढलान मिली और बर्फ़ भी यहाँ काफ़ी नरम थी—पहले जैसी पथरीली नहीं थी। ढलान से उतरने के पहले ही हमें विश्राम की आवश्यकता हुई—हम सभी ने चैन की साँस ली। शिशुओं में से कइयों ने तो रोना शुरू कर दिया, शायद भूख के कारण। आम तौर पर चलने के दौरान ये लोग चूल्हा नहीं जलाते क्योंकि उसमें समय के अतिरिक्त मेहनत भी लगती है। अभी सभी थक चुके थे इसलिए उस झमेले की दरकार क्या, अत: सरकारी (सामूहिक) झोले से वितरित होने लगा अमचूर जैसा मांस और चर्बी में सूखी बड़ी की तरह तली हुई मछली। सो उस नि:शब्द पर्वतीय इलाके में प्राय: आधे घंटे तक कुरमुराहट का शब्द प्रतिध्वनित होता रहा।

खाना शेष कर हम सभी अब ढलान से नीचे उतर आए यानी हम पश्चिम की ओर या कहा जा सकता है कि ग्रीनलैंड के केन्द्र की ओर उतर आए थे। पहली बार हमें तुषारपात मिला—शायद दो दिन पूर्व यहाँ तुषारपात यानी बर्फ़वारी हुई होगी। रुई के फाहे-सी बारीक बर्फ़ मिली। सभी ख़ूब उत्साहित हुए क्योंकि यह जगह शिकार के लिए बिलकुल उपयुक्त थी।

फिर शुरू हुई कर्मतत्परता और इस प्रकार दिन-रात की मेहनत से चार इगलुओं का निर्माण हुआ। तीन और स्लेज तैयार हुईं। कुत्ते तो साथ थे ही, लिहाजा कोई असुविधा नहीं हुई। इस बार के इगलू पुरानों जैसे बिलकुल न थे। भीतर सोने के लिहाज से बहुत ही अच्छे थे। बैठने में भी कोई असुविधा न थी, किन्तु खड़े होने पर बर्फ़ की दीवार से सिर टकरा जाता, पर कोई उपाय न था क्योंकि यहाँ

बर्फ़ की सिल्लियों का अभाव था। इगलू का भीतरी हिस्सा चाहे जैसा हो, पर यहाँ की आबोहवा स्लेज गाड़ियों को खींचने के लिए अत्यन्त उपयोगी थी। कुत्ते चार मनुष्यों के स्लेज को अनायास ही खींच सकते थे। यह जगह मछली के शिकार के लिए बिलकुल उपयोगी न थी, किन्तु किसी भारी जन्तु की आशा में यहाँ आना हुआ।

नाजो के सहयोग से आजकल मैंने स्लेज चलाना सीखा है। स्लेज के सामने खड़े होकर बायें हाथ में चार कुत्तों की लगाम और दाएँ हाथ में लीडर कुत्ते की लगाम थाम चलाने में कोई असुविधा नहीं होती। किन्तु स्टार्ट करना अभी भी ठीक से नहीं आया है। अधिकांश समय ही झटके के साथ जब कुत्ते स्लेज खींचते हैं तो मेरे लिए भार सँभाल पाना कठिन होता है। एक दिन तो स्लेज चलाते ही मैं स्लेज के ठीक सामने ही जा गिरा। और पूरी स्लेज मेरे ऊपर से होकर गुजर गई। वह तो तकदीर अच्छी थी कि बर्फ़ कुछ कीचड़ जैसी थी और स्लेज के पहिये न थे, अन्यथा अवस्था संगीन हो गई होती—ठीक वैसे ही, जैसे घोड़ागाड़ी का कोचवान गाड़ी के सामने जा गिरे और उसके ऊपर से होती हुई गाड़ी गुजर जाए।

बर्फ़ की अवस्था के अनुरूप कुत्तों का भी जतन करना पड़ता है। जैसे जहाँ बर्फ़ कीचड़ जैसी हो तो वहाँ कुत्तों को चमड़े के जूते पहनाने पड़ते हैं अन्यथा उनके पैरों के नीचे या उँगलियों की फाँक में बर्फ़ जमकर ईंट की तरह हो जाएगी, जिससे कुत्तों को चलने में असुविधा होगी और उनके पैर फिसलेंगे या फिर स्लेज खींचते समय उँगलियों और नाख़ूनों को जिस जोर की दरकार होती है, वह नहीं मिल पाता।

इस प्रकार स्लेज चलाना मेरे लिए एक नशा-सा हो गया। स्लेज चलाते-चलाते कुत्तों की पूँछ और पीठ की भंगिमा मुझे कंठस्थ हो गई थी। किन्तु एक असुविधा थी,और वह थी मेरे शरीर का वजन। स्लेज का वजन यदि पचास से पैंसठ किलोग्राम हो तो सन्तुलन बनाए रखने में सुविधा होती है, किन्तु दुर्भाग्यवश मेरा वजन बहुत हुआ तो पैंतालीस-छियालीस किलोग्राम होगा, इससे अधिक नहीं। अत: हल्की स्लेज के कारण अक्सर मुझे पटकनी खानी पड़ती या फिर कभी-कभी स्लेज ही उलट जाती। परन्तु हलके शरीर की कुछ सुविधाएँ भी थीं। भारी बर्फ़बारी में बर्फ़ के ऊपर चलने पर पैर बर्फ़ में डूब जाते हैं इसलिए पैरों में चौड़े काठ की तख़्तियों जैसे जूतों का इस्तेमाल करना होता है, किन्तु चूँकि

मेरा शरीर हल्का था, इसलिए वे जूते पहने बिना भी मैं बर्फ़ पर चल पाता था। कई बार जब बर्फ़ गलना शुरू हो जाती, उस समय स्लेज की बगल से पैदल चलकर कुत्तों को खींच लेने के लिए भी मेरा हल्का शरीर उपयोगी था।

अधिक मांस और चर्बीयुक्त खाद्य के सेवन से और वर्ष में प्राय: छ: महीने बैठे रहने के कारण अधिकांश एस्किमो लोगों को चर्बी चढ़ जाती। उनका औसत वजन करीब साठ किलोग्राम होता। मेरे मित्र नाजो का वजन भी साठ या उसके आसपास ही होगा।

एक दिन नाजो और मैं स्लेज लेकर निकल पड़े। सूर्य की गति उस वक्त उत्तर-पूर्व की थी, यानी उस वक्त रात थी। उस दिन सुबह से ही कुत्ते काफ़ी चंचल हो उठे थे, आपस में ही एक-दूसरे को काट खा रहे थे। उनकी इस चंचलता के साथ-साथ मनुष्यों में भी कुछ चंचलता नज़र आ रही थी। अनुभवी बुजुर्ग लोग इगलू के विभिन्न ओर घूम-घूमकर नाक ऊँची किए पता नहीं किस गन्ध को सूँघने की चेष्टा कर रहे थे—इसीलिए दोपहर के आसपास तीन स्लेज गाड़ियाँ निकल पड़ीं। उनकी चंचलता देखकर लगा कि अवश्य ही उन्हें शिकार की गन्ध मिली होगी।

नाजो सुबह से ही वहाँ नहीं था—होता तो भी शायद निकल जाता। मैं भी उस दिन सील मछली की नई खाल पर बर्फ़ घिसने में व्यस्त था। लिहाजा, प्राय: जब सोने जा रहा था, ठीक उसी समय नाजो के पल्ले पड़कर निकल आया।

स्लेज का लीडर कुत्ता कुछ सुविधाजनक न था। उसके स्वभाव पर कोई हस्तक्षेप करे, यह उसे पसन्द न था, और उसे ही लेकर चलने में हमें काफ़ी तेज़ी से चलना पड़ रहा था। नाजो को यह कहाँ पसन्द था कि कुत्ते की गति के कारण उसकी अपनी गति में अवरोध उत्पन्न हो। मुँह से 'चोकाचोक्' की आवाज़ कर दाहिने हाथ की रस्सी पकड़कर ही आम तौर पर स्लेज की गाति को ठीक रखा जाता है। किन्तु सारी चेष्टाओं के बावजूद लीडर कुत्ते या दलनेता कुत्ते पर काबू पाने में असुविधा हो रही थी। इसी बीच हम दो बार गिर भी पड़े, किन्तु गिरने से ही रुकना भी होगा, यह ज़रूरी तो नहीं। कुत्तों के उत्साह से हमारा उत्साह किसी अर्थ में भी कम न था। बीच-बीच में अक्सर मैं इस प्रकार नाजो के साथ घूमने निकल जाता, क्योंकि अकेले स्लेज लेकर अधिक दूर जाने की मैं हिम्मत न जुटा पाता। गिरने से ज़्यादा डर इस बात का था कि कहीं खो न जाऊँ।

काफ़ी दूर आने के पश्चात् हठात् एक ऊँची जगह से नीचे उतरते समय कुत्ते उत्तेज़ित हो उठे और पागल की तरह दौड़ने लगे। नाजो ने दो-तीन बार चिल्लाकर मुझसे कुछ कहा। लगा, उसने स्लेज को कसकर पकड़े रखने को ही कहा होगा। प्रचंड वेग को सँभालने के लिए वह सामने की ओर बैठ गया और एक मोड़ पार करते ही कुत्ते दाहिनी ओर को घूम गए और जल्दी से घूमने के चक्कर में स्लेज उलट गई। कुत्ते भी हुक से खुलकर निकल गए। फिर मैं भी और कुछ समझ पाने से पहले ही बर्फ़ की एक स्लेट पर छिटककर जा गिरा। वहाँ कुछ भी पकड़ पाऊँ, उसके पहले ही ग्लेशियर के ऊपर से मैं लुढ़कने लगा।

यह सब कुछ इतना अचानक हुआ कि उसका वर्णन कर पाना मेरे लिए असम्भव है। अन्तत: जहाँ आकर मैं अटका, वह जगह दरअसल कीचड़ जैसी बर्फ़ का कोई कुआँ था। यानी मेरे चारों ओर बर्फ़ का टीला-सा था। बर्फ़ से धीरे-धीरे मैंने ऊपर चढ़ना शुरू किया। काफ़ी देर चेष्टा करने के पश्चात् मैं बगल की सख़्त बर्फ़ के ऊपर आ पाया। बर्फ़ के नीचे पड़ा रहा मेरे एक पैर का जूता। तकदीर अच्छी थी जो मुझे शरीर पर कहीं चोट नहीं लगी। इतनी देर ध्यान नहीं दिया किन्तु अब देखता हूँ कि मेरा एक पैर अवश हुआ जा रहा था। हाथ लगाकर देखता हूँ कि मेरे बाएँ पैर का भारी ऊनी मोजा भीज कर लथपथ था और इसीलिए पैर का ख़ून जमने लगा था—और उसका परिणाम क्या हो सकता है, सोचकर मैं सिहर उठा। फौरन मोजा उतारकर मैंने पैर की मालिश करना शुरू किया। पैर को जब थोड़ा-सा बेहतर महसूस किया तो मैंने फिर से ऊपर चढ़ना शुरू किया। चमड़े के कोट के नीचे कमीज भीज गई थी—पता नहीं, बर्फ़ से या कि पसीने से! उस ओर ध्यान देने का मेरे पास समय नहीं था। पहले मुझे नाजो को ढूँढ़ना होगा। पता नहीं, वह बेचारा किस हाल में हो! घुटनों के बल हाँफते-हाँफते अन्तत: मैं बर्फ़ के टीले के ऊपर चढ़ गया। अब जब ठीक से देखा तो सामने ही प्राय: पच्चीस गज की दूरी पर एक काले पत्थर जैसी किसी चीज़ पर मेरी नज़र अटक गई। चारों ओर बर्फ़ की सफ़ेदी और उसके बीच इस प्रकार वैचित्र्य सचमुच अद्भुत था। उसे ठीक से देखने के लिए मैंने उधर क़दम बढ़ाया ही था कि साथ ही साथ वह काला-सा पत्थर कुछ हिल उठा—बड़ा अद्भुत मामला था। सफ़ेद बर्फ़ को इतनी देर तक देखने के कारण कहीं यह मेरी नज़रों का धोखा तो नहीं, सोचकर मैंने आँखों को ठीक से रगड़कर उधर देखा तो अचानक हस्की कुत्तों के भौंकने की आवाज़ सुनाई दी। थोड़ी-सी दूर

पर छाया की तरह कुछ आकृतियाँ इसी ओर दौड़कर आती दिखाई दीं—हाँ, वे कुत्ते ही थे। मैं चूँकि कुछ ऊँची जगह पर था इसलिए सब कुछ काफ़ी अच्छी तरह देख पा रहा था। वह काला पत्थर-सा फिर थोड़ा सा हिला। नहीं, यह नज़रों का धोखा नहीं था। अब ठीक से नज़र पड़ी तो देखा कि वह कोई विशाल जन्तु था जो उकड़ूँ बैठा था—विशाल देह पर जिसके सूअर जैसा छोटा-सा मुँह था। सर्वनाश, यह मैं कहाँ आ गया? अपनी अवस्था के बारे में सोचते ही डर के मारे मेरे पैर और भी जड़ हो गए। उधर कुत्ते और आगे बढ़े आ रहे थे। हालत और अधिक संगीन हो उठी थी, क्योंकि कुत्तों के डर से यदि वह जन्तु मेरी ओर बढ़ आया तो मेरे पास तो भागने को भी जगह नहीं थी—किन्तु इस स्थिति में कितनी देर रहा जाता। कुत्तों के कुछ और नजदीक आते ही वह जन्तु कुछ हिला, किन्तु वह अपनी भारी देह को हिला पाए, उससे पहले ही कुत्तों ने उसे घेर लिया। किसी भयंकर आशंका से मैं पीछे की ओर दौड़ा और इसी क्रम में फिसलकर जा गिरा—उसी पहले वाले बर्फ़ के पानी में। और फिर वहाँ से किसी प्रकार निकलने के लिए बगल के एक अन्य टीले पर चढ़ने की प्राणपण से चेष्टा करने लगा। यह टीला काफ़ी ऊँचा था। एक़दम ऊँचाई पर पहुँचते ही कुत्तों के भौंकने की आवाज़ स्पष्ट हो उठी। इतनी देर बाद उस ओर की स्थिति का जायजा लेने का मुझे अवकाश मिला। मैंने देखा कि उस विशाल जन्तु को घेरकर पाँच कुत्ते प्राणपण से भौंक रहे थे और भागने का कोई रास्ता न पाकर वह जन्तु निर्लिप्त-सा बैठा था। ख़ैर, जान बची, उस जन्तु ने मेरा पीछा नहीं किया। और मैं था कि बेवजह घबड़ाकर बर्फ़ के पानी में डुबकी लगा बैठा। अब मेरी जो दुर्दशा थी, वह एकमात्र भगवान ही जानते थे। कुत्ते निरन्तर भौंके ही जा रहे थे। अगल-बगल कहीं भी नाजो नज़र नहीं आ रहा था। पता नहीं, वह किस हाल मे होगा! मैं भी क्या करूँ, कहाँ जाऊँ, कुछ तय नहीं कर पा रहा था। मैं भी उस जन्तु की तरह ही किंकर्तव्यविमूढ़ था। पैर की जड़ता दूर करने के लिए मैं मालिश करता रहा। आश्चर्य! जन्तु की इतनी बड़ी देह फिर भी वह कुत्तों से लड़ नहीं रहा था, न ही इधर-उधर दौड़ रहा था। बैठा तो बस बैठा ही है, केवल बीच-बीच में गर्दन घुमाकर इधर-उधर देख लेता है। इसी दरमियान भोर हो आई, यानी सूर्य की रोशनी ने दिन की घोषणा कर दी। मैं अभी भी बैठा हुआ हूँ—क्यों? ख़ुद मुझे नहीं मालूम। अब ठंड से कँपकँपाहट शुरू हो गई थी। और कुत्ते अभी भी उस जन्तु को घेरकर उच्च स्वर में भौंके जा रहे थे।

हठात् लगा, दूर से और भी कुछ काली-काली आकृतियाँ इसी ओर दौड़ी आ रही थीं। हाँ, वे कुत्ते ही थे। जान में जान आई। कुछ हिम्मत बँधी तो मैं टीले का किनारा पकड़कर धीरे-धीरे उस जन्तु की ओर बढ़ा और समतल इलाके में उतर आया। इसी बीच बाकी कुत्ते भी उस जन्तु के सामने कूद पड़े। पहले पाँच थे, अब चौदह कुत्ते हो गए थे और उन चौदह कुत्तों की चिल्लाहट से कान के पर्दे फटे जा रहे थे। थोड़ी ही देर में वहाँ आ पहुँचे सात एस्किमो, जिनकी बर्छियाँ उस जन्तु के सिर और सीने में धँस गईं। सफ़ेद बर्फ़ पर बह चली सुर्ख ख़ून की धार। इसके बाद का दृश्य तो और अधिक नृशंस था। भेड़ियों की तरह उन कुत्तों ने बर्फ़ पर बह रहे ख़ून को परम तृप्ति के साथ चाटना शुरू कर दिया और उनांग लोग वीर दर्प के साथ उस जन्तु की खाल उधेड़ने लगे। यह था उनका सील मछली का शिकार और फिर धीरे-धीरे शुरू हुआ बाकी का काम।

इस विशाल सील मछली का वजन कितना होगा, पता नहीं, किन्तु आयतन देखकर लगता था कि कम-से-कम तीन गायों के वजन जितना तो होगा ही।

हाँ, मैं बताना भूल गया कि ये शिकारी लोग आसपास ही कहीं शिकार की खोज में थे कि नाजो ने ही उनको इस जन्तु की ख़बर दी थी। मांस के टुकड़े करते-करते नाजों ने मेरी ओर देखा फिर अचरज में मेरी ओर दौड़ा चला आया।

मेरी अवस्था उस समय किसी पागल की-सी थी। सिर पर टोपी नहीं, एक पैर में जूता और दूसरे में भीजा मोजा और मैं ठंड से काँप रहा था। उसने फौरन पुकार कर दो जनों को बुलाया और फिर मुझे कन्धों पर उठाकर वे ले चले दूर रखी स्लेज पर। इसी बीच हाथों-हाथ उन्होंने मेरी पोशाक बदल दी। मेरी हालत युद्ध के मोर्चे पर घायल सैनिक जैसी थी। कपड़े बदलने से मैं कुछ प्रकृतिस्थ हुआ। पैरों में गरमाहट आते ही रक्त-संचार शुरू हो गया।

उधर तीन स्लेजों में उस जन्तु के मांस को लादा गया फिर उसे 'नाकेटारा' किया गया, यानी सख़्त चमड़े की रस्सी से बाँधा गया। इस बीच बर्फ़ पर फैले ख़ून को चाटकर कुत्तों ने बर्फ़ को फिर से सफ़ेद कर दिया था। अब कुत्ते भी शान्त थे। उन्हें स्लेज से जोता गया। मेरा बायाँ पैर अभी भी पूर्णत: स्वस्थ नहीं हुआ था। नाजो ने मांस लदी एक स्लेज में मेरे खड़े होने लायक जगह कर दी और हम लौट पड़े घर की ओर।

इस बार हमारे साथ थी विशाल सम्पत्ति—मांस, हड्डी, दाँत और काफ़ी बड़ी खाल। मेरे प्रति सभी को हमदर्दी थी और सभी मेरे आसपास ही चल रहे

थे। दो-एक ने तो जाने क्यों अतिशय आनन्द में मुझे गले लगा लिया। हो सकता है, उन्होंने सोचा हो कि उक्त शिकार में मैं ही प्रमुख उद्यमी था। ख़ैर, बिना कुछ किए ही यदि श्रेय मिले, तो बुरा क्या है?

अब एस्किमो लोगों के शिकार में कुछ मन्दी आ गई। एक के बाद एक दो बड़े जन्तु हाथ में आने के कारण इनके पास खाद्य की प्रचुरता हो गई थी। इसके अतिरिक्त सूखी मछलियाँ साथ होने के कारण खाने-पीने में इन्हें किसी बात की कमी न थी। हाँ, वालरस या दरियाई घोड़े का शिकार काफ़ी तकदीर का मामला होता है क्योंकि आम तौर पर वे पानी से निकलकर अधिक दूर नहीं जाते—पर उस दिन वह जलाशय छोड़कर शायद धूप सेंकने के लिए काफ़ी दूर चला आया था। उस बेचारे को तो पता ही नहीं था कि एस्किमो लोगों का इगलू आसपास में ही है। और कुत्ते भी कमाल के, पाँच मील दूर से ही शिकार की गन्ध मिलते ही उनकी चंचलता बढ़ जाती है।

एस्किमो लोगों की कहानी

वृद्ध ने फिर शुरू की अपनी कहानी। आम तौर पर मैंने देखा था कि शिकार से लौटकर इन लोगों की कहानी वाली मजलिस नहीं जमती थी, परन्तु आज अचानक बूढ़े बाबा की कहानी क्यों शुरू हो गई, मैं समझ नहीं पाया।

उस रात दरियाई घोड़े वालरस (सील मछली जैसा एक बड़ा समुद्री जन्तु जिसके दो लम्बे दाँत हाथी के दाँतों जैसे बाहर को निकले होते हैं) की चर्बी का शोरबा और उबला मांस खाने के बाद शुरू हुई हमारी कहानी की मजलिस। बर्फ़ के इगलू में बैठने को अधिक जगह बिलकुल नहीं थी, फिर भी ठेलाठेली कर हिरण की खाल से पैर ढँककर हम प्राय: बीस जन बैठ गए। कहानी शुरू होते ही सब ने दीवार की ओर मुँह कर लिया और बूढ़े बाबा ने भी दीवार की ओर मुँह करके कहानी कहना शुरू किया मानो दीवार ही उनकी एकमात्र श्रोता हो। यह देखकर सचमुच मुझे बहुत आश्चर्य हुआ। बाद में बात साफ़ हुई कि बर्फ़ की दीवार से प्रतिध्वनित होकर आवाज़ दुगुनी तेज़ी से लौटती है इसलिए यह व्यवस्था थी—ठीक वैसे ही, जैसे माइक के सामने वक्ता बोलता है। वाह, यह था बुद्धि का चमत्कारिक प्रयोग! आजकल कहानी सुनना मुझे अच्छी नहीं

लगता—वही एक ही कहानी रोज़-रोज़...। स्पष्ट शब्दों में कहूँ तो वह कहानी कुछ इस प्रकार है :

'मैं स्लेज से ख़ूब जोर से जा रहा था कि हठात् देखा, भालू के पैरों के निशान। साथ के कुत्तों को स्लेज से अलग कर दिया और क्षण भर में ही उन्होंने जाकर भालू को घेर लिया।

ओह, वह एक बड़ा शिकार था। स्त्रियों के लम्बे बालों जैसे बड़े-बड़े उसके लोम, सफ़ेद बिलकुल बर्फ़ जैसे। वैसे पशम से निर्मित पोशाक पहनकर मैं बर्फ़ के ऊपर भी आराम से खर्राटे भर सकता था—घर्र, घर्र, घर्र, घोत्, घोत्, घोत!

किन्तु उस भालू के नाख़ून बर्छी के फल जैसे नुकीले थे—एक बार घुस जाएँ तो व्हेल मछली की खाल भी फाड़ दें। उसके दाँत सफ़ेद हल्की मछलियों जैसे थे (एस्किमो लोग बड़ी मछलियाँ पकड़ने के लिए भालू के दाँतों का चारे के रूप में उपयोग करते थे) और उसे खींचने के लिए दो स्लेजों की ज़रूरत पड़ती। हाँ, तो कुत्ते लगातार उसे घेरे भौंके जा रहे थे और वह बुद्धू की तरह इधर-उधर जाने की चेष्टा कर रहा था किन्तु यह असम्भव था क्योंकि मेरे आठ कुत्तों ने उसे घेर रखा था। मूर्ख भालू चाहता तो अनायास मेरे कुत्तों का पेट चीर उनकी अँतड़ियाँ निकाल सकता था, किन्तु यह सम्भव न था क्योंकि उसकी तुलना में मेरे कुत्ते छोटे ज़रूर थे पर काफ़ी हिंस्र और धूर्त थे।

अन्तत: जब कोई रास्ता नज़र नहीं आया तो वह बेवकूफ की तरह मेरे एक कुत्ते पर कूद पड़ने के लिए अपने दो पैरों पर खड़ा हो गया। मैं तो इसी अवसर की प्रतीक्षा में था—ज्योंही वह खड़ा हुआ, मैंने उसके सीने का निशाना साधकर अपना बल्लम उसकी ओर फेंका और वह ठीक निशाने पर जा लगा। बस? फिर क्या था, मेरे कुत्तों ने बड़े मज़े से उसका ख़ून चाटना शुरू कर दिया।—समझे! अकेले मैंने उस बेवकूफ भालू का अन्त कर दिया।'

अब इस कहानी में ऐसा क्या था कि हँसी आए परन्तु पता नहीं, उन लोगों को इस कहानी में कहाँ से हँसी की ऐसी खुराक मिलती कि हँसते-हँसते उनके पेट में बल पड़ जाता।

शुरू-शुरू में मैं एस्किमो लोगों को ग़रीब अधिवासी समझता था, किन्तु वास्तव में ये ग़रीब नहीं, इनकी जीवन-शैली ही ऐसी है। जैसे सत्तू और हरी मिर्च खाते देख हम कइयों को ग़रीब मान लेते हैं जबकि वही सत्तू चाँदी के थाल में कुछ मारवाड़ियों को भी खाते देखा है। एस्किमो लोगों की जीवन-शैली

भी कुछ वैसी ही है। जिन्हें यह जीवन-शैली पसन्द नहीं, वे सभ्यता के शिकंजे में जा फँसते हैं। तभी तो आंग्माग्शालिक में देखा है उन्हें अमेरिकी पैंट-टाई में अमेरिकी सिगरेट फूँकते हुए। हमारी इस एस्किमो गोष्ठी में पाँच जनों के पास बन्दूक़ है, यह मुझे पहले पता नहीं था, पर एक दिन अचानक उनके हाथ में बन्दूक़ देखी तो आश्चर्य हुआ। किन्तु शीघ्र ही समझ गया कि किसी भारी शिकार का आयोजन हो रहा है। सुबह-सुबह तीन स्लेज गाड़ियाँ सजाई गईं। पहले तो वे मुझे साथ ले जाने को राजी न हुए, किन्तु मेरा करुण चेहरा देखकर नाजो ने अन्ततः उन्हें मना लिया और फिर मैं भी हँसते हुए उनके साथ हो लिया।

हम थोड़ा-सा दक्षिण की ओर उतर आए, घंटे भर में ही हमें एक विशाल जलाशय मिला। यहाँ छोटे-मोटे जलाशय तो प्रचुर मात्रा में हैं। एक बड़ी-सी झील के किनारे आकर हम रुके। झील पर पर्याप्त मात्रा में बर्फ़ के स्तूप बह रहे थे। कभी-कभी तो ये बर्फ़ के स्तूप द्वीप जैसे लग रहे थे। देखकर अच्छा लग रहा था। बरसात के दिनों में गंगा के पानी पर जैसे पर्याप्त मात्रा में जलकुम्भी बहती है, कुछ-कुछ वैसे ही बह रहे थे झील की सतह पर बर्फ़ के स्तूप।

जीविकोपार्जन

इन लोगों का काम शुरू हुआ। स्लेज से चमड़ा और लकड़ी की लाठियाँ निकालकर इन लोगों ने कायाक बनाने की तैयारी शुरू कर दी। दक्ष शिकारी हर समय कायाक लेकर नहीं निकलता क्योंकि उसे स्लेज में वहन करने में असुविधा होती है। इसलिए ये लोग कायाक का सरंजाम साथ ले जाते हैं, और फिर आश्यकतानुसार कायाक तैयार कर लेते हैं। सामान्यतः व्हेल मछली की विशाल खाल को लकड़ी या हड्डी के फ्रेम के चारों ओर मोड़कर एक छोटी-सी नौका जैसी बनाई जाती है। कायाक दरअसल बहुत हल्की होती है; और एक व्यक्ति अनायास कायाक को ढो सकता है। कायाक सामान्यतः दो प्रकार की होती है—एक तो वह, जिसका तख़्ता ढका हुआ होता है यानी नौका का ऊपरी भाग चमड़े से पूर्णतः ढका होता है, केवल बैठने की जगह गड्ढा-सा होता है—जिसे सीधी भाषा में चमड़े का एक बेलून कहा जा सकता है; और दूसरे प्रकार की वह, जिसका तख़्ता खुला होता है, ठीक एक छोटी नौका जैसे। इस

प्रकार चमड़े की कायाक को कई बार उमियाक भी कहा जाता है। बहरहाल, चार कायाक तैयार हुईं। चार कायाक पर सवार चार जनों के हाथ में ही बन्दूक़ थी और बाकी के लोग ऊँची जगह के विभिन्न ओर फैल गए—काफ़ी कुछ सुन्दरवन में मगर के शिकार की तरह।

कायाक बह चली बीच दरिया की ओर—दूर बर्फ़ के एक द्वीप की ओर। हमारे, यानी मेरे और मेरे साथ और एक जन इनुंग के पास करने को कुछ नहीं था। मेरा संगी इनुंग भी विचित्र था। उसका हाव-भाव कुछ ऐसा था, जैसे कि उसने मुझे पहले कभी देखा ही न हो! वह आँखें फाड़े मुझे देखे जा रहा था और उसके उस प्रकार देखने से मुझे कुछ उलझन हो रही थी। उसे नज़रअन्दाज करने के लिए मैं स्लेज गाड़ी की ओर बढ़ गया। कुत्तों को अलग-अलग कर बाँधा गया था ताकि वे आपस में झगड़ा-झंझट न करें। उनमें तीन कुत्ते मेरी पहचान के थे। मुझे देखते ही उन्होंने पूँछ हिलाना शुरू कर दिया। मैंने भी पास जाकर उनके सिर को खुजलाया। गाय की गर्दन पर हाथ फिराने से जैसे गाय चुपचाप खड़ी हो गुदगुदी महसूस करती है, ठीक वैसे ही कुत्तों का सिर खुजलाओ तो आनन्द में वे भी पूँछ हिलाते रहते हैं। मैं उन्हीं के करीब रहा।

सूर्य सिर के ऊपर था। हवा लगभग नहीं के बराबर थी किन्तु ठंडक की मात्रा, लगता है, शून्य से तीन-चार डिग्री नीचे होगी। और इस अवस्था को एस्किमो लोग गर्मी कहते हैं। उनके लिए यह समय उपभोग के काबिल होता है। थोड़ी देर बाद ही देखा कि मेरा संगी इनुंग मेरी ओर चला आ रहा था। आसमान की ओर देखकर उसने मुझसे कुछ कहा—शायद यह कि दिन बड़ा अच्छा था, या ऐसा ही कुछ। स्लेज के पास आकर वह कमीज और जूते उतारने लगा। एस्किमो लोगों को कपड़े उतारने में भी कम-से-कम आधा घंटा लगता है। तीन-चार स्वेटर, उस पर कोट, सिर पर टोपी, पैरों में दो जोड़ी मोजे और घुटना ढँकते जूते। कहने को तो सूर्य सिर के ऊपर होता है किन्तु उसकी किरणों में ताप नहीं होता। लिहाजा उसे पोशाक उतारते देख मैं अवाक् हो गया। एक-एक कर उसने सारे कपड़े उतार दिये और नंगा हो गया।

वह तो बेशर्म था किन्तु मुझे शर्म आई—और अपनी झिझक मिटाने के लिए मैं अकारण ही कुत्तों में व्यस्त हो गया। इनुंग ने मुँह से आवाज़ कर मेरा ध्यान आकर्षित कर इशारे से मुझे बुलाया कि आओ भाई, नंगे होकर कुछ मस्ती की जाए! इस बर्फ़ के साम्राज्य में नंगा होने की बात मैंने स्वप्न में भी नहीं सोची

थी। बर्फ़ में उसे नंगा देखकर मुझे कँपकँपी छूटने लगी। इस ठंडक में यदि मैं नंगा हो गया तो यमपुरी पहुँचते देर न लगेगी।

एस्किमो लोग जीवन भर स्नान नहीं करते या यों कहा जाए कि उन्हें तो यह पता ही नहीं कि नहाना होता क्या है। अपनी नम त्वचा पर थोड़ी हवा और रोशनी लगाने के लिए ही शायद यह व्यवस्था हो। काफ़ी सुना था कि इस समय वे लोग अपने शरीर पर बर्फ़ मलते हैं—किन्तु मेरे लिए तो ऐसा करना भी कल्पना से बाहर था। काफ़ी समय हो चुका था। मेरे साथी शिकार करने गए थे तो गए थे। उनके लौटने का कोई अता-पता न था। मेरे लिए करने को कुछ ख़ास था नहीं। आख़िर में उकताहट दूर करने के लिए मैं स्लेज से रस्सी और बर्छी निकाल ली—मछली पकड़ने के लिए। सचमुच, यह विचार पहले क्यों नहीं आया—आता तो अब तक तो ऊब दूर हो गई होती। सामान्यत: इन लोगों की स्लेज गाड़ी में शिकार का सारा सरंजाम मौजूद रहता है। व्हेल मछली की नसों से ये लोग एक प्रकार का सूता तैयार करते हैं और वह सूता मछली पकड़ने के लिए बहुत अच्छा होता है। उसी सूते के सिरे पर हड्डी की छोटी मछली अटकाई हुई है, वही है बंसी और मछली का चारा। एक लम्बी लाठी के सिरे पर वह सूता बाँधकर मछली फँसाने की बंसी तैयार की—बंसी तो क्या, केंकड़ा पकड़ने की लाठी कहना ही सही होगा।

झील के किनारे आकर देखा, झुंड के झुंड मछलियाँ घूम रही थीं। अंगेजी में इन मछलियों को साल्मॅन और फ्रांसीसी भाषा में सोमो कहते हैं। मुझे लगता है, बांग्ला और हिन्दी में इसका कोई नाम नहीं है। देखने में ये मछलियाँ काफ़ी कुछ भेटकी और रोहू और खाने में पनडुब्बा जैसी होती हैं (अब मुझे यह नहीं मालूम कि कितने लोगों ने पनडुब्बा का मांस चखा है) जिसमें एक अजीब प्रकार की गन्ध होती है, जैसी कच्ची हिल्सा मछली को काग़ज़ में भूनकर खाने में होती है। हालाँकि खाने में यह उतनी सुस्वादु नहीं होती किन्तु भूख मिटाने के मामले में निस्सन्देह अच्छी होती है। पशुओं में सियार, पंछियों में कौआ और मछलियों में साल्मॅन मछली चालाक होते हैं, ये सहज ही नहीं मरते। काँटेदार 'कोइ' मछली की तरह पानी के बाहर यह दो दिन तक जीवित रह सकती है। कहने को यह चालाक मछली कही जाती है, फिर यह हड्डी को चारा समझ उसे क्यों निगलती है, पता नहीं, और सोचकर आश्चर्य भी होता है। इन मछलियों को पकड़ना बड़ा

सहज होता है। मेरे जैसा अनाड़ी भी घंटे भर में पाँच-छः मछलियाँ पकड़ सकते है, और एक-एक मछली का वजन होता है प्रायः डेढ़ किलो।

समय बिताने का इससे सहज उपाय कोई और नहीं। मछलियों के चारा निगलते ही उन्हें पकड़ लेता हूँ, फिर बर्फ़ के ऊपर पड़ते ही उनकी इहलीला समाप्त। फिर उनके मुँह से चारे वाला काँटा निकाल लेता हूँ और बस। फिर नये सिरे से जुट जाता हूँ मछली पकड़ने में। अद्भुत तरीका है शिकार का। इस प्रकार कितने घंटे बीते, यह तो पता नहीं किन्तु मेरी पकड़ी हुई करीब चालीस किलो मछलियाँ स्तूपाकार रूप में मेरे सामने पड़ी थीं। बिना खाए ही, केवल देख-देखकर ही मैं आनन्दित हो रहा था। अचानक देखा कि मेरा संगी चीख़-चीख़कर कुछ कह रहा था। बाद में ठीक से देखा तो पता चला कि वह मुझसे कुछ नहीं कह रहा था बल्कि दूर झील पर अपने साथियों को लौटते देखकर अपनी ख़ुशी का इज़हार कर रहा था।

इसी बीच दो कायाक आकर घाट पर लगी। वे लोग काफ़ी उत्तेज़ित थे। स्लेज से रस्सी का भारी-सा गुच्छा और दो बल्लम लेकर उन्होंने फिर यात्रा शुरू की। मेरा साथी इनुंग मुझे बुलाकर अपने साथ स्लेज की ओर ले चला। स्लेज के साथ कुत्तों को जोतकर हम झील के किनारे-किनारे दक्षिण की ओर बढ़ चले। काफ़ी देर पश्चात् हम झील से निकलती एक नदी के किनारे आकर रुके। वहाँ घंटा भर प्रतीक्षा करने के पश्चात् जब दूर नज़र पड़ी तो देखा कि एक साथ चार कायाक आ रही थीं—और इधर रात भी हो आई थी। उन कायाक में एक सामने की ओर थी और वहाँ से एक लम्बी रस्सी पानी में पड़ी थी। उसी रस्सी की गतिविधि से उनकी गतिविधि संचालित थी। लगता था, कोई बड़ा शिकार पकड़ा है। कायाक एक-दूसरे के पास ही रहें इसलिए वे एक रस्सी से बँधी थीं। दरअसल पानी के नीचे का शिकार ही इन तीनों कायाक को खींचकर लिये चल रहा था। एक कायाक दूर से बन्दूक़ ऊँचे उठाए चल रही थी—ताकि शिकार के पानी के ऊपर आते ही गोली दाग दी जाए।

इस प्रकार शिकार और शिकारियों के बीच युद्ध चल रहा था—घंटे भर में ही वह युद्ध समाप्त हुआ। कुत्तों ने कान खड़े कर रखे थे किन्तु कहीं चूँ तक की आवाज़ नहीं थी।... फिर चारों कायाक आकर किनारे लगीं। फिर कायाक से पानी के नीचे रस्सी से बँधे शिकार को सख़्ती से एक खूँटी से बाँधा गया।

फिर शुरू हुआ उनका सलाह-मशविरा। सलाह के अनुरूप तीन जने स्लेजों

को लेकर चले गए और बाकी हम सब वहीं बैठे रहे।

सर्दियों की रात थी—अभी हिसाब के अनुसार रात दो से चार बजे के भीतर का समय होगा। हाँ, यह मेरा अनुमान मात्र था। घने बादलों के कारण सूर्य की रंगीन रोशनी नज़र नहीं आ रही थी, किन्तु दिन की रोशनी पर्याप्त थी, जैसी बादल छाये होने पर होती है।

स्लेज ले जाते समय उसका सारा सामान वे लोग उतार गए थे, लिहाजा चर्बी से आग जलाने में कोई असुविधा न थी। चर्बी की आग में मैंने जो मछलियाँ पकड़ी थीं, उन्हें भूनकर हमने खा लिया और फिर चमड़ा बिछाकर उस पर हम सभी लेट गए। हममें से एक जन खूँटी के पास ही रहा ताकि बीच-बीच में देखकर वह सुनिश्चित कर सके कि शिकार है कि नहीं।

अगले दिन शोर-शराबा करते-करते बाकी के एस्किमो भी वहाँ आ पहुँचे। पहले वाला इगलू तोड़कर सारा सामान लेकर वे सब चले आए थे।

वास्तव में हम सभी उन्हीं की प्रतीक्षा कर रहे थे। अब सभी उस रस्सी के करीब आ गए, मुझे कुछ पीछे हटना पड़ा। अब रस्सी को सभी ने खींचना शुरू किया। एक के बाद एक कई रस्सियों को जोड़कर रस्सी काफ़ी लम्बी की गई थी। इस प्रकार लगभग तीन सौ गज रस्सी खींचने के बाद जब आख़िरी टान दी गई तो एक विशाल देह पानी की सतह पर तैर उठी। अब समस्या यह थी कि उतनी विशाल देह को खींचकर ऊँची ज़मीन पर कैसे रखा जाए। ये सभी लोग जानकार थे, और अपने बूते के बाहर का शिकार नहीं करते थे। शिकार यदि अत्यन्त बड़ा हो तो ये उनका शिकार नहीं करते थे, उसे छोड़ देते थे। पानी के भीतर के उस विशालकाय जन्तु को अनायास चार जने बड़ी तरकीब से किनारे तक तो ले आए पर अब उसे बीस जने मिलकर भी पानी से निकाल नहीं पा रहे थे। वह एक विशाल दरियाई घोड़ा था जिसे चारों ओर से रस्सी से बाँधा हुआ था। अब कुत्तों को भी काम पर लगाया गया। कुत्तों की पीठ की बेल्ट के साथ रस्सी को अटका दिया गया फिर मनुष्यों और कुत्तों की संयुक्त प्रचेष्टा से उस विशाल जन्तु को ऊँची ज़मीन पर खींच लाया गया। सील मछली से कई गुणा बड़ा था यह जन्तु जिसकी खाल भैंस की खाल से दुगुनी मोटी थी, और नयापन यह दिखा कि हाथी दाँत की तरह उसके दो बड़े-बड़े दाँत बाहर निकले हुए और नीचे की ओर गोलाई में मुड़े हुए थे। पहले उन दाँतों को अलग किया गया। इस शिकार के रत्न के समान थे वे दाँत। हर बार की तरह अब शिकार

की खाल उतारी गई। काफ़ी बड़ी खाल थी, जिससे किसी छोटी नौका में पाल का काम लिया जा सकता था।

जो कुछ लेने योग्य था, वह लिया गया, बाकी खाया गया और जो हिस्सा बेस्वाद और खाने के अयोग्य था, उसे बर्फ़ में दबा दिया गया। हमारी स्लेज के साथ मांस के लिए अलग से एक तख़्ता जोड़ दिया गया ताकि लोगों को उसे कन्धे पर ढोना न पड़े। अब हमारे पास सामान से कहीं अधिक वजन मांस का था और मैं यह हिसाब करके कह सकता हूँ कि अब यदि हम तीन महीनों तक शिकार न भी करें तो हमारा गुजारा हो जाएगा।

कहते हैं कि जिसे खाने-पीने और पहनने का अभाव न हो, वही सम्पन्न है, किन्तु हर समय ऐसा नहीं होता। हमारी यात्रा शुरू हुई और फिर वास्तव में शुरू हुई हमारी दुर्दशा। हम पश्चिम की ओर जा रहे थे और चलते ही जा रहे थे। हमारी यात्रा में कोई विराम न था। बीच-बीच में हम केवल खाने-पीने के लिए रुकते। छोटे शिशुओं को हम प्राय: स्लेज के सामान के ऊपर बैठा देते और स्लेज खींचने में कुत्तों की मदद करते। कई बार बर्फ़ में कुत्तों को स्लेज खींचने में असुविधा होती तो बर्फ़ीले कीचड़ में फँसी सामान से लदी स्लेज को हमें बैलगाड़ी की तरह खींचना पड़ता।

ऊँची-नीची बर्फ़ पर हम चल रहे थे तो बस चलते ही जा रहे थे। जा कहाँ रहे थे, यह तो भगवान ही जाने। चलते-चलते हम बीच-बीच में बैठते, खाते और फिर चल पड़ते। अब बीच-बीच में हमें नये प्रकार का मांस दिया गया। खारे पानी में उबला यह मांस सूखा हुआ था। बच्चों को खाने में असुविधा हो रही थी इसलिए स्त्रियाँ वह मांस पहले ख़ुद चबाकर बच्चों को खिला रही थीं। हम लोगों में सबसे कम उम्र के शिशु की आयु होगी यही कोई छ: महीने। एस्किमो माताओं को मैंने कभी बच्चों को दूध पिलाते नहीं देखा, केवल सुना था कि चार-पाँच महीने तक के शिशु माता का दुग्धपान करते हैं।

हम काफ़ी पश्चिम की ओर चले आए थे और यहाँ की आबोहवा और भी ख़राब थी। मेरे लिए जाड़ा भयंकर हो उठा था। चलते हुए तो पता नहीं चलता था किन्तु रुकते ही ठंड लगती, और चलो तो थकान। गले में सफ़ेद भालू की खाल का मफलर, सिर पर कान ढकती टोपी; हाथों, पैरों और बदन पर क्रमश:

दस्ताने, घुटने तक के जूते और चमड़े के कोट-पैंट थे। चमड़े से सब कुछ ढका था फिर भी ठंड लग रही थी। हमारी रथ हालाँकि परिपूर्ण थी फिर भी इन लोगों का मनोरथ अभी तक पूरा नहीं हुआ था। पता नहीं, कब होगा! कुछ दिनों से कनकनाती हवा चलने लगी थी जो चमड़ा भेद कर सुई की तरह चुभ रही थी, किन्तु इन लोगों को तो देखकर लग रहा था मानो सब कुछ ठीक हो, लिहाजा बढ़े चलो। उस दिन हठात् टेढ़ी-सीधी हवा बहने लगी। एस्किमो लोगों के फटे गालों पर और चीरे पड़ गए। स्त्रियों के सेब जैसे गाल जर्द होने लगे और बच्चों के गाल पके टमाटर-से। मैं गालों की बात कर रहा हूँ, इसका मतलब यह नहीं कि मुझे गाल बहुत अच्छे लगते हैं। यह जिक्र तो मैं इसलिए कर रहा हूँ क्योंकि गाल और आँखों के अतिरिक्त तो सब कुछ ढँका हुआ था...। उस चुभती-सी हवा में हमारा चलना दुष्कर हो उठा—कुत्तों ने भी अपनी पूरी जीभ निकालकर जाहिर कर दिया कि वे भी थके हुए थे। कुल मिलाकर उस जगह की अवस्था बिलकुल भी सुविधाजनक न थी। बाध्य होकर इन लोगों को रुकना पड़ा। मैं जितना इन लोगों के साथ चल रहा हूँ, उतनी ही इन लोगों के प्रति मेरी आस्था बढ़ती जा रही है। सचमुच प्रशंसनीय है इन लोगों की उपस्थिति।

छः स्लेज गाड़ियों को अगल-बगल रेलगाड़ी की तरह सजाकर उस पर चमड़ा बिछा दिया तो बिलकुल घर जैसा हो गया, हालाँकि ऐसे घर में बैठा नहीं जा सकता था। बर्फ़ के ऊपर चमड़ा बिछाकर हमने किसी प्रकार अपने सिर उसमें घुसेड़ लिये जबकि पैर हम सबके बाहर ही थे। चमड़े के ऊपर से सों-सों करती बह रही थी भयंकर हवा। प्रायः घंटे भर बाद जब हवा की गति में कुछ कमी आई तो फिर शुरू हुई हमारी यात्रा।

इस बार हमें विशाल ढलुआन मिली। ढलुआन से नीचे उतरते ही हवा को अपने अनुकूल पाया। ओफ, सचमुच, इसी को कहते हैं हड्डियाँ कँपा देनेवाली ठंड! उफ्फ, कैसी दुर्दशा थी! कहाँ तो बंगाल की बसन्त ऋतु और वह सब छोड़कर मैं क्यों तो आया मरने को इस बर्फ़ीले प्रदेश में? वह तो तकदीर अच्छी थी—जाको राखे साइयाँ मार सके न कोय। तभी तो मरने के पहले ही इगलू में जगह मिल गई। अनेक कष्ट भरे दिन बीत गए। अब सभी विश्राम कर रहे हैं। मुझे लगा कि अब इन लोगों का शिकार समाप्त हो गया।

आजकल यहाँ एक नई चीज़ दिखाई दे रही है और वह है अनेक छोटे-छोटे हंस या कौडिल्ला, कुछ-कुछ किंगफिशर जैसे पक्षी। ये न तो ऊँचा उड़ सकते

हैं और न ही अन्य पक्षियों की तरह चंचल होते हैं।

एक दिन हम सबने अगल-बगल खड़े होकर एक मानव-शृंखला बनाई और उन पंछियों के एक दल का पीछा कर उन्हें दौड़ाते-दौड़ाते एक नदी के किनारे तक ले आए जहाँ हमारे कुत्ते पहले से ही घात लगाए बैठे थे। ज्योंही हमसे बचने के लिए उन पंछियों ने पानी में छलाँग लगाई, त्योंही कुत्तों का दल उन पर टूट पड़ा। हालाँकि अनेक पंछी भाग गए किन्तु सभी कुत्तों ने एक-एक हंस को अपने दाँतों से दबोच लिया। उस दिन उन हंसों या कौडिल्ला के मांस से हमने पिकनिक मनाई। उन हंसों का मांस काफ़ी कुछ मुर्गी के मांस जैसा था, किन्तु ऐसा मांस एस्किमो लोगों को कोई अधिक पसन्द नहीं। कइयों ने हालाँकि नाक-भौंह सिकोड़े किन्तु खाया जम कर। कभी-कभी हंसों के पंख किसी बस्ते में भरकर ये लोग बच्चों के लिए नर्म गद्दी बना लेते हैं।

एक दिन झरने के किनारे कुछ दूर जाने पर हमने वाटर-फॉल्स प्रकार के एक पछियों के दल को देखा। संयोग से उस दिन हममें से दो के पास बन्दूक़ थी। पंछियों के उस झुंड के बीच अचानक बन्दूक़ की आवाज़ की गई—आश्चर्य! बन्दूक़ की आवाज़ मात्र से ही, देखा कि छः पंछी छटपटाकर मर गए।

कुछ दिन वहाँ रहकर हम और पश्चिम की ओर हट आए। पश्चिम की ओर आते ही देखा, वहाँ ठंड कुछ कम थी और बर्फ़ भी नहीं थी, लिहाजा यहाँ कुत्तों के लिए स्लेज खींचना असम्भव था। यहाँ पर बर्फ़ की मोटी सिल्लियों के अभाव में चमड़े की छावन के नीचे रहने का बन्दोबस्त किया गया। चारों ओर छोटी-मोटी असंख्य नदियाँ थीं और उनमें थी असंख्य मछलियाँ। यहीं मैंने पहली बार लाल रंग की साल्मन मछली देखी और देखी पानी पर उड़ने वाली मछली, जो पानी के ऊपर उछली-उछली पड़ रही थी, ठीक जैसा मैंने अरब सागर में देखा था—हमारे जहाज़ के सामने असंख्य मछलियाँ पानी से शून्य में उछाल भर रही थीं।

कहानी वाले दद्दा की मजलिस फिर जम उठी। आजकल एक अन्य वृद्ध कहानी कहते हैं। कहानी का सारतत्त्व वही पुराना। बस, भालू के शिकार की जगह दरियाई घोड़े वालरस के शिकार ने ले ली थी। कहानी कुछ इस प्रकार थी :

'मैं एक दिन सुबह हिरण का शिकार करने निकला। हिरणों को भगाकर पानी की ओर ले जाना ही मेरा उद्देश्य था, क्योंकि पानी के पास का वह स्थल भाग एक उपद्वीप जैसा था। वह स्थल भाग पानी के ऊपर सँकरा होता

हुआ आगे जाकर फिर से फैल गया था। मेरा उद्देश्य था कि हिरण जब वह पतला-सँकरा रास्ता पकड़कर फिर से लौटेंगे तो रास्ते के किनारे आराम से उन्हें मारा जा सकेगा। उन हिरणों में एक—ओह, देखने में वह किसी पाताल देवता से कम न था! बड़ी-बड़ी आँखें, बड़े-बड़े मुड़े हुए सींग, बर्फ़ के समान नर्म बड़े-बड़े ऊनी रोयें। और मांस? ओह, मुझे लगता है, पानी के नीचे देवताओं ने भी कभी वैसा मांस खाया न होगा! दरअसल वही हिरण मेरा लक्ष्य था। हिरणों को भगाते-भगाते मैं पानी के समीप लेकर आया ही था कि कुत्ते उत्तेजित हो गए। मेरे दोनों हाथ ही बन्दूक़ पर थे। मैं स्लेज के ऊपर बैठा था। कुत्तों ने जैसे ही दौड़ लगाई, मैं ज़मीन पर आ गिरा। बन्दूक़ हाथ से गिर गई और मैं जा गिरा पानी में। ओफ, सचमुच बड़ी दुर्दशा हुई! पानी के नीचे के देवता ही जानते हैं कि इस प्रकार मैं कभी भी गिरा न था। और सबसे बड़ा अफसोस तो इस बात का था कि मेरा वह पसन्दीदा हिरण मेरे हाथ से निकल गया था। ठीक उसी समय वहाँ एक जलदानव यानी दरियाई घोड़ा वालरस बड़े ही आनन्द से धूप सेवन कर रहा था और उसकी देहगन्ध मिलते ही मेरे कुत्ते बेकाबू हो गए। किन्तु मैं भी विशुद्ध इनुंग (एस्किमो) की सन्तान था—मेरी उम्र भी तब बढ़ रही थी, मैंने अकेले ही उस वालरस को मार गिराया, किन्तु वैसा सुन्दर-सा हिरण फिर आज तक नहीं दिखा।'

एस्किमो लोगों की अधिकांश कहानियों का समापन दुखान्त होता, किन्तु फिर भी उसमें हास्य उपादान कम नहीं होता। यदि दल में एकाधिक वृद्ध हों तो एक-एक दिन एक-एक वृद्ध कहानी कहेगा। युवक-युवतियाँ या वृद्धाएँ कभी कहानी नहीं कहतीं। वे तो केवल श्रोता रहतीं।

उस दिन कहानी की मजलिस के पश्चात् हम सोने जा रहे थे कि हठात् कुत्ते भौंक उठे। हममें से एक जन दौड़कर गया और कुछ चुनिंदा कुत्तों को छोड़ आया। क्षण भर में कुत्ते गायब हो गए। बन्दूक़ और बल्लम आदि लेकर हम भी पीछे दौड़े, जैसे गाँवों में दौड़ पड़ते हैं चोर पकड़ने के लिए। हालाँकि प्राय: आधी रात का वक्त था, किन्तु दौड़ने में कोई असुविधा नहीं थी क्योंकि लाल सूर्य की रोशनी पर्याप्त थी। इधर-उधर दौड़ते हुए कुत्तों की आवाज़ कानों में पड़ी। आवाज़ की दिशा में कुछ आगे जाते ही एक ख़ूनी दृश्य पर नज़र पड़ी। देखा कि एक नीले सियार को कुत्तों ने दाँतों से काटकर टुकड़े-टुकड़े कर दिया था। यहाँ तक कि उसकी खाल भी अब किसी काम की न रही थी। आम तौर

पर कुत्ते किसी को काटते नहीं, केवल पकड़कर भौंकते हैं, फिर एस्किमो लोग आकर ही मारते हैं। किन्तु यदि शिकार भागने का प्रयास करे तब ही उसकी यह दशा होती है। व्यर्थ गया यह शिकार। हम सभी लौट आए।

मैं सोने की तैयारी कर ही रहा था कि शुरू हो गई उनकी खिलखिलाहट। मुझे कोई कारण ही समझ में नहीं आया। हँसी का कोई कारण होना ही स्वभाविक होता है, किन्तु एस्किमो लोगों की राय में अकारण हँसना भी अपने-आपमें एक विशाल कारण है और उसी कारण सभी लोटपोट हुए जा रहे थे। आजकल मैं भी कुछ कम नहीं था, हँसते-हँसते ऊनी रजाई अपने ऊपर लपेट ली। वे लोग सोच रहे थे कि मैं भी उन्हीं की तरह हँस रहा था जबकि सच्चाई यह थी कि मुझे नींद आ रही थी और हँसने पर वह उचट जाती इसलिए मैंने बिस्तर पर आश्रय लिया। वे हँसते हैं तो हँसें। हँसते-हँसते उनका पेट फटता है तो फटे, मेरा क्या?

आजकल वे बड़े शिकार के लिए नहीं निकलते क्योंकि अब उन्हें किसी प्रकार का कोई अभाव नहीं, लिहाजा वे खाते-पीते हैं और घूमते-फिरते हैं। जब सचमुच करने को कुछ न हो तो मन में बहुत सारी बातें उठती हैं। माताओं का काम है अनेक शिशुओं की देखभाल करना, कच्चे चमड़े को धूप दिखाना, चर्बी या ऊन से सूत तैयार करना, सिलाई करना इत्यादि। वृद्धों का काम है मांस सुखाना, मांस के टुकड़ों को ठीक से धूप दिखाना, कहानी कहना और विभिन्न विषयों पर युवकों को परामर्श देना। युवक सामान्य तौर पर वरिष्ठ लोगों की ख़ूब श्रद्धा करते हैं क्योंकि वृद्धों की बुद्धि और अुनभव अनमोल होता है। मैंने कई बुजुर्गों को देखा है जो नाक ऊँची कर और हवा सूँघकर बता सकते थे कि शिकार किस दिशा में है। इसलिए विभिन्न दिशाओं की ओर जाने और शिकार के मामले में बुजुर्गों का परामर्श अत्यन्त आवश्यक था।

एस्किमो लोगों के लिए यह गर्मियों का समय है। इस समय युवक लोग कुत्तों की देखभाल करते हैं, उन्हें प्रशिक्षित करते हैं और घर बनाने व शिकार करने का सरंजाम जुटाते हैं ; युवतियाँ अपनी माताओं के साथ काम-काज करती हैं और थोड़े बड़े बच्चे खेलकूद में समय बिताते हैं। शिकार-शिकार खेलना इन लोगों का प्रिय खेल है जो लुका-छुपी या चोर-चोर खेल जैसा होता है। लड़कियों का एक बहुत प्रिय खेल है—नुग्लिटाँग। बड़ा साधारण-सा खेल है यह। इसके लिए किसी संगी-साथी की दरकार नहीं होती। एक छोटी लाठी के सिरे पर बर्फ़

का एक टुकड़ा एक सूते से झुलाकर रखा जाता है, और फिर उसी लाठी से तोड़ दिया जाता है।

छोटे बच्चे कंकड़ का पेंच खेलना बहुत पसन्द करते हैं। लड़कियाँ ताली बजा-बजाकर सुर साधकर गीत भी गाती हैं। फुर्सत के समय मछली पकड़ना भी युवतियों का प्रिय खिलवाड़ है। मैं जानता हूँ कि अब हम आंग्माग्शालिक से दक्षिण-पश्चिम की ओर सरक आए हैं, किन्तु वास्तव में जगह कहाँ है और मामला क्या है, मुझे कुछ भी मालूम नहीं। आजकल मेरे पास करने को कुछ नहीं है, लिहाजा छोटों के साथ मेरी फिर से जमने लगी। वे लोग आजकल मुझे अपने में से ही एक समझने लगे हैं। बड़ा मज़ा आता है उन सबके साथ। हम बर्फ़ पर गुलाटी खाते हैं, लुढ़क पड़ते हैं, चोर-चोर खेलते हैं, इत्यादि। मेरे बिना उनका भी मन नहीं लगता।

आजकल उन्होंने मुझे मेरे नाम से बुलाना सीख लिया है, किन्तु जो नाम मेरे पिता ने दिया था 'बिमल', उसकी जगह वे मुझे 'बाम' कहकर बुलाते हैं। नाम में यदि थोड़ी-सी विकृति है तो क्या नुकसान है! कोई गाली तो है नहीं, जबान है। कच्ची उम्र के लड़कों के मुँह से 'बाम' नाम सुनना मुझे बहुत पसन्द है। मैं बीच-बीच में उन्हें हाथ-सफ़ाई का खेल दिखाता हूँ। बाएँ हाथ में पैसा खोंस कर दाहिने हाथ से निकाल देता हूँ। मैंने उन्हें एक्का, दुक्का खेलना सिखा दिया है। गरज यह कि अब कहा जा सकता है कि मैं बच्चों का सरदार हूँ।

इससे कभी-कभी मुझे फायदा भी होता। झुजू मेरा प्रिय शिष्य था। वह कभी-कभी हिरण का सूखा मांस चोरी कर ले आता और मुझे देता—और मुझे भी चोरी कर अमिया खाने जैसा मज़ा आता। एक दिन तो वह पकड़ा भी गया, पर इन सब छोटी-मोटी बातों को बड़े कोई विशेष महत्त्व नहीं देते थे। सचमुच मेरे दिन बहुत मज़े में कट रहे थे।

एक दिन बड़ों ने कहा—नदी किनारे एक सूखा पत्थर है, वहाँ जाकर शरीर को थोड़ी हवा लगाओ। साथ ही साथ हम चल पड़े नदी के किनारे। अनेक दिनों के बाद पहली बार पत्थर मिला। पता नहीं कितने दिनों बाद मिट्टी नज़र आई! चलो, पत्थर ही सही, बर्फ़ की ऊब से तो छुटकारा मिला। इसका मतलब यह हुआ कि यहाँ सचमुच गर्मी है। हम सबने कपड़े उतारकर शरीर को खुला छोड़ दिया। इन लोगों के लिए तो यह भी एक महाआनन्द था। खुले शरीर मैं पाँच मिनट से अधिक नहीं रह पाया। ओह, गर्मी नहीं, गर्मी का श्राद्ध

था। पर इन लोगों को तो कोई फ़र्क़ ही नहीं पड़ रहा था। बच्चे प्राय: घंटा भर उसी अवस्था में खेलकूद करते रहे। फिर कपड़े पहनकर हम लौट पड़े अपने डेरे की ओर।

लौटकर देखा कि वहाँ तो एक महोत्सव का माहौल था। उत्तर से एक बड़ा हिरण मारकर लाया गया था। कुछ दिनों से तीन जने नज़र नहीं आ रहे थे। अब समझ में आया कि बन्दूक़ और शिकारी कुत्तों को लेकर प्राय: छ:-सात दिन पूर्व वे शिकार के लिए निकल गए थे। बड़े-बड़े सींगों वाला हिरण था, जिसे गर्दन के पास गोली मारी गई थी। उस मृत हिरण को ज़मीन पर लेटाकर सभी उसे घेरे खड़े थे, मानो किसी प्रतिमा के सामने दर्शनार्थियों की भीड़ हो! सभी शायद हमारी ही प्रतीक्षा कर रहे थे। यह सचमुच बच्चों के आनन्द का ही समय था। बच्चे दौड़े-दौड़े हिरण के पास चले गए, अब कोई उसकी देह छू रहा था, तो कोई सींग। कोई उसका मुँह खोलकर दाँत देख रहा था, मानो किसी बंगाली के घर में हिलसा मछली आ गई हो! जब सब ने जी भरकर देख लिया तो एक व्यक्ति हिरण को काटने के लिए प्रस्तुत हुआ।

यह भी एक प्रकार का खेल था। जिसने हिरण को मारा था, पहले वह एक बड़ी-सी छुरी लेकर हाजिर हुआ। उसने अच्छी तरह हिरण को देखा। अब उसकी आँखों पर पट्टी बाँध दी गई। पट्टी बँधी अवस्था में वह उस हिरण की ओर बढ़ गया, फिर बड़ी सावधानी से धीरे-धीरे हाथों की छुरी वह हिरण की नाक के समीप ले आया और छुआया। सभी 'नहीं-नहीं' कहकर चीख़ पड़े। दरअसल आँखों पर पट्टी बँधी अवस्था में जो हिरण के सींग-मूल का स्पर्श कर पाएगा, हिरण को काटने का अधिकार भी उसी को मिलेगा।

धीरे-धीरे सभी आगे आए—थोड़ी-सी भूल के लिए दो-एक व्यक्ति चूक गए। मेरी भी बारी आई पर हिरण के पास पहुँचने से पहले ही मेरे प्वाइंट कट गए। दरअसल हिरण के पास बड़े-बड़े क़दम रखते हुए पाँच क़दमों में ही पहुँचना था। अब उरान की बारी आई। उसने एक बार हिरण को अच्छे से देख लिया, फिर मन-ही-मन हिसाब लगाकर बोला, 'ठीक है।'

उसकी आँखों पर पट्टी बाँध दी गई। उरान कूदकर दो क़दम आगे आकर धीरे-धीरे बैठ गया। सभी दम साधे प्रतीक्षा कर रहे थे। धीरे-धीरे उसके हाथों की छुरी उतर आई ठीक सींग-मूल के पास—फिर उसने 'हुम्म' की आवाज़ करते हुए जोर से छुरी बैठा दी, और सभी चिल्ला उठे, 'शाबाश! शाबाश!' आँखें

खोलकर अब उरान ने करात से हिरण का सींग काट लिया।

फिर शुरू हुआ उसकी खाल उतारने का काम—पीले रंग पर बादामी रंग के धब्बे! ओह, धूसर-काले रंग का वह चमड़ा सचमुच सुन्दर था। ताजा हिरण का मांस सुस्वादु नहीं माना जाता किन्तु इन लोगों के लिए तो वही अमृत समान था। आग जलाकर मांस का शोरबा बनाया गया। शोरबा खाया गया और मांस को सुखाने के लिए अलग करके रख लिया गया।

उस दिन रात भर हिरण-महोत्सव चला—और पहली बार उस रात पति-पत्नी के मिलन-संगम पर नज़र पड़ी। इसके लिए इन लोगों को न अलग कमरे की दरकार होती है, न बिस्तर की। इस मामले में ये लोग बड़े उदार होते हैं। किसी ने क्या देखा और क्या सोचा, इससे उन्हें कोई फ़र्क़ नहीं पड़ता।

कुछ दिनों से देख रहा हूँ, इन लोगों के कामकाज में कुछ मन्दी आई है। रात की कहानी की मजलिस शुरू हुई है और साथ ही साथ हँसी का क्रम पहले से कुछ और भी बढ़ गया है। युवक युवतियों को लेकर अगल-बगल घूम रहे हैं और छोटे बच्चे गुग्लिटाँग खेल में व्यस्त हो गए हैं। सभी व्यस्त हैं, किन्तु यह कर्महीन व्यस्तता है। मैं आजकल रात की हँसी में उनका अधिक साथ नहीं दे पाता। सर्दी लगकर कुछ ब्रोंकाइटिस जैसा हो गया है। हँसी आते ही खाँसी का दौरा शुरू हो जाता है और एक बार खाँसी का दौरा पड़ा तो फिर रोकना मुश्किल है। कभी-कभी तो खाँसते-खाँसते ऐसी हालत हो जाती है कि लगता है, जैसे अँतड़ियाँ बाहर आ जाएँगी। सचमुच मेरी हालत बहुत ही ख़राब है। कभी-कभी तो खाँसते-खाँसते उलटी हो जाती है या फिर दमे की तरह साँस की तकलीफ होने लगती है।

गर्मियों का मौसम एस्किमो लोगों के लिए मौज-मस्ती, नाच-गान और हो-हुल्लड़ का मौसम होता है। किन्तु मेरी तो हालत संगीन है। कब क्या हो जाए, कब यमदूत लेने आ जाएँ, कुछ कहा नहीं जा सकता। एस्किमो लोग अब मेरा बिलकुल भी ध्यान नहीं रख रहे थे—यहाँ तक कि नाजो भी...। कम्बख्त सुबह से ही एक लड़की के पीछे लग जाता है। उरान और यहाँ तक कि छोटे लड़के-लड़कियाँ भी अब मेरी ओर रुख नहीं करते थे। लगता है, सारी पृथ्वी मेरे विरुद्ध कोई साजिश रच रही थी। लिहाजा खाँसते-खाँसते पेट पर हाथ रखे जब मैं बेहाल हो जाता और हाँफता रहता, तो उस वक्त सिर्फ़ भगवान पर ही भरोसा होता। बुरे वक्त में भगवान को कौन याद नहीं करता! स्वयं अर्जुन जब विषादग्रस्त हुए तो

भगवान की शरण में गए। विषादग्रस्त होकर मैंने भी काली-कृष्ण-शिव-राम को याद किया कि कोई न कोई तो आएगा ही और इसी उम्मीद में मैं जीवित हूँ।

शौक़ से मैं आया था एस्किमो लोगों के जीवन के बारे में जानने को और अब जिन्दगी के लाले पड़े हैं। कुछ ही दिनों में मेरी खाँसी और भी बढ़ गई। अब मैं स्वयं को लेकर ही इतना चिन्तित था कि एस्किमो क्या करते हैं, क्या खाते हैं, इस ओर मेरा ध्यान ही न था। दो दिनों से मैंने खाना-पीना छोड़ दिया था। अचानक प्राणायाम की याद हो आई। सुना था कि प्राणायम ब्रोंकाइटिस में लाभकारी होता है। यह याद आते ही मन को एक बल-सा मिला। एक ऊँचे-से पत्थर पर बैठकर ध्यान केन्द्रित कर मैंने प्राणायाम शुरू किया। हालाँकि श्वास-कष्ट प्रबल था फिर भी बड़ी सावधानी से और धीरे-धीरे दाहिने नाक की नली दबाकर बाएँ नाक की नली से और फिर बाएँ नाक की नली दबाकर दाहिने नाक की नली से मैंने साँस लेना और छोड़ना शुरू किया। इसके पश्चात् कुछ देर के लिए मैं शान्त व मौन रहा। धीरे-धीरे मेरा श्वास-कष्ट कुछ सहज हुआ। यह देखकर मन आनन्द से भर उठा—मिल गया, मिल गया, मुझे उपाय मिल गया! सोचा कि जहाँ डॉक्टर नहीं है, वहाँ भी कष्ट से मुक्ति का कोई तो उपाय है। उस दिन सारे दिन मैंने प्राय: आठ बार प्राणायाम किया।

रात को मैं उन्हीं लोगों के साथ सोता था। वह तो शुक्र है कि आजकल बर्फ़ के इगलू में नहीं बल्कि चमड़े की छाजन में हम सोते थे। मैं नाजो के साथ सोता था। एक किनारा चुन लिया था क्योंकि खाँसी के कारण मुझे रात में बार-बार उठना पड़ता था। अभी आँख लगी ही थी कि खाँसी का दौरा पड़ गया, जो लगभग आधे घंटे तक चला। खाँसते-खाँसते मैं बिस्तर छोड़ ज़मीन पर आकर बैठा और पेट थामे किसी प्रकार ख़ुद को सँभाला। अन्ततः खाँसी थमी और मैं बैठे-बैठे हाँफने लगा। समझ गया कि माँ काली-कृष्ण-शिव या शीतला माता या किसी भी देवी-देवता की इस सुदूर ग्रीनलैंड में मेरे पास आने की इच्छा नहीं थी। हठात् दीये की रोशनी मद्धिम हो उठी। मुँह उठाया तो देखा कि एक वृद्धा दीये के सामने खड़ी हो मुझे देख रही थीं। वे नाजों की नानी या दादी होंगी। उन्होंने झुककर मेरे सिर पर हाथ रखा और मुझे सांत्वना दी। यह वह समय था जब संवेदना की मुझे नितान्त आवश्यकता थी। ऐस्किमो लोगों के राज में अपनी मानसिक व शारीरिक दुरवस्था पर मुझे पहली बार किसी की सहानुभूति मिली।

वृद्धा के चेहरे की ओर मैंने नज़र उठाकर देखा तो उनके चेहरे में अपनी परम आराध्य, मातृ तुल्य छोटी दादी का मुख दिखाई दिया। मेरी आँखों से आँसू ढुलक पड़े। पता नहीं, वो जीवित भी हैं या नहीं! मनुष्य चाहे जहाँ भी चला जाए किन्तु दुःसमय में उसे अपने परमात्मीयों की ही याद आती है। यही स्वाभाविक है।

मेरे मुख की ओर देखकर उन्होंने क्या सोचा, यह तो पता नहीं, किन्तु उनके चेहरे की झुर्रियों पर अनायास मेरे लिए करुणा उभर आई थी, यह मैंने लक्ष्य किया। उन्होंने कुछ कहा, फिर मेरे सीने पर कान लगाकर मेरा कुछ परीक्षण किया, फिर दीवार पर टँगे एक बड़े बैग से एक छोटा बैग निकाला और उसके अन्दर से चर्बी जैसी एक वस्तु निकाली, फिर उसे टीन के एक डिब्बे में गर्म-गर्म मुझे खाने को दिया। पुराने घी का-सा स्वाद था। कुछ ही देर में समझ गया कि वह तो धन्वन्तरी की औषधि थी। मेरा श्वास-कष्ट काफ़ी कम हो गया। कई दिनों बाद मुझे थोड़ी-सी नींद आई।

अगले दिन जब नींद टूटी तो काफ़ी हल्कापन महसूस हुआ। मैंने वृद्धा को प्रणाम किया। मैं समझ चुका था कि जहाँ मनुष्य है, वहाँ मानवता भी है। जीवन में एक बार फिर मैंने मानवता के महत्त्व को समझा।

अनेक दिन पुरानी चर्बी को गर्म कर कुछेक बार खाने के पश्चात् कुछ ही दिनों में मैं पूर्णतः स्वस्थ हो उठा। अपनी प्राणदायिनी वृद्धा के प्रति कृतज्ञता कैसे व्यक्त करूँ, समझ नहीं पा रहा था, किन्तु वे शायद समझ गई थीं।

एस्किमो लोगों का विचित्र जीवन मेरे लिए फिर विचित्रता से भर उठा। उनके विरुद्ध मेरी सारी शिकवे-शिकायतें दूर हो गईं।

विदाई

कुछ दिनों के पश्चात् फिर शुरू हुई यात्रा। इस बार सामान-असबाब समेटकर हम पश्चिम की ओर चल पड़े। इस बार बर्फ़ नहीं, शुरू हुए पत्थर और बलुआ पत्थर। इस बार हमारे साथ सामान काफ़ी था। चौड़ी लकड़ी के ऊपर खालें रखकर उन्हें रस्सी से खींचना पड़ रहा था। हाँ, इस बार उन्होंने मुझे रिहाई दे रखी थी और मैं अभी शिशुओं के दल में था। अब हम और कुछ दक्षिण की ओर उतर आए। लगभग सात दिनों में हम पहाड़ से उतरकर समतल यानी मैदानी

भाग में पहुँचे और बर्फ़ से ढकी पहाड़ की चोटियाँ पीछे छोड़ आए। अब फिर से तैयार हुआ इन लोगों का डेरा। रात के समय आजकल सूर्य की वह बहार नज़र नहीं आती। आजकल दिन और रात होते हैं—हाँ, किन्तु रात का अर्थ है मात्र चार घंटों के लिए सूर्य का विच्छेद।

एक दिन सुबह एक तख़्ते पर नई खालों को सजाकर वे सब तैयार हो लिये। प्राय: सभी युवक तैयार हो चुके थे। मैं समझ गया कि शहर करीब ही है, इसीलिए व्यापार की तैयारी थी। मेरे लिए यह अप्रत्यशित था।

एक छलाँग में घर के अन्दर जाकर मैंने अपना बैग समेटा और उसे कन्धे पर लेकर बाहर आया। इगलू के बाहर आकर देखा कि वह वृद्धा मुझे देख रही थीं। मैं भी उन्हें ही ढूँढ़ रहा था। उनकी ओर मैं दौड़कर गया और उनके झुर्रियों भरे चेहरे पर एक स्नेहिल चुम्बन दिया, फिर मन-ही-मन कहा—अब मैं जा रहा हूँ, तुम्हारी स्मृतियाँ लेकर। हज़ारों मील दूर अपने आत्मीय स्वजनों को मैं बताऊँगा तुम्हारे बारे में, कहूँगा कि एस्किमो लोगों के देश में भी मेरी एक दादी है।

अचानक मुझे छोटे बच्चे की याद हो आई। मैंने झट कन्धे का बैग उतारा, उसमें चार पैकेट च्युइंगम थी, जिसके बारे में मैं भूल ही गया था। च्युइंगम खोजने के चक्कर में हाथ में वह छुरी आ गई, जो स्विट्ज़रलैंड से मारलिन देवी ने मुझे दी थी। यह छ: मुखी छुरी कहीं खो न जाए इसलिए बड़े जतन से मैंने बैग में रखा था। वह छुरी मैंने दादी के हाथ पर रखी तो उनके मुख पर फूट उठी तृप्ति की मुस्कान, और छोटे बच्चे च्युइंगम पाकर नाच उठे। मैंने सभी को अलविदा कहा, 'विदा मेरे एस्किमो दोस्तो! मैं तुम्हें कभी नहीं भूलूँगा।'

मैं, उरान, नाजो तथा और कुछ युवक, हम सभी पैदल चल पड़े शहर की ओर। पहाड़ की ढलान थी, लिहाजा अधिक असुविधा नहीं हुई, केवल खालों से लदे तख़्ते को सँभालना पड़ रहा था। लगभग पाँच घंटे चलने के पश्चात् हठात् दूर नज़र पड़ी तो देखा, लकड़ी के घरों की कतार—ठीक वैसे ही घर, जैसे आंग्माग्शालिक में देखे थे। और कुछ दूर जाते ही देखा कि झंडा लहरा रहा था। ध्यान से देखा तो वह अमेरिका का झंडा था। यहाँ अमेरिकी झंडे की मैंने उम्मीद ही नहीं की थी। अब विशाल साइनबोर्ड पर नज़र पड़ी, लिखा था : 'आइसबर्ग रिसर्च सेंटर'।

आइसबर्ग रिसर्च सेंटर को पीछे छोड़ हम आख़िरकार एक शहर में आ

पहुँचे। इसे शहर न कहकर गाँव कहना ही अच्छा होता। जाने हम कहाँ आ गए! पता नहीं, किस ओर कौन-सा देश है। उरान और नाजो ने मुझे एक रास्ता दिया, वही रास्ता शहर के मूल केन्द्र की ओर चला गया था। अब मुझे उन्हें अलविदा कहना पड़ा। उरान और नाजो, ये दो चरित्र, जो एस्किमो लोगों की दो विशेषताओं के प्रतिनिधि थे, मेरी स्मृतियों में रह गए।

अन्ततः मैं शहर में आ पहुँचा—लगा, जैसे कितने ही दिनों बाद मैं देश लौटा था। यहाँ बात करने को लोग मिले, ख़ास कर आइसबर्ग रिसर्च सेंटर होने के कारण यहाँ अंग्रेज़ी भाषा का प्रचलन था। शहर का नाम शायद क्ररनक या अरनक् था, जो ग्रीनलैंड के दक्षिण-पश्चिम में अवस्थित था। एक चाय की दुकान में प्रवेश कर हाथों के दस्ताने बेचकर कुछ पैसे मिले तो उन पैसों से परमानन्द के साथ डबल अंडों के ऑमलेट और एक मग कॉफी का ऑर्डर दिया।

ग्रीनलैंड का प्रमुख शहर है गॉथ्स्हाब (Gothshab)। अरनक् से गॉथ्स्हाब की दूरी होगी यही कोई तीस किलोमीटर। एक लॉरी ड्राइवर के साथ दो मीठी बातें कर, उसके हाथ में कुछ पैसे थमा राजधानी पहुँचने की व्यवस्था की।

सोचा था कि विशाल होगा गॉथ्स्हाब शहर, किन्तु वास्तव में ऐसा था नहीं। कुछ-कुछ आइसलैंड की राजधानी रेक्जाविक जैसा ही एक छोटा-मोटा शहर था, किन्तु ख़ूब सजा-धजा। शान्त और निर्झंझट-सा ही लगा यह शहर। सुना था कि शहर गॉथ्स्हाब के उत्तर में अमेरिकी फौज का विशाल अड्डा था। उत्तर मेरू होते हुए ग्रीनलैंड से सीधे रूस—हवाई जहाज़ से कुछेक घंटों का रास्ता था। लिहाजा गॉथ्स्हाब में सबसे पहले जिस चीज़ पर नज़र पड़ी, वह थी फौजी आमद—हालाँकि उसका उद्देश्य था उत्तरी ध्रुव की गवेषणा। मैं यह पहले ही कह चुका हूँ कि ग्रीनलैंड डेनमार्क के अधीन है।

बड़े कष्ट से मैंने गॉथ्स्हाब यूनिवर्सिटी को खोज निकाला। वह इतनी छोटी थी कि उसे यूनिवर्सिटी न कहकर इंस्टीट्यूट कहना उपयुक्त होता। प्रिंसिपल के घर जाकर मैंने उनसे सम्पर्क किया। मिस्टर ब्रौं, हालाँकि उनका यह नाम लगता फ्रांसीसी था, किन्तु वे थे विशुद्ध डैनिश। मैंने उन्हें अपना परिचय एक भारतीय पर्यटक के रूप में दिया, किन्तु उन्होंने कोई उत्साह नहीं दिखाया। उनका हावभाव कुछ ऐसा था कि मेरे जैसे 'इंडियन' तो यहाँ भरे पड़े हैं। उनके निरासक्त भाव से मैं आश्चर्यचकित रह गया। फिर भी, इतनी सहजता से तो मैं भी उन्हें छोड़ने वाला नहीं था। मैंने उनसे पूछा :

‘यहाँ क्या और भी ‘इंडियन’ हैं?’

‘बिलकुल हैं।’

‘आश्चर्य! मेरी तो धारणा थी कि मैं ही यहाँ एकमात्र ‘इंडियन’ हूँ।’

‘नहीं, नहीं, मछलियाँ पकड़ने के काम के लिए अमेरिका से हरदम ‘इंडियन’ आते रहते हैं।’

‘ओहो, तो इसका मतलब यह हुआ कि आप अमेरिकन ‘इंडियनों’ की बात कर रहे हैं। है न?’

‘जी बिलकुल।’

‘किन्तु मैं अमेरिकन इंडियन नहीं, विशुद्ध इंडियन यानी इंडियन इंडियन हूँ।’

अब मिस्टर ब्रौं के चौंकने की बारी थी। उन्होंने शायद सोचा भी नहीं था कि कलकत्ता से कोई व्यक्ति छिटककर ग्रीनलैंड में आ पड़ेगा।

अपनी भूल के लिए क्षमा माँगते हुए उन्होंने मुझे गले लगा लिया। मुझसे सारा हाल जानकर वे अत्यन्त प्रसन्न हुए और मेरे उत्साह की प्रशंसा की। अन्ततः उन्हीं के कारण मुझे गॉथ्सृहाब टाउनहॉल के एक कोने में स्थान मिला। वे वहाँ के सुपरिचित व अत्यन्त सम्मानित व्यक्ति थे और उनके साथ घूमकर मैं भी सुपरिचित हो उठा।

एक दिन वहाँ के मेयर ने मुझे चाय-पान पर आमंत्रित किया। वहाँ मैंने भगवान बुद्ध के बारे में एक संक्षिप्त वक्तव्य दिया। यहाँ के म्यूजियम में भगवान बुद्ध की एक मूर्ति है, इसी कारण वह प्रसंग उठा। मेयर महोदय की राय में मैं ही ग्रीनलैंड का पहला भारतीय पर्यटक था। उन्होंने म्यूजियम में प्रदर्शन के लिए रखने के लिए मुझसे मेरे जूते माँगे और मैंने जगह-जगह जोड़ लगे अपने जूतों की किस्मत को सराहा।

केनेडी एयरपोर्ट

हवाई जहाज़ की हरी बत्ती ने टिमटिमाकर हमारी दृष्टि को आकर्षित किया। सिर के ऊपर लाल अक्षरों में सूचना उभरी : 'Fasten your seatbelt' अर्थात् अपनी सीट-बेल्ट कस लें।

उसके बाद ही जेट-प्लेन की उबाऊ घरघराहट के बीच सुनाई दिया एक स्त्री-कंठ : 'हम बीस मिनटों में ही केनेडी एयरपोर्ट पर उतरने जा रहे हैं। आबोहवा साफ़ है तथा स्थानीय समय है दिन के दस बजकर उनतीस मिनट। आपकी मित्रता के लिए विशेष धन्यवाद। आशा है, फिर मिलेंगे। गुड बाय!'

मन ख़ुशी से उछल पड़ा। आख़िरकार इतने दिनों की प्रतीक्षा के बाद मैं वास्तव में अमेरिका पहुँच रहा था। ख़ुशी से नाच उठने को जी कर रहा था। चीख़-चीख़कर सबको कहने को जी कर रहा था कि अन्ततः मैं अमेरिका में पहुँच रहा हूँ। जब मैंने भारत की धरती को छोड़ा था, उस समय जेब में थे कुल अठारह रुपये, और फिर तीन वर्षों तक अनेक धक्के खाते-खाते अब मैं अमेरिका के आसमान में हूँ।

किसी झूल की तरह हू-हू करता हवाई जहाज़ नीचे उतर रहा था और साथ ही साथ माथे के भीतर कुछ उलट-पुलट हो रहा था। शायद इसी को सिर चकराना कहते हैं। हवाई जहाज़ तेज़ गति से उतर रहा था; इस समय कई लोगों को चक्कर आता है, जी मिचलाता है। मुझे ऐसा पहले कभी नहीं हुआ, पर आज हो रहा था, पहली बार। पता नहीं, इसका कारण मानसिक उत्तेज़ना था या कुछ और। हठात् एक झटका-सा लगा, जैसा साइकिल चलाते-चलाते चक्कर गड्ढे में पड़े तो लगता है। मैं समझ गया कि हवाई जहाज़ ने अमेरिकी धरती को छू लिया है। ख़ैर, अन्ततः मैं निर्विघ्न पहुँच ही गया। आँखें बन्द कर मैंने ईश्वर को

याद किया—हे प्रभु! तेरी ही कृपा से मैं यहाँ पहुँच पाया, एक तेरा ही भरोसा है।

रविवार : 24 मई, 1970। सुबह के साढ़े दस बजे होस्टेस को धन्यवाद देकर मैं प्लेन से नीचे उतर आया। एक चतुर्दिक से ढके सुरंग-पथ से होते हुए मैं जहाँ पहुँचा, वह था लगेज-हॉल। कुछ देर की प्रतीक्षा के पश्चात् मैंने वहाँ से अपना पीठ का बैग और साइकिल संग्रह किया। दरअसल साइकिल के दोनों चक्के खोलकर मैंने छोटा कर रखा था, इसलिए शीघ्र ही मैंने उन्हें जोड़ लिया। अब बैग को साइकिल के पीछे रखकर मैं बढ़ चला 'कस्टम्स' की ओर। यहाँ अच्छी ख़ासी भीड़ थी। मैं मैनेज कर और आगे आ गया।

'पासपोर्ट?'

मैंने जेब से पासपोर्ट निकालकर दे दिया। बॉर्डर पुलिस के सज्जन ने मेरी ओर देख कर पूछा, 'निर्दिष्ट स्थान?'

'संयुक्त राष्ट्र अमेरिका।' मैंने जवाब दिया।

'आप संयुक्त राष्ट्र अमेरिका में ही हैं, पर जाना कहाँ है?'

'सम्पूर्ण संयुक्त राष्ट्र घूमना ही मेरा उद्देश्य है।'

'अपना उद्देश्य स्पष्ट करें?'

'भ्रमण।'

'पॉकेट में पर्याप्त धन है?'

'अवश्य।' मैंने उत्तर दिया।

'कितना?'

'पर्याप्त।'

'ठीक कितना?' उन्होंने फिर पूछा।

'मेरी ज़रूरत के मुताबिक पर्याप्त है।'

'आपकी रिटर्न टिकट है।'

'जी नहीं।'

'यहाँ आपका कोई परिचित, नाते-रिश्तेदार या बन्धु-बान्धव कोई है?'

'नहीं।'

'यहाँ अपने किसी परिचित का पता-ठिकाना दें।'

'मैंने तो पहले ही बताया कि यहाँ मेरा कोई परिचित नहीं है। किन्तु हाँ, यदि आप जोर देंगे तो मैं कह सकता हूँ कि मैं एकमात्र आपको ही पहचानता हूँ।'

मेरे उत्तर पर वह सज्जन तनिक मुस्कुराए और बोले, 'सचमुच?'

अब वह सज्जन अगले प्रश्न पर आए, 'पॉकेट में कितने पैसे हैं, डिक्लेयर करें।'

मैंने जेब से सात डॉलर और तीस सेंट निकालकर उसके सामने रखे और कहा, 'यही सब है।'

'यही सब है? यानी आप कहना चाहते हैं कि इन मात्र साढ़े सात डॉलर से आप अमेरिका भ्रमण करेंगे?'

मैंने हँसते हुए जवाब दिया, 'विश्वास कीजिए, मेरे पास बस यही है और यही सम्बल है।'

बॉर्डर पुलिस वाले सज्जन अब कुछ असहिष्णु हो उठे। मेरे पीछे कतार में और सौ लोग खड़े थे। अगल-बगल में हालाँकि पाँच काउंटर और थे किन्तु विदेशियों के लिए मात्र तीन थे। पीछे से कुछ लोगों ने शोर मचाया, 'जल्दी करें श्रीमान्।'

बॉर्डर पुलिस वाले उन सज्जन ने अपने एक सहकर्मी को बुलाकर मुझे उसके हवाले कर दिया। मुझे उन्होंने अपने अफ़सर के कमरे में हाजिर किया। अफ़सर महोदय गोलमटोल और कुछ लाल-से थे। देखकर लगा कि वे कुछ शान्त स्वभाव के थे।

उन्होंने मेरा पासपोर्ट बड़े ध्यान से जाँचा-परखा फिर पूछा, 'क्या मामला है, जरा खुलकर बताइए।'

मैंने कहा, 'मामला तो बहुत सामान्य-सा है। यह देखिए, मेरे वीज़ा की मियाद पूरी है। यह रही मेरी हेल्थ-सर्टिफिकेट, यह भी ठीक है। असल बात यह है कि मेरी जेब में मात्र साढ़े सात डॉलर हैं, इसलिए मुझे प्रवेश नहीं मिल रहा।'

अफ़सर महाशय बोले, 'वह तो सही बात है। मात्र साढ़े सात डॉलर तो यहाँ कुछ भी नहीं है। इस एयरपोर्ट से बस में एक बार शहर जाएँगे तो उसी में साढ़े सात डॉलर ख़त्म। फिर आप क्या तो खाएँगे और कहाँ रहेंगे?'

मैंने कुछ चिन्तित होते हुए जवाब दिया, 'हाँ, यह तो है। कहाँ रहूँगा, क्या खाऊँगा, यह तो मैंने सोचा ही नहीं। ऐसी स्थिति में यदि मुझे प्रवेश नहीं दिया गया तो मैं क्या करूँगा? यहाँ से तो मेरे पास भारत लौटने की टिकट भी नहीं है!'

सामने की खाली कुर्सी देखकर मैंने उन महाशय से पूछा, 'क्या मैं यहाँ बैठ सकता हूँ?'

'अवश्य।' उन्होंने जवाब दिया।

अब मैंने अपना पूरा इतिहास उन्हें खुलकर बताया। संक्षेप में मैंने उनसे कहा,

'मैं एक घुमक्कड़ हूँ। मनुष्य के मनुष्यत्व और भगवान के प्रति आस्था रखते हुए ही मैं यह साइकिल लेकर भू-पर्यटन पर निकला हूँ। मैंने काफ़ी-कुछ देखा है। देखा है लन्दन, पेरिस, रोम और सभी जगहों पर मुझे स्वागत-सम्मान मिला। आप लोगों ने पैसों के बल पर विदेश देखा है जबकि मैंने अपने आत्मविश्वास के भरोसे पर विदेश देखा है। यदि आपको विश्वास न हो तो यह देखिए, विभिन्न देशों के पत्रकार मेरे बारे में क्या कहते हैं। यह देखिए मुझे मिले नागरिक सम्मान के कुछ नमूने। और हाँ, यह देखिए हमारे भारतीय राजदूत का मंतव्य भी है। पढ़कर देखिए।'

उन महाशय ने मेरे काग़ज़ात पर एक नज़र डाली। मैंने अपने विषय में कुछ नहीं कहा। कई बार मैंने देखा है कि अपने मुँह से अपनी बात करने पर कुछ लोग अहंकारी समझ लेते हैं—किन्तु यहाँ इस अवस्था में अपने बारे में कहने को बाध्य होना पड़ा, अन्यथा प्रवेश मिलना मुश्किल था।

बहरहाल, काफ़ी देर बाद उन महाशय ने मुँह उठाया। मुस्कुराकर मेरे साथ हाथ मिलाकर बोले, 'कांग्रेचुलेशन! वेलकम टु द स्टेट्स।'

मैंनें भी हँसकर उन्हें धन्यवाद दिया।

हवाई अड्डे की भीड़ से निकलकर मैं बाहर आया। पेट्रोल की गन्धयुक्त हवा में एक लम्बी साँस ली कि चलो, सारे झमेले मिटे और अब मेरी यात्रा की शुरुआत हुई।

मैप निकालकर देखा, उसमें न्यूयॉर्क शहर तो था किन्तु सबर्ब यानी न्यूयॉर्क से सटते हुए उपनगरों का उसमें कोई चिन्ह न था। टैक्सी स्टैंड पर जाकर एक टैक्सी ड्राइवर से पूछा, 'अच्छा, सर! यहाँ से सिटी जाने का रास्ता बता सकते हैं?'

'रास्ता पूछकर क्या होगा, भीतर बैठिए, मैं आपको ले जाऊँगा।' उसने कहा।

मैंने उसे अपना साइकिल दिखाते हुए कहा, 'नहीं, नहीं, मुझे टैक्सी से नहीं जाना है। यह देखिए, मेरे पास साइकिल है।'

ड्राइवर ठठाकर हँसा। हँसी थमी तो बोला, 'कम ऑन ब्वाय, यू किडिंग।' अर्थात् इस बालक की बात तो सुनो।

'मज़ाक़ कर रहे हो?'

बात बढ़ाए बिना मैं कुछ आगे बढ़ गया और फिर जिस ओर अधिकांश गाड़ियाँ जा रही थीं, उसी ओर का रुख किया। कुछ दूर जाते ही न्यूयॉर्क शहर की ओर जाने का निशान नज़र आया। कुछ और आगे बढ़ते ही हठात् रास्ता

और चौड़ा हो गया, शुरू हुआ हाइवे। यहाँ फुटपाथ नहीं थे, विशाल सड़क के बीच कंक्रीट का तीन फीट ऊँचा चबूतरा-सा बनाकर जाने और आने के रास्तों को अलग किया गया था। उन्हीं में से एक पर मैं चल पड़ा। अभी थोड़ा-सा ही आगे गया था कि पीछे से गाड़ियों के हॉर्न सुनाई दिये—प्रायः सभी गाड़ियाँ मुझे क्रॉस करने के समय एक बार हॉर्न बजा रही थीं। मैं समझ नहीं पा रहा था कि माजरा क्या है? ये लोग क्या कहना चाह रहे हैं? कहीं पीछे का बैग तो नहीं गिर गया? नहीं, सब कुछ तो ठीक-ठाक था। थोड़ा-सा और आगे बढ़ते ही बगल से एक गाड़ी मुझे लगभग छूते हुए निकल गई—ड्राइवर ने मुँह निकालकर ऊँची आवाज़ में मुझे उस सड़क पर चलने से मना किया। क्या मुश्किल है! मैं तो एक़दम किनारे से जा रहा था, उस पर भी आपत्ति। हठात् एक शेवरलेट मेरे पीछे आकर खड़ी हुई और उसमें बैठे सज्जन ने मुझसे कहा, 'तुम्हें क्या प्राणों का भय नहीं है? झूठमूठ क्यों जान देने पर उतारू हो? इतनी हैवी ट्रैफिक में चलने का मतलब ही है साक्षात् मृत्यु, चाहे तुम कितने भी अच्छे साइक्लिस्ट क्यों न हो!'

वह सज्जन बहुत दयालु थे। मुझे कुछ कहने का अवसर दिये बिना उन्होंने मुझे साइकिल और सामान समेत अपनी गाड़ी के पीछे बैठा लिया।

गाड़ी स्टार्ट कर उन्होंने मुझसे पूछा, 'कहाँ जाओगे?'

'न्यूयॉर्क सिटी।'

'चलो, मैं भी वहीं जा रहा हूँ।'

बातों ही बातों में मैंने उन महानुभाव को बताया कि मैं अभी-अभी यहाँ प्लेन से उतरा हूँ।

वह बोले, 'यह तो मैं तुम्हें देखकर ही समझ गया। किन्तु सुनो बच्चे, मेरे बेटे ने भी तुम्हारी ही तरह पिछले साल फ्रांस और जर्मनी की यात्रा की थी। किन्तु यहाँ के हाइवे पर साइकिल चलाना और यूरोप में साइकिल चलाने में बहुत फ़र्क़ है। केवल यही नहीं, यहाँ के हाइवे पर साइकिल चलाने की क़ानूनन मनाही है। तुम एक काम करो, न्यूयॉर्क से मैप देखकर सेकेंडरी रोड पकड़कर अपनी यात्रा शुरू करो, समझे?'

वह सज्जन सचमुच बड़े सहृदय थे। मैंने उनका उपदेश मानकर मन-ही-मन सोचा—ठीक है, मैं न्यूयॉर्क के भारतीय दूतावास भवन से अपना साइकिल-चालन शुरू करूँगा। प्रायः डेढ़ घंटे बाद वह महाशय रुके और एक रास्ता दिखाते हुए मुझसे बोले, 'तुम इसी रास्ते से सीधे चले जाओ तो सेंट्रल पार्क आ जाएगा—हार्ट

ऑफ़ न्यूयॉर्क।' उन्होंने मुझसे हाथ मिलाकर अलविदा कहा।

मैं सोच रहा था कि कितनी मज़ेदार बात थी कि अमेरिका की धरती पर पैर रखते ही अतिथि-परायणता शुरू हो गई थी। देश भी मुझे शुभ-सा ही लगा। ख़ैर, जो हो, मैंने उन महाशय के कथनानुसार आगे बढ़ना शुरू किया। तकदीर अच्छी थी कि यह रास्ता हाइवे नहीं था।

उन महाशय ने बताया था कि सेंट्रल पार्क न्यूयॉर्क शहर का प्राणकेन्द्र था, लिहाजा उनके निर्देशानुसार मैंने पैर बढ़ाए और साइकिल के पैडल पर पाँव रखा। अब मैं न्यूयॉर्क शहर में था। दोनों ओर ऊँची-ऊँची इमारतों की चहारदीवारियाँ—उनके भीतर से मैं मन्द गति से बढ़ा जा रहा था। इस प्रकार लगभग आधा घंटा चलने के पश्चात् मैं एक सड़क के मोड़ पर आकर रुका। पेट में चूहे कूद रहे थे और प्यास भी लगी थी। इसी बीच देखा कि पास ही एक बार यानी चाय की दुकान थी। एक लैम्पपोस्ट के सहारे साइकिल को खड़ा कर मैं पास की बार में घुसा।

सामने टँगे एक विराट बोर्ड पर मेनू लिखा था। नज़र पड़ी मिल्क-शेक, चॉकलेट-शेक, चाय, कॉफी इत्यादि। दुकान की काली-सी महिला से मैंने पूछा, यह मिल्क शेक आख़िर है क्या? उसने मेरी ओर देखा, फिर समझाकर बताया कि गाढ़े दूध और बर्फ़ का मिश्रण था।

'ठीक है, मुझे एक मिल्क शेक और एक डबल अंडे का सॉफ्ट ऑमलेट दें।'

लम्बे-से एक टूल पर बैठकर मैं इधर-उधर देखने लगा। अगल-बगल में और तीन व्यक्ति बड़े मज़े के साथ कोका कोला और मांस-सैंडविच का आनन्द ले रहे थे। मुझसे नज़र मिलते ही एक ने कहा, 'हे...?'

जिसका मतलब था, 'ठीक हो?' मैंने भी मुस्कुराकर सिर हिला दिया।

एक आध-सेरी गिलास में गाढ़े दूध और बर्फ़ के मिश्रण के साथ ऑमलेट आया। ऑमलेट का टुकड़ा मुँह में रखते हुए मैंने उस महिला से पूछा, 'अच्छा, यहाँ सेंट्रल पार्क किधर है?'

'इधर आओ। वे जो लम्बे-लम्बे पेड़ दिख रहे हैं, वही है सेट्रल पार्क।'

मैंने जेब से एक डॉलर सत्तर सेंट गिनकर दिये और फिर चल दिया सेंट्रल पार्क की ओर, जिसका तात्पर्य यह था कि मैं अभी न्यूयॉर्क के प्राणकेन्द्र के समीप था।

बड़े-बड़े शहरों में इस प्रकार के पार्क होने से हमारे जैसे घुमक्कड़ों को

विश्राम के लिए जगह की कोई असुविधा नहीं—इससे बड़ी मदद मिलती है। और बड़े-बड़े सभी शहरों में विशाल-विशाल पार्क और मैदान हैं। लन्दन में हाइड पार्क है, पेरिस में लूव्स, रोम में तिवेरो पार्क, एथेन्स में सिन्दाग्मा पार्क। और सभी जगहों पर देखा है कि ये पार्क पर्यटकों के मिलन-केन्द्र होते हैं। पार्क के एक पेड़ के नीचे साइकिल को लेटाकर मैं बैठ गया। तो अन्ततः मैं अमेरिका पहुँच ही गया! विश्वास ही नहीं हो रहा कि वास्तव में यह अमेरिका है। इतनी देर बाद मैंने अच्छी तरह चारों ओर नज़र दौड़ाई।

छुटपन में भूगोल में पढ़ा था कि अमेरिका का आविष्कार कोलम्बस ने किया था। पन्द्रहवीं शताब्दी के उस यात्री कोलम्बस की नाव यहाँ किस किनारे आकर लगी थी, क्या पता! न्यूयॉर्क के बारे में कितनी ही रहस्यमय कहानियाँ सुनी हैं—सोचा था, न्यूयॉर्क कुबेर का देश है। तुलना में हमारा कोलकाता कितना छोटा और गंदा है! और न्यूयॉर्क का तो मतलब ही है साफ़-सुथरा और अत्यन्त सुन्दर शहर। यह मैंने कइयों के मुँह से सुना है। चूँकि मैं कोलकाता से हूँ, इसलिए कोलकाता को पहचानता हूँ। अभी न्यूयॉर्क को पहचान रहा हूँ—पर कोई ख़ास फ़र्क़ दिख नहीं रहा। किन्तु हाँ, अभी तो यह शुरुआत ही है।

हाँ, मुझे अमेरिका पहुँचे अभी मात्र चार घंटे ही तो हुए हैं, इसलिए अपना प्रथम अनुभव बता रहा हूँ। अब फर्ज़ किया जाए कि सामने का यह रास्ता कोलकाता के बड़ाबाजार के करीब हैरिसन रोड का दृश्य है, किन्तु हैरिसन रोड के दोनों ओर के मकानों के साथ यदि और पचास मंज़िले मकान जोड़ दिये जाएँ तब शायद अपने सामने के दृश्य को बड़ाबाजार का दृश्य कहना भूल न होता। दाहिनी ओर देख पा रहा हूँ कि डस्टबिन में कूड़ा उफना पड़ रहा है, छोटी एक ठेलागाड़ी में एक व्यक्ति अंडे की तरकारी बेच रहा है। बगल की बेंच पर एक निग्रो जूतों को तकिया बनाए आराम से खर्राटे भर रहा था। जहाँ तक भी नज़र जा रही थी, मुझे आश्चर्यजनक कुछ भी नहीं लगा। सेंट्रल पार्क का यह अंश यदि धर्मतल्ला स्ट्रीट और मौलाअली के नजदीक इडेन होता तो जैसा लगता, मुझे तो ठीक वैसा ही लग रहा था। सच बात बताऊँ—अमेरिका की ऐसी दुर्दशा का यदि पहले अन्दाजा होता तो इतना कर्मकांड कर कौन आता यहाँ सात समुद्र पार?

पाठकों से मेरा अनुरोध है कि हताश न हों। यह तो मेरा मात्र चार घंटों का

अनुभव था। कृपया बाकी अंश भी पढ़ें, तब ही समझ पाएँगे कि अमेरिका है क्या चीज़।

पार्क में पेड़ की छाया, घास और गर्मियों में ठंडी हवा आदि कुल मिलाकर मुझे वातावरण घरेलू-सा लगा तो मैं ज़मीन पर पसर गया। दो दिनों से सो नहीं पाया था। हवाई जहाज़ में सोने की चेष्टा की थी किन्तु जेट प्लेन की घरघराहट में नींद की क्या मज़ाल कि पास भी फटक सके। इसीलिए सोचा कि न्यूयॉर्क घूमने से पहले कुछ सो लिया जाए। तो छोटे बैग को सिर के नीचे और बड़े को गाव तकिया बनाकर मैंने आँखें मूँदने की कोशिश की। ओह, सचमुच काफ़ी थका हुआ हूँ मैं!

हठात् अनेक लोगों की तालियों और ढोल की आवाज़ से नींद टूटी। कहीं मैं स्वप्न तो नहीं देख रहा—अच्छी तरह आँखें मलकर उठ बैठा। ओह, लगता है, मैंने घंटे भर की नींद ले ली, तभी शरीर काफ़ी हल्का-सा लग रहा था। ऐसी फोकटिया होटल हर समय मिलना मुश्किल है। कुछ दूर पर नज़र पड़ी तो देखा, वहाँ कुछ भीड़ जमा थी। कोलकाता के मैदान की तरह कहीं बन्दर का नाच तो नहीं हो रहा? तम्बूरे की आवाज़ के साथ गिटार का सम्मिश्रण, और उसके साथ कुछ और वाद्य-यंत्र मिलकर एक अद्भुत झंकार पैदा कर रहे थे। इन अंग्रेज़ी वाद्य-यंत्रों की झंकार मुझे समझ में नहीं आता। पता नहीं, यह दिल में कोई आलोड़न पैदा करती है या नहीं किन्तु सिर में झनझनाहट ज़रूर पैदा करती है।

मैं अब उठा। चलूँ, एक नज़र न्यूयॉर्क शहर को भी देख लिया जाए। सुबह ठीक से यहाँ के बारे में मैं कुछ समझ नहीं पाया था, किन्तु अब यहाँ के घर-मकान कुछ नया ही दृश्य उपस्थित कर रहे थे।

सड़क के दोनों ओर इतनी ऊँची-ऊँची इमारतों पर पहले ध्यान नहीं गया था। पता नहीं, इन्हें गगनचुम्बी कहूँ या पर्वतीय इमारतें कहूँ। साइकिल लिये-लिये कुछ दूर पैदल चलता रहा। अब यह जगह मुझे तसवीरों में देखे न्यूयॉर्क शहर जैसी लगी, चारों ओर सिर्फ़ इमारतें और इमारतें या यों कहूँ कि इमारतों के पहाड़। इमारतों के जंजाल में तो यहाँ आसमान ढक गया था। मेरे सामने-पीछे, दाएँ-बाएँ, सड़क के दोनों ओर इमारतों के बाद इमारतें खड़ी होकर मानो आसमान को अंगूठा दिखा रही हों! एक-एक इमारत कितनी मंज़िलों की होगी, क्या पता! गिना जाए—एक, दो, तीन...दस, पन्द्रह, बीस, पच्चीस, तीस... अरे

नहीं, बार-बार गिनने पर भी गिनती गड़बड़ा जा रही है। ख़ैर, जो हो, कितनी मंज़िला भी इमारत हो, मुझे क्या! मैंने सामने की ओर चलना शुरू किया। रास्ता कलकत्ता के लैंसडाउन रोड जैसा था। दोनों ओर की गगनचुम्बी इमारतों की ऊँची दीवारें फलाँग कर सूर्यदेव यहाँ प्रवेश कर पाते होंगे, इसमें मुझे सन्देह है। बगल में एक चौदहवीं शताब्दी की कारीगरी वाले गिरजा की घड़ी ने ढं...ढं कर शाम के चार बजने की घोषणा की। देखते-देखते चार बज गए थे, और अब तो थोड़ी-सी भूख भी लग रही थी। अगल-बगल में कहीं कोई दुकान नज़र नहीं आ रही थी। दुकान ढूँढ़ते-ढूँढ़ते सामने नज़र पड़ी तो बड़े-बड़े अक्षरों में लिखा 'रॉकफेलर प्लाजा' नज़र आया—जिसका अर्थ यह था कि अमेरिका के सुप्रतिष्ठित व महामान्य रॉकफेलर साहब के घर के सामने मैं खड़ा था। सामने ही नज़र आई एटलस की विशाल मूर्ति। ग्रीक-कथाओं के नायक एटलस कन्धे पर पृथ्वी को उठाए खड़े थे। कई कथाओं में उल्लेख है कि यह महादानव जब थककर पृथ्वी को एक कन्धे से दूसरे कन्धे पर उठाता है, तब ही होता है भूकम्प। रॉकफेलर साहब की इच्छा थी कि उनके भवन के सामने पृथ्वी की वृहत्तम मूर्ति हो। पैसे हों तो क्या नहीं किया जा सकता! उन्होंने सोचा था कि रुपयों से पृथ्वी को ख़रीदकर कन्धे पर उठाए रखेंगे, शायद उसी के प्रतीक स्वरूप है एटलस की यह विशाल मूर्ति। किन्तु आसपास के मकानों के आहातों को फलाँगकर इस विशाल मूर्ति को देख पाना सम्भव नहीं। ब्रोंज की मूर्ति की ओर देखकर लगता है कि ईंट-पत्थरों से निर्मित गगनचुम्बी इमारत के नीचे, हो सकता है, यह ग्रीक वीर अभी ही दब मरे! वह इमारत पचास-साठ या हो सकता है सत्तरमंज़िली हो, यानी कलकत्ते की सेक्रेटेरियट बिल्डिंग से कई गुना ऊँची। सोचकर भी आश्चर्य होता है कि इतना चूना-सुरखी पृथ्वी पर था।

गुरुदेव ने कहा है कि मनुष्य जब आवश्यकता होती है तो निर्माण करता है, और आनन्द में सृजन करता है। अब इन गगनचुम्बी इमारतों को क्या कहूँ, निर्माण या कि सृजन? कुछ समझ नहीं पा रहा था। बगल के एक आँगन जैसे रास्ते से इमारत की दूसरी ओर आया। ज़मीन से काफ़ी नीचे एक बड़ा-सा आँगन नज़र आया। उसके चारों ओर विभिन्न देशों के ध्वज लहरा रहे थे और बीच में एक सुसज्जित टेबल-कुर्सी बिछी थी। और सफ़ेद पोशाक पर काली बटरफ्लाई टाई पहने बेयरों का दल इधर से उधर दौड़-भाग कर रहा था, जिसका मतलब यह था कि वहाँ कोई चाय की बैठक हो रही थी।

मैं रेलिंग पर भार देकर चारों ओर देखने लगा। आँगन में चारों ओर विशाल-विशाल फूलों के गमले और झाऊ वृक्ष सजे थे। बगल के सज्जन अपना कैमरा घुमा-फिराकर साधारण-सी चीज़ों की असाधारण तसवीरें खींचने में व्यस्त थे। उनकी उस व्यस्तता के बीच ही मैं अचानक बोल उठा, 'क्या मामला है भाई साहब? यहाँ कोई चाय पार्टी है क्या?'

'अरे नहीं, यह तो कॉफी लॉन है, सबके लिए खुला है। ख़ास कर टूरिस्ट लोग यहाँ बैठकर चाय पीते-पीते रॉकफेलर के बारे में बातें करते हैं।'

'अच्छा! थैंक यू भाई साहब!'

मैंने सोचा—चलो, अच्छा ही हुआ। मुझे भी एक चाय की ज़रूरत थी।

करोड़पति रॉक फेलर के भवन के बेशकीमती पत्थरों की दीवार के सहारे मैंने अपनी साइकिल टिकाई और उतर आया कॉफी-लॉन में, जहाँ चाय का चक्र चल रहा था। चेयर पर बैठते ही एक बेयरे ने सामने आकर पूछा :

'क्या लेंगे सर?'

'एक कप चाय।'

'लेमन टी या मिल्क टी?'

'मिल्क टी।' मैंने कहा।

चाय आई। चाय से अधिक चाय की सामग्री आई। मैंने अत्यन्त आनन्द सहित चायपान किया और फिर बेयरे से पूछा, 'कितना हुआ?'

'साढ़े तीन डॉलर।'

मैं चौंका। किन्तु क्या किया जा सकता था। सीढ़ियाँ चढ़ते-चढ़ते अपने फटे जूतों की ओर देखा और मन ही मन सोचा—इतने पैसों में तो कलकत्ता में एक जोड़ी जूते आ जाते।

साइकिल के पास आते ही एक व्यक्ति पर नज़र पड़ी तो लगा कि वह भारतीय है। ख़ास कर उनके साथ साड़ी पहने महिला को देखकर अनायास मुँह से निकल पड़ा :

'नमस्कार दादा! आप तो भारतीय लग रहे हैं?'

'हाँ, हम भारतीय हैं, और आप?'

'जी, मैं भी।'

उन सज्जन ने मेरी पोशाक और साइकिल की ओर देखते हुए पूछा,

'तो आप यहाँ...माने...'

‘थोड़ा घूमने निकला हूँ।’

‘थोड़ा घूमने निकले हैं? और थोड़ा घूमने के लिए न्यूयॉर्क आना पड़ा?’

उन सज्जन ने कुछ व्यंग्य के लहजे में कहा तो मैंने अपने बारे में उन्हें खुलकर बताया। पहले तो वे बहुत ख़ुश हुए, फिर अचम्भित। अन्ततः बोले, ‘हमें अफसोस है। हम यहाँ बहुत नये हैं। हमें यहाँ आए वर्ष भर हुआ है। हमारा घर बहुत छोटा है, अन्यथा हम आपको निमंत्रित करते।’

मैंने भी फौरन जवाब दिया, ‘निमंत्रित तो आप करते पर मेरे पास जाने के लिए वक्त ही कहाँ है। ख़ुद मुझे भी इस बात का अफसोस है।’

उन्हें नमस्कार कर मैंने क़दम बढ़ाए। ऐसे फालतू वार्तालाप मेरे लिए कोई नये नहीं थे। लन्दन में मैं ऐसे बहुत सारे लोगों को देख चुका हूँ। फटी पैंट पर नज़र पड़ते ही रास्ता बदल लेते हैं, यहाँ तक कि पीछे से बुलाओ तो वे पुकार अनसुनी कर चल देते हैं।

अब कहाँ जाया जाए, मैं यही सोच रहा था कि अचानक एक पुलिस वाले पर नज़र पड़ी। मैंने उनके पास जाकर पूछा कि कहाँ जाया जाए, तो उन्होंने अफसोस जाहिर करते हुए कहा, ‘आज रविवार है, सब कुछ बन्द है। कहाँ जाने को कहूँ।’

ख़ैर, उन पुलिस वाले सज्जन ने आख़िरकार मुझे रविवार को खुला रहने वाले ग्रेहाउंड बस स्टेशन के इन्फॉर्मेशन ऑफ़िस का डायरेक्शन बता दिया।

अनेक रास्तों की लाल-हरी बत्तियाँ पार करते-करते अन्ततः मैं ग्रेहाउंड बस टर्मिनस पर पहुँचा। भीतर घुसते ही मेरी तो आँखें चौड़ी हो गईं। यह क्या बस टर्मिनस यानी बस डिपो है? विशाल हॉल-सा यह तो एक अलग जगत-सा लगा। कलकत्ते के बस डिपो तो इसकी तुलना में बस-स्टॉप यानी अड्डे जैसे थे।

ग्रेहाउंड दरअसल कम्पनी का नाम है। बस टर्मिनस दो-मंज़िला है। अलग-अलग मंज़िलों से अलग-अलग दिशाओं को जाने वाली बसें छूटती हैं। इस बस टर्मिनस की तुलना हावड़ा-स्टेशन के विशाल हॉल से की जा सकती है। कहने का तात्पर्य यह कि बस टर्मिनस इतना बड़ा हो सकता है, इसकी तो मुझे कोई धारणा ही नहीं थी। वहाँ से सूचना मिली कि आज रविवार है, प्रायः सब कुछ बन्द है। किन्तु हाँ, डाउन टाउन में विश्वमेला केन्द्र में एक विशाल अन्तरराष्ट्रीय प्रदर्शनी हो रही है, मैं चाहूँ तो वहाँ जा सकता हूँ। वह जगह यहाँ से बहुत करीब

नहीं तो बहुत दूर भी नहीं है। सूचना अधिकारी ने मुझे एक मैप देकर वहाँ जाने का रास्ता बता दिया।

सोचा था कि प्रदर्शनी वाली जगह बहुत दूर नहीं, किन्तु काफ़ी दूर आने और कुछेक ब्रिज पार करने के पश्चात् जब देखा कि अभी भी आधा रास्ता बाकी था, तब सचमुच लगा कि कई दिनों से पेट में कुछ नहीं गया। केवल चाय पर क्या दिन बिताया जा सकता है? परन्तु आसपास में खाने-रहने लायक कोई जगह नज़र नहीं आई। सूचना अधिकारी ने बताया था कि यह प्रदर्शनी रात एक बजे तक रहेगी और रविवार को खुली रहती है, लिहाजा सोचा कि आगे बढ़ते जाना ही ठीक है।

लगभग एक घंटा साइकिल चलाने के पश्चात् मैं ठीक जगह पर आ पहुँचा। चारों ओर रोशनी जगमग कर रही थी। गेट के सामने लोगों की भीड़ जमा थी। सामने एक अर्द्धवृत्ताकार द्वार पर लिखा था : 'वर्ल्ड फेयर 1964-65' इसका मतलब यह था कि 1964-65 का विश्वमेला तो हो चुका था और अब उसी का मंच छोटी-मोटी प्रदर्शनी के लिए इस्तेमाल हो रहा था। रोशनी की बहार बहुत देख चुका हूँ—मेले भी अनेक देखे हैं, इस समय मुझे इन सबकी कोई दरकार नहीं। अभी मुझे दरकार है सस्ते व भरपेट पौष्टिक भोजन की।

द्वार से प्रवेश में बाधा उत्पन्न हुई, जिसका अर्थ था कि प्रवेश के लिए टिकट ख़रीदनी होगी। पूछा, 'टिकट की कीमत?'

'दस डॉलर। बच्चों और छात्रों के लिए पाँच डॉलर।'

बड़ी विकट स्थिति थी। इतनी दूर आकर यदि लौटना पड़ा तो बड़े अफसोस की बात होगी। मैं घबड़ाने वालों में से नहीं हूँ। बस, गम्भीरता से उपाय सोचने की दरकार है। हठात् एक उपाय सूझा। मैंने सीधे गेटकीपर से जाकर कहा कि मुझे प्रोग्राम ऑफ़िसर से मिलना है। विदेशों में प्राय: हर मेले में एक प्रोग्राम ऑफ़िसर हुआ करता है। यही स्वाभाविक भी है।

'प्रोग्राम ऑफ़िसर अपने ऑफ़िस में हैं।' गेटकीपर ने जवाब दिया।

'मुझे उनसे मिलना है।'

'आपका एपॉइंटमेंट है?'

'अभी कितने बजे हैं? साढ़े आठ के बीच ही मुझे उनसे मिलना है।'

उस सज्जन ने द्वार छोड़कर मुझे अन्दर जाने दिया। भीतर घुसकर मैंने सोचा कि जब प्रोग्राम ऑफ़िसर की बात ध्यान में आई है तो एक बार उनसे मिल ही

लिया जाए। मेले में हर मोड़ पर विभिन्न जगहों के नक्शे लगे हुए थे, लिहाजा मेले के एडमिनिस्ट्रेटिव हॉल में पहुँचने में मुझे कोई कठिनाई नहीं हुई।

मैं प्रोग्राम ऑफ़िसर मिस्टर वाकर से मिला तो उन्होंने मुझे ससम्मान बैठाया। फिर जब उन्होंने सुना कि मैं साइकिल पर विश्व-भ्रमण के लिए निकला हूँ तो वे अवाक् रह गए। भद्रतावश उन्होंने कहा, 'एक कप कॉफी पीजिए।'

'अच्छी बात है।' मैंने कहा, 'किन्तु मैं केवल कॉफी नहीं पीता, उसके साथ यदि छोटा-मोटा सैंडविच हो या फिर डबल अंडे का ऑमलेट हो तो अच्छा रहेगा।'

एक बार तो वह सज्जन कुछ रुके पर फिर अन्ततः ऑमलेट और कॉफी का ऑर्डर दिया। फिर वे मुझे मेले के बारे में समझाने लगे कि यह स्थान अन्तरराष्ट्रीय जगत में काफ़ी परिचित है। 1964-65 में यहाँ प्रदर्शनी में पृथ्वी के इक्यावन देशों ने भाग लिया था...। जापान का मंडप सचमुच देखने लायक था। हाँ, भारत का टी-स्टॉल भी ख़राब नहीं था, इत्यादि। वर्तमान में यहाँ यह प्रदर्शनी ग़ैरसरकारी और हल्के कामों की प्रदर्शनी है। अधिकांशतः यहाँ रोज़मर्रा का सामान, खिलौने और 'लक्जरी आइटम्स' हैं।

वह सज्जन प्रदर्शनी के बारे में बता रहे थे और मैं भी सुन रहा था। आख़िरकार कॉफी आई और उसके साथ ऑमलेट भी। प्रायः आधे घंटे तक उन सज्जन के साथ वार्तालाप के बाद हाथ में एक प्रोग्राम-शीट लेकर और उनके अतिथि-सत्कार के लिए उन्हें आन्तरिक धन्यवाद देकर मैं मेला देखने निकल पड़ा, किन्तु बड़ा बैग मेरे साथ ही रहा।

इधर-उधर घूमते-घामते दाहिनी ओर मुड़ते ही एक बड़े से साइनबोर्ड पर नज़र पड़ी जिस पर लिखा था : 'डू इट योरसेल्फ ऑफ़र्स ओरिएंटल डिश' यानी प्राच्य खाना ख़ुद बनाएँ। सोचा—मामला क्या है? कुछ आगे बढ़ते ही छोटी-मोटी भीड़ नज़र आई। एक अमेरिकन महिला मुफ्त में भारतीय खाना बनाना सिखा रही थीं। दो टेबलों पर गैस का चूल्हा, हाँडी, कड़ाही, कड़छी आदि सब सजाए रखे थे और पास ही रखे थे कुछ आलू, टमाटर, बैंगन और गाजर। सामने दर्शकों के लिए लगभग पचास कुर्सियाँ बिछी थीं। सारी कुर्सियाँ भर चुकी थीं और जिन्हें जगह नहीं मिल पाई, वे पीछे खड़े थे। दर्शकों को देखकर लगा कि वे बड़ी गम्भीरता से सीखने के इच्छुक छात्र-छात्राएँ थे। बगल के एक टेबल पर रखे कुछ काग़ज़-पत्रों को हाथ में लेकर देखा, वे उक्त महिला के भोजन बनाने की

विधि सिखाने वाले न्यूयॉर्क के स्कूल के प्रचार-पत्र थे। मैं समझ गया कि वह महिला मिसेज मिलर न्यूयॉर्क के किसी स्कूल में खाना बनाना सिखाती हैं। वे काफ़ी घूमी-फिरी हैं तथा ख़ास कर प्राच्य रंधन विद्या में उन्हें महारत हासिल है। इस प्रदर्शनी में वे मुफ्त में दर्शकों को खाना बनाने की प्राच्य-विधि सिखा रही थीं। मैं अपनी ही शैली में धीरे-धीरे भीतर घुसा, तो टेबल पर सजाकर रखी कई छोटी-छोटी शीशियों पर नज़र पड़ी। वे लगातार बोले जा रही थीं, साथ ही उनके हाथ सामने रखे आलू, बैंगन और चाकू पर व्यस्त थे। वे दर्शकों से कह रही थीं कि वे ख़ास कर मसालों के बारे में नोट करें क्योंकि खाना पकाने में मसाले ही मुख्य थे। मात्रा जरा-सी भी कम या अधिक हुई तो बस सारी मेहनत बेकार। किस तरकारी में कौन-सा मसाला और कितना लगेगा, यह वे एक कॉपी से देख-देखकर बता रही थीं। इस प्रकार खाना बनाने का एक्जिबिशन यानी प्रदर्शनी मैंने इससे पहले कभी नहीं देखी थी, इसलिए मैं खड़ा होकर बड़े मनोयोग से देख रहा था। इकट्ठी भीड़ में अधिकांशत: महिलाएँ थीं—और जो साहब लोग वहाँ उपस्थित थे, वे शायद अपनी पत्नियों के साथ आए थे। सभी बड़े ध्यान से नोट करने में व्यस्त थे।

अब शुरू हुआ बैंगन तलना। मैदे में थोड़ा-सा ऑलिव तेल और उसके साथ थोड़ा-सा पानी मिलाकर एक घोल तैयार किया गया। फिर कटे हुए बैंगन के टुकड़ों को उस घोल में डुबाकर सूर्यमुखी के उबलते तेल में डालने लगीं वह महिला शिक्षिका। तलने की आवाज़ वातावरण में गूँज उठी। रंधन का धुआँ और गन्ध लोगों को विरक्त न करे, इसके लिए स्टोव के ऊपर वाष्प-आकर्षण यंत्र लगाया गया था। जब सब कुछ हो गया तो वे बोलीं, 'प्राच्य भाषा में इसे भजिया कहते हैं।' इसके पश्चात् उन्होंने चावल पकाने की जापानी विधि सिखाना शुरू किया। एक और स्टोव में काफ़ी पहले से ही कुछ उबल रहा था। उस महिला ने अब घड़ी की ओर देखकर कहा, 'हल्की आँच में दो सौ ग्राम चावल के लिए 25 मिनट का समय पर्याप्त है।' अब उन्होंने स्टोव से उबले चावल उतारकर उसमें दो टमाटरों के चार-चार टुकड़े करके डाल दिये, फिर टेबल की बगल में सजी लाल-नीली शीशियों से लगभग पाँच-छ: प्रकार के मसाले छोटे चम्मच से उसमें डाल दिये। थोड़ी देर बाद उसे चूल्हे पर चढ़ाकर एक अंडा तोड़कर उसकी जर्दी सावधानी से उसमें डाल दी ताकि वह टूट न जाए।

अब पाँच मिनट की प्रतीक्षा और। एक निपुण बावर्ची की तरह वे अपने

काम में व्यस्त थीं। मैं उनके बहुत नजदीक तो नहीं था, किन्तु जहाँ था, वहाँ उनकी दृष्टि सीधी पड़ रही थी। हठात् जब मेरी नज़र से उनकी नज़र मिली तो वे हल्के से यों मुस्कुराईं मानो कोई पुरानी परिचित हों ! मैं उनकी ओर जब कुछ और आगे बढ़ा तो मेरे पास आकर उन्होंने पूछा :

'आप क्या पाकिस्तानी हैं?'

'नहीं। भारतीय हूँ।'

'अच्छा! पाक-विद्या सीखने के लिए मैं तीन महीने मुम्बई में थी। आप भी क्या पाकशास्त्र विशेषज्ञ हैं?'

'नहीं, विशेषज्ञ तो नहीं परन्तु दोस्तों में एक अच्छे बावर्ची के रूप में मैं परिचित हूँ।' कुछ शर्माते हुए मैंने जवाब दिया।

'तो आइए न, मेरी कुछ मदद कीजिए।'

'अवश्य।' कहते हुए मैंने कन्धे का बैग उतारकर ज़मीन पर रख दिया।

मैंने उन्हें अपना नाम बताया और उनसे उनका नाम जाना—'मिसेज मिलर, ओरिएंटल कुकिंग स्पेशलिस्ट'। उन्होंने अपना जापानी भात-रंधन शेष कर सभी से कहा कि अब वे सबको एक नई सरप्राइज देना चाहती हैं। एक भारतीय बावर्ची मिस्टर दे हमारे बीच उपस्थित हैं, अब वे हमें कुछ बनाना सिखाएँगे। यह कहकर मिसेज मिलर एक किनारे खड़ी हुईं और धीरे-से मेरे कानों में कहा, 'धन्यवाद, मुझे थोड़ा-सा अवकाश देने के लिए। शाम से निरन्तर बक-बक किए जा रही थी।'

अब मैं सबके सामने आकर खड़ा हुआ। अब सवाल यह था कि शुरू कहाँ से करूँ? बहरहाल, धीरे-धीरे मैंने बोलना शुरू किया। सबसे पहले तो मैंने भारत तथा प्राच्य खाना व व्यंजन बनाने की विधि के प्रति उनके लगाव की भूरि-भूरि प्रशंसा की। भारत तथा प्राच्य के खाद्य के प्रति उनके आग्रह के लिए मैंने उपस्थित समुदाय का अभिनन्दन किया। फिर अन्त में कहा कि ओरिएंटल कुकिंग विशेषज्ञ मिसेज मिलर के होते हुए पाक-विधि के बारे में मैं क्या कहूँ। मैं तो बस इतना ही कह सकता हूँ कि भोजन बनाने और खाने की विधि एक दूसरे से ओतप्रोत रूप से जुड़ी है। आप कह सकते हैं कि खाने की विधि में नयापन क्या है? तो मेरा जवाब होगा कि नयापन कुछ है या नहीं, मुझे नहीं मालूम, किन्तु उसमें कई विशेषताएँ छिपी हैं। हमारे देश में भोजन करने की विधि में एक परम्परा छिपी है। हमारे बैठने के तौर-तरीके, अंग संचालन आदि में आपको शान्ति, सौम्यता

व सौन्दर्य का प्रकाश नज़र आएगा। विदेश में यानी कि यहाँ चायपान में ऐसी कोई बहादुरी नहीं है। कप में चाय आती है और हम उसे गले से नीचे उतार लेते हैं, पान कर लेते हैं, किन्तु आपमें से कोई जापान गया है क्या?'

मैंने सम्मिलित जन-समुदाय की ओर देखा, तीन लोगों ने हाथ उठाए थे। मिसेज मिलर को लेकर हुए चार जन।

'आप लोग ज़रूर जानते होंगे कि जापान में चाय-पान भी एक सैक्रिफाइस है। वहाँ चाय के माध्यम से हम जापानी शिल्प व कला से रू-ब-रू होते हैं, साथ ही साथ संयमी होकर हम नीरवता का निरीक्षण भी करते हैं। नीरवता हमारे जीवन का एक विशाल अध्याय है। इस नीरवता से ही जन्म लेता है हर शिल्प, साहित्य व सृजनशक्ति, है न?' कहकर मैंने चारों ओर नज़र दौड़ाई और देखा कि मेरी बातें सभी बड़े ध्यान से सुन रहे थे। मैंने आगे कहना शुरू किया :

'ख़ैर जो हो, अब मैं शुरू करता हूँ। एक मिनट...' यह कहकर मैंने धीमी आवाज़ में मिसेज मिलर से पूछा कि मैं भोजन का डेमन्स्ट्रेशन देने के लिए क्या उनके बनाए चावल और सब्जी का इस्तेमाल कर सकता हूँ, उन्हें कोई आपत्ति तो नहीं? उन्होंने अत्यन्त उत्साहित होकर कहा, 'नहीं, बिलकुल नहीं। आप अपनी इच्छानुसार उसका उपयोग कर सकते हैं, किन्तु हाँ, कोई चाहे तो सब्जी टेस्ट कर सकता है।'

मैंने अब सबसे पूछा कि क्या वे विशुद्ध भारतीय पद्धति का खाना देखना चाहते हैं?

देखा—सभी राजी थे। 'तो फिर ठीक है।' मैंने मिसेज मिलर को ऊँचे टेबल पर प्लेटें सजाने को कहा।

और एक जन की मदद से उन्होंने प्लेटें सजा दीं।

अब मैंने दर्शकों को सम्बोधित करते हुए कहा, 'यद्यपि यहाँ हमारा घरेलू वातावरण नहीं है, फिर भी जहाँ तक सम्भव होगा, मैं वह वातावरण आपको दिखाने की कोशिश करूँगा। भोजन के मामले में दो चीज़ें नितान्त आवश्यक हैं। पहली है : ठीक कायदे से बैठना और दूसरी है : उँगलियों का संचालन। खाते समय हम कभी भी दोनों हाथों का उपयोग नहीं करते। मैं इस टेबल पर भारतीय ढंग से बैठकर खाना शुरू करूँगा। आप मेरी अंग-भंगिमा, श्वास-प्रश्वास तथा ख़ास कर मुद्रा—हाथ की पाँच उँगलियों की कारस्तानी पर ध्यान दें। पारम्परिक रूप से भारतीय जब खाने बैठते हैं तो बातें नहीं करते, लिहाजा मैं भी बातें नहीं

करूँगा। आपमें से किसी को कुछ पूछना हो तो बाद में पूछें।' यह कहकर मैं टेबल पर आसन जमाकर बैठ गया, बगल में रखे कटोरे के पानी से अच्छी तरह से हाथ धोये, मुँह और आँखों पर छींटे मारे, तौलिये से मुँह पोंछा, फिर कुछ क्षण मौन रहने के पश्चात् भोजन करना शुरू किया।—ओफ्फ! दिन भर की भूख से पेट जला जा रहा था। हालाँकि घंटा भर पहले एक ऑमलेट खाया था, किन्तु टेबल पर चावल की थाली देखकर भूख और प्रज्वलित हो उठी थी।

मैंने चम्मच से उठाकर जापानी पद्धति से पका चावल अपनी प्लेट में रखा और उसकी बगल में रखा तला हुआ बैंगन भजिया। अगल-बगल कहीं हरी मिर्च नज़र नहीं आई, होती तो मज़ा आ जाता। ख़ैर, जो भी सामने था, वह अमृत समान था। प्राय: आधे घंटे तक मेरा भोजन चलता रहा। प्लेट के किनारे उँगलियाँ साफ़ करना सम्भव न था, अत: मैंने चूसकर उँगलियाँ साफ़ कीं। ईश्वर कृपा से मुफ्त का भोजन कर तृप्ति मिली। हाथ धो-पोंछकर मैंने एक बार सबकी ओर देखा—सभी मेरी आर्ट की प्रशंसा कर रहे थे। मिसेज मिलर ने आकर मदद के लिए मुझे धन्यवाद दिया। मेरा काम पूरा हो चुका था, अब विदा लेने में ही भलाई थी—अत: सबके प्रति धन्यवाद व आभार जताकर मैंने विदा ली।

कुछ दूर आकर, सुनसान खाली जगह देखकर मैं इतना हँसा, इतना हँसा कि लगा, कहीं पेट फट ही न जाए। यह तो अमेरिका था, और तकदीर अच्छी थी कि वहाँ दूसरा कोई भारतीय न था। ख़ैर, चलो, अच्छा ही हुआ, भोजन का तौर-तरीका दिखाकर भोजन तो जुटा। पहले तो नहीं, पर अब चलते समय समझ में आ रहा था कि भोजन कुछ अधिक ही हो गया था। तो क्या हुआ, सुबह नाश्ता किए बिना ही काम चल जाएगा। देखते-देखते काफ़ी रात हो गई थी। अब रात के लगभग बारह बज रहे होंगे। अब निकला जाए। आते समय एक अच्छी जगह देखी थी, रात वहीं गुजारी जाएगी। मैंने साइकिल संग्रह की और निकल पड़ा।

सही रास्ता तय कर मैंने शहर का रास्ता पकड़ा। कुछ दूर आने पर एक ब्रिज मिला। अब बड़ी सड़क छोड़ उसकी बगल से एक पैदल चलने वाला रास्ता पकड़ा—अच्छा ही हुआ, ब्रिज के नीचे आने में कोई असुविधा नहीं हुई। अब मैं ठीक ब्रिज के नीचे था—आबोहवा व वातावरण बहुत बढ़िया था। चारों ओर बड़ी-बड़ी घास और जंगल जैसी झाड़ियाँ थीं, जिसका तात्पर्य यह कि यहाँ मुझे परेशान करने कोई नहीं आएगा। कम-से-कम लग तो ऐसा ही रहा था।

कन्धे का झोला नीचे रख मैंने स्लीपिंग-बैग खोला। ओह, घास के ऊपर ऐसा लग रहा था, जैसे कोई गद्दीदार मखमली बिछावन हो! मैं बिस्तर में घुस गया। ओह, कितना सुखकर अहसास था! हालाँकि बीच-बीच में ब्रिज को कँपाती हुई दो-एक भारी-भारी गाड़ियाँ गुजर रही थीं किन्तु मुझे नहीं लगता कि मेरी नींद में कोई खलल पड़ेगा। ओम शान्ति! ईश्वर मेरे प्रति सचमुच दयाशील थे।

नींद टूटी तो देखा, चारों ओर ख़ूबसूरत धूप पसरी थी और मेरे बिस्तर के इर्द-गिर्द छोटे-छोटे फूल नाच रहे थे। मन बड़ा प्रफुल्ल-सा था, जिसका मतलब यह कि नींद काफ़ी अच्छी आई थी। मैंने अपना सामान समेटा, बैग कन्धे पर उठाकर साइकिल को ठेल-ठेलकर ऊपर चढ़ाया। ब्रिज के ऊपर आते ही सामने एक नया ही दृश्य था।

गगनचुम्बी स्काइ-स्क्रैपरों की कतारें सामने खड़ी थीं। आधे आसमान को उन्होंने छेंक रखा था। लग रहा था, जैसे आसमान की स्वाधीनता के विरुद्ध वे कोई साजिश रच रही थीं। इमारतों के सिरे तीर की नोक जैसे नुकीले थे मानो हज़ारों-हज़ार रॉकेट चाँद पर जाने को तैयार हों! अपेक्षा थी तो बस आग की। जिस नदी के ब्रिज पर मैं खड़ा था, निःसन्देह वह ईस्टर रीवर होगी। ब्रिज के नाम का पता नहीं। बगल में एक बेंच बिछी थी, निश्चय ही बैठकर शहर देखने के लिए होगी। धूप बड़ी प्यारी लग रही थी। सोचा, थोड़ी देर धूप-सेवन किया जाए। बैठकर नक्शे को ठीक से देखा तो समझ में आया कि यह तो एक उपनगर था। इसका तात्पर्य यह हुआ कि यहाँ से हवाई अड्डा कोई बहुत दूर न था। अंचल का नाम था क्वीन्स।

आज है सोमवार : 25 मई, 1970। अमेरिका के बारे में और कुछ लिखने के पहले आइए, जानते हैं कुछ पुरानी बातें। पन्द्रहवीं शताब्दी के आख़िर में इटालियन नाविक कोलम्बस ने अमेरिका का आविष्कार किया था। यों तो कोलम्बस एक इटालियन नागरिक था किन्तु उसके इस आविष्कार के पीछे स्पेन के राजा की मानसिक, शारीरिक और विशेष कर आर्थिक मदद का बहुत बड़ा हाथ था, इसीलिए कई लोग उसे स्पैनिश मानते हैं। कोलम्बस ने अपनी नाव का लंगर न्यूयॉर्क के तट पर नहीं डाला था। वह तो एटलांटिक समुद्र के दक्षिण में स्रोत के जोर से जहाँ जाकर पहुँचे, वह जगह वास्तव में थी मध्य अमेरिका, किन्तु यूरोपवासियों को अमेरिका का रास्ता उन्हीं ने दिखाया था। उसके पश्चात् अनेक वर्ष गुजर गए...।

संयुक्त राष्ट्र अमेरिका के पूर्वी बन्दरगाह हैं—रोड द्वीप—कनेक्टिकट—न्यू जर्सी—डेलावर इत्यादि। पूर्व दिशा काफ़ी नौगम्य है। सोलहवीं शताब्दी के आख़िर और सत्रहवीं शताब्दी की शुरुआत में यूरोप से झुंड के झुंड नाविक इधर वाणिज्य कार्य हेतु और बसने के लिए आने लगे। उनकी धारणा थी कि समुद्र के उस पार जो देश है, वह स्वर्ण से भरा है। उस एक ही उद्देश्य को लेकर वे भारत आए थे—पहले बैठने को जगह माँगी, फिर सोने को। और फिर राज्यसत्ता के लिए शुरू हुआ निधनयज्ञ यानी ख़ूनख़राबा। अमेरिका के आदिवासियों को कोलम्बस ने भारतवासी समझा था। इसीलिए अमेरिकी आदिवासियों को इंडियन कहा जाता है—वर्तमान में वे अमेरिकन इंडियन कहलाते हैं। इन आदिवासियों को छल, बल और चातुरी से अपने वश में कर यूरोपीय लोगों ने अमेरिका में अपनी बस्तियाँ स्थापित कीं। यह करने में तीन राजशक्तियाँ प्रबल थीं—पहली राजशक्ति थी फ्रांसीसी, दूसरी ब्रिटिश यानी अंग्रेज़ और तीसरी स्पैनिश। बाद में अंग्रेज़ों की कूटनीति के आगे घुटने टेकते हुए फ्रांसीसी व स्पैनिश राजशक्तियों ने अंग्रेज़ों की अधीनता स्वीकार कर ली और इस प्रकार अंग्रेज़ों ने एक विशाल उपनिवेश खड़ा कर लिया—उत्तरी अमेरिका का प्रथम ब्रिटिश उपनिवेश। दरअसल उस वक्त अंग्रेज़ प्रवासी यूरोपीयों पर राजकाज चलाते थे। मतलब यह कि नवजीवन की उम्मीद लेकर झुंड के झुंड जो यूरोपीय लोग अमेरिका में प्रवास कर रहे थे, ब्रिटिश हुकूमत का शासन उन पर चलता था। किन्तु अंग्रेज़ों का यह शासन चिरकाल तक नहीं चला—उनके कर-भार से जर्जरित होकर 1733 में शुरू हुआ प्रतिवाद, और फिर उसके बाद प्रत्यक्ष संग्राम।

अन्ततः 4 मार्च, 1789 को ब्रिटिश शासन को बाध्य होकर हार माननी पड़ी। और उसी दिन फिलाडेल्फिया के समझौते के अनुसार अमेरिका की स्वाधीनता की घोषणा की गई। यहाँ मैं कुछ टिप्पणी करूँ; अमेरिका की स्वाधीनता का अर्थ था—उन प्रवासी यूरोपीयों की स्वाधीनता, जो अंग्रेज़ी शासन के विरुद्ध संघर्ष कर रहे थे, संग्रामरत थे अंग्रेज़ी उपनिवेश के विरुद्ध। ये प्रवासी यूरोपीय ही अब अमेरिकन कहला रहे थे और जो मूल आदिवासी थे, वे अब इंडियन कहला रहे थे और अपनी ही धरती पर ग़ैरों के शासनाधीन थे। थोड़े में यह है अमेरिका के निर्माण की कहानी।

न्यूयॉर्क शहर घूमने के पहले इस शहर के इतिहास को जान लिया जाए। न्यूयॉर्क शहर के साथ कलकत्ता (अब कोलकाता) के इतिहास की तुलना की

जा सकती है। जैसे कलकत्ता बना था तीन आदिग्राम—कोलकाता, सुतानुटी और गोबिन्दपुर को लेकर, उसी प्रकार न्यूयॉर्क बना था पाँच द्वीपों, जैसे आदिग्रामों को लेकर और वे आदिग्राम थे—मैनहट्टन (Manhattan), ब्रोन्ज (Bronx), क्वीन्स (Queens), ब्रुकलिन (Brooklyn) तथा रिचमंड (Richmand)। ई.सं. 1626 में हॉलैंड के सम्राट ने रेड-इंडियनों से इस जगह को ख़रीद लिया। वे चाहते थे, यहाँ एक नया और पवित्र आमस्टर्डम बनाना। इसके पश्चात् 1664 में ये अंग्रेज़ों के अधीन आए और उसी समय ड्यूक ऑफ़ यार्क के सम्मान में इन पाँच ग्रामों के सम्मिलित इलाके को 'न्यूयॉर्क' नाम दिया गया। 1000 में इसकी आबादी थी मात्र तीस हज़ार, जो आज बढ़कर 15 लाख के क़रीब हो गई है।

साइकिल पर पाँच वर्षों में विश्व-भ्रमण

मेरे जीवन का अत्यन्त शुभ दिन था 20 दिसम्बर, 1967, जब मैंने कलकत्ता (अब कोलकाता) के राज-भवन से दो पहियों (साइकिल) पर विश्व परिक्रमा की अपनी यात्रा शुरू की थी। हालाँकि यह एक एकल प्रयास था, फिर भी तत्कालीन और भूतपूर्व दो मुख्यमंत्रियों—प्रफुल्ल सेन तथा प्रफुल्ल घोष—ने मेरे दोनों ओर खड़े होकर मुझे उत्साहित किया था कि मेरी यात्रा सफल हो और मैं दिग्विजयी होकर लौटूँ। कहने को तो ये 'दो वाक्य' थे किन्तु लगा, जैसे एक व्रत पालन के लिए उन्होंने मुझे इस पृथ्वी की राहों पर अग्रसर किया। छोटे-से कार्यक्रम में कोई ताम-झाम न था; मात्र पचास-साठ लोगों की उपस्थिति में उस दिन शुरू हुई थी मेरी यात्रा।

सुबह सात बजे जब इच्छापुर से मैं सड़क पर निकला तो जेब में थे मात्र 16 रुपये। पाँच वर्ष लगे थे मुझे अपना भ्रमण व्रत पूर्ण करने में। अपनी यात्रा पूर्ण कर मैं 1972 में लौटा था।

मैं कहाँ कितने दिन रहा, कितनी दूरी तय की तथा जिन देशों में मैं गया, वहाँ की विशेषता क्या है, वहाँ के दर्शनीय स्थल कौन-से हैं, उनका विवरण आपको यहाँ नहीं मिलेगा।

साइकिल पर पृथ्वी की परिक्रमा विषय पर कुछ सोचने की ज़रूरत है क्योंकि न तो साइकिल तैर सकती है, न उड़ सकती है। जाहिर है, नद-नदी-सागर-महासागर पार होने के लिए मैंने जलयान तथा पहाड़-पर्वत व निषिद्ध अंचलों को पार करने के लिए अधिकांशतः मुझे वायुयान का आश्रय लेने को बाध्य होना पड़ा। मैं ग्रीनलैंड गया था हेलिकॉप्टर से और समुद्रगर्भ को सी-स्कोप के जरिये देखा था।

भारत से बाहर जाने के लिए आवश्यक होती है भारत सरकार की अनुमति,

जिसे पासपोर्ट या पारपत्र कहते हैं। और जिस देश में जाना होता है, उस देश की सरकार देती है प्रवेश-पत्र, जिसे वीज़ा कहते हैं।

भारत के उत्तर में हिमालय को लाँघकर तिब्बत और चीन में जाने की बात सोची भी नहीं जा सकती और म्यांमार होते हुए पूर्व की ओर जाने का मतलब है—समुद्र के पास जाकर रुक जाना। भारत के तीन ओर बंगाल की खाड़ी, अरब सागर और भारत महासागर की बाधा है, लिहाजा यूरोप में आना हो तो एकमात्र रास्ता है पाकिस्तान के भीतर से ईरान, तुर्की होते हुए जाना। और यहीं मुझे पहली बाधा का सामना करना पड़ा। पाकिस्तान ने किसी भी हालत में साइकिल से देश-भ्रमण की अनुमति नहीं दी, इसलिए बाध्य होकर मुझे बम्बई (अब मुम्बई) से खुर्रमशहर (ईरान) तक जहाज़ से आना पड़ा। बम्बई (अब मुम्बई) के पाम बीच हाईस्कूल में डेढ़ महीने काम कर जहाज़ के किराया का जुगाड़ किया फिर समुद्री रास्ते से भारत छोड़ा था और ईरान से ही वास्तव में अपनी साइकिल से यात्रा फिर से शुरू की थी। हाँ, कलकत्ता से बम्बई साइकिल से ही आया था—दिल्ली और राजस्थान होते हुए।

जहाज़ से अरब सागर छोड़कर चार दिनों बाद फारस की खाड़ी पार कर पहुँचा खुर्रमशहर बन्दरगाह। नदी के दोनों ओर खजूर वृक्षों का जंगल और उसी के बीच-बीच में अत्यन्त सुन्दर ग्रामीण दृश्य थे। ईरान पहुँचकर आबदान-सिराज पार करने में और कुछ दिन लग गए। राह में खोरसान भूकम्प के इलाके में लगभग एक महीना बिताया। इस्पाहान पहुँचने के पहले ही वहाँ के यायावरों के एक अद्भुत अनुभव प्राप्त हुआ। यहाँ के रास्ते काफ़ी कुछ राजस्थान के मरुस्थलीय इलाकों जैसे हैं, किन्तु उन्हें मरुभूमि नहीं कहा जा सकता। मैं इस्पाहान की यूथ-होस्टल में ठहरा। कहावत है कि इस्पाहान देख लिया तो आधी पृथ्वी देख ली। जपदि नदी के किनारे इस्पाहान एक मरु-उद्यान जैसा है। इस्पाहान की कालीनों और मस्जिदों ने मुझे अवाक् कर दिया था। ख़ास कर साफ़ाविद स्क्वायर शाह मस्जिद और लुत्फुल्लद मस्जिद देखने लायक थीं। इस्पाहान और उसके चारों ओर घूम-फिरकर मैं आया ईरान की राजधानी तेहरान। तेहरान में पहले तो मैं ठहरा वहाँ के स्काउट-हाउस में, फिर इंडियन एसोसिएशन के प्रेसिडेंट भाई मक्खन सिंह अपने गुरुद्वारा गेस्ट हाउस में ले गए। फिर ईरान वेजिटेरियन सोसायटी के प्रेसिडेंट तथा स्वनामधन्य लेखक जहाँगीर इरमेन ने अपने घर ठहरने का मुझे न्योता दिया तो एक सप्ताह मैं वहाँ रहा। तेहरान में देखने लायक काफ़ी

कुछ है; जैसे अजायबघर, मस्जिदें, पार्क, राजमहल इत्यादि। यहीं मुझे पहली बार यूरोप की, आधुनिक यूरोप की, सुगन्ध-सी मिली। अतिआधुनिक हैं यहाँ की सड़कें, दफ़्तर, परिवहन और उन्नत पुलिसी-व्यवस्था। बारहवीं शती का यह एक विकासशील शहर है जो 1788 में मुहम्मद शाह कादजा के शासनकाल में ईरान की राजधानी बना। यहाँ के ट्रेजरी हाउस में भारत के मयूर सिंहासन को देखा।

ईरान के उत्तर में पर्वतीय अंचल और दक्षिण में फारस की खाड़ी की समतल भूमि है और बीच में है असमतल उपत्यका। जो साइकिल से ईरान घूमना चाहते हैं, उन्हें काफ़ी शारीरिक कष्ट का सामना करना पड़ सकता है, अतः सावधान।

दिल्ली से ईरान-तुर्की-ग्रीस और रशिया का वीज़ा लिया हुआ था। सोचा था कि तेहरान से सीधे कैस्पियन सागर होते हुए रूस पहुँचूँगा। किन्तु रूसी दूतावास जाकर ठोकर खानी पड़ी। रूस के किसी भी सीमांत में मुझे प्रवेश नहीं मिलेगा। मुझे मॉस्को की सेंट्रल काउंसिल ऑफ़ स्पोर्ट्स ने आमंत्रण दिया है तथा मेरे वीज़ा पर अफ़ग़ानिस्तान से ताशकंद के रास्ते एंट्री लिखी है, लिहाजा मुझे अफ़ग़ानिस्तान की ओर ही जाना होगा।

बाध्य होकर फिर इस्पाहान लौटना पड़ा। अभी तक मैंने जिन बड़े शहरों को पार किया था, उनके नाम थे—क्रमशः खुर्रमशहर, आबदान, सिराज, इस्पाहान, तेहरान। फिर से इस्पाहान और उसके बाद जाना होगा मेशेद होते हुए अफ़ग़ानिस्तान के हिराट शहर में। मेशेद सीमांत शहर है। रूस जाने का वीज़ा होने के कारण अफ़ग़ानिस्तान की सीमांत पुलिस ने बिलकुल भी परेशान नहीं किया। मेशेद में एक स्कूल में रात को रहा। अफ़ग़ानिस्तान का हिराट शहर दक्षिण ईरान जैसा ही है। वहाँ से नेशनल हाइवे सीधा काबुल तक गया है। ईरान और अफ़ग़ानिस्तान के माइलस्टोनों को देखकर चलना कठिन है क्योंकि अधिकांश समय समझ में ही नहीं आता कि क्या लिखा है, क्योंकि या तो लिखावट अस्पष्ट है या पश्तो भाषा में लिखा है।

अफ़ग़ानिस्तान में छोटे-छोटे होटलों की कमी नहीं। चाय की दुकान पर भी रात में कुछ पैसे देकर टेबल पर ही कम्बल बिछाकर सोया जा सकता है।

हिराट से पहाड़ी रास्तों पर बड़ी तकलीफ से काबुल पहुँचने में प्रायः उन्नीस दिन लग गए। काबुल नदी के किनारे काबुल शहर को देखकर आश्चर्य हुआ—पुराने शहर के साथ ही साथ निर्मित हो उठा है एक अत्यन्त आधुनिक शहर। लोगों को देखकर लगा था, जैसे पाकिस्तान के कश्मीरी हों! काबुल से कन्धार

होकर भी ईरान जाया जा सकता है किन्तु साइकिल पर अत्यधिक कष्टकर होता, ख़ास कर 1968 में, क्योंकि उन दिनों अठारह या बीस गियर वाली साइकिलें नहीं थीं। मेरी साइकिल थी मात्र तीन गियर की। काबुल आकर ही मेरी समझ में आया कि पाकिस्तान की वीज़ा मिलने के बावजूद 1067 मीटर ऊँचे भयंकर खैबर के दर्रे से होकर इस सामान्य-सी साइकिल से आना सम्भव नहीं था। काबुल आकर फिर नौ दिन प्रतीक्षा करनी पड़ी। काबुल के रूसी दूतावास ने मेरे काग़ज़-पत्र देखकर मॉस्को टेलिग्राम भेजा। वहाँ से कन्फर्मेशन आने पर उन्होंने मुझे बताया कि सेंट्रल काउंसिल ऑफ स्पोर्ट्स ने मेरे जाने का सारा बन्दोस्त किया है किन्तु साइकिल से नहीं, हवाई जहाज़ से। मेरे लिए एयरोफ्लोट एयरवेज से काबुल-ताशकंद-मॉस्को व लेनिनग्राद टूर का प्रोग्राम बनाया गया था। प्लेन से जहाँ एक ओर मॉस्को और लेनिनग्राद घूम पाने का आनन्दसंवाद था, वहीं मैं सोच रहा था कि यदि प्लेन से गया तो रूस को देखना कहाँ हुआ? किन्तु मैं कर भी क्या सकता था, लिहाजा राज़ी हो गया।

काबुल से हवाई जहाज़ में रवाना हुआ और लेनिनग्राद पहुँचा शाम के चार बजे। एयरपोर्ट पर ही एक सरकारी प्रतिनिधि मेरी प्रतीक्षा कर रहा था, उनका नाम था सोकालोव। वे मेरे गाइड भी थे और दुभाषिया भी। उन्हें सरकारी निर्देश दिया गया था कि मुझे लेनिनग्राद घुमाया जाए किन्तु साइकिल पर नहीं, आम पर्यटकों की तरह। बाध्य होकर साइकिल हवाई अड्डे पर ही रखनी पड़ी।

लेनिनग्राद शहर में प्रवेश करते ही मैं अवाक् रह गया। लगा, जैसे किसी अन्य जगत में आ गया हूँ! सड़कें-लोग-मकान-घर आदि सब ईरान या काबुल से बिलकुल अलहदा थे। यूरोप का एक अजब शहर है लेनिनग्राद। जितना देखता जा रहा हूँ, उतना ही अधिक अवाक् होता जा रहा हूँ। सबसे पहले नज़र पड़ती है यहाँ के विशाल-विशाल गिरजाघरों के सुनहरे गुम्बदों पर। इस प्रकार की वास्तुकला को बारक ऑर्थोडॉक्स स्टाइल कहते हैं। देखने लायक बहुत कुछ है यहाँ—म्यूजियम, सरकारी भवन, सजे-सँवरे रास्ते, फूलों से लदे बगीचे और सबसे अच्छे लगते हैं यहाँ के बाजार। बार-बार अफसोस हो रहा था कि इतने सुन्दर एक शहर में मैं साइकिल पर नहीं घूम पा रहा था। सोकोलोब गोंद की तरह मेरे पीछे लगा था। यह मुझे लेनिनग्राद में ही समझ में आया कि व्यक्तिगत स्वाधीनता छिन जाए तो घूमने में कोई आनन्द नहीं। सरकार की ओर से खाने-पीने के लिए मुझे कूपन दिये गए थे। वे कूपन निर्धारित दुकान या रेस्तराँ में दिखाने

से ही भोजन मिल जाएगा। लेनिनग्राद से बाहर जाने के लिए भी मुझे अलग से वीज़ा लेना होगा। मैं चूँकि एक घुमक्कड़ हूँ इसलिए ये सारे कायदे-क़ानून मुझे बन्दी जीवन का अंग लगते हैं। जाहिर है, लेनिनग्राद चाहे जितना भी ख़ूबसूरत क्यों न हो, मुझे वहाँ अच्छा नहीं लगा। अतः मैंने सोकालोब से अनुरोध किया कि मेरे लौटने का बन्दोबस्त कर दे। एयरोफ्लोट की टिकट तो तैयार ही थी। आज़ादी खोकर मुझे मॉस्को देखने की भी इच्छा न थी। छठवें दिन सोकालोव ने मुझे लेनिनग्राद में प्लेन में चढ़ाकर मुझसे विदा ली। सोवियत देश के जनसाधारण से परिचय न हो पाया। फिर कभी आऊँगा, सोचकर वहाँ से विदा ली।

काबुल लौटकर जान में जान आई। काबुल से फिर ईरान का रास्ता पकड़ा। अफग़ानिस्तान एक ग़रीब देश ज़रूर है किन्तु वहाँ के लोगों का अतिथि-सत्कार भूला नहीं जा सकता।

अफग़ानिस्तान से फिर ईरान आया, एक-एक कर पार किए जाहेदन, केरमान। सिराज में पहुँचकर तय किया कि बुश से होते हुए बहरेन-बोट से जाऊँगा बहरीन। फिर वहाँ से जाऊँगा मक्का और मदीना की ओर। बहरीन पहुँचकर लगा, जैसे मैं भारत की धरती पर आ गया हूँ! वहाँ के भारतीय व्यवसायी मेरी आवभगत में जुट गए। रहने व खाने-पीने की कोई असुविधा नहीं हुई। यही नहीं, उन्होंने मेरे हाथों में कुछ रुपये भी दिये। सऊदी अरब में राह चलते-चलते मस्जिदों की भरमार देखी, चारों ओर नमाज़ पाठ और अल्ला का महिमा-गान। देश मरुभूमि से भरा था। शुष्क व गर्म आबोहवा पर्यटकों को आकर्षित नहीं करती किन्तु यह कितना अद्भुत है कि इस शुष्क आबोहवा में अल्ला के अवतार हजरत मोहम्मद आए थे अपनी वाणी लेकर। अरब में मक्का की धरती पर अवतीर्ण हुए थे अवतार मोहम्मद और उस धरती के नीचे थी दुनिया की प्रमुख सम्पदा—पेट्रोल। इसीलिए सऊदी अरब आज दोनों ओर से एक धनी देश है। राह चलते-चलते चारों ओर बद्दुओं तथा ग़रीब देशवासी नज़र आए। ऊँट यहाँ का प्रमुख वाहन है। यहाँ तीन शहर प्रधान हैं—मक्का, जेद्दा और मदीना। मक्का शहर में प्राचीन और आधुनिकता का अपूर्व मिश्रण है। चारों ओर दुकानें और होटलें हैं। लोहित सागर के किनारे जेद्दा शहर में तीन एयरपोर्ट तैयार हो रहे हैं : एक अन्तरराष्ट्रीय हवाई जहाज़ों के लिए, एक सऊदी अरब की घरेलू उड़ानों के लिए और एक केवल हज के लिए।

सऊदी अरब का उत्तरी और मध्य भाग मरुभूमि से ढका है और प्रचंड

रूप से गर्म है। यहाँ का दक्षिणी इलाका पहाड़ी है। लोहित सागर यानी रेड सी की हवा की गर्मी कुछ हल्की हो जाती है। हालाँकि यहाँ साइकिल-चालन में असुविधा होती है किन्तु यहाँ के आम आदमी काफ़ी उत्साहित करते हैं। यही वह अंचल है जहाँ मैं रेगिस्तानी आँधी में फँस गया था।

रियाद, ताइफ, मक्का, जेद्दा, मदीना और हाइद होते हुए मैं ईराक के सीमांत पर पहुँच गया। हाइद को चालू भाषा में हाइल कहते हैं। रास्ता बड़ा कष्टप्रद है। रेगिस्तानी रास्ता है, जनमानव शून्य, कहीं कोई छाँव नहीं, केवल रेत ही रेत है। हाइल के बाद कोई सौ मील दूर है अलमाइया शहर। अलमाइया के लोग मेरी हिम्मत देखकर चकित थे। दिन की भयंकर गर्मी में साइकिल चला पाना प्रायः असम्भव-सा था। मैं शाम के बाद ही अधिक चलता। अलमाइया के बाद लिनाह होते हुए सीमांत शहर रफहत में कुछ दिनों के लिए मैं रुका। जेब में पैसे नहीं थे। शरीर कंकाल जैसा हो गया था किन्तु फिर भी मन का जोर पर्याप्त था। मेरी ऐसी दुरवस्था देखकर एक सज्जन ने अपने घर में आश्रय दिया। उनका नाम था मालेक। कुछ दिन विश्राम करने के पश्चात् मैंने ईराक में प्रवेश किया। अलजुमाइया होते हुए अननजफ पहुँचा। वहाँ से करबला शहर में आकर फिर से रुकने को बाध्य होना पड़ा। एक रेस्तराँ में बर्तन धोने का काम किया। भारत के बाहर यह मेरी पहली नौकरी थी।

बगदाद ईराक की राजधानी है। देश की आबादी है प्रायः चौदह मिलियन यानी एक करोड़ चालीस लाख। ईराक में प्रवेश के पश्चात् मैंने एक बात पर ग़ौर किया और वह यह कि यहाँ मुसलमान दो भागों में बँटे हैं, अधिकांशतः आबादी शिया होने के बावजूद राज्य का शासन-भार सुन्नियों के हाथों में था। और आबादी के प्रत्यक्षतः यह दो हिस्से सामान्य पर्यटकों तक को भी सहज ही नज़र आते थे। मैं दस दिनों बाद बगदाद आया। नदी के किनारे बसे इस ख़ूबसूरत शहर में काफ़ी कुछ है देखने लायक। और सबसे अधिक आकर्षणीय है यहाँ का गौरवोज्ज्वल इतिहास। बेबिलोन-मेसोपोटामिया की गाथा यहाँ के पत्थरों में गुँथी है। ईराक की भाषा अरबी है। दक्षिण का कियंदश इलाका रेगिस्तानी हैं जहाँ साइकिल चलाना कष्टकर है। दक्षिण के शाट-एल-अरब की उर्वर समतल भूमि साइकिल-चालन के उपयुक्त तो है किन्तु उत्तर में पहाड़ी इलाका है। इतने दिनों में हिसाब लगाकर देखा कि पिछले तीन महीनों में मैंने कोई 2500 कि.मी. की दूरी तय की है। यानी प्रतिदिन औसतन मात्र सौ कि.मी. साइकिल चलाई मैंने।

सऊदी अरब से आने के बाद से काफ़ी थकावट महसूस हो रही थी। दरअसल खाना-पीना ठीक से नहीं हुआ था। रोटी, सब्जी, मांस, खजूर आदि जब जो मिला, खा लिया। कई दिन तो भूखे भी रहना पड़ा था। इसीलिए बगदाद में चार दिन बिना घूमे-फिरे जितना भी सम्भव हुआ, शरीर को चंगा करने की चेष्टा की। बगदाद में एक युवा-संगठन ने मेरे व्याख्यान की भी व्यवस्था की थी, जहाँ से मुझे कुछ जेबख़र्च की प्राप्ति हुई थी। और मैं मक्का से साइकिल पर बगदाद आया हूँ, यह ख़बर स्थानीय समाचार-पत्रों में प्रकाशित होने के कारण मेरा यात्रा-पथ काफ़ी सहज हो गया था।

बगदाद से अब मैं तुर्की के लिए रवाना हुआ। सहज रास्ता सानानदादी होकर ताब्रिज को जाता था, अर्थात् फिर से ईरान होते हुए तुर्की के रास्ते सीधे उत्तर की ओर। चार दिनों बाद ही काफ़ी दूरी पर माउंट अरारात नज़र आया जो देखने में काफ़ी कुछ जापान के फूजी पहाड़ जैसा था।

सितम्बर के अन्तिम सप्ताह में मैंने तुर्की के अरारात पहाड़ के बगल से एरजुरूम शहर में प्रवेश किया। यहाँ अचानक जैसे सबकुछ बदल गया। अरबी भाषा की लिखावट गायब हो गई। तुर्की की भाषा हालाँकि अरबी है पर लिखी जाती है लैटिन लिपि में, जो समझ में भले ही न आए, पर पढ़ने में कोई कठिनाई नहीं होती थी। यहाँ आकर ऐसा लगा, जैसे मैं यूरोप की सड़क पर हूँ! एबजरूम, सिभास, केइसेरी शहर पार कर दस दिनों में ही राजधानी अंकारा पहुँच गया। अंकारा में डॉ. गुलतेकिन जायमास नाम के एक सज्जन ने सादर मुझे अपने आवास में आने का आह्वान किया। डॉ. जायमास एक भारतप्रेमी व्यक्ति थे। वहाँ से कोनिया में तुर्की के मेवलाना उत्सव में शामिल हुआ और फिर इस्ताम्बुल की राह पकड़ी। तुर्की से होते हुए जाने का अपना आनन्द है क्योंकि अभी यहाँ सर्दी पड़ रही है ; साइकिल चलाने में पहले जैसी तकलीफ़ नहीं हो रही।

इस्ताम्बुल में प्रवेश करते ही रॉयटर प्रेस से सामना हुआ। उन्होंने सामाचार-पत्र में बड़ी-सी तसवीर के साथ साइकिल से विश्व-भ्रमण सम्बन्धी मेरा समाचार छापा था। उससे सुविधा ही हुई। यहाँ के यूनिवर्सिटी के छात्रों के साथ परिचय हुआ। उन्हीं ने मेरे भोजन-पानी की व्यवस्था की। कुछ ही दिनों बाद स्थानीय डॉक्टर हसन बासरि कारहान के साथ भेंट करने गया, क्योंकि सर्दी-खाँसी ने काफ़ी परेशान कर रखा था। डॉ. कारहान ने मेरी सारी बातें सुनकर मुझे अपने पास ही रख लिया, बोले—यदि अब और सर्दियों में साइकिल चलाई तो मैं

बचूँगा नहीं। उनके अतिथि के रूप में मैं जितने दिन उनके यहाँ रहा, डिस्पेंसरी में मैं उनकी थोड़ी-बहुत मदद कर दिया करता। इस्ताम्बुल बहुत ही सुन्दर शहर है। बॉस्फोरस के किनारे बाइजांटाइन शैली की 'ब्लू-मॉस्क' (Blue Mosque) के बारे में कौन नहीं जानता! यहाँ के अमेरिकन कॉलेज के प्रोफ़ेसर बेकटेल ने एक दिन मुझे अपने घर आमंत्रित किया। इस्ताम्बुल की पारिवारिक आबोहवा में मेरे स्वास्थ्य में सुधार आया और डॉ. कारहान मेरे प्रिय मित्र बन गए।

कुछ दिनों पश्चात् बर्फ़ गिरनी शुरू हो गई। मैं दिसम्बर तक वहाँ रहा और जनवरी में वहाँ से ग्रीस के लिए रवाना हुआ। बर्फ़ अभी भी गिर रही थी। दरअसल इस्ताम्बुल से शुरू हुआ है यूरोप। मैंने एशिया छोड़कर यूरोप में प्रवेश किया। सबसे पहले आया ग्रीस, अलेक्जेन्द्रोपोलिस सीमांत का पहला शहर। हठात् मानो मुसलमान राज्य छोड़कर ईसाई राज्य में प्रेवश किया हो! यहाँ भाषा भी नई थी और धर्म भी। ग्रीस में सभी ऑर्थोडोक्स क्रिश्चियन हैं। ग्रीस में यूथ-होस्टलों की भरमार है। बहुत बढ़िया बन्दोबस्त है। मुझे अब सड़क पर रात नहीं काटनी होगी। कुमेदिनी और कावाला पार किया तो मिला अजेक्जेंडर द्र ग्रेट का देश थेसालनिकि, प्राचीन मेसिडोनिया। यहीं मैं यूथ-होस्टल में ठहरा। दो दिन वहाँ रुकने के बाद ओलिम्पस पहाड़ पार कर लारिसा होते हुए मैं एथेन्स पहुँचा। एथेन्स में जो आदर-सम्मान व आवभगत हुई, वह इससे पहले कहीं नहीं हुई। स्थानीय समाचार-पत्र 'ता-नेया' ने लगातार तीन दिन सम्पादकीय कॉलम में मेरे बारे में लिखा। किसी ने मुझे दार्शनिक, तो किसी ने ग्लोबट्रॉटर कहा। मुझे रेडक्रॉस सोसायटी की ओर से आमंत्रण मिला। रोटरी क्लब, लायंस क्लब, गवर्नर ऑफ़ कोरिनथ आदि सभी मुझे सुनने के लिए बुला रहे थे। बुलावा आया ग्रीस के धनाढ्य व्यवसायी एरिस्टोटल ओनैसिस की ओर से भी। मि. ओनैसिस ने मेरे भू-पर्यटन के बारे में सुनकर भूमध्यसागर के द्वीपों में मेरे निःशुल्क भ्रमण की व्यवस्था कर दी। अर्थात् जहाज़ की फर्स्ट-क्लास में मैं भूमध्यसागर के किसी भी द्वीप में जा सकता था। पिराओ बन्दरगाह से मैं क्रिट और रोडोस होते हुए दक्षिण इजिप्ट तक गया, अलेक्जेन्द्रिया बन्दरगाह पर जहाज़ छोड़ा। वहाँ से फिर से शुरू किया साइकिल चालन। घूम-घूमकर देखने लगा नील नदी की ख़ूबसूरती और रहस्य से घिरे पिरामिडों को। मैंने नील नदी के किनारे-किनारे साइकिल चलाना शुरू किया। देखने लगा कैरो, कोमोम्बो, अबू सिमबेन की विख्यात नीलनदी की उपत्यका। नील नदी का रास्ता पकड़कर सुडान में प्रवेश

किया। समय लगा प्रायः एक महीना। सुडान के सहज-सरल लोगों के साथ परिचय का अवसर मिला, इसके अतिरिक्त परिचय का अवसर मिला पृथ्वी के सबसे सुन्दर नुबियान लोगों से। घूम-घूमकर मैंने दोंगला, करियेमा और अबु हमीद का परिदर्शन किया। उसके बाद पहुँचा सुडान की राजधानी खार्तूम। खार्तूम के इंटरनेशनल क्लब ने मुझे सम्मानित किया। उसके बाद फिर से नीलनदी के किनारे-किनारे चला आया उत्तर इजिप्ट में। प्रायः दो महीनों पश्चात् फिर चला आया अलेक्जेन्ड्रिया बन्दरगाह पर। जहाज़ की जो टिकट मिली थी उसकी मियाद एक वर्ष की थी, लिहाजा फिर से एथेन्स लौट आया और मिस्टर ओनैसिस के प्रति हार्दिक कृतज्ञता जताई।

अब ग्रीस के स्वनामधन्य वैज्ञानिक डॉ. कोस्टा कोरिलोस से परिचय हुआ। वे मुझे सीधे अपने घर ले गए। उनका बेटा मेरा हम उम्र ही था, उससे मेरी अच्छी दोस्ती हो गई। मैं ऐतिहासिक देश ग्रीस घूमने में लग गया। प्रायः ढाई महीने ग्रीस में गुजार दिये। रहने-खाने पर एक पैसा भी ख़र्च नहीं हुआ। देह और मन, दोनों तन्दुरुस्त हो गए। उत्साह के कारण मन का जोर दुगुना बढ़ गया। ग्रीस के टेलीविजन कार्यक्रम में भारत और भारतीय दर्शन के बारे में कुछ व्याख्यान देकर अच्छे पैसे भी मिले और प्रशंसा भी। ग्रीस के विभिन्न शहर घूम-घामकर फिर से जहाज़ पकड़ा, करिनथोस, पात्रास और किरकिरा होते हुए इटली के ब्रिन्दिसी बन्दरगाह पहुँचा। वहाँ से फिर शुरू हुआ मेरा साइकिल-चालन।

इटली पहुँचकर मुझे पता चला कि जैसे ग्रीक लोगों को दर्शन प्रिय है, वैसे ही इटली के लोगों को साइकिल-चालन प्रिय है। ब्रिन्दिसी और बारि होते हुए रोम पहुँचने के साथ ही साथ वहाँ के पत्रकार मुझे लेकर व्यस्त हो गए। रोम के भारतीय दूतावास ने मुझे सम्मानित किया और वहाँ के विख्यात चलचित्र निर्देशक रोज़ालिनी ने मुझे एक पार्टी में आमंत्रित किया, वहीं मिसेज रोज़ालिनी से मेरा परिचय हुआ। वे शान्तिनिकेतन से थीं और उनका प्यार का नाम था—सोनाली।

रोम-सम्राट का शहर है। यहाँ का वेटिकन सिटी, म्यूजियम, बड़े-बड़े प्राचीन भवन व स्क्वायर देखने लायक हैं। लियोनार्दो दा विंची, माइकेल एंजेलो तथा पोप के आशीर्वाद से धन्य रोम कलाकारों व शिल्पियों का पीठस्थान है।

रोम, वेनिस, मिलानो होते हुए मैंने पहाड़ी रास्ता दोमोदोसोला पकड़ा और शुरू हुआ मेरा आल्पस-अभियान। रोम में मुझे एक दस गीयर वाली साइकिल उपहार में मिली थी और यह उपहार दिया था रोम की ओलिम्पिक कमेटी ने।

परन्तु इसके बावजूद तकलीफ हो रही थी। प्रोफेशनल साइक्लिस्ट के अतिरिक्त इस रास्ते साइकिल चलाना बड़ा कठिन व कष्टकर है। अधिकांश समय पैदल चढ़ना पड़ रहा था। आल्पस पहाड़ पार करने में चार दिन लग गए किन्तु आल्पस के ख़ूबसूरत दृश्यों को देखकर मैं सारे कष्ट भूल गया।

यूरोप में पैर रखने के साथ-साथ मैंने ग़ौर किया कि यहाँ के लोग परिश्रम की कीमत अदा करना जानते हैं और परिश्रमियों को उत्साहित करते हैं। यूरोप के किसी भी देश में भारतीयों को वीज़ा मिलना मुश्किल होता है। एक बार वीज़ा मिल गया तो बाकी समस्याएँ सहज ही हल हो जाती हैं। समाचार-पत्रों में यदि भू-पर्यटक के बारे में छपा हो तो वीज़ा मिलने में असुविधा नहीं होती। एथेन्स से ही मुझे इटली, स्विट्जरलैंड, जर्मनी और फ्रांस का वीज़ा मिल गया था।

आल्पस पार कर मैं स्विट्जरलैंड पहुँचा, तब मई का महीना था। सड़कों पर बर्फ़ नहीं थी। स्विट्जरलैंड में प्रवेश करते ही समझ में आ गया कि यह प्राकृतिक सौन्दर्य से भरपूर एक सजा-सँवरा देश है। बर्फ़ से ढकी पर्वतों की चोटियाँ हैं, झीलें हैं, और है हर ओर हरियाली। सिमॅल होते हुए स्विट्जरलैंड में प्रवेश किया। धीरे-धीरे ब्रिग मनत्रो पार हुआ। फिर झील के किनारे-किनारे चलकर मिला लॅजान और झील के आख़िरी हिस्से में मिला जेनेवा शहर।

जेनेवा एक अन्तरराष्ट्रीय शान्तिकामी शहर है, जो पहली नज़र में ही भा गया। ऐसे शहर में रहना भी तकदीर वालों को ही नसीब होता है। यहाँ की यूनिवर्सिटी में जब व्याख्यान देने गया तो भारत की हमदर्द मिस ग्रांजो के साथ परिचय हुआ।

स्विट्जरलैंड में कुछ दिन रहने के पश्चात् मैंने फ्रांस की राह पकड़ी। फ्रांस की सीमा जेनेवा शहर से लगती हुई है, लिहाजा कोई असुविधा न हुई। फ्रांस की राजधानी पेरिस यूरोप की सांस्कृतिक राजधानी कहलाती है। यहाँ सभी सभी का सम्मान करते हैं। मैं फ्रांस के दक्षिण की ओर रवाना हुआ, फिर भूमध्य सागर की ओर। रास्ते में पड़े आनेसी, ग्रनोबल, मोंपलिय और पेरपेनियाँ। फिर मैंने स्पेन की राह पकड़ी।

फ्रांस के लोगों से वार्तालाप का अपना ही आनन्द है। वहाँ के लोग शिक्षित, उदार, बातूनी और बंगालियों जैसे ही 'अड्डाबाज' होते हैं। मेरे जैसे घुमक्कड़ों के लिए तो यह देश स्वर्ग है। यहाँ रात में ठहरने की जगह की कोई असुविधा नहीं। म्युनिसिपैलिटी या ग्रामवासियों से बात करते ही कोई न कोई व्यवस्था हो जाती है। इटली और फ्रांस के लोग साइकिल-चालकों की श्रद्धा करते हैं। यूरोप

में मैंने एक चीज़ और ग़ौर की और वह यह कि यहाँ आप अपने अनुभवों का वर्णन करें तो राहख़र्च कमोबेश वसूल हो जाता है। ग्रनोबल के बाद का रास्ता समतल है। दिन भर में अनायास दो सौ कि.मी. तय किया जा सकता है।

जेनेवा से ही स्पेन का वीज़ा ले लिया था, लिहाजा सीधा चल पड़ा स्पेन की ओर। स्पेन के फिगुएरस को पार कर मैं बार्सिलोना पहुँचा। विशाल शहर था। वहाँ करिदा खेल देखने का अवसर मिला। इसे स्पेन का राष्ट्रीय खेल कहा जा सकता है। घोड़े पर सवार होकर और हाथ की बर्छी से शक्तिशाली साँड़ को मार डालने का खेल है यह। एक असहाय जन्तु की हज़ारों दर्शकों के सामने हत्या करने का यह कैसा खेल है, मेरी तो समझ में नहीं आया।

बार्सिलोना से मुझे मोरक्को का वीज़ा मिला। जिब्राल्टर पार करने के लिए किसी और ट्रांजिट वीज़ा की दरकार नहीं पड़ी। बार्सिलोना से वैलेन्सिया मालागा होते हुए जिब्राल्टर। जिब्राल्टर फेरी-बोट से पार किया, समय लगा प्राय: दो घंटे। मोरक्को के तानजे बन्दरगाह आकर फिर शुरू किया साइकिल चालन। मोरक्को में प्राय: सभी फ्रेंच भाषा जानते हैं, अंग्रेज़ी का कोई ख़ास प्रचलन नहीं है। यहाँ की सड़कें व रास्ते काफ़ी उन्नत हैं। देश का एक बड़ा हिस्सा रेगिस्तानी है। मोरक्को के बड़े-बड़े शहरों में सैलानियों के लिए बहुत सुन्दर सजे-सजाए होटल हैं। केनित्रा, राबा, कासाब्लांका, माराकेश, बेनिमेल्लाल और फेज घूमकर तीन हफ्तों बाद जिब्राल्टर लौट आया। सऊदी अरब, इजिप्ट, सुडान और मोरक्को घूमने के पश्चात् अफ्रीका के आभ्यंतरीन इलाकों में जाने की इच्छा न थी, इसलिए जिब्राल्टर होते हुए वापस यूरोप लौट आया।

धीरे-धीरे यूरोप में सब कुछ देखने लगा। यूथ-होस्टल, विभिन्न शिक्षा-शिविरों और शिक्षा-संस्थानों से राह चलते-चलते मैंने सम्पर्क साधना शुरू किया और साथ ही साथ वहाँ के सामाजिक व अर्थनीतिक ढाँचे का मुआयना भी शुरू किया। स्पेन के भीतर से मैं अग्रसर होने लगा उत्तर की ओर। सांतामारिया, सेवेई, मेरिवा, माद्रिद, सारागोजा होते हुए फिर पहुँचा फ्रांस और फिर उसके बाद पो, आरलियाँ-पेरिस, मेविई होते हुए आ गया कैले। पेरिस में ज्यां पियार नाम के एक वकील के घर आठ दिन रहा। वहाँ के साइक्लिस्ट फेडरेशन ने मेरा सम्मान किया था। चूँकि विभिन्न पत्रिकाओं में मेरा भ्रमण-वृत्तांत छपा था इसलिए रास्ते में मुझे अपना परिचय देने की ज़रूरत ही नहीं पड़ी।

कैले से डोवर बोट से गया। लन्दन में भारतीय छात्रावास में आठ दिन रहा।

बीबीसी से दो-दो बार कार्यक्रम के लिए बुलावा आया और उसके कुछ पैसे भी मिले। ब्रिटिश साइक्लिंग फेडरेशन ने समस्त ग्रेट ब्रिटेन में घूमने के लिए हर प्रकार का सहयोग देने का आश्वासन दिया। इसके बाद मैं ऑक्सफोर्ड, बर्मिंघम, मैनचेस्टर और लिवरपूल आदि घूमा और फिर वहाँ से बोट से डब्लिन चला आया। वहाँ देबला मर्फी ने मुझे नौ दिन रखा। मिस देबला मर्फी साइकिल से लन्दन से दिल्ली का सफर कर चुकी थीं। उन्होंने मेरे साथ विभिन्न विषयों पर काफ़ी बातचीत की, जिससे मैं उत्साहित हुआ। वहाँ से मैं चला आया बेलफास्ट। वहाँ से बोट द्वारा आया पोर्ट पैट्रिक, उसके बाद ग्लासगो, कारनिसल, शेफील्ड, कैम्ब्रिज होते हुए फिर से लन्दन। लन्दन के करीब ही है ब्राइटन, जहाँ मैं दो महीने रहा। वहाँ योग सिखाने को एक हठयोग केन्द्र भी कार्यरत था।

इसके बाद कार से मैं आया उस्टेंडे अर्थात् मैंने बेल्जियम में प्रवेश किया। वहाँ से आया ब्रुसेल्स। एक ट्रैवेल एजेंसी में वहाँ दो हफ्ते काम किया। फिर उसके बाद लियेज होते हुए पश्चिम जर्मनी के आखेन शहर में प्रवेश किया। बॉन के भारतीय दूतावास ने तत्कालीन उप-प्रधानमंत्री मोरारजी देसाई के आगमन के उपलक्ष्य में मुझे सम्मानित किया। वहाँ के टेलीविजन से तीन बार बुलावा आया कि मैं उनके कार्यक्रम में अपने अनुभव साझा करूँ। जेब में कुछ पैसे भी आए। इसके बाद मैंने फिर भ्रमण शुरू किया। जर्मनी में अधिकांश समय यूथ-होस्टल में ही रात बिताई। डॉर्टमुंड, हैनोवर होते हुए मैं ब्रिमेन आया। यहाँ हफ्ता भर एक जर्मन परिवार में बिताया। फिर वहाँ से हैमबुर्ग होते हुए कियेल। कियेल यूनिवर्सिटी में चार दिन भारतीय दर्शन पर व्याख्यान दिये तो कुछ पैसे मिले। यूरापे के रास्ते अब मेरे लिए काफ़ी सुविधाजनक हो गए हैं। यहाँ प्रचार से ही सब कुछ होता है। जर्मनी के समाचार-पत्रों में मेरे टूर का इतना प्रचार हुआ है कि मैं स्वयं अवाक् हूँ। जर्मनी से बोट में डेनमार्क आया। चार दिन कोपेनहेगेन में रहकर चला गया स्वीडेन। हेलसिंगबुर्ग, हस्कियार्ना, जोंकोपिंग, नरकोपिंग, स्टॉकहोम में घूमा-फिरा। स्टॉकहोम की यूथ-होस्टल में निःशुल्क रहने की व्यवस्था हो गई। एक सज्जन अपने रेस्तराँ में रोज़ मुफ्त भोजन करा देते। वहाँ के छात्र-छात्राओं के साथ अच्छी-ख़ासी दोस्ती हो गई। दो हफ्ते वहाँ रहा।

स्कैंडिनेवियन देशों का वीज़ा सीमांत से ही मिल गया, कोई असुविधा न हुई। अंग्रेज़ी जानने से काम चल जाता है। आम आदमी ख़ुशमिजाज, ठंडे स्वभाव के और मिलनसार हैं। स्टॉकहोम से ओरेब्रो, काल्सबाद, आर्सार्कॉम होते हुए पहुँचा

नॉर्वे के शहर ओस्लो में। राजधानी के रूप में शहर कुछ छोटा लगा। ओस्लो की नोबेल कमेटी ने एक दिन मुझे चाय पर आमंत्रित किया और उत्साहित किया। वहाँ टेलीविजन पर व्याख्यान देने के अगले दिन ही मुझे नॉर्थपोल (उत्तरी ध्रुव) जाने का आमंत्रण किला। रेजिना मागना बोट से मैं नॉर्थपोल घूम आया। उन्होंने मुझे ट्रॉमसो में उतार दिया। वहाँ से मैंने फिर से साइकिल चलाना शुरू किया तथा ट्रॉनटाइम, विओदल, ओल्डेन होते हुए बड़े कष्टों से स्टावेंज पहुँचा। पहाड़ी रास्तों और कड़ाके की ठंड से काफ़ी तकलीफ हुई। कोपेनहेगेन लौटकर एक स्थानीय भद्र महिला के अतिथि के रूप में वहाँ दो हफ्ते रुका।

इसके पश्चात् फिर जर्मनी आया और वहाँ पूर्वी जर्मनी के रोस्टॉक, पूर्व व पश्चिम बर्लिन, लिपजिंग पार कर पश्चिम जर्मनी के म्यूनिख शहर पहुँचा। पासपोर्ट पर चूँकि लेनिनग्राद की स्टाम्प थी, इसलिए ईस्ट ब्लॉक में वीज़ा मिलने में कोई तकलीफ नहीं हुई। म्यूनिख से साल्सबर्ग यानी ऑस्ट्रिया में प्रवेश किया। बड़े-बड़े शहरों के अतिरिक्त यूथ-होस्टल न होने के कारण रात को दरवाज़े खटखटाकर आश्रय के लिए अनुरोध करना पड़ता था और अधिकांश समय हताश होना पड़ा या फिर मामूली-सी दक्षिणा देकर रात गुजारनी पड़ी। कासबुर्ग, वियेना, ग्राज, विलाश होते हुए इटली के त्रियेस्ता शहर पहुँचा। वहाँ एक छोटी-सी यूथ होस्टल में दस दिन रहा, फिर यूगोस्लाविया में प्रवेश किया। त्रियेस्ता शहर ऑस्ट्रिया और यूगोस्लाविया के काफ़ी नजदीक था। फिर लुबियाना, जाग्रेब, दुब्रोवेनिक, स्कोपिया को पार किया। रास्ता सुविधाजनक नहीं था और लोगों से भी कोई सहयोग नहीं मिला इसलिए वापस इस रास्ते पर लौटे बिना मैंने सीधे ग्रीस में प्रवेश किया। ग्रीस में डॉ. कार्लोस ने बड़े प्रेम से गले लगाया और अपने घर में ठहराया। इस बार ग्रीस में मैं डेढ़ महीने तक रुका। डॉ. कार्लोस ने कहा—अब और एक ही रास्ते पर साइकिल नहीं चलानी होगी। उन्होंने मेरे हाथ में पिराओ जोनोवा की एक टिकट थमा दी। यह एक जहाज़ की टिकट थी। राजसी ठाठ से मैं इटली के जोनोवा बन्दरगाह पहुँचा। जोनोवा से आओस्ट होते हुए यूरोप की सबसे लम्बी टनेल 'मौं-ब्लां' पार की। साइकिल चलाना मना था इसलिए बस पकड़नी पड़ी। इटली की ओर आल्पस पार करने के लिए पैदल ही चढ़ना पड़ा। अत्यधिक कष्टकर टनेल का अन्त फ्रांस के शांमोनी में हुआ। वहाँ से आनमास होते हुए मैं फिर जेनेवा आया, जहाँ मिस ग्रांजो ने मुझे अपने यहाँ ठहराया।

मेरा यूरोप-भ्रमण शेष हुआ। अब मैंने महासागर की यात्रा की तैयारी शुरू

की। यूनाइटेड स्टेट्स यानी संयुक्त राष्ट्र में जाने के लिए चाहिए था पर्याप्त धन। हवाई जहाज़ का भाड़ा, हाथ-ख़र्च और वहाँ घूमने-फिरने के लिए पर्याप्त धन न दिखाने पर संयुक्त राष्ट्र वीज़ा ही नहीं देगा, लिहाजा मैंने नौकरी ढूँढ़ने की चेष्टा शुरू की। तकदीर अच्छी थी, जेनेवा में इंटरनेशनल लेबर ऑर्गनाइजेशन में मुझे एक नौकरी मिली। तीन महीने वहाँ नौकरी करने के पश्चात् मुझे अमेरिका का वीज़ा मिल गया। यही नहीं, आइसलैंड के राजदूत मि. बेनेडिक्ट ने आइसलैंड होकर न्यूयॉर्क जाने की टिकट भी ख़ूब सस्ते में दिला दी। मैंने लुक्सेमबुर्ग से आइसलैंड एयरवेज का हवाई जहाज़ पकड़ा। आइसलैंड पहुँचकर वहाँ की राजधानी रेकजाविक में कुछेक हफ्ते रहा। फिर वहीं से मैं ग्रीनलैंड गया। आइसलैंड की हेकला कैम्पिंग में भी कुछ दिन रहा।

बाद में आइसलैंड से मैं न्यूयॉर्क पहुँचा जहाँ शिल्प-मेला देखने का सौभाग्य हुआ। न्यूयॉर्क, फिलाडेल्फिया, वाशिंगटन, पिट्सबर्ग, क्लीवलैंड, बफेलो, वाशिंगटन के इंटरनेशनल योगा फेडरेशन तथा श्रीमती रूबी ब्लू ने मेरी काफ़ी मदद की। बफेलो से मैं चला गया कनाडा, वहाँ नियाग्रा जलप्रपात देखकर टोरंटो, ओटावा होते हुए मैं चला आया मोंट्रियल। वहाँ उत्तर के काबोंगा एस्किमो लोगों के साथ रहने का सुअवसर मिला। मोंट्रियल के करीब ही वॉल मरीन नामक स्थान पर स्वामी विष्णु देवानन्द आश्रम में आश्रम के संगठन-कार्य के लिए तीन महीने रहा। वहीं मेरा परिचय पंडित रविशंकर से हुआ।

क्यूबेक से मैं फिर से गया ग्रीनलैंड, आंग्माग्शालिक और गॉडसहाब। घूमता रहा एस्किमो लोगों के साथ और उसके पश्चात् फिर लौट आया कनाडा। क्यूबेक से वैंकोवर तक कनाडियन यूथ एसोसिएशन के साथ साइक्लिंग की, फिर वहाँ से अलास्का के काचिकान शहर चला आया, फिर अलास्का से प्लेन में 'फ्री राइड' मिली तो चला आया शिकागो।

शिकागो में प्रोफ़ेसर बेकटेल के घर पर दो महीने बिताए। इन प्रोफ़ेसर साहब से इस्ताम्बुल में परिचय हुआ था। इन दो महीनों के दरमियान हुइटन तथा अन्यान्य कैम्पिंग एरिया में मैंने काम किया और यहीं से दक्षिण अमेरिका जाने की तैयारी शुरू की। मुझे विभिन्न संस्थाओं में काम करने का सुअवसर मिला और उन्हीं की प्रेस-पब्लिसिटी के माध्यम से नेशनल ज्योग्राफ़िक का ध्यान मेरी ओर गया तथा उन्होंने दो-दो बार मेरे प्रति विशेष सम्मान प्रदर्शित किया। वाशिंगटन में प्रेसिडेंट निक्सन के साथ भी बातचीत हुई। अमेरिका में कुल मिलाकर मैं दो

वर्ष रहा और उसके बाद फिर शुरू की अपनी साइकिल यात्रा।

सेंट लुइस, कानसास, रैपिड सिटी, ब्लैक हिल, सॉल्टलेक सिटी, सानफ्रांसिस्को, सांता बारबरा, लॉस एंजेलेस, लॉस बेगास, ग्रैंड कैपियन, अलबुकर्क फ़ोनिक्स, तिस्कॉन होते हुए मैं मेक्सिको चला आया और फिर वहाँ से शुरू हुआ नया अभियान। मेक्सिको के माया स्थापत्य और आम लोगों की जीवन-यात्रा देखकर मैं अवाक् रह गया। संयुक्त राष्ट्र अमेरिका के इतना नजदीक किन्तु फिर भी बिलकुल अलग एक जगत। मेक्सिको के नोगाल, गुइमास वादालाज़ारा, मोरेलिया होते हुए मेक्सिको सिटी में आकर मैं रुका। प्रायः बीस दिन मेक्सिको सिटी के चारों ओर घूम-फिरकर मैंने फिर रास्ता पकड़ा। मेक्सिको के लोग बड़े ख़ुशमिजाज लगे। ये लोग ग़रीब होते हुए भी परोपकारी थे। गाने-बजाने आदि में ही इन्हें अधिक आनन्द मिलता है। यहाँ डॉलर की कीमत कुछ कम है। पुएब्लो, वेराक्रूज, पालेंक, मेरिदा, चिचेन पार कर मैं ग्वाटेमाला पहुँचा। संयुक्त राष्ट्र से ही इन सब देशों का वीज़ा ले लिया था, अतः कोई असुविधा नहीं हुई।

ग्वाटेमाला के सैन जोसे में घूम-फिरकर धीरे-धीरे मैंने दक्षिण की ओर पैर बढ़ाए। छोटे-छोटे देश हैं। हालाँकि यहाँ की मूल भाषा स्पैनिश है पर अंग्रेज़ी आती हो तो कोई असुविधा नहीं होती। यहाँ के लोग काफ़ी मिलनसार हैं। एल सलवाडोर के सानसोनाटिओ और सान साल्वेडोर में घूम-फिरकर मैंने मानागुवा में प्रवेश किया। वहाँ के पान्तारेलास और सान जोसे पार कर मैं पनामा पहुँचा। पनामा का सीमांत शहर है डेविड और उसके बाद बोथेन। यहाँ आकर मैं रुकने को बाध्य हुआ। दक्षिण अमेरिका के कोलम्बिया, पेरू, चिली, बोलीविया, इत्यादि देशों में साइक्लिंग करने का वीज़ा नहीं मिला। सिक्यूरिटी के नाम पर मुझे रोक दिया गया। कोई और रास्ता नहीं मिला तो काफ़ी खोज-ख़बर के बाद अन्ततः एक फ्रेंच मर्चेंट नेवी में नौकरी मिली जिससे रहने-खाने और सामान्य हाथ-ख़र्च के साथ-साथ देश भी देखा जा सकेगा।

मेरे लिए यह बहुत बड़ी उपलब्धि थी। मैं जहाज़ में चार महीनों तक घूमा-फिरा। कोलम्बिया के कारतागेना और तान्ता मारिया। इसके बाद मैं वेनेजुएला आया। काराकास और कुसाना घूमा, फिर आया ट्रिनिडाड के पोर्ट ऑफ़ स्पेन। अन्त में लौट आया पनामा। पनामा में समुद्र विशेषज्ञ कैप्टेन कुबेर से परिचय हुआ। मेरे अनुभवों के बारे में सुनकर उन्होंने मुझे अपने दल में शामिल कर लिया। उनकी बदौलत प्रशान्त महासागर के कई जाने-अनजाने द्वीप मैं घूम

आया, ख़ास कर चिली के अन्तर्गत गालापागोस और ताहिती। फ्रेंच पोलिनेसिया के ताहिती द्वीप में मैं कई दिन रहा। द्वीपवासियों का सहयोग और आन्तरिकता हमेशा याद रहेगी।

ताहिती के बाद मैं आया अभिशप्त द्वीप ईस्टर आइलैंड जिसका फ्रेंच नाम है इल-द-पैक तथा स्पैनिश भाषा में जिसे इसला-द-पासकुआ कहते हैं और जहाँ विशाल-विशाल रहस्यमय मूर्तियाँ आसमान की ओर ताक़ती नज़र आती हैं। प्राय: छ: महीने विभिन्न द्वीपों में इधर-उधर घूम-फिरकर ईस्टर आइलैंड से हवाई-जहाज़ द्वारा मैं न्यूजीलैंड की राजधानी ऑकलैंड पहुँचा जहाँ अनेक पर्वत-प्रेमियों से मित्रता तथा अनुभवों का आदान-प्रदान हुआ। न्यूजीलैंड एक अत्यन्त सुन्दर देश है। इसे प्रशान्त-महासागरीय अंचल का स्विट्जरलैंड भी कहा जाता है।

न्यूजीलैंड के साइक्लो-टूरिस्ट एसोसिएशन ने मुझे पुन: आने के आमंत्रण के साथ एक टिकट का उपहार दिया। वहाँ से मैं हवाई-जहाज़ द्वारा ऑस्ट्रेलिया के सिडनी शहर में आया, ऑस्ट्रेलियन स्काउट्स को साथ लेकर मैंने ब्रिस्बेन और केप यॉर्क का भ्रमण किया। फिर ऑस्ट्रेलिया से क्वान्तास एयरवेज से जाकार्ता आया और वहाँ दो दिन घूम-फिरकर मैं एयर इंडिया के विमान से सिंगापुर होते हुए मद्रास (अब चेन्नई) पहुँचा।

संयुक्त राष्ट्र महासंघ के महासचिव यू. थांट ने मुझसे बारम्बार कहा था कि मेरा विश्व-भ्रमण समाप्त होते ही मैं उनसे मिलूँ। वे चाहते थे कि मैं अन्तरराष्ट्रीय क्षेत्र में काम करूँ। उधर स्विट्जरलैंड की मिस ग्रांजो ने जेनेवा में मेरे लिए एक काम का बन्दोबस्त कर रखा था। मैं जब सिडनी में था तब ही टेलिफ़ोन द्वारा उन्होंने सूचित किया था कि यथाशीघ्र मैं जेनेवा पहुँचूँ।

अत: मद्रास (अब चेन्नई) से कलकत्ता (अब कोलकाता) साइकिल के बजाय विमान द्वारा आकर मैंने साइकिल द्वारा अपने विश्व-भ्रमण का समापन किया। कलकत्ता (अब कोलकाता) में जिन लोगों ने मुझे सम्मानित किया, उनमें मैं विशेष रूप से उल्लेख करना चाहूँगा ऑल इंडिया काउंसिल ऑफ़ स्पोर्ट्स के भूतपूर्व सचिव शम्भुनाथ मल्लिक का। उनके अतिरिक्त राष्ट्रीय क्रीड़ा व शक्ति संघ की ओर से भी अनेक लोग आए थे। अपनी उपस्थिति से मुझे सम्मानित किया था एक्स्प्लोरर क्लब तथा भारतीय स्काउट्स एंड गाइड्स के सदस्यों ने।

परिशिष्ट

साइकिल से दुनिया की सैर
कुछ महत्त्वपूर्ण तिथियाँ

20.12.1967	पश्चिम बंगाल के मुख्यमंत्री और अन्य मंत्रियों की मौजूदगी में राजभवन, कलकत्ता से यात्रा प्रारम्भ।
25.12.1967	शान्तिनिकेतन, पश्चिम बंगाल में श्रीमती इन्दिरा गांधी ने शुभकामनाएँ दीं।
15.1.1968	नई दिल्ली में जनरल करियप्पा से मुलाकात।
16.1.1968	नई दिल्ली में उप प्रधानमंत्री मोरारजी देसाई से मुलाकात।
17.1.1968	नई दिल्ली में एयर मार्शल अर्जुन सिंह से मुलाकात।
18.1.1968	रामकृष्ण मिशन, नई दिल्ली के स्वामी जी ने आशीर्वाद दिया।
16.9.1968	ईरान की महारानी से मुलाकात।
22.1.1969	कोरिन्थोस के गवर्नर ने सम्मानित किया।
26.1.1969	एथेंस में रेड क्रॉस सोसायटी के डॉक्टर कोरिल्लोस ने अगवानी की।
22.4.1969	इटालियन साइकिलिंग फेड ने स्वर्ण पदक प्रदान किया। और इटली के ओलम्पिक एसोसिएशन ने सम्मानित किया।
27.4.1969	वेटिकन स्टेट में पोप पॉल से मुलाकात।
10.10.1969	फ्रांस की राजधानी पेरिस में फ्रेंच साइकिलिंग फेडरेशन और सी.एफ.टी. ने सम्मानित किया।
30.10.1969	ब्रिटिश साइकिलिंग फेडरेशन, लन्दन ने सम्मानित किया।
20.6.1970	ग्रीनलैंड के मंत्रालय का दौरा किया।
8.8.1970	वाशिंगटन (संयुक्त राज्य अमेरिका) में मेयर ने सम्मानित किया।

12.1.1971	न्यूयॉर्क में संयुक्त राष्ट्रसंघ के महासचिव यू. थांट ने बधाई दी।
29.1.1971	संयुक्त राज्य अमेरिका के राष्ट्रपति रिचर्ड निक्सन ने बधाई दी।
2.2.1971	'इंटरनेशनल एसोसिएशन ऑफ एडुकेटर्स फॉर वर्ल्ड पीस', अल्बामा यूनिवर्सिटी (संयुक्त राज्य अमेरिका) ने मानद सदस्यता प्रदान की।
26.5.1971	आइसलैंड में मिस्टर बेनेडिक्शन ने आमंत्रित किया।
9.6.1971	हेग के प्रो. जे. एच. क्रेघ्टन ने विश्व संघ के सदस्य के रूप में स्वीकार किया।
9.9.1971	नेशनल ज्योग्राफिक सोसायटी, वाशिंगटन ने सम्मानित किया।
11.12.1971	पनामा शहर की नागरिक समिति ने अभिनन्दन किया।
2.1.1972	कमांडर रोड्रिग्ज ने ईस्टर आईलैंड के बन्दरगाह पर स्वागत किया।
4.3.1972	पपीट में ताहिती के मेयर ने अभिनन्दन किया।
6.6.1972	ऑस्ट्रेलिया की ओलम्पिक समिति ने स्वागत किया।
3.12.1972	बम्बई के रास्ते भारत लौटे।

पृथ्वी-परिक्रमा : 1967-1972

यात्रा-पथ

कलकत्ता	भारत	एशिया
दिल्ली	"	"
जयपुर	"	"
बम्बई	"	"

(नौका द्वारा)

क़ुवैत	क़ुवैत	"
अबादान	ईरान	"
शिराज	"	"
इस्पहान	"	"
तेहरान	"	"
इस्पहान	"	"
मेशेड	"	"
हेरात	अफ़ग़ानिस्तान	"
काबुल	"	"
टर्मेज़	"	"
समरक़ंद	"	"
लेनिनग्राद	यू.एस.एस.आर.	"

(वापस)

काबुल	अफ़ग़ानिस्तान	″
कंधार	″	″
ज़ाहेदान	ईरान	″
केरमान	ईरान	″
शिराज	″	″
बुशेर	″	″

(नौका द्वारा)

बहरीन	स्टेट ऑफ़ बहरीन	अफ्रीका
हेराड	सऊदी अरब	″
अल-रियाद	″	″
अल ताइफ़	″	″
मक्का	″	″
जेद्दा	″	″
	(लाल सागर क्षेत्र)	″
मदीना	″	″
हैड (हेल)	″	″
अन नज़फ़	इराक़	एशिया
कर्बला	″	″
बगदाद	″	″
सनन्दादी (सानंदई)	ईरान	″
तबरेज़	″	″
अरारात	तुर्की	″

(माउंट अरारात)

एर्ज़ुरम	″	″
सिवास	″	″
कायसरी	″	″

अंकारा	तुर्की	एशिया
इस्तांबुल	"	यूरेशिया
(कॉन्स्टेंटिनोपल)		
अलेक्जेंड्रोपोलिस	ग्रीस	यूरोप
कुमोडिनी	"	"
कावला	"	"
थेसालोनिकी (मैसेडोनिया)	"	"
लारिसा	"	"
एथेंस	"	"
(नौका द्वारा)		
क्रेट	"	"
रोड्स	"	"
हेल्किडिकी	"	"
(नौका द्वारा)		
अलेक्जेंड्रिया (इस्कंदर)	मिस्र	अफ्रीका
टैन्टा	"	"
काहिरा	"	"
कोमोम्बो	"	"
अबू सिंबल	"	"
(नील की घाटी)		
डोंगोला	सूडान	"
करीमा	"	"
अबू हामिद	"	"
खारतूम	"	"

काहिरा को लौटे

(नील नदी की विपरीत दिशा)

एलेक्संदरिया	मिस्त्र	अफ्रीका

एथेंस लौटे

(नौका द्वारा)

कोरिंथ	ग्रीस	यूरोप
पैट्रास	"	"

(नौका द्वारा)

किरकिरा	"	"
ब्रिंडिसी	इटली	"
बरी	"	"
रोम	"	"
वेनिस	"	"
मिलानो	"	"
डोमोडोसोला	"	"
सिम्पलोन	स्विट्ज़रलैंड	"
ब्रिग	"	"
मॉन्ट्रोक्स	"	"
लुसाने	"	"
जिनेवा	"	"
एनेसी	फ्रांस	"
ग्रेनोबल	"	"
मोंटपेलियर	फ्रांस	"
पेरपेनिगनान	"	"
फिगुएरस	स्पेन	"
बार्सिलोना	"	"
वालेंसिया	"	"

मालागा	स्पेन	यूरोप
जिब्राल्टर	जिब्राल्टर	"

(नौका द्वारा)

टंगेर	मोरक्को	अफ्रीका
केनिट्रा	"	"
रबात	"	"
कॉसाब्लांका	"	"
मारकेश	"	"
बेनिमेलाल	"	"
फेज़	"	"
सेउटा (कॉलोनी)	स्पेन	यूरोप
जिब्राल्टर	जिब्राल्टर (ब्रिटिश)	"
सांता मारिया	स्पेन	"
सविल	"	"
मेरिडा	"	"
मैड्रिड	"	"
सारागोसा	"	"
पाउ	फ्रांस	"
ऑरलियन्स	"	"
पेरिस	"	"
बेवेल	"	"
कैलाइस	"	"

(नौका द्वारा)

डोवर (इंग्लिश चैनल)	यूनाइटेड किंगडम	"
लंदन	"	"
ऑक्सफ़ोर्ड	"	"

बर्मिंघम	यूनाइटेड किंगडम	यूरोप
मैनचेस्टर	″	″
लिवरपूल	″	″

(नौका द्वारा)

डबलिन	आयरलैंड	″
बेलफ़ास्ट	″	″

(नौका द्वारा)

पोर्ट पैट्रिक	यूनाइटेड किंगडम	″
ग्लासगो	″	″
कर्लाए	″	″
शेफ़ील्ड	″	″
कैंब्रिज	″	″
लन्दन	″	″

(नौका द्वारा)

ओस्टेंड	बेल्जियम	″
ब्रसेल्स	″	″
लीज़	″	″
आचेन	वेस्ट जर्मनी	″
बॉन	″	″
डार्टमुंड	″	″
हनोवर	″	″
ब्रेमेन	वेस्ट जर्मनी	″
हैम्बर्ग	″	″
कील	″	″

(नौका द्वारा)

कोर्सर	डेनमार्क	″

कोपेनहेगन	डेनमार्क	यूरोप
हेलसिंगबर्ग	स्वीडन	"
हुस्कयार्ना	"	"
जोनकोपिंग	"	"
नोरकोपिंग	"	"
स्टॉकहोल्म	"	"
ऑरेब्रो	"	"
कार्ल्सबैड	"	"
आस्किम	"	"
ओस्लो	नॉर्वे	"
बर्गन	"	"

(नौका द्वारा)

उत्तरी ध्रुव	"	"
स्कार्वाग	"	"

आर्कटिक उत्तरी ध्रुव वृत्त 65-70° उत्तर
(पूरी तरह नौका द्वारा) (टीएसएस रेजिना मैग्ना)

ट्रोम्सो	"	"
ट्रॉनहैम	"	"
विट्टेडाल	"	"
ओडन	"	"
स्टेवेंजे	"	"
कोपेनहेजेन	डेनमार्क	"
रोसटोक	ईस्ट जर्मनी	"
बर्लिन	ईस्ट-वेस्ट जर्मनी	"
लिपज़िग	ईस्ट जर्मनी	"
म्यूनिख	वेस्ट जर्मनी	"
साल्सबर्ग	ऑस्ट्रिया	"
कैसबर्ग	"	"
डेटोर विना	"	"

ग्राज़	ऑस्ट्रिया	यूरोप
विलाश	,,	,,
ट्रिएस्टा	इटली	,,
लुब्लियाना	यूगोस्लाविया	,,
ज़ाग्रेब	,,	,,
डबरोवनिक	,,	,,
स्कोपिया	,,	,,
थेसालोनिकी	ग्रीस	,,
एथेंस	,,	,,

(नौका द्वारा)

नपोली	इटली	,,
जेनोआ	,,	,,
(मोंट ब्लांक के माध्यम से)		
जेनेवा	स्विट्ज़रलैंड	,,

(हवाई जहाज से)

लक्ज़मबर्ग	लक्ज़मबर्ग	,,
आइसलैंड	आइसलैंड	,,
केप्लाविक	,,	,,
रेक्जाविक	,,	,,
हेक्ला		
आइसलैंड	,,	,,

(हवाई जहाज से)

न्यूयार्क	संयुक्त राज्य अमेरिका	उत्तरी अमेरिका
फ़िलाडेल्फ़िया	,,	,,
बाल्टीमोर	,,	,,
वाशिंगटन	,,	,,
पिट्सबर्ग	,,	,,

क्लीवलैंड	संयुक्त राज्य अमेरिका	उत्तरी अमेरिका
बुफालो	"	"
निआग्रा फाल्स	कनाडा	"
टोरंटो	"	"
ओटावा	"	"
मॉन्ट्रियल	"	"
(कारवाँ द्वारा)		
कबोंगा एस्किमो रिजर्व	"	"
(वापस)		
क्यूबेक	"	"
(नौका द्वारा)		
अंगमागशालिक	ग्रीनलैंड (उत्तरी ध्रुव क्षेत्र)	यूरोप
अंगमागशालिक से गोथहाब (एस्किमो के साथ)	"	"
क्यूबेक	कनाडा	उत्तरी अमेरिका
वैंकूवर	"	"
काचीकान (अलास्का)	संयुक्त राज्य अमेरिका	"
(वापस)		
शिकागो सेंट लुईस	"	"
कंसास	"	"
रैपिड सिटी	"	"
सियुक्स फॉल्स	"	"
ब्लैक हिल्स	"	"
सॉल्ट लेक सिटी	"	"
सैनफ्रांसिस्को	"	"
सैंटा बारबरा	"	"

लॉस एंजिल्स	संयुक्त राज्य अमेरिका	उत्तरी अमेरिका
लास वेगास	"	"
ग्रांड केवन	"	"
अल्बुकर्क	"	"
फॉनिक्स	"	"
टिस्कॉन	"	"
नोगाल्स	मैक्सिको	मध्य अमेरिका
गुइमास	"	"
गुडालाजरा	"	"
मोरेलिया	"	"
मेक्सिको सिटी	"	"
पुएब्लो	"	"
वेराक्रूज़	"	"
पेलेनक्यू	"	"
मेरलडा	"	"
चिचेन इत्जा	"	"
सेंट जोसे	ग्वाटेमाला	"
ग्वाटेमाला	"	"
सेंट सोनाटियो	सल्वाडोर	"
सैन सैल्वाडोर	"	"
मानागुआ	मानागुआ	"
पोंटारेनास	"	"
सेन जोस	"	"
डेविड	पनामा	मध्य अमेरिका
बोलेन	"	"

(नौका द्वारा)

कार्टाजेना (स्पर्श करते हुए)	कोलम्बिया	दक्षिणी अमेरिका
टेंटा मार्ता	"	"

कराकस	वेनेज़ुएला	दक्षिणी अमेरिका
कुमाना	,,	,,
स्पेन का बंदरगाह	त्रिनिदाद	,,

(वापस)

पनामा (नाव द्वारा)	पनामा	मध्य अमेरिका
गैलापागोस (द्वीप/प्रशांत)	चिली	दक्षिणी अमेरिका
ताहिती	पोलिनेशिया	दक्षिणी प्रशांत आइलैंड्स
ईस्टर आईलैंड	चिली	,,
ऑकलैंड	न्यूज़ीलैंड	ऑस्ट्रेलिया
सिडनी	ऑस्ट्रेलिया	,,
ब्रिस्बेन	,,	,,
केप यॉर्क	,,	,,
जकार्ता	इंडोनेशिया	एशिया
सिंगापुर	सिंगापुर	,,
मद्रास	भारत	,,

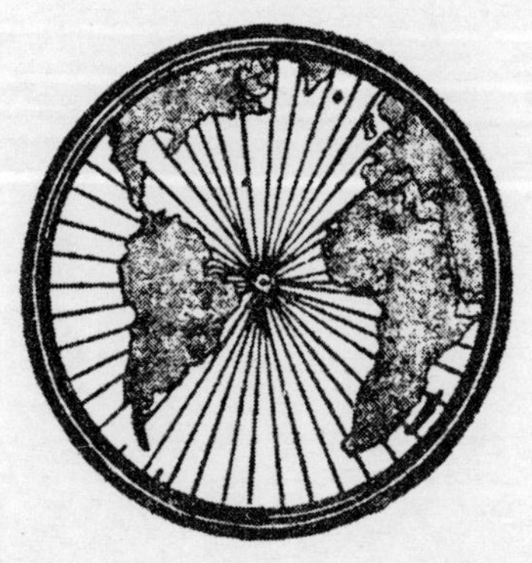

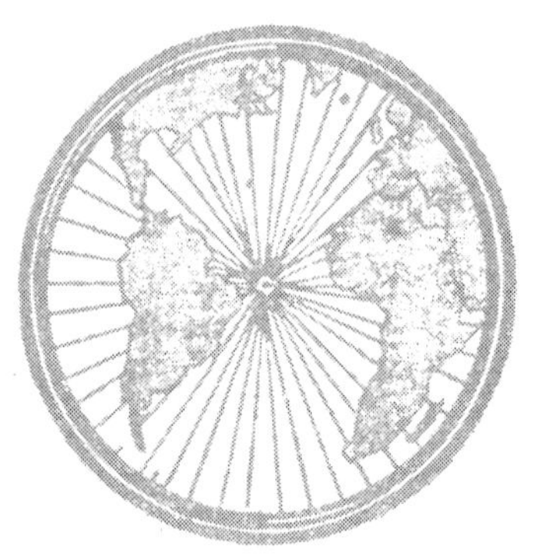

चित्र-वीथी

HINDUSTHAN STANDARD
21.12.67

MR. BIMAL KANTI DEY, a Bengalee youth was given a hearty send-off for the world tour by the Chief Minister Dr. Prafulla Chanda Ghosh and others at Raj Bhavan on Wednesday.—Photo Amal Roy Chowdhury.

विश्व साइकिल यात्रा का आरम्भ : 21 दिसम्बर, 1967 को 'हिन्दुस्तान स्टैंडर्ड' में प्रकाशित समाचार की कतरन। फोटोग्राफर : अमल राय चौधरी

बिमल दे ने 20 दिसम्बर, 1967 को राजभवन, कोलकाता से अपनी विश्व साइकिल यात्रा की शुरुआत की थी। राज्यपाल के अचानक अन्यत्र व्यस्त हो जाने के कारण पश्चिम बंगाल के तत्कालीन मुख्यमंत्री प्रफुल्ल चन्द्र बोस और पूर्व मुख्यमंत्री प्रफुल्ल चन्द्र सेन ने शुभकामनाएँ देकर बिमल दे को रवाना किया था। यह चित्र उसी अवसर का है, जो अगले दिन 21 दिसम्बर, 1967 को कोलकाता के तमाम अखबारों में छपा था।

২১ তারিখে জুনিয়ার খেলোয়াড়রা,
সুব্রত ব্যানার্জি, রণজিত রক্ষিত, তুলসী

২২ তারিখে প্রেম পাইন, বৈদ্যনাথ দাস, নেতৃত্বে মাদরাজ যাবেন।

পশ্চিমবঙ্গের মুখ্যমন্ত্রী ডঃ প্রফুল্লচন্দ্র ঘোষ এবং প্রাক্তন মুখ্যমন্ত্রী শ্রীপ্রফুল্লচন্দ্র সেনের আশীর্বাদ ও বন্ধুবান্ধবের আন্তরিক শুভেচ্ছা ও অভিনন্দনে উৎসাহিত হয়ে বাংলার তরুণ সাইকেল চালক বিমলকান্তি দে বুধবার সকাল ১০-১৫ মিনিটের সময় রাজ ভবন প্রাঙ্গণ থেকে সাইকেলে বিশ্ব ভ্রমণের উদ্দেশ্যে যাত্রা করেন।

চিত্র—অমল রায়চৌধুরী

'आनन्द बाजार' पत्रिका के 21 दिसम्बर, 1967 अंक में प्रकाशित
विश्व साइकिल-यात्रा के आरम्भ का सचित्र समाचार

Ο ΓΥΡΟΣ ΤΟΥ ΚΟΣΜΟΥ ΜΕ ΠΟΔΗΛΑΤΟ

Ὁ γῦρος τοῦ κόσμου μέ... ποδήλατο. Τόν κάνει ὁ Ἰνδός Πίμαλ Καντίντε, ὁ ὁποῖος ἔχει πολλή ὑπομονή, πολύ κουράγιο, ἀλλά... λίγα χρήματα!... Ἤδη πέρασε ἀπό τήν Κένυα, Οὐγκάντα, Ἰράν, Ἰράκ, Σαουδαραβία καί χθές ἔφθασε στήν Ἀθήνα. Στήν φωτογραφία ὁ Καντίντε ἐνῶ συμβουλεύεται τόν χάρτη του, στήν πλατεία Συντάγματος, ἑτοι-

साइकिल से दुनिया की सैर : बिमल दे की विश्व साइकिल-यात्रा का एथेंस (ग्रीक) के एक अखबार में सचित्र समाचार। चित्र में बिमल दे के इर्द-गिर्द खड़े एथेंसवासी उनसे पूछ रहे हैं कि एक साधारण-सी साइकिल से दुनिया को नापना कैसे सम्भव है?...

ΚΟΙΝΩΝΙΚΗ Σελὶς 2α

Ἕνας Ἰνδὸς Γιόγκι κάνει τὸν γῦρο τοῦ κόσμου

... μὲ ποδήλατο

Ιον

Πρὶν ἀπὸ καιρὸ δημοσιεύθηκε στὶς ἑλληνικὲς ἐφημερίδες ἡ φωτογραφία ἑνὸς νεαροῦ Ἰνδοῦ, ποὺ κάνει τὸν γῦρο τοῦ κόσμου μὲ ποδήλατο. Ὁ γῦρος τοῦ κόσμου μὲ ἕνα ποδήλατο δὲν εἶναι κάτι τὸ συνηθισμένο, καὶ ἀσφαλῶς αὐτὸς ποὺ τὸν πραγματοποιεῖ κάτω ἀπὸ τέτοιες συνθῆκες δὲν μπορεῖ νὰ εἶναι ἕνας συνηθισμένος ἄνθρωπος, ἂν βέβαια δὲν εἶναι... λίγο ἀνισόρροπος. Φροντίσαμε λοιπὸν νὰ τὸν ἀνακαλύψωμε καὶ νὰ τοῦ πάρωμε μιὰν σύντομη συνέντευξη.

Τὸν συναντήσαμε σὲ ἕνα παλαιὸ κτίριο κοντὰ στὴν Ἀκρόπολι, στὴν ὁδὸν Μητσαίων 7, ὅπου στεγάζονται τὰ γραφεῖα τῆς Κινήσεως Πνευματικῆς Ἀναγεννήσεως. Γιὰ ὅσους δὲν τὸ ἔχουν ὑπ' ὄψει, τοὺς πληροφοροῦμεν ὅτι ἡ Κίνησις Πνευματικῆς Ἀναγεννήσεως εἶναι ἕνα σωματεῖο νομίμως ἀνεγνωρισμένο ἀπὸ τὸ Κράτος, ὁ σκοπὸς τοῦ ὁποίου εἶναι ἡ διδασκαλία τοῦ Ὑπερβατικοῦ Διαλογισμοῦ τοῦ Μαχαρίσι Μαὲς Γιόγκι.

Καθόταν ἀνάμεσα σὲ μιὰ συντροφιὰ Ἑλλήνων ὀπαδῶν τοῦ Μαχαρίσι. Ὁμολογῶ ὅτι περίμενα νὰ ἀντικρύσω μακρύκομους νεαροὺς καὶ σοῦπερ μινιφοροῦσες νεαρὲς τῆς Σχολῆς τῶν... γιε - γιέ, γιατὶ ἀπὸ ὅσα τοὐλάχιστον εἶχα διαβάσει στὸν ἑλληνικὸ Τύπο, μιὰ τέτοια ἐντύπωσις εἶχε δημιουργηθῆ γιὰ τοὺς μαθητὰς αὐτοῦ τοῦ Ἰνδοῦ φιλοσόφου.

Μὲ κατάπληξι εἶδα σοβαροὺς κυρίους καὶ κυρίες, ἀξιοπρεπεῖς ἐπιστήμονες, γιατρούς, δικηγόρους, ἀρχαιολόγους, ἀξιωματικοὺς καθὼς καὶ ἐργατικοὺς ἀνθρώπους, σημαδεμένες νοικοκυρὲς καὶ φοιτητάς. Ἀνάμεσά τους ὁ φίλος μας τοὺς μιλοῦσε γιὰ τὸ κίνημα τῆς ἐθνικῆς ἀναγεννήσεως ποὺ κάνει στὶς Ἰνδίες ὁ Δάσκαλός τους.

Πρὶν προχωρήσω ὅμως ἐπιτρέψτε μου νὰ σᾶς τὸν παρουσιάσω:

Εἶναι ἕνας νέος γύρω στὰ 27. Μικρόσωμος, εὐλύγιστος, λεπτοκαμωμένος, μελαμψός, μὲ λεῖα μαῦρα μαλλιά, χαρακτηριστικὸς τύπος Ἰνδοῦ. Μιλάει ἁπαλά, ἤρεμα, σεμνὰ καὶ ἀπαντάει πάντοτε πρόθυμα σὲ ὅ,τι ἐρωτηθῆ.

Τὸν λένε Σρὶ Μπίμολ Κάντι Ντέη. Ἀνήκει στὴν τάξι τῶν Βραχμάνων, τὴν ἀνώτερη δηλαδὴ κοινωνικὴ τάξι τῆς χώρας του. Ὁ πατέρας του καθηγητὴς τῆς φιλοσοφίας, τὰ πέντε ἀδέλφια του ὅλα ἐπιστήμονες καὶ αὐτὸς ὁ ἴδιος εἶναι καθηγητὴς τῆς Χημείας, διπλωματοῦχος τοῦ Πανεπιστημίου τῆς Καλκούτας. Πρὶν ἀπὸ δύο χρόνια, στὶς 27 Φεβρουαρίου 1967, ξεκίνησε ἀπὸ τὴν πατρίδα του, μὲ τὶς εὐχὲς τῆς Ἰντίρα Γκάντι καὶ τῶν ὑπουργῶν τῆς Κυβερνήσεώς της γιὰ νὰ κάνη τὸν γῦρο τοῦ κόσμου μὲ σκοπὸ νὰ γνωρίση τὶς ἄγνωστες χῶρες καὶ τοὺς ἀνθρώπους κάθε φυλῆς, θρησκείας καὶ κοσμοθεωρίας. Πιστεύει ὅτι οἱ ἐμπειρίες ποὺ θὰ ἀποκτήση ἀπὸ τὸ ταξίδι αὐτὸ θὰ τὸν βοηθήσουν στὸ νὰ ἐξελιχθῆ σὰν «ἄνθρωπος» καὶ νὰ προσφέρη περισσότερα στὴν πατρίδα του.

Τὸ ταξίδι του δὲν εἶναι μιὰ φυγὴ πρὸς τὸ ἄγνωστο γιατί, δὲ μποροῦσε νὰ προσαρμοσθῆ στὸ περιβάλλον του, οὔτε ἡ ἀναζήτησι ἑνὸς σκοποῦ ἢ τῆς εὐτυχίας. Αἰσθάνεται ἤδη εὐτυχής, γιατί ὑπάρχει ἁρμονία ἀνάμεσα στὸν ἐσωτερικὸ καὶ τὸν ἐξωτερικό του κόσμο, ὅσο γιὰ τὸν σκοπὸ τῆς ζωῆς... τὸν ξέρει καὶ σιγὰ - σιγά, μὰ σίγουρα, βαδίζει πρὸς τὴν ἐκπλήρωσί του. Σκοπὸς τῆς ἀνθρώπινης ζωῆς εἶναι ἡ βίωσις τῆς εὐτυχίας, τῆς μακαριότητος, ποὺ ἐπιτυγχάνεται μόνο μὲ τὴν πραγμάτωσι τῆς SAT CHIT ANANDA, τῆς ἀπόλυτης δηλαδὴ συνειδητῆς μακαριότητος, τὴν πραγμάτωσι τῆς ἐντὸς ἡμῶν Βασιλείας τῶν Οὐρανῶν —ὅπως θὰ λέγαμε ἐμεῖς οἱ Χριστιανοί— ποὺ σύμφωνα μὲ τὸν Ἀπόστολο Παῦλο δὲν εἶναι βρῶσις ἢ πόσις παρὰ ἀγάπη, δικαιοσύνη καὶ χαρὰ ἐν πνεύματι ἁγίῳ.

Ὅσον ἀφορᾶ τὸ περιβάλλον του, βρίσκεται πάντοτε σὲ ἁρμονικὲς σχέσεις μὲ αὐτό, γιατί οἱ σκέψεις του, οἱ πράξεις του καὶ οἱ λόγοι του δὲν βρίσκονται ποτὲ ἐνάντια πρὸς τοὺς νόμους τῆς φύσεως. Ἔτσι τοὐλάχιστον λέει.

Ἂς τὸν ἀφήσουμε ὅμως νὰ συνεχίση μόνος του:

«...Θέλω νὰ γνωρίσω τὴν ἀνθρωπιὰ ποὺ κρύβεται στὴν καρδιὰ ὅλων τῶν ἀνθρώπων τοῦ κόσμου. Ὅπου ὑπάρχει ἄνθρωπος, ὑπάρχει καὶ ἀνθρωπιά, γιατὶ ἡ ἀνθρωπιὰ βρίσκεται μέσα στὸν καθένα μας. Ἡ πίστις μου αὐτὴ πρὸς τὴν ἀνθρωπιὰ καὶ ἡ ἀγάπη [illegible] στάθηκε ἡ αἰτία αὐτοῦ τοῦ ταξιδιοῦ μου. Καὶ δὲν ἀπογοητεύτηκα. Τὴν συνάντησα [illegible] ὅπου κι ἂν πῆγα. Μέχρι τώρα [illegible] γύρισα ὅλες τὶς χῶρες τῆς Ἀσίας — ἐκτὸς ἀπὸ τὴν Κομμουνιστικὴ Κίνα — καὶ ἀρχίζω τὴν περιήγησί μου στὴν Εὐρώπη ἀπὸ τὴν Ἑλλάδα.

(Συνεχίζεται)

विश्व साइकिल-यात्रा के दौरान एक गीक अख़बार में प्रकाशित बिमल दे की बातचीत। इसमें उन्हें 'एक भारतीय योगी' कहा गया था और उनसे पूछा गया था कि आप किस चीज की तलाश में हैं? इस पर बिमल दे का जवाब था—सत् चित् आनन्द। हरेक मनुष्य के भीतर छिपा शाश्वत आनन्द।

EKSTRA BLADET

FREDS-APOSTEL JORDEN RUNDT – PÅ CYKEL

Freden må komme indefra, siger ung inder på usædvanligt besøg i København

Apostle of Peace Bimal Dey
around the world on a bicycle.
*"Peace must come from inside"—
says an young Indian during
an unusual visit in Copenhagen
and Scandinavian Countries ....*
Extra Bladet 19.08.1970

कोपेन हेगेन के अखबार 'एक्स्ट्रा ब्लैडेट' (Ekstra Bladet) में 19 अगस्त, 1970 को छपे समाचार की कतरन : भारत से शान्तिदूत बिमल दे। शान्ति और मैत्री के लिए पूरी दुनिया की यात्रा पर निकले बिमल दे इन दिनों स्कैंडिनेवियाई देशों की यात्रा पर हैं।

अमेरिका में

GENS D'ICI

Bimal Dey Globe-trotter philosophe

SAINT-PAUL-EN-CHABLAIS
Bimal Dey est né à Calcutta en Inde en 1940. Avec ses cinq frères et sœurs il a été élevé par sa grand-mère. Pendant ses études, Bimal a commencé à voyager. « Attiré par l'infini j'ai voyagé en Asie. À travers ces visites j'ai bien plus appris qu'à l'université ».

En 1967, Bimal quitte Calcutta pour un périple autour du monde à vélo. Ses bagages sont réduits au minimum : un sac, une tente, une série de lettres de recommandations et seulement deux dollars en poche. De l'Irak aux États-Unis, en passant par l'Europe et l'Australie, il rentre chez lui en 1972 après quatre années de découvertes et de rencontres les plus prestigieuses : l'Impératrice Farah Diba en Iran, le pape à Rome, le président Nixon et Sir Edmund Hillary, le vainqueur de l'Everest, etc. En Europe et en Amérique la presse de chaque pays traversé, couvre son aventure.

Pendant son long voyage, Bimal souligne : « Je n'ai jamais rencontré d'hostilité à mon égard ». Il a écrit 17 livres en bengali et en hindi sur ce voyage et un en anglais, "The traveller". En 1982, il publie un ouvrage à succès en Inde, "Le dernier pèlerinage au Tibet", plus tard traduit en anglais.

Installé à Genève en 1972, il travaille aux Nations Unies à la documentation et aux archives. Il se marie alors avec Marlène Grandjean et achète un chalet à Saint-Paul pour le week-end où ils sont maintenant installés pour leur retraite.

En 2000, toujours avide de découvertes, Bimal parcourt les pôles Nord et Sud avec l'Américan expédition club.

Heureux dans leur commune d'adoption qu'ils qualifient de « petit paradis des Alpes », Marlène et Bimal se rendent souvent en Inde, très attirés par la philosophie et la vie spirituelle de ce pays et pour participer à de nombreuses actions humanitaires.

Claude BOUZIN

The Washington Post

Times Herald

© 1970, The Washington Post Co. SUNDAY, JUNE 7, 1970 Phone 223-6000

He Cycles Into D.C.—After 39,000 Miles

BIMAL KANTI DEY
... 'I never met a bad man'

By Anne Hebald
Washington Post Staff Writer

Bimal Kanti Dey, 27, has bicycled into town, leaving behind him 39,000 miles and none of his faith in man's goodness.

The 5 feet 4, 97-pound native of Calcutta set forth Dec. 20, 1967, and has been on the road ever since.

"I have never met a bad man," he said in an interview yesterday, having left his bicycle parked, unlocked, in front of The Washington Post building.

One starlit night in Iran, he says, he confounded a band of thieves by insisting that they were not stealing his bicycle, but rather he was offering it in return for their friendship ... my tent in the tree top," he said.

The former teacher and social worker left Calcutta with only $2, and refuses to concern himself with money.

"If money comes, then it is welcome. If not, that too, is all right. "In Saudi Arabia, I found myself with no food and no money. But I knew it would come, somewhere, sometime. After six days and six nights, I found a man near a fruit tree. I pointed to my mouth, then to his tree, and he gave me his fruit.

"I am very happy all the time," he says. "When I was a child, and someone would die, I would cry. Now, though, I have seen so much I cannot cry. I still feel sadness, but I have seen so many people who are far more miserable than I could be."

Dey, who refers to his journey as "my five-year plan," says he will probably return to Calcutta, where four married brothers and their nine children await him, sometime in 1972.

"But I do not plan," he said. "I go, and I learn, but I do not plan."

He said that frequently he is asked if people can join him in his travels.

"I reply that you are welcome to follow me, but don't think I will follow you. My way of life is completely free but we have to make some restrictions to make our road smooth," he said.

The road, he said, "is truthfulness." The restrictions include "liquor, smoking, (drugs) and sex."

"There are nations like India," Dey said, "that are philosophical. And others, like the United States, that are materialistic.

"We need a bridge between the two types of nations. I would like to be that bridge."

Dey has parked his bicycle at the American Youth Hostel, 1501 16th St. NW, where he has a $2-a-night room.

He plans to stay in Washington until the spirit moves him, probably in the direction of Chicago.

'द वाशिंगटन पोस्ट' में प्रकाशित समाचार